U0525869

浙江大学中西书院 主办

刘迎胜 主编

中西元史

第一辑

图书在版编目（CIP）数据

中西元史.第1辑/刘迎胜主编.—北京：商务印书馆，2022
 ISBN 978-7-100-21479-7

Ⅰ.①中… Ⅱ.①刘… Ⅲ.①中国历史—元代—文集 Ⅳ.① K247.07-53

中国版本图书馆 CIP 数据核字（2022）第 219635 号

权利保留，侵权必究。

中 西 元 史

第 一 辑

刘迎胜 主编

商 务 印 书 馆 出 版
（北京王府井大街36号 邮政编码100710）
商 务 印 书 馆 发 行
江苏凤凰数码印务有限公司印刷
ISBN 978-7-100-21479-7

2023 年 1 月第 1 版　　开本 700×1000 1/16
2023 年 1 月第 1 次印刷　　印张 29¾　插页 10

定价：160.00 元

图 版

图一 元代《福寿兴元观白话圣旨碑》

图二　元代《大都兴隆寺置地记碑》

图版　3

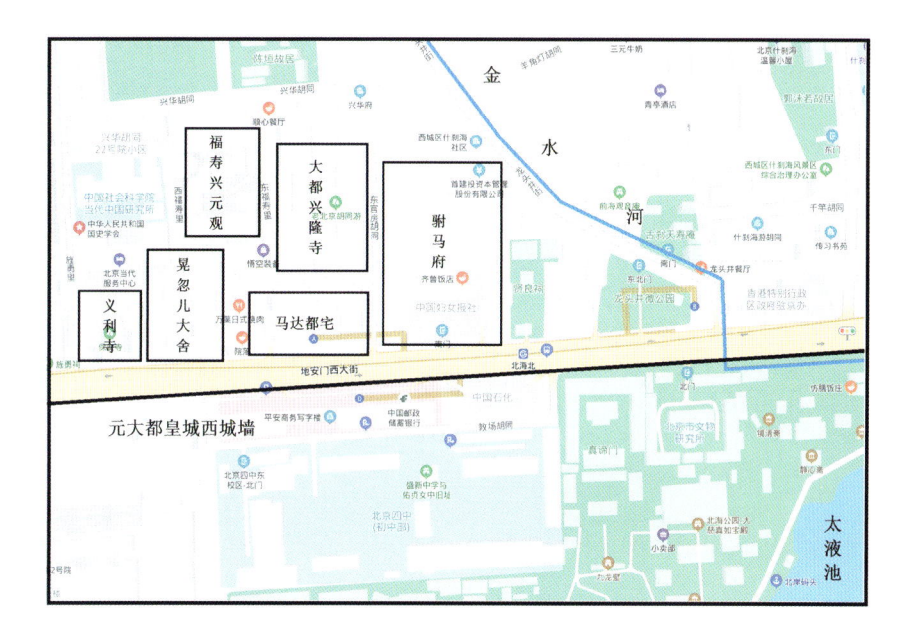

图三　元大都豫顺坊寺观与达官府邸分布图

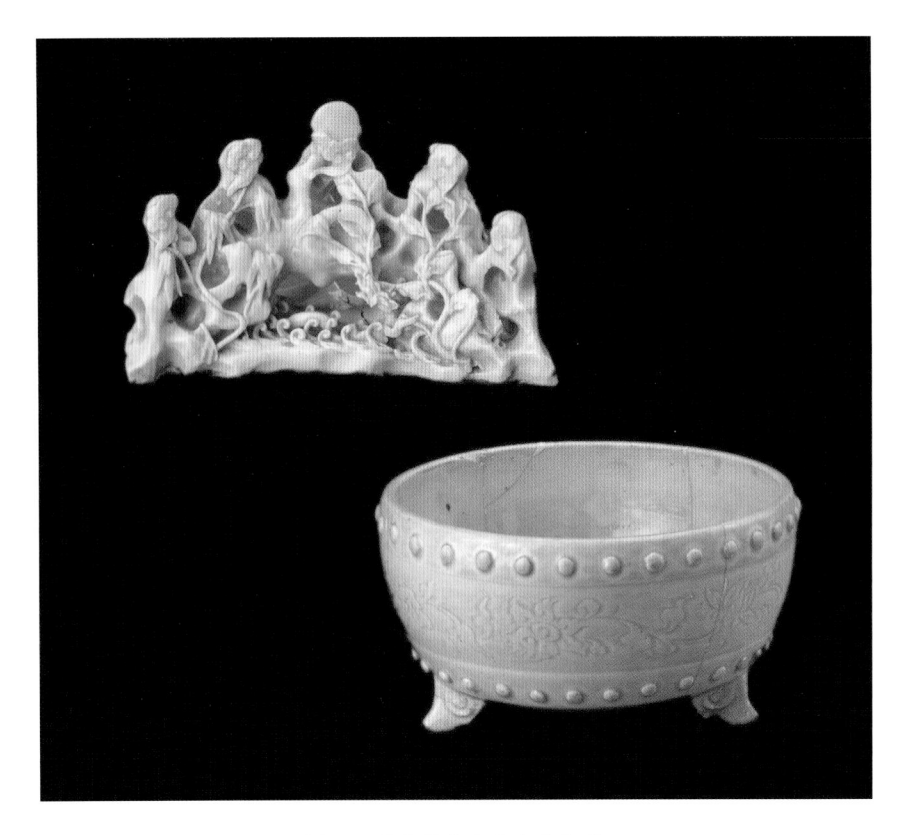

图四 元代影青瓷笔山和瓷炉

图版 5

图五 元代双凤麒麟纹丹墀和龙纹拦楯

1

2

3

4

5

6

图六　元代龙凤纹琉璃建材

图版 7

图七 元代陶制龙纹云冠和月台石雕角狮

图八　唐代十一面观音青铜像和元代青花觚

序

浙江大学中西书院主办的学术辑刊《中西元史》创刊号即将付梓，刘东教授嘱余为序。

《中西元史》是《清华元史》的学术延续。2008年，清华大学复建国学院时，为弘扬五大导师中陈寅恪、王国维之开启现代中国边疆民族与蒙元研究传统，决定创办《清华元史》辑刊，邀余与复旦大学姚大力君共任主编，迄2020年共出版7辑。刊名虽称"元史"，然法20世纪以来兴起的西域南海史地研究风气，亦接收有关中国边疆民族、周边地区与中西陆海交通史研究成果，盖百年来元史学界既有"大元史"之流派也。

2020年刘东教授移聘浙大，创中西书院，余寻亦随至，商定开办《中西元史》以延续元史学术。刊名"中西"二字既取自院名，兼有不拘中外，取求教世界学林，同台竞技寓意。

《中西元史》植根之东南浙省，自中国本土人文学科萌发的清乾嘉朝至民国初之一个余世纪中，向为蒙元与西域边塞研究重镇，名家学人辈出。若上虞徐松（1781—1848），嘉庆十五年（1810）贬职新疆后，以实地考察经验撰《西域水道记》5卷。书成于1821年，以西域水道为纲，记述沿岸的城市、聚落、山岭、历史、物产、民族、水利、驻军等，包括伊犁河下游及巴尔喀什湖东南岸广袤旧土，并附计里画方地图，为我国古代舆地著作中记西域水系最详实、完备之文献。徐氏还有《〈汉书·西域传〉补注》2卷、《新疆识略》12卷等。同时代人乌程沈垚（1798—1840）著有《西域小记》1卷、《〈元史〉西北地蠡测》2卷、《新疆私议》1卷及《附葱岭南北河考》，至今为学人所重。而改良主义先驱杭州龚自珍（1792—1841）亦以西北史地名家称世。

清末边疆史地学界的浙江人物，最应提及丁谦与沈增植。嵊县丁谦（1843—1919），举同治壬戌，官象山教谕。其《蓬莱轩地理学丛书》69卷由《浙江图书馆丛书》所刊，收有其《〈汉书·匈奴传〉地理考证》《〈汉书·西域传〉地理考证》《〈新唐书·突厥传〉地理考证》《〈元秘史〉地理考证》《〈元经世大典图〉地理考证》《〈明史·外国传〉地理考证》，丁氏还撰有《元马哥博罗[1]游记补注》《宋徐霆〈黑事略〉补注》《元尤赤传补注》等，凸显其视野逾出乾嘉，兼收西学，踵时代迹印。而嘉兴沈曾植（1850—1922）治辽金元三史及边疆史地、中外交通，其《〈蒙古源流〉笺证》、《〈元秘史〉笺注》等至今仍为重要参考资料。

海宁王国维（1877—1927）不但是浙省百年来享誉中外的学术名家，也是中国蒙元史与边疆民族史之里程碑式人物。其《古行记四种校录》《〈蒙鞑备录〉笺证》《〈黑鞑事略〉笺证》《〈圣武亲征录〉校注》《〈长春真人西游记〉校注》《〈录鬼簿〉校注》与随手成篇的诸多史札考辨，堪称蒙元史与边疆史不移之基。

---

[1] 按，马哥博罗即今所言之马可·波罗。

基于悠久学术传统的浙江大学更是当代研究中西交流之沃土。已故黄时鉴教授在蒙元史及中外关系史研究中卓有建树，一生成果集中收录在其文集之中，所育弟子中有专攻中亚史、海洋史、中西美术交流史与中韩关系史者。浙江大学历史学院内设中亚与丝路文明研究中心，并有《丝路文明》学刊。文有亚洲文明研究院，工有印度洋研究室。同处杭城的原浙江丝绸工学院（现浙江理工大学）与中国丝绸博物馆皆热衷于丝路研究。省内浙江师范大学的环东海与边疆研究院和非洲研究院也是重要的研究机构。

积全民四十余年之不懈努力，国家经济登上新台阶，巍然全球大国之初形已现。未来国民对各大洲列邦，特别是亚洲各国背景与民族文化之渴求必与日俱增，而知识汇聚必不能一日而成，须始于足下，从点滴做起。《中西元史》生根于兹，面向九州全域，有志广纳天南海北学界成果。题虽曰史，却不自限，凡古代文明研究所覆，如语言、文字、经济、考古、社会、地理等探索皆可容纳，冀随日月之逝而渐成蒙元、边疆民族、内陆亚洲及古代东西陆海交通研究同仁的切磋与交流园地，为新时代的到来而奠基添砖于先。

刘迎胜

2022 年 6 月 10 日

目 录

论 文

刘迎胜　东西交通视野下的塔里木河与黄河描述……… 3

何启龙　突厥语蒙古语的熊、野马、骟马、牦牛与牲口
　　　　——以历史语言学理论分析游牧经济史……… 26

邱靖嘉　"上畔"解
　　　　——辽金之际的语义衍化与统治变迁……… 72

求芝蓉　《史集·部族志·雪泥部》译注……… 89

洪学东　蒙古攻金借道淮东方案考……… 103

王敬松　忽必烈时期的赦免研究……… 127

毛海明　王复事迹钩沉……… 177

翟　禹　《元史·刘整传》笺证……… 219

向　珊　任仁发治水与元中期浙西基层社会……… 248

林梅村　元大都豫顺坊寺观与达官府邸考……… 278

刘砚月　文献获取与学术生成：钱大昕元史著述写作过程
　　　　探研……… 294

金国平　史海摭实：巨舶与五屿新探………332
张　闶　关于乾隆十二年第一次金川战争的清军作战地图………353
巴哈提·依加汉　乾隆四十八年敕哈萨克统治者的两件察哈台文谕旨
　　　　　　　　　底稿及其反映的问题………378

述　评

罗　玮　近年来元史研究的新动向………419
程秀金　近七十年来西方学界之新疆近现代史研究评介………440

论文

东西交通视野下的塔里木河与黄河描述

刘迎胜（浙江大学）

一、张骞带回的河源"新知"

　　章巽先生提出，中原人真正认识塔里木河是在张骞"凿空"西域之后。[1]《史记·大宛列传》记载了他从西域回到汉以后，向武帝报告西域地理的情况：

> 于寘之西，则水皆西流，注西海。其东水东流，注盐泽。盐泽潜行地下。其南则河源出焉，多玉石，河注中国。而楼兰、姑师邑有城郭，临盐泽。盐泽去长安可五千里。匈奴右方居盐泽以东，至陇西长城，南接羌，鬲汉道焉。[2]

　　《史记》点校者将罗布泊潜行地下这一段文字标点为："盐泽潜

---

[1] 章巽：《论河水重源说的产生》，《学术月刊》1961年第10期，第38—42页。
[2] 《史记》卷123《大宛列传》，中华书局点校本1982年版，第3160页。本句标点笔者有更动。

行地下,其南则河源出焉,多玉石,河注中国。"[1] 笔者的标点如前文所示。两者差别的关键在于对"其南则河源出焉"一句的理解。按中华书局点校者,"其南"指盐泽之南;而笔者理解的"其南"指于阗河。"河源出焉",指塔里木河——也就是所谓的黄河上游——源于阗南山,而非指在积石山重出的河源。"多玉石"的地方也是指于阗,而非指所谓"塔里木潜流后重源复出"的积石山。恰在此句之下,《史记》索隐引述了四种文献及注家的解释:

> 《汉书·西域传》云"河有两源,一出葱岭,一出于寘"。《山海经》云"河出昆仑东北隅"。郭璞云"河出昆仑,潜行地下,至葱岭山下于寘国,复分流歧出,合而东注泑泽,已而复行积石,为中国河"。泑泽即盐泽也,一名蒲昌海。《西域传》云"一出于阗南山下",与郭璞注《山海经》不同。《广志》云"蒲昌海在蒲类海东"也。[2]

上述诸说中,三种复述了于阗河为黄河上源之说,笔者的标点与之合,也同于《史记》索隐的理解。从《史记》的记载看,在塔里木河的诸上源中,张骞所知道的,只是南源于阗河。这就是说,他把于阗河看作塔里木河的主河道。

司马迁虽然记录了张骞将黄河上源与塔里木河挂钩的看法,但他相信不相信呢?《史记·大宛列传》结尾处有语:

---

[1] 《史记》卷123《大宛列传》,第3160页。
[2] 《史记》卷123《大宛列传》校勘记六,第3160页。并见〔日〕泷川资言《〈史记〉会注考证》卷123,北岳文艺出版社1999年影印本,第10卷,第7页。

太史公曰：《禹本纪》言："河出昆仑。昆仑其高二千五百馀里，日月所相避隐为光明也。其上有醴泉、瑶池。"今自张骞使大夏之后也，穷河源，恶睹本纪所谓昆仑者乎？故言九州山川，《尚书》近之矣。至《禹本纪》《山海经》所有怪物，余不敢言之也。[1]

足见司马迁其实是不信的。

张骞以开外国道而得尊贵后，其吏士争相上书，言外国奇怪利害，求出使。汉武帝认为西域绝远，非人所乐，听而遣之。他下诏广募民间人士，具备前往。即出使失败，亦命复使，以立功自赎。一时"使者相望于道""一岁中使多者十余，少者五六辈"[2]。西域都护府的设置，李广利对大宛的征伐，大批汉将吏士进入西域屯田驻守，以及西域诸国王子贵族入质观光，所有这些举措，都大大加深了中原知识阶层对西域人文地理的了解。《汉书·西域传》已能描述今南疆地区的地理整体概貌：西域"南北有大山，中央有河"。北山指天山，南山即昆仑山。位于中央的河，就是塔里木河。该传又云：

其河有两源：一出葱岭山，一出于阗。于阗在南山下，其河北流，与葱岭河合，东注蒲昌海。蒲昌海，一名盐泽者也，

---

[1]《史记》卷123《大宛列传》，第3179页。
[2]《史记》卷123《大宛列传》，第3171页。

> 去玉门、阳关三百余里，广袤三百里，其水亭居，冬夏不增减，皆以为潜行地下，南出于积石，为中国河云。[1]

上面《汉书》记载中"皆以为潜行地下"一句的重要意义在于，通过楼兰往来于西域与中原之间的军吏商使已经发现，塔里木河的下游——盐泽，即罗布泊，并不与黄河直接相通。换句话说，当时人已经实际上了解到它是一条内陆河。大约是受传统的黄河源于昆仑之丘的概念的影响，同时也受到流沙中河道为沙丘阻塞时，往往渗入沙碛，有时在下游某处重新汇聚成川的现象的启发，当时许多人对张骞把塔里木河视为黄河源的说法视为一种假设，尚未到完全相信的程度。

汉武帝可能是因为收到了其他使臣的考察报告，十分相信张骞等的话。《史记·大宛列传》记载："而汉使穷河源……其山多玉石，采来。天子案古图书，名河所出山曰昆仑云。"[2] 我们不知道，汉武帝所查证的古图书是什么书。但有一点可以肯定，汉宫廷所藏古图书并未说明河所源出的昆仑山在什么地方，将于阗以南的大山指为昆仑山，是从张骞首次出西域归来后才有的事。

上述《汉书》有关两河汇流后，东入蒲昌海/盐泽（按，罗布泊）的记载说明，大约在这时，中原人已经发现，所谓黄河上游塔里木河，除了已知的南源于阗河以外，尚有另一源葱岭河，即今之叶尔羌河，出于葱岭。玄奘后来指认为徙多河的就是它。所以，笔

---

[1] 王继如：《汉书今注》，凤凰出版社2013版，第2273页。
[2] 《史记》卷123《大宛列传》，第3173页。

者认为，只是到了西汉，由于中原与西域之间交往的日益频繁，南山→于阗河与葱岭→葱岭河汇流→盐泽→潜流→复出积石山→黄河的连线，才被明确地勾画出来。

尽管前引《山海经·北山经》有语"敦薨之山……敦薨之水出焉，而西流注于泑泽。出于昆仑之东北隅，实惟河原"[1]；《山海经·西山经》载"曰不周之山……东望泑泽，河水所潜也，其原浑浑泡泡"[2]；《山海经·西山经》载"积石之山，其下有石门，河水冒以西流"[3]，但《海外西经》又有语"禹所积石之山在其东，河水所入"，似乎全书在河源问题上说法不一。

至于《山海经》成书时间，学界始终众说纷纭。陆侃如认为《山经》是战国楚人所作，《海内经》和《海外经》是汉代所作，《大荒经》和《海内经》为东汉魏晋所作。[4] 茅盾认为《五藏山经》是春秋时作，海内外经至迟成书于春秋战国之交，《荒经》的成书也不会晚于秦统一。[5] 蒙文通认为《荒经》以下五篇写作时代最早，大约在西周前期；《海内经》四篇较迟，但也在西周中叶；《五藏山经》和《海外经》四篇最迟，是春秋战国之交的作品；《海内经》是古蜀国人所作；《大荒经》是巴国人所作。[6] 袁珂认为《荒经》四篇和《海内经》一篇成书最早，大约在战国初年或中期；

---

[1] 袁珂：《〈山海经〉校注》，上海古籍出版社1980年版，第75页。
[2] 袁珂：《〈山海经〉校注》，第40页。
[3] 袁珂：《〈山海经〉校注》，第51页。
[4] 陆侃如：《论〈山海经〉的著作时代》，袁世硕、张可礼主编：《陆侃如冯沅君合集》卷8，安徽教育出版社2011年版，第163—164页。
[5] 茅盾：《神话研究》，百花文艺出版社1981年版，第147—151页。
[6] 蒙文通：《略论〈山海经〉的写作时代及其产生地域》，《巴蜀古史论述》，四川人民出版社1981年版，第146—184页。

《五藏山经》和《海外经》四篇稍迟，是战国中期以后的作品；《海内经》四篇最迟，成于汉代初年。[1]

虽然前《山海经》引中有关塔里木河注入罗布泊后，潜流重出至积石山，成为黄河流之说有可能在汉以前就有，但司马迁不采信张骞使西域后中原人构建出的覆盖西域与中原在内的亚洲大陆的地理新知的态度，说明河出于积石仍是当时社会的普遍认识。而郭璞注"河出昆仑而潜行地下，至葱岭，复出注盐泽。从盐泽复行南，出于此山，而为中国河，遂注海也"[2]的注文，则表明将黄河源上溯至葱岭，注入盐泽，即罗布泊的塔里木河，在两晋时局成为知识界的"公共知识"。

二、托勒密《地理志》中的塔里木河

在公元3世纪以前，与中亚发生密切关系，并产生巨大影响的，除了中、印两国以外，就数古希腊人了。与中国的制图学传统不同，希腊制图学以球面作为基础。希腊人把中国称为赛里斯（Seres），意为丝国。希腊、罗马帝国的不少文献提到过赛里斯国。大约在公元70—80年（东汉时），马其顿商人马埃斯·梯提安努斯（Maês Titianos）曾派遣手下人沿陆路赴赛里斯国贸易。大约公元1世纪末，地理学家提尔人马利努斯（Marinus de Tyr）利用当时人

---

[1] 袁珂：《〈山海经〉写作的时地及篇目考》，《神话论文集》，上海古籍出版社1982年版，第1—25页。以上据刘钊：《出土文献与〈山海经〉新证》，《中国社会科学》2021年第1期，第83—103页（具体见第94页）。

[2] 见《四部丛刊初编·子部》影江安傅氏双鉴楼藏明成化庚寅刊本；及郝懿行：《山海经笺疏》，《续四部丛刊·史部·古史》影郝氏遗书本。

写的游记，写出了一部地理著作，其中也提到了赛里斯国。公元2世纪中叶，希腊学者托勒密（120—170）的8卷《地理志》中，有6卷写了各地的经纬度数值，精确度达到1/12度。[1] 书中利用马埃斯手下人前往赛里斯国的见闻录，并修正了马利努斯的记载，描述了葱岭和塔里木盆地的自然概貌。在拙文《徙多河考》[2]中，笔者已对托勒密的记载有所研究，这里只作简述，以引起下一节的讨论。托勒密笔下的伊麻奥斯（Imaos）山[3]，按李希霍芬（von Richthofen）、斯坦因（Aurel Stein）和戈岱司（George Coedès）的意见，相当于帕米尔。[4] 故而伊麻奥斯山外的斯基泰人，实际上描述的是葱岭地区斯基泰人。其北方，也即乌孙人和康居人占据的伊丽河、都赖水（塔拉思河）草原，对希腊人来说是一片"未知的土地"。其东方是赛里斯，指东汉。确切些说，指东汉控制下的西域。托勒密继续写道，在葱岭地区有：

……奥扎基亚（Auzakia，按，应指天山）山脉的西段，其边缘的经纬度分别为149度和49度；卡西亚（Kasia，按，应指昆仑山）山脉的西段，其边缘经纬度分别位于152度和41

---

[1] 〔英〕李约瑟：《中国科学技术史》卷5《地学》，第1分册，科学出版社1990年版，第71页。
[2] 收入赖永海编：《禅学研究》第1辑，江苏古籍出版社1992年版，第176—189页。
[3] 戈岱司编：《希腊拉丁作家远东古文献辑录》，耿昇译，中华书局1987年版，第30—31页。
[4] 戈岱司编：《希腊拉丁作家远东古文献辑录》，第21页，第152页；但〔法〕布尔努娃：《丝绸之路：神祇、军士与商贾》（耿昇译，云南人民出版社2015年版，第80页，第344页）在引述这段描述时称"喜马拉雅山相衔接的大山便从那里开始"，而在书末索引中，直接将伊麻奥斯山理解为喜马拉雅山脉。

度处；埃模达（Êmôdâ，按，应指喜马拉雅山）山脉的西段，其边缘地带的经纬度分别为153度和36度。奥伊哈尔德斯江（Oikhardes，按，应指塔里木河）发源于奥扎基亚山（按，即上述天山），其地经纬度分别为153度和51度。[1]

他还说"赛里斯国的绝大部分地区由两条河流所流经"，其中一条为上所提到的"奥伊哈尔德斯河"，有一源头在奥扎基亚山区附近；而在阿斯米拉亚山（Asmiraia，按，应指昆仑山脉的一部分）为另一源头，位于174度、47度30分的地方；在卡西亚山附近有一弯曲处，位于160度和49度30分的地方。[2]

学界讨论过奥伊哈尔德斯河。有考证为今新疆喀喇沙尔河，有认为是蒙古色楞格河。东方学家的意见比较一致，玉尔认为是塔里木河，李希霍芬认为指源于天山的喀什噶尔河和源于昆仑山的于阗河。[3]戈岱司则进一步表示，奥伊哈尔德斯河的三条支流，分别相当于塔里木河的三条上源喀什噶尔河、叶尔羌河和于阗河。[4]笔者认为，戈岱司的意见较近于实际，即：发源于奥扎基亚山区附近的是喀什噶尔河，或阿克苏河（152度、51度）；发源于阿斯米拉亚山的是于阗河（174度、47度30分）；而发源于卡西亚山脉的第三条支流是叶尔羌河（161度、44度15分）。但托勒密未言及上述三河汇流后下游的流向和所经地。

---

[1] 戈岱司编：《希腊拉丁作家远东古文献辑录》，第31页。
[2] 戈岱司编：《希腊拉丁作家远东古文献辑录》，第32—33页。
[3] 〔瑞典〕斯文·赫定（Sven Hedin）：《南部西藏》（*Southern Tibet*）卷1，B. R. Publishing Corporation，第34—41页。
[4] 戈岱司编：《希腊拉丁作家远东古文献辑录》，第22页。

托勒密时代绘制的地图今已无存。据文艺复兴时代人们推测，托勒密的原图与威尼斯人罗斯散利在1561年复原的托勒密地图相去不远。[1]今天学者们常用的，就是这份复原图。值得注意的是，土耳其伊斯坦布尔（Istanbul）阿亚索菲娅（Aya Sofya）图书馆藏有一份盖有巴耶塞特（Bayezid）二世（公历1481—1512）印玺的阿拉伯文托勒密地图（收藏号No. 2160）。[2]这份托勒密地图与罗斯散利复原图基本相同，只是方向相反，上南下北。在亚洲的东北部，两图都明确标出了奥伊哈尔德斯河的三条上源及其汇流处。但同托勒密的文字说明一样，未绘出三源汇合后的下游河段。希腊人对塔里木河的了解，大致就是托勒密所记载的那些。罗斯散利复原图中有关塔里木河部分，国内最易查找的，是斯文·赫定《南部西藏》卷1所附版图3（第38页）。

斯文·赫定虽然仔细地研究了复原的托勒密地图，但他并没有认真查对托勒密《地理志》关于奥伊哈尔德斯河的叙述原文，特别是竟忽略了奥伊哈尔德斯河在阿斯米拉亚山中174度和47度30分处起源的第二条支流（应指于阗河），居然认为只有另外两条支流才是塔里木河的上源，而把第二条支流误当作塔里木河的下游河段。[3]岑仲勉不加鉴别地接受了斯文·赫定的误说，并进一步发挥，把托勒密所记赛里斯国第二条大河博提索斯河，说成是蒲昌和

---

[1]〔英〕李约瑟：《中国科学技术史》卷5《地学》，第1分册，第73页。
[2]《伊斯兰百科全书》（*The Encyclopedia of Islam*）新版卷4，Brill Academic Publishing，第1080—1081页。
[3]〔瑞典〕斯文·赫定：《南部西藏》，第38页。

渤海的对音[1]，实不足取。

托勒密除了未提及奥伊哈尔德斯河，也即塔里木河下游注入罗布泊，更未言及黄河，对于西域以远的赛里斯国即汉朝，只有方位概念，足见西域基本是他地理知识的极限了。

三、塔里木河为黄河源说在西域的流传

笔者同意本文开头处所引章巽先生的意见，即从目前的史料看，将塔里木河视为黄河源的说法，最早可追溯至张骞对自己出寻大宛往返旅程的描述。但我们其实并不清楚，所谓"潜流伏出"说究竟是张骞本人的"发现"，还是得于西域当地人。张骞之后，除了内地接受张骞的河源假说之外，"潜流伏出"说在西域当地是否流传，这是本文关注的焦点。

北朝时代，中原人对塔里木河的上源有了相当科学的了解。但我们发现《周书》在描述塔里木河之南源和田河时，却将它与黄河相联系：

> 城东二十里，有大水北流，号树枝水，即黄河也。城西十五里，亦有大水，名达利水，与树枝俱北流，会同于计戍。[2]

杜佑《通典》有大致相似的记载：

---

[1] 岑仲勉：《托烈美所述"丝路"考略》，《〈汉书·西域传〉地理校释》附录一，中华书局1981年版，第561页。
[2] 《周书》卷50《西域传·于阗》，中华书局点校本1983年版，第917页。

> 首拔河，亦名树拔河，或云即黄河也。北流七百里入计戍水，一名计首水，即葱岭南河，同入盐泽。[1]

由此可见，塔里木河"潜流伏出"为黄河源说，在西域一直存在。这种水道地理观流传至何时呢？《宋会要·蕃夷四》中有一段记述龟兹回鹘向北宋遣使的史料，其文曰：

> 咸平四年（按，1001）二月，大回鹘龟兹国安西州大都督府单于军克韩王禄胜遣使曹万通奉表贡玉勒，名马，独峰，无峰橐驼，宝刀，宾铁剑，甲，琉璃器，鍮石瓶等。万通自言任本国枢密使，本国东至黄河，西至雪山，有小郡数百，甲马甚精习，愿朝廷命使统领，使得缚继迁恶党以献。因降诏禄胜曰："贼近凶悖，人神所弃。卿世济忠烈，义笃舅甥。继上奏封，备陈方略，且欲大举精甲，就覆残祆，拓土西陲，献俘北阙，可汗功业，其可胜言，嘉叹尤深，不忘朕意。今更不遣使臣，一切委卿统制。"特受万通金紫光禄大夫、检校太师、左神武军大将军、兼御史大夫、上柱国，封谯县开国子，食邑五百户。万通入辞，帝召至便殿，谕之曰："归语可汗王，得所奏事，备观忠荩。今赐晕锦衣一袭、金带一、金花银酒器二百两、锦绮绫罗二百匹。"以贡奉物价三十万优给之。[2]

---

[1]《通典》卷192《边防八》，新兴书局刊本1955年版，第1033页。
[2]《宋会要辑稿·蕃夷四》稿本，中华书局1957年版，第7720页。

这段史料在宋代已引人注意，如李焘《续资治通鉴长编》咸平四年夏四月的文字：

> 丙辰，西州回鹘可汗王禄胜遣使曹万通来贡玉鞍勒、名马、宝器等，万通自言任本国枢密使，本国东至黄河，西至雪山，有小郡数百，甲马甚精习，愿朝廷命使统领，使得缚继迁以献。即授万通左神武大将军，降诏奖禄胜，优赐器服。（十一月末，又入贡，当考。）[1]

即节选自此，此外还见于《宋史》卷490《回鹘传》。《宋会要》中的这段史料在当代也为许多学术著述引述，但由于西迁新疆的回鹘政权的东部疆界从未到达过黄河，因此不少学者在解释这一段记载时，采取了迂回理解的方式。如钱伯泉在《沙州回鹘研究》中写道：

> 11世纪初，有个名叫禄胜的回鹘可汗，遣使宋朝，表示愿意为宋朝效力，进攻西夏，《宋史》记载此事说："咸平四年（1001），可汗王禄胜遣使曹万通以玉、名马、独峰橐驼、镔铁剑甲、琉璃器来贡。万通自言任本国枢密使，本国东至黄河，西至雪山，有小郡数百，甲马甚精习，愿朝廷命使统领，使得

---

[1] 李焘：《续资治通鉴长编》，上海师范大学古籍整理研究所、华东师范大学古籍整理研究所点校本，中华书局2004年版，第1057页。

缚继迁恶党以献。"禄胜是何部回鹘的可汗?这条记载没有说明。由于曹万通自称"本国东至黄河，西至雪山"，许多学者将"雪山"看作祁连山，"黄河"看作今甘肃兰州的河曲因而认为禄胜是甘州回鹘可汗。这种看法是错误的，因为历史记载明确地说，当时的甘州回鹘可汗为"夜落纥"。《续资治通鉴》记录此事，字句稍有不同：

"（咸平四年四月）丙辰，西州回鹘可汗王禄胜遣使曹万通贡玉鞍勒、名马、宝器。万通自言任本国枢密使，本国东至黄河，西至雪山，有小郡数百，甲马甚精习，愿朝廷命使统领，使得缚继迁以献。即授万通左神武大将军。降诏奖禄胜。"

这里明白无误地标着，禄胜为"西州回鹘可汗王"。但是西州（今新疆吐鲁番）回鹘与西夏相离极远，从无兵戈相见，何用与西夏统治者李继迁为敌，同宋朝结盟？又，西州回鹘的北边虽有雪山，但东边离黄河极远，其国境与曹万通所说不符。因此，上述记载中的"西州回鹘可汗王"，不能理解为建国于今新疆吐鲁番周围的西州回鹘（又称"和州回鹘""高昌回鹘"）可汗王，而应理解为"西方地区的回鹘可汗王"。[1]

李树辉在引用上述史料后，在解释"本国东至黄河，西至雪山"时，表示龟兹回鹘的"势力范围已东达青海湖东南地区，即统辖有鞑靼、种榅和董毡等"[2]。王钟翰主编的《中国民族史》上

---

[1] 钟进文编:《中国裕固族研究集成》，民族出版社2002年版，第48页。
[2] 李树辉:《乌古斯和回鹘研究》，民族出版社2010年版，第233页。

册，可能是为了协调其境"东至黄河"之说，径直将曹万通所代表的西州/龟兹回鹘解释为"甘州回鹘"[1]。杜建录在其《西夏与周边民族关系》中也作了同样表述[2]，但均未作任何考述。

其实，所谓西州回鹘的疆域"东至黄河"中的"黄河"并非指黄河本身，而是指被误以为是黄河上源的塔里木河。所谓"东至黄河"，应指塔里木河所注入之罗布泊。由此可见，"潜流伏出"说，也即将塔里木河理解为黄河上源说，一直在西迁回鹘所控制的西域流传，至少流传至北宋初。

四、《世界境域志》（Ḥudūd al-'Ālam）所述塔里木河与黄河源

地跨亚欧非三大陆的大食帝国的建立，对伊斯兰地理学的发展起了很大的推动作用。10世纪成书的波斯无名氏地理著作《世界境域志》（Ḥudūd al-'Ālam）[3]中有几处描述了作者所了解到的黄河以及塔里木河流域的情况。今逐段录出，并加讨论。

I. 想象中的黄河上游的沼泽地——盐泽/罗布泊

书中第6章《讲述河流》（Discourse on the Rivers）第1节：

---

[1] 王钟翰：《中国民族史》，武汉大学出版社2012年版，第829页。
[2] 杜建录：《西夏学文库·著作卷·西夏与周边民族关系》，甘肃文化出版社2017年版，第115页。
[3] 王治来：《十世纪波斯文古地理书——〈世界境域志〉》，《新疆社会科学》1983年第4期，第89—94页。

东西交通视野下的塔里木河与黄河描述　17

东方（in the eastern parts）的第一条河是来自锡兰大山（coming from the Sarandīb mountain）的咸阳河。[1] 在流淌了十二日的距离之后，它形成了一片沼泽（āngah baṭīḥa bandadh），其长宽相似，皆为5程（farsang）。[2] 然后从那片湿地也流出了一条那么大的（chandān）河，以致于奔流了7天之后到达咸阳。它的一部分水被用于农耕，余下的则流向东洋大海（the Eastern Ocean）。[3]

对这一段记述，英译者米诺尔斯基注释道：这里提到的咸阳河（the river of Khumdān）明显指黄河而非渭水。无名氏描述的12日流程也过短。黄河起源于吐蕃东北边境的湖沼，这里所言其中流之沼泽出于臆想，除非作者设想黄河源通过罗布泊联系到塔里木河。在这种情况下，作者两次叙述了同一条河，用第三节（按，即以下有关塔里木河的第三节）中不为人知的史料引出第一节（按，即有关黄河的本节）。为一史料已为花剌子迷（Khwārizmī）所知，他在其书第125页提到起源于 S?S（سسس）河之山的那条名为［?］特鲁思（? ṬRŪS/طروس）的河（the river طروس rising from the mountain of the river سسس），然后流经一片沼泽（baṭīḥa）[4]，后此河流经"中国城"（the City of China / madīnat al-Ṣīn），并注入大海。米诺尔斯基认为，［?］特鲁思（?ṬRŪS/طروس）可能就是上

---

[1] 咸阳之原文为Khumdān，指长安。
[2] farsang为波斯长度单位，约为6.24公里。
[3] Ḥudūd al-'Ālam, The Regions of the World, tr. by V. Minorsky, Luzac & Company, 1970, p. 70.
[4] 原注花剌子迷补充道，另有一条也来自S?S（سسس）河之山的河流注入同一沼泽。

节提到的托勒密所言之奥伊哈尔德斯河。[1]

书中第 3 章《讲述海洋与海湾之分布》(Discourse on the Disposition of the Seas and Gulfs) 中有一段文字也言及黄河上游的沼泽：

> 至于被称为沼泽的水面，有很多，但有名者（ānch ma-'rūf ast）有九，……其第八个位于咸阳（Khumdān）城所在地域（ḥudūd）的中国（Chīnisān）高原尽头（a'ālī）处。[2]

米诺尔斯基对此段注释道："抑或罗布泊被视为塔里木河与黄河之间的连接处。"[3]

Ⅱ. 塔里木河与盐泽

书中第 6 章《讲述河流》(Discourse on the Rivers) 之第 3 节之内容如下：

> 另一条河称为洼札黑（*WAJĀKH/فجاخ *βajākh），起源于已经提及的位于那个沙漠最尽头处（ākhir-i ḥadd）的蛮尼撒（Mānisā）大山。它从塔札黑（Thajākh）[原文如此]、巴里合（Barīḥa）及苦思坎（Kūskān）等城镇（区域？）边缘而过，穿越和田州（the province of Khotan），而当流经沙州（*Sha-

---

[1] Ḥudūd al-'Ālam, p. 206.
[2] Ḥudūd al-'Ālam, pp. 55—56.
[3] Ḥudūd al-'Ālam, p. 186.

chou)之地时（*chūn az nāḥiyat-i Sājū gudharadh*）形成一片湖沼。由此它流向龟兹之极边（down to the limits of Kuchā），然后经过（*andar miyān*）苦儿昔（Kūr.sh?）州和弗剌只可里（F.rāj.klī）州，再注入东洋大海（the Eastern Ocean）。在此河之西岸为阿喀（'akka，喜鹊?）鸟之巢穴（houses/nests），当春天来临时，该河的两岸满是这种小阿喀鸟。此河宽为半程（farsang），而这一宽度是无论如何也越不过去的（*va hargiz pahnā-yi īn āb naburrand?*）。当此河流至龟兹（Kuchchā）[原文如此]之边时，始称龟兹河，正如诸书中所述。从同一附近处（*ham az ān nazdīkī*），而更临近阿母河北之地（nearer to Transoxiana），汇来三条河，其中之一为思麦恩得-浑（S.MĀY.ND-GHŪN），第二条名曰黑来恩得-浑[KH.RĀYND（Khwāy.nd?）-GHŪN，而第三条则称忽勒恩得-浑 KHŪL.ND（Khūk.nd?）-GHŪN]。在额札（Gh.zā）与可勒邦克（K.lbānk）之间，此三河汇入塔札黑[原文如此]河（the river of Thajākh）。[1]

《世界境域志》此处所言之"洼札黑"（*WAJĀKH*/فجاخ */βajākh*）河，显然就是塔里木河。米诺尔斯基特在此出了一条长注释，首先特别提到了无名作者所述的塔里木河与黄河之间的关系：此河是臆想中的塔里木河与黄河的连接。有关塔里木河的描述有几处罕见的细节。和田河之源被置于几个被称为"洼札黑"

---

[1] *Ḥudūd al-'Ālam*, pp. 70—71.

(**Wajākh，参见第11章第12节）、巴里合（Barīḥa）及苦思坎（Kūskān）的地方。其中至少巴里合 Barīḥa（بريحه）或 Barīkha（بريخه）表现出与和田之南的山（即 Mānisā）中之 Brinjak（برىجک）隘口有相似处。而苦思坎（Kūskān）则令米诺尔斯基想起和田之南一个名尼萨（Nisa）地方之上的卡什阔勒冰川（Kashkūl glacier）的名称。

继而他又言及"洼札黑"河，即和田河的三条支流的名称，说它们看似带着伊朗语后缀-and 的名称；名后-ghūn的成分明显指"河"，但又不知出自何种语言。他在页下注4中提出，帕米语的河名 Gunt［*Ghund］，以及喀什（Kāshghar）之南的 Tazghun（?），或许可视为与此平行的例证。他又猜测道，ghūn 也许相当于波斯语 gūn "颜色"？分别确定这三条注入和田河的河流，就是叶尔羌河、喀什河和阿克苏河是显而易见的做法。但是，没有人会忽视最终将 Ah-su 勘同为忽朗-浑（Khūland-ghūn）所带来的困难。他还出注指出，忽朗-浑（Khūland-ghūn）是阿克苏的一个早期名称。

他继续讨论道：亦黑刺只（Ighrāj）山，也即亦黑刺只山隘（Ighrāj-art/"the col of Ighrāj"），正如第5章第7节所言，被无名作者置于忽朗-浑的附近，看来更像似位于阿克苏河河源外东面较高的木孜-阿儿忒（Muz-art，笔者按，Muz 当出自突厥语"冰"），而非西面较低的别迭里山口（Bedel pass），而第12章第5节所言及之属于九姓的阿儿克［Ark（ارک）］镇，则被置于忽朗-浑附近。这些考证提示，忽朗-浑位于木孜-阿儿忒隘口东面，尽管在这里我们又面临着一些困难，因为无论过去怎样，库车（Kuchā，龟兹）河，或该地区的任何其他河流现在都无法到达塔里木河（Tarim）。

他表示，如果忽朗-浑被确定在那么东边，则其他两条河流也可能会被移至天山西，这将进一步不好确定额札（Gh.zā）与可勒邦克（K. lbānk）的位置，而在这两地之间，各支流汇入了"洼札黑"（*Wajākj）河。根据第11章第21节，额札（Gh.zā）"位于九姓一侧，吐蕃之地的起始处，靠近龟兹河"，但我们现在将看到，使用这最后一个术语会给我们带来新的复杂性。

米诺尔斯基进一步谈论塔里木河被视为黄河在罗布泊以上的部分问题。他举证分别由比勒（Beal）与儒莲（Julien）所译之《玄奘传》中有关徙多河东流入盐泽，继而东流出积石山成为黄河，再入海的描述（按，详后），以及德国地理学家李希霍芬与沙畹的意见，提出此说出自中国人自身。[1]

尽管我们现在仍然不清楚，西汉时张骞首次出西域归来后带入汉的探河源"新知"，即将塔里木河与黄河联系起来，进而将该河视为黄河上源，究竟是张骞本人的"发现"，还是得之于当时"三十六国"当地人之口中，但有两点是清楚的：第一，黄河与塔里木河相联系的概念，应当出自于既了解西域，也了解中原的人士。第二，《世界境域志》中的上述记载证明，黄河源在积石山之上"潜流伏出"的看法，不仅在使用汉语的西域人中流传，如前面所引《周书》与《宋会要》的记载，也在母语并非汉语的当地民族中长期传播。

---

[1] *Ḥudūd al-ʿĀlam*, pp. 205—208.

五、《元史·地理志·河源附录》中的薛元鼎辨

古人有关塔里木河与黄河源的关系问题，涉及中国探求河源的历史。从今日地理科学的角度看，视塔里木河为黄河上源，是方向性错误；而唐、元两代因中原与吐蕃往来密切，在认识河源的问题上，有了重要突破。《元史》卷63《地理志·河源附录》[1]开篇言：

> 河源古无所见。《禹贡》导河，止自积石。汉使张骞持节，道西域，度玉门，见二水交流，发葱岭，趋于阗，汇盐泽，伏流千里，至积石而再出。唐薛元鼎使吐蕃，访河源，得之于闷磨黎山。

《元史》中华书局点校本此处对薛元鼎其人未出注或校勘记。[2] 黄文弼在其文《罗布淖尔水道之变迁及历史上的河源问题》中，述"至唐长庆二年（822），穆宗遣薛元鼎使吐蕃盟会，并探河源"时，引《新唐书·吐蕃传》中有关记载"元鼎逾湟水，至龙泉谷"与"元鼎所经见，大略如此"，将《新唐书》所记之"元鼎"，

---

[1] 余元盦："《元史志表部分史源之探讨》：《河源附录》乃根据潘昂霄《河源志》及朱思本所译梵书而成者。《元史·地理志》此处所据者，即《四库全书总目提要》卷15《史部·地理类存目四》所载之《河源记》一卷与《千顷堂书目》卷8《史部·地理类》所列朱思本《广舆图》二卷。"（《西北民族文化研究丛刊》第1辑，1949年5月，收入吴凤霞主编：《辽史、金史、元史研究》，中国大百科全书出版社2009年版。）

[2] 《元史》卷63《地理志·河源附录》，中华书局点校本1976年版，第1563页。

理解为薛元鼎[1]，所据当为上引《河源附录》。郑庆笃主编之《全唐诗广选新注集评》卷4，在注唐黄甫曾《送汤中丞和蕃》中"陇上应回首，河源复载驰"一句时，注：

> ［河源］指黄河流经之大积石山。汉武帝时以为河源出于阗，黄河所出山曰昆仑，并谓汉使亦未睹昆仑。至唐长庆间，大理卿薛元鼎使吐蕃，访河源，得之于闷磨黎山，即今黄河所经之大积石山。[2]

其知识来源也是上引《河源附录》。而王秉钧在注明李梦阳《熊子河西使回》三首中之第三首中"旧说穷源使，人念出武威"一句时，所言：

> "穷源使"，寻求黄河之源的使臣。汉武帝时，始穷河源，以为河源出于阗。唐元诸朝，皆尝派河源使穷其究竟。如唐长庆间，大理卿薛元鼎使吐蕃，访河源。[3]

对薛元鼎也未提出任何质疑。唐穆宗长庆年间，唐与吐蕃为保持两国关系长久和平，分别在长安与逻些（今拉萨）两度会盟。唐朝方面就会盟负责与吐蕃交涉的大员中，有大理寺卿刘元鼎。唐蕃双方在拉萨会盟所立汉—吐蕃双语石碑至今尚存，已故王尧先生有

---

[1] 黄烈编：《西域史地考古论集》，商务印书馆2017年版，第447页。
[2] 郑庆笃编：《全唐诗广选新注集评》卷4，辽宁人民出版社1994年版，第599页。
[3] 王秉钧选注：《历代咏陇诗选》，甘肃人民出版社1981年版，第161页。

专文讨论，并考刘元鼎其人。[1] 日本学者佐藤长与我国学者王蕾、刘满有文专论刘元鼎往返唐蕃路线。[2]

其实清代已有学者指出，《河源附录》中的薛元鼎应为刘元鼎。阎若璩写道：

> 《唐书》刘元鼎（蔡传"刘"作"薛"，非。唐有薛大鼎，无薛元鼎也。《元史》河源附录亦作"薛"，似沿蔡传）为吐蕃会盟使……。[3]

所谓"蔡传"，即宋代蔡沈《书经集传》，其中曰："唐长庆中，薛元鼎使吐蕃，自陇西成纪县西南出塞二千余里，得河源于莫贺延积尾。"[4]可见，至少在南宋时，已将刘元鼎误为薛元鼎。

归纳塔里木河潜流重源说，可以看出有两个节点：

一是将塔里木河视为黄河上游河段，连接点为罗布泊及其以东的沙漠。塔里木河流入罗布泊是真实的，而"潜流重源"则明显出自想象，其现实背景是构建这一说法的人自己也知道罗布泊水系与黄河上游并不直接沟通，所以才会用"潜流重源"之说来弥补地理上的空缺。这一点与《史记》所记张骞的认识是一致的。

---

[1] 王尧：《唐蕃会盟碑疏释》，《历史研究》1980年第4期，第93—108页；有关刘元鼎见第105页。

[2] 〔日〕佐藤长：《唐の刘元鼎の入藏路にいて》，《佛教大学大学院研究纪要》1980年第8号，第1—14页；王蕾、刘满：《刘元鼎入蕃路线河陇段考》，《敦煌学辑刊》2017年第2期，第43—54页。

[3] 阎若璩著，黄怀信、吕翊欣校点：《尚书古文疏证》，上海古籍出版社2013年版，第387页。

[4] 蔡沈：《书经集传》卷2，文渊阁《四库全书》本。

从前面的引文可以看出，罗布泊沼泽被视为黄河上源这一点，虽在《世界境域志》中几次提及，但无名作者未举证任何出处。虽然"潜流重源"就在汉籍《山海经》与《史记·大宛列传》中已见，时间早于《世界境域志》，但波斯地理学家的记录是否来自中原还是不清楚。

综合汉籍《山海经》与《史记·大宛列传》，以及波斯文《世界境域志》，笔者感觉，将双方的共同性理解为西域与中原文化交流的结果更自然，也即中原与西域在相当早的时期，就有过亚洲地理观念的沟通，并在两地独立地传承下来。

第二个节点，是将河源继续向西推，直至与印度人所说的徙多河联系起来。这一点，笔者约30年前，在《徙多河考》[1]一文中曾作过考证，后面还要继续讨论。

---

[1] 收入赖永海编：《禅学研究》第1辑，第176—189页。

突厥语蒙古语的熊、野马、骟马、牦牛与牲口
——以历史语言学理论分析游牧经济史

何启龙（香港明爱专上学院）

一、前言

  游牧民族较迟才拥有文字，有了文字也很少使用。他们的史事，很依赖周边农业民族的记载。在这广阔的内陆亚洲草原，史料是"越东越详"——越靠向东方、越接近中原王朝，汉文史料越多；它也是"越西越洋"——越靠向西方、越接近西亚与欧洲，伊斯兰史料与欧洲史料就越多。[1] 是故，研究游牧民族史，需要结合三方史料：游牧民族自身的民族文字数据、汉文史料、波斯文阿拉伯史料跟希腊文与拉丁文史料，互补不足，才能接近史实。衔接三方史料，就是在三方不同语言文字之中辨认出相同的国名人名民族名称——这就是审音勘同之学。[2]

---

[1] 刘迎胜：《纪念韩儒林师》，陈得芝、丁国范、韩朔眺编：《朔漠情思——历史学家韩儒林》，南京大学出版社2000年版，第116—123页；详见第117页。

[2] 韩儒林：《关于西北民族史中的审音与勘同》，《穹庐集》，上海人民出版社1982年版，第214—220页；河北教育出版社2000年版，第226—232页。

内陆亚洲史时常运用历史音韵学（historical phonology）的技巧，比对不同语言文本，勘同人名国名。不过，历史语言学（historical linguistics）的用途不止于此。一些古时的社会现象，史书无法解释的，或记载欠详的，历史语言学的理论也有能力协助解说。人类的语言跟物质文明和思维文化都息息相关。文化习惯改变，词汇也会转变；词汇不变，其内涵意思也会转变。比如蒙古人称占卜为tölge，这字已见于13世纪《蒙古秘史》第201节，札奇斯钦解释为萨满巫师烧羊肩胛骨看裂纹辨认吉兆[1]；额尔登泰说是巫师用弓弦占卜[2]。两种解释未臻原意。这词源自古老的突厥语"梦"tül，是其派生词，原意当是预知梦的征兆。[3] 这是突厥语借词。蒙古文"梦"系jegüdün。至于蒙古文肩胛骨系dalu，肩胛骨占卜系dalu tölge。[4] 蒙古人的肩胛骨占卜由来已久，史书记载成吉思汗与耶律楚材曾一起占卜："每将出征，必令公预卜吉凶，上亦烧羊脾骨以符之。"[5] 史书并无记载古老时代蒙古人的占梦文化。然而，从词汇来看，肩胛骨占卜dalu tölge是子类，占卜总目tölge

---

[1] 札奇斯钦（Sečin Jaγčid）：《蒙古秘史新译并注释》，联经出版事业有限公司1979年版，第285—287页。

[2] 额尔登泰（Eldengtei）、乌云达赉（Oyun Dalai）、阿萨拉图（Asalatu）：《蒙古秘史词汇选释》，内蒙古人民出版社1980年版，第269页。

[3] Rona-Tas, "Dream, Magic Power and Divination in the Altaic World", *Acta Orientalia Academiae Scientiarum Hungaricae*, vol. 25 (1972), pp. 227—236.

[4] Ferdinand D. Lessing, *Mongolian-English Dictionary*, University of California, 1960, pp. 226—227. 内蒙古大学蒙古学研究院蒙古语文研究所：《蒙汉词典增订本》，内蒙古大学出版社1999年版，第1151页。

[5] 苏天爵：《元朝名臣事略》卷5《中书耶律文正王》，中华书局1996年版，第75页。C. R. Bawden, "On the Practice of Scapulimancy among the Mongols", *Central Asiatic Journal*, vol. 4 (1958—1959), pp. 1—43.

是占梦；换句话说，占梦才是最原始的占卜法。不但占梦是从突厥语传入，骨卜恐怕也是来自突厥人。突厥语肩胛骨 yaɣrin（或 yarin）[1]，成为蒙古语借词*jaɣarin，借入后却只是代表"神告"，是萨满教专用字。[2] 这个突厥语借词在蒙古语并无肩胛骨之意，不是由畜牧业借入的，明显是烧肩胛甲骨占卜吉凶引伸而来的宗教意思。《蒙古秘史》第121节记载，豁儿赤说"神告"jaɣarin 临到自己身上，让自己亲眼看到各种吉兆，是天地认同铁木真取代札木合成为蒙古人的汗。肩胛骨占卜的神告与占梦都是突厥语借词，证明突厥语民族的萨满宗教文化输入蒙古语民族。

词汇的音变，意思与其改变，词汇改变的原因，输入借词的原因，诸如此类都跟历史文化和经济生活息息相关。

二、音变的潮流

同源词（cognate）是语系内的各语支各方言继承自语系祖先的词汇，可以包括祖居地的动植物与当时的生活文明的词汇，比如印欧语系拥有的同源词：山毛榉、河鳟、马、车、王者（拉丁文 rex、梵文 rāja）。[3] 同源词在不同方言的发音差异，学者从中找到音变的

---

[1] Gerard Clauson, *An Etymological Dictionary of Pre-Thirteenth-Century Turkish*, Clarendon Press, 1972, pp. 905, 970.

[2] 额尔登泰：《蒙古秘史词汇选释》，第287页。

[3] 山毛榉和河鳟，是黑海沿岸可见。学者相信这里就是原始印欧语民族的祖居地。原始印欧人驯养了马匹，发明了马车，能够长距离活动。同源词王者，证明原始印欧人早就拥有比父权部落更高阶的政治制度，更能聚集人力物力，便于对外征战、移徙扩张，成为横跨欧亚的语系。Winfred P. Lehmann, *Historical Linguistics: An Introduction*, pp. 284—285, 298—303.

法则。1822年，历史音韵学的先贤考察了印欧语系各支方言，推出首个音变法则格林定律（Grimm's law）。[1] "父亲"，现代英语是father，德语是Vater，古代哥德语是fadar，波斯语是padar，梵文是pitā。我们知道它们是同源词，都依从法则，但为何有些语支的首辅音是p-，有些是清音f-或浊音v-？为何有些词的词间辅音是清音-t-，有些是-d-？为何梵文的词末辅音-r脱落？这些法则只是归纳了音变的轨迹，却没有能力解释为何会发生音变。[2]

突厥语"脚"，最早见于公元731年《阙特勤碑》北面第7行：adaq。[3] 1070年，喀什人麻赫穆德《突厥语大辞典》记载了"脚"字在一些方言的音变：①中亚的钦察人（Qipčaq）、乌古斯人（Oγuz）读为ayaq；②更西边的不里阿耳人（Bulγar）、部分钦察人，还有较东边的处月部，读为azaq。[4] 第①组方言音变公式是-d->-y-，第②组是-d->-z-。15世纪《华夷译语》高昌馆记载的哈密、吐鲁番（畏兀儿Uiγur）的高昌回鹘语，脚仍是adaq。[5] 今天只有西伯利亚南部萨彦岭（Sayan Mt.）的图瓦语（Tuvan）保留着

---

[1] Winfred P. Lehmann, *Historical Linguistics: An Introduction*, pp. 9—11, 27—29, 152—153. 徐通锵：《历史语言学》，商务印书馆1996年版，第181—185页。

[2] John Lyons, *Language and Linguistics: An Introduction*, Cambridge University Press, 1981, pp. 207—208.

[3] 耿世民：《古代突厥文碑铭研究》，中央民族大学2005年版，第134页。

[4] Mahmud Kashghari, *Compendium of the Turkic Dialects Dīwān Luγāt at-Turk*, trans. by Robert Dankoff, Cambridge, Mass., Harvard University, 1077, 1982—1985, no.27, p.85.《突厥语大辞典》记载的突厥语部落 Čigil，可能是唐代西突厥的处月部（*Čuyul ＜ *Čiyil ＜ Čigil）。

[5] 北京图书馆古籍出版编辑组编：《北京图书馆古籍珍本丛刊》经部第6，书目文献出版社1991年版，第83页。

古老读法 адак（*adaq）。[1] 北部西伯利亚的突厥语方言，浊音/d/转为清音/t/，读作 ataq，比如雅库特语（Yakut）[2]、多尔干语（Dolgan）[3]。大多数突厥语方言变为 ayaq：哈萨克斯坦语、乌兹别克语[4]、土库曼语[5]、维吾尔语（New Uighur）、撒拉语（Salar）[6]。少数突厥语读为 azaq，比如甘肃山区西部裕固语（West Yughur）[7]、南西伯利亚哈卡斯语（Khakas）[8]。伏尔加河上游的楚瓦什语（Chuvash）先从/d/变/z/，13 世纪后再将/z/转为/r/，

---

[1] 今天图瓦语此字不代表脚，而是引伸为"底部"与"最后"之意。Tatarintsev B.I. (Татаринцев Б.И.), *Tuvan Etymological Dictionary,* v.1 (Этимологический словарь тувинского, языка I), Наука, 2000, pp. 56—57；〔日〕中嶋善辉：《トゥヴァ语·日本语小辞典》，东京外国语大学 2008 年版，第 3 页。中国新疆阿尔泰山区的图瓦方言也读作*adaq，见于耿世民收录的图瓦语故事 E "狼与母猪"第 24 行。GENG Shimin, "Materials of the Tuvinian Language in China", *Acta Orientalia Academiae Scientiarum Hungarice,* vol. 53, no. 1/2 (2000), pp. 47—63.

[2] 雅库特文以俄文字母为本，拼写为 атах（*ataq）。P. A. Sleptsov (П. А. Слепцов), *Yakut Russian Dictionary* (Якутско-русский словарь), Soviet Encyclopedia, 1972, p. 51. M. Stachowski and A. Menz, "Yakut", Lars Johanson and Éva Á. Csató ed., *The Turkic Languages,* pp. 417—433.

[3] Marek Stachowski, *Dolganischer Wortschatz,* Universitatis Iagellonicae, 1993, p. 38.

[4] 张铁山：《回鹘文献语言的结构与特点》，中央民族大学出版社 2005 年版，第 111 页。

[5] Jonathan Garrett, F. Gregory Lastowka, *Turkmen-English Dictionary,* Peace Corps Turkmenistan, 1996, p. 3.

[6] 许伊娜：《新疆—青海撒拉语维吾尔语词汇比较》，新疆大学出版社 2000 年版，第 95 页。

[7] 雷选春：《西部裕固汉词典》，四川民族出版社 1992 年版，第 18 页。西部裕固族，其祖先就是宋代的黄头回纥，公元 840 年回鹘汗国瓦解后从蒙古高原迁徙到甘肃河西走廊。

[8] О. В. Субраковой (O. V. Subrakova), *Khakas-Russian Dictionary* (хакасско-Русский словарь), Наука, 2006, p. 33. 脚 azaq，哈卡斯语（Khakas）以俄文字母拼写为азах。哈卡斯人居于南西伯利亚的叶尼塞河（Yenisei）上游，是叶尼塞吉尔吉斯的主体成员，他们的祖先就是元代吉利吉思、唐代黠戛斯、汉代坚昆。

脚音变作 ura。[1] 脚字，是突厥语历史音韵学界划分方言的范例。[2] 只是，突厥语方言的词中辅音/-d-/变为/-t-/、/-y-/、/-z-/，或选择不变。音变的不同选择，原因为何？

美国语言学家罗拔贺尔（Robert A. Hall）说，用生理结构、环境气候去解释音变，其理论都充满反例，无法叫人信服。他解释说，音变就如饮食习惯与衣着潮流，不同社群有不同取向，不同的潮流兴起了又衰退，不停改变。[3] 甚至在某些场合转变读音更能彰显身份地位等等。[4] 人类语言不是物理学，不能简单只用科学与数学解释。语言是人类生活习惯之一，不同社群有不同习惯，他们的语言就选择了不同的音变。

三、音变的扩散或孤立不变

语音可以不变吗？怎样才会令语音不变？

地理越偏远，交通越阻隔，当地居民的生活改变越少，他们的语言也会很少变动。公元9世纪初，维京人（Vikings）从北欧移居冰岛（Iceland），地处孤立，对外交流甚稀。此后一千年，冰岛人生活并无改变，维持着古老的文化传统。他们的冰岛语，词汇甚少

---

[1] John R. Krueger, *Chuvash Manual: Introduction, Grammar, Reader, and Vocabulary*, Indiana University, 1961, p. 236. V. G. Egorov, *An Etymological Dictionary of the Chuvash Language* (Etimologicheskii slovar' chuvashskogo iazyka), Chuvash-skoe knizhnoe izdatel'stvo, 1964, p. 275. 脚字的楚瓦什语 /ura/ 以俄文字母拼写为 ypa。

[2] 〔美〕鲍培（N. Poppe）：《阿尔泰语言学导论》(*Introduction to Altaic Lingustics*)，周建奇译，内蒙古教育出版社2004年版，第36—68页。

[3] Robert A. Hall, *Introductory Linguistics*, Chilton Books, 1964, pp. 298—299.

[4] Winfred P. Lehmann, *Historical Linguistics: An Introduction*, pp. 201—202.

改动，发音甚少变易，连语法也维持着很多古老日耳曼语系特征。[1] 又例如太平洋波利尼西亚群岛（Polynesian Islands）的土著居民，虽然各岛屿相距很远，他们各岛的语言还是差不多相同。民族的生活越少改变，他们的语言之稳定性（stabilité/stability）越高。[2] 反之亦然。当人们居住在交通方便之地，对外交往频繁，经济蓬勃，文明昌盛，其潮流也不停转变，他们的语言就会改变得较快，跟古音越差越远。

蒙古语也见到这种地理孤立带来语言稳定的现象。"纸张"，13世纪蒙古文是*čaɣalsun（察阿勒孙《蒙古秘史》第203节）。经历漫长岁月，蒙古人将-l-辅音省去了，今天书面语写作 čaɣasu，口语读为 čaas(u)[3]，比如喀尔喀方言 цаас（čaas）[4]、察哈尔方言［tʃaas］、科尔沁方言［ʃaas］[5]。但是，一些居住在偏远山区的蒙古语方言，仍然把纸张读如13世纪：土族语［tɕaaldʐə］[6]、甘尼

---

[1] Winfred P. Lehmann, *Historical Linguistics: An Introduction*, pp. 176—177.

[2] Antoine Meillet, *La méthode comparative en linguistique historique*, H. Aschehoug, 1925, pp. 44—45；〔法〕梅耶著，岑麒祥译：《历史语言学中的比较方法》，《国外语言学论文选译》，语文出版社1992年版，第33—34页。

[3] Hans Nugteren, *Mongolic Phonology and the Qinghai-Gansu Languages*, LOT, 2011, pp. 297.

[4] Rita Kullmann, D. Tserenpil, *Mongolian Grammar*, Jensco Ltd., 1996, p. 409.

[5] 孙竹：《蒙古语文集》，青海人民出版社1985年版，第268页，第509页。

[6] 照那斯图（ĵunastu）：《土族语简志》，民族出版社1981年版，第106页。李克郁、李美玲：《土族语、古蒙古语对照表（四）》，《青海民族研究》1997年第3期，第79页。土族（Monguor）居于中国青海省湟水以北。

干方言 čaarhu(n)。[1] 两群人分布在最南端与最东北边缘，并无交流，只因地形闭塞，远离四通八达的蒙古草原，他们方言的词汇与发音都仍然接近七百年前蒙古语的古貌。

假设某个语言拥有甲、乙、丙、丁四字，四字皆拥有相同的首辅音；如果其中一字发生音变，是否会连带其余三字都改变读音呢？会的，因为人类习惯用类比推论（analogy）看待同类的字词：同类的应该读音相同，音变也要齐一。[2] 那么，如果音变发生，是否四个字同步改变读音呢？并非如此。音变有一个漫长过程。有学者指出，音变会先在最常用的字发生："词的出现频率越高，变化就越早。"日常生活用字最易卷入新潮流。同时，因为常用字是经常可以从不同人口中听见，当潮流刚刚兴起，少数人说着新的音变，但多数人仍然用旧习惯发音，阻挡音变潮流。正反两种推力相互抵抗，即使音变潮流很强，起初音变也扩展得很慢。首先，所有人习惯用音变读甲字可能已要一百年；其后，音变潮流会类推去改变乙字的读音，可能也要九十年；但当甲乙二字已变音了，群众耳中听到的音变字已经超过一倍，心理感受就会更容易接受这音变潮流，丙字音变可能只要五十年；如此类推，丁字可能只要十年就让所有群众都改变读音了。简单而言，音变的扩散在词汇之间起初很

---

[1] Juha Janhunen, *The Mongolic Languages*, Routledge, 2003, p. 99. 甘尼干蒙古人（Khamnigan Mongols）在蒙古本部的东北边缘，居于海拉尔河（Hailar、额尔古纳河（Ergüne）与鄂嫩河（斡难河 Onon）之间的盆地。雪字从 *čaγalsun 变成 čaarhun。当中 -s- > -h- 规律跟贝加尔湖（Baikal）地区布里亚特方言（Burgat Mongolian）相同。Nicholas Poppe, *Introduction to Mongolian Comparative Studies*, Suomalais-ugrilainen Seura, 1955, pp. 119—121.

[2] John Lyons, *Language and Linguistics: An Introduction*, pp. 201—207.

缓慢，越往后变得越急速，最后阶段是大部分字在短时间内变了。[1]

现在从地理角度去看待音变扩散。学者观察到大城市的音变会较容易传遍邻近地区，令音变成为跨区潮流。这样很合理，大城市是经济中心，商业繁荣，文化兴盛，其潮流是模仿对象；四通八达，万姓熙来，音变潮流就更容易传播出去。其中，音变潮流就会先发生在一些对外交往的常用字。比如，学者发现荷兰语的新潮流元音［u:］转为［y:］是从大都市安特卫普（Antwerp）传扬开去，外传的词汇率先发生在"屋"字（hūs），而"鼠"字（mūs）就落后了，顽固维持原本读音，因为在都市区、交通孔道之地，人际交往提及房屋远多于老鼠。[2]

音变在词汇扩散，最终却不一定遍及所有同类字，有时会有遗漏的字没有跟随大队转变，成为孤立反例。为何会有遗漏？有可能是一些非常用字，迟迟未变，当音变潮流完结了，音变规则失去作用（rule loss）[3]，落后未变的字就永远也不会变。另一个说法是音变潮流发生期间，同时出现另一个音变潮流，两股潮流角力，令

---

[1] Wang William S-Y, "Language Change: A Lexical Perspective", *Annual Review of Anthropology*, vol. 8 (1979), pp. 353—371；王士元著，涂又光译：《语言变化的词汇透视》，《语言研究》1982年2期，第34—48页。王士元、沈钟伟：《词汇扩散的动态描写》，《语言研究》1991年第1期，第15—33页。

[2] Winfred P. Lehmann, *Historical Linguistics: An Introduction*, pp. 116—117, 197—198.

[3] Winfred P. Lehmann, *Historical Linguistics: An Introduction*, pp. 205—206.

某些字没有跟随原本的潮流改变。[1]

现在重新解释上文提及的突厥语词中辅音/-d-/的音变：

公式①，/-d-/变成/-y-/；

公式②，/-d-/变成/-z-/；

公式③，/-d-/变成/-t-/；[2]

公式④，/-d-/维持不变。

现在列举另一个突厥语字"熊"（adïγ），早在公元9世纪见于敦煌藏经洞的鄂尔浑文《占卜书》[3]，也见于11世纪《福乐智慧》[4]和《突厥语大辞典》记述的可汗王朝（Qara Qanid）突厥语[5]。《突厥语大辞典》同时收录了公式①的变化ayïγ，是钦察人、

---

[1] Wang William S-Y, Cheng Chin-chuan, "Implementation of Phonological Change: The Shuang-feng Chinese Case", *Papers from Sixth Regional Meeting Chicago Linguistic Society*, (1970), pp. 552—559; Wang William S-Y, *The Lexicon in Phonological Change*, De Gruyter, 1978, pp. 148—158. 文中例子是中国湖南双峰县的方言，是湘语中很孤立的一支，它仍拥有清音、吐气清音与浊音声母，三角顶法——这个中古汉语特色只有湘语和吴语能保存下来。王士元他们发现双峰方言的入声流失之中有两条规例在竞争着：一条是塞音擦音塞擦音声母的入声字，会令声母由浊音变清音，但入声会保留下来；另一条是简单的入声消失而没其他副作用。两条规例在竞争着，令入声字出现不同的变化。

[2] 冯·加班（von Gabain）归纳古代突厥语语法，第35点：有时元音之间的浊辅音会变成清音。Annemarie von Gabain, *Alttürkische Grammatik, Harrassowitz*, 1974, p. 54；〔德〕冯·加班，《古代突厥语语法》，耿世民译，内蒙古教育出版社2004年版，第46—47页。

[3] 突厥语《占卜书》ïrq bitig，使用突厥汗国与回鹘汗国常用的鄂尔浑字母拼写。书中第6行就有 adïγ "熊"。耿世民：《古代突厥文碑铭研究》，第285—302页。Talat Tekin, *Irk Bitig: The Book of Omens*, Harrassowitz, 1993, pp. 1—11.

[4] 《福乐智慧》（*Qutadγu Bilig*）第2311句。

[5] Mahmud Kashghari, *Compendium of the Turkic Dialects*, trans. by R. Dankoff, no. 43, p. 105.

乌古斯人和样磨人（Yaγma）的方言字。[1] 最迟于14世纪，高昌回鹘方言已经开始接受公式①。[2] 15世纪《华夷译语》高昌馆，熊字仍写作adïγ，可能是最后记录。[3] 今天，同样只有图瓦语仍然是公式④，千年未变。[4] 大部分突厥方言的"熊"都接受了公式①：乌兹别克语和维吾尔语ayïγ、土耳其语和土库曼语ayï或哈萨克斯坦语ayu。[5] 只有哈卡斯语采取了公式②：azïγ。[6] 青海的撒拉语接受了公式③，adïγ变成了atïγ。[7]

上文脚adaq，撒拉语跟随公式①变音为ayaq；但熊字却跟随了公式③。这里不妨考虑是两个音变潮流在撒拉语的词海之中竞争着。

---

[1] Mahmud Kashghari, *Compendium of the Turkic Dialects*, trans. by R. Dankoff, no. 54, p. 120.
[2] 元统二年（1334）的回鹘文《亦都护高昌王世勋碑》第II栏第1行："忧愁"已写为qayγu，不再是古代拼法 *qadγu。耿世民：《新疆文史论集》，中央民族大学出版社2001年版，第400—434页。
[3] 北京图书馆：《北京图书馆古籍珍本丛刊》经部第6，第72页。
[4] 图瓦语"熊"adïγ，俄文字母拼写是 адыг。Tatarintsev B.I., *Tuvan Etymological Dictionary*, v.1, pp. 59—60.〔日〕中嶋善辉：《トゥヴァ语・日本语小辞典》，第3页。也见于耿世民收录的图瓦语故事 D "聪明的女儿"第14行（GENG Shimin, "Materials of the Tuvinian language in China", pp. 49—50, 54）。南快莫德格：《新疆图瓦人社会文化田野调查与研究》，民族出版社2009年版，第282页。宋正纯在田野调查记录了阿尔泰山区图瓦人将熊读作[ɑdɤx]。宋正纯：《图瓦语和图瓦人的多语生活》，中国社会科学院2015年版，第259页。
[5] Gerard Clauson, *An Etymological Dictionary of Pre-Thirteenth-Century Turkish*, Clarendon Press, 1972, pp. 44—46.
[6] O. V. Subrakova, *Khakas-Russian Dictionary*, p. 34. 哈卡斯语以俄文字母拼写为 азыг（azïγ）。
[7] 许伊娜：《新疆—青海撒拉语维吾尔语词汇比较》，第230页。

四、词汇转变的原因——环境与经济的转变

上节讨论音变之时，已提到音变潮流是一种文化；音变是由常用字扩散开去，但何谓常用字，该字能否跨区传播，这又涉及文化习惯，更关联社会制度、经济结构。词汇跟人类的生活环境息息相关。大洋洲土著的语言，有几个字专指各种不同类的沙，但没有任何一字代表沙的总称。北极圈生活的爱斯基摩人没有雪的总称，但有数个词汇专指各种不同的雪，比如粉状雪、春雪，都是不同的字。大洋洲土著在沙漠狩猎为生，爱斯基摩人在冰天雪地捕猎海豹，沙与雪的细微分别都涉及他们的生计，甚至性命攸关。英语和汉语，代表沙的只有一字，代表雪的也只有一字，因为英国人与汉人居地都是温暖又潮湿，满布植被，以耕作与牲口为生计，沙与雪都不重要，影响有限。[1] 试想，如果爱斯基摩人移居赤道，他们会流失多少雪的用词？如果汉藏语系民族移居北极圈，自然也会消失大量植物与农业词汇。或者上述的气候环境太过极端。现举美国式英文一例。英国移民初到北美洲殖民地，每逢入秋看到树林漫天落叶，就以落叶 fall of leaf 代指秋季 autumn，终于约定俗成，美式英语以 fall 称呼秋季，取代了 autumn。[2]

美国南部的土著民族纳瓦霍人（Navajo）很久以前由加拿大寒冷之地迁徙南下定居，跟其他方言群分离。美国人类学家爱德华·

---

[1] John Lyons, *Language and Linguistics: An Introduction*, pp. 305—307.
[2] Winfred P. Lehmann, *Historical Linguistics: An Introduction*, p. 261.

萨丕尔（Edward Sapir）发现纳瓦霍人习惯了炎热无雪的环境，已经忘记了雪一字；因为他们在温暖的南方变成了农民，他们竟将雪趟在地上的动词改变为种子趟在地上。[1]

13世纪蒙古语拥有一个词汇"草庵"*nembüle，收录在13世纪《蒙古秘史》第24节。这字在今日蒙古语已经消失。最迟在17世纪，蒙古人已经不认得这字，蒙古僧侣罗卜藏丹津编写《黄金史》[Altan Tobči Nova]、抄录《蒙古秘史》原文之时，需要在这字旁加着gürümül编织物一字以助解释。[2] 这应是蒙古语遮盖物的同源派生词。[3]《蒙古秘史》第23至28节记载成吉思汗的十世祖孛端察儿（Bodončur）为兄弟所嫌弃，孤身一骑一人到斡难河下游，搭草庵居住，放鹰射猎为生。假设25年一代，十世祖孛端察儿就是活在公元10世纪。其时距回鹘汗国崩溃不过一百年，蒙古人先民、诸室韦部落只是离开森林入居草原不久，仍然很记得狩猎时代的生活：上山狩猎时暂居的茅草庵或桦树皮帐幕。[4] 及至13世纪成吉思汗建立大蒙古国，蒙古人成为长居在丰盛水草的游牧民，

---

[1] Winfred P. Lehmann, *Historical Linguistics: An Introduction*, p. 256.
[2] 札奇斯钦：《蒙古秘史新译并注释》，第22—23页。罗卜藏丹津（Lobsang Danjin）著，乔吉（Čoiji）注：《黄金史》，内蒙古人民出版社1999年版，第35—37页。
[3] 〔日〕小泽重男：《元朝秘史全释》上册，风间书房1984年版，第142页。额尔登泰：《蒙古秘史词汇选释》，第136页。《蒙古秘史》第124节有 *nembege "盖"一字，今天蒙古语已经丢失。大兴安岭东侧生活的达斡尔人（Daur < Daghur），过着畜牧、狩猎、农耕混合生活，其方言仍然用着词汇/nəmbəː/，解作苫房草、茅草。〔日〕栗林均：《达斡尔语词汇蒙古文语索引》，东北大学东北アジア研究センター2011年版，第148页。归纳，nembege应是茅草，特指建材用草；nembüle 是茅草编织的庵，是森林的猎者所用。
[4] 札奇斯钦：《蒙古文化与社会》，台湾商务印书馆1987年版，第52—55页。今日蒙古语以 oboqai 泛指茅屋、草棚、陋室寒舍，已无专指上山狩猎的背景。

淡忘了狩猎生活，*nembüle 草庵一字就被忘掉了。

五、词汇转变的原因——崇拜与禁忌

熊，西伯利亚诸突厥语方言有另一种变化。这次不是音变，是整个词语换了。他们称熊为祖父、祖先 *apa[1]：比如哈卡斯语 аба（/aba/）[2]，雅库特语 εhε（/ehe/）[3]，楚瓦什语 упа（/upa/）[4]。后两者更是忘记了熊的原字，纯以祖先一字代指熊。熊在萨满教的祖灵崇拜有极重要地位。西伯利亚森林以熊最为勇猛。熊会直立，像人形。这种对熊的祖灵崇拜是横跨突厥语、蒙古语、通古斯语诸民族。布里亚特蒙古人居于西伯利亚贝加尔湖畔，他们传说熊以前是猎手、英雄或萨满，都很崇拜熊，称熊为伯父（*abaga）、有毛皮衣的老人（*daqutu ebügen）。大兴安岭的鄂伦春族（满—通古斯语系），他们认为自己与熊有血缘关系，称它为祖父、祖母，族人禁止猎熊。[5] 草原区的突厥人却没有崇拜熊的传统。熊较难在草原生活，远离山脉的游牧民很难看到熊，对熊也没有期盼或幻想。突

---

[1] Gerard Clauson, *An Etymological Dictionary of Pre-Thirteenth-Century Turkish*, pp. 5—6.

[2] O. V. Subrakova, *Khakas-Russian Dictionary*, p. 20. 承上文，哈卡斯语同时使用熊的原字。

[3] P. A. Sleptsov, *Yakut Russian Dictionary*, p. 548.

[4] V. G. Egorov, *An Etymological Dictionary of the Chuvash Language*, p. 274.

[5] 黄强、色音：《萨满教图说》，民族出版社 2002 年版，第 20—22，33，37—42 页。

厥牧民的典型动物传说是狼。[1] 狼四足行走，不像人。无论熊或狼，草原上的突厥牧民都未想象过用人称来替代。

人类面对凶猛野兽，生命时常受其威胁，害怕带来恶运，凶兽的名字有如禁忌不可以提起，就会另起代名词。比如俄语与威尔士语称熊为"吃蜜糖者"和"蜜糖猪"，拿了熊喜爱吃蜜糖这特征指代称呼，日积月累，终于忘记了熊的原名。[2]

熊，蒙古语是 ötege。突厥人、蒙古人惯见的，是巨大勇猛的棕熊（brown bear / *Ursus arctos*），生活在西伯利亚、阿尔泰山、祁连山、青藏高原。出于禁忌，蒙古人有时不使用熊的原名，称之为黑兽*qara görögesü 或人兽*küün görögesü。[3] 甚至滋长了野人传说。[4] 内蒙古与青海接近汉地之处，还生活着亚洲黑熊（Asian black bear / *Ursus thibetanus*），胸口有一道白色间纹，体型较小，俗称狗熊。鄂尔多斯方言、喀喇沁方言和土族语称黑熊为"狗兽"

---

[1] 〔美〕丹尼斯·塞诺（Denis Sinor）：《突厥的起源传说》（*The Legendary Origin of the Türks*），《丹尼斯塞诺内亚研究文选》，吴玉贵译，中华书局2006年版，第54—82页。Peter Golden, "The Ethnogonic Tales of the Türks", *The Medieval History Journal*, vol. 21 no.2 (2018), pp. 291—327.

[2] Robert A. Hall, *Introductory Linguistics*, pp. 325—327.

[3] Nicholas Poppe, "On Some Mongolian Names of Wild Beasts", *Central Asiatic Journal*, vol. 9 no. 3 (1964), pp. 161—174. 鲍培文中第170至173页介绍熊在蒙古语由古至今的各种称呼。蒙古语"人"拼写作 kümün, -m-在13世纪也可标示长元音*küün，所以明人所译《元朝秘史》将这字译为"古温"/ku-wen/。喀尔喀蒙古语用俄文字母拼写口语 xүн (/khün/)。

[4] 俄国探险家普尔热瓦尔斯基（Nikolay Przhevalsky）于1872年游历甘肃，听到了当地蒙古人的"人兽"传说，看到他们展示的人兽皮，他确认是熊皮。他将蒙古语"人兽"标音为 kung guressu（蒙古文 küün görögesü）。Nikolai M. Przhevalskii, *Mongolia, the Tangut Country and the Solitudes of Northern Tibet*, trans. E. D. Morgan, S. Low, Marston, Searle, & Rivington, 1876, vol. II, pp. 249—251.

*noqai görögesü。[1] 土族只以"兽"称呼熊[2]，忘了原字，应是甘青山区熊只比草原多，叫人畏忌。甘肃祁连山的东裕固语（Eastern Yugur）也是一支蒙古语方言，他们也忌讳直称熊之名，改称为*tülük qara"有毛的、黑的"。[3]

蒙古牧民最忌惮的是狼。狼是畜牧经济的破坏者，牧人的大敌。狼，蒙古文činu-a"赤那"（čino）。蒙古人在日常生活避免直呼狼之名，或称为狗noqai"那海"，或狗猪*noqai γaqai，或灰狗*köke noqai，或草原野狗*kegere-yin noqai，甚至称为"草原的东西"*kegere-yin yaγuma。[4] 牧民害怕狼，为减杀狼的威风，也会贬称之为生癣的、长疥的*qamaγutu；但是，狼又代表勇敢与坚强，牧民又有点佩服。[5] 所以，狼才会成为游牧民的图腾。

六、词汇转变的原因——衍生与分化

有时候，即使没有迁徙或经济民生巨变，无关崇拜或禁忌，语言也会自然发展，词汇也会改变，衍生出新意思；当使用者认为新

---

[1] George G. Simpson, "Mongolian Mammal Names", *American Museum Novitates*, no. 980 (1938), pp. 1—26（pp. 16—17）.
[2] 照那斯图：《土族语简志》，第102页。土语音写/korosə/ "熊"。
[3] Hans Nugteren, Marti Roos, "Common Vocabulary of the Western and Eastern Yugur Languages: The Turkic and Mongolic Loanwords", *Acta Orientalia Academiae Scientiarum Hungaricae*, vol. 49 no 1/2 (1996), pp. 25—91. 熊是文中第83号词（第35页，第51页）。"有毛的" tülük 是突厥语借词。
[4] Nicholas Poppe, "On Some Mongolian Names of Wild Beasts", *Central Asiatic Journal*, vol. 9 no. 3 (1964), pp. 161—174. 鲍培文中第164至170页介绍狼的各个蒙古语称呼。
[5] 札奇斯钦：《蒙古文化与社会》，第35页。

意思更加重要，或为了清晰区分不同意思，有时就会将该字专指新意思，旧意思就会用他字取代或兼代。比如，拉丁文 *penna* 原意系羽毛，因为以羽毛蘸墨水作书写工具，衍生新意思：笔，*pen*，此字再也没有羽毛之意。[1] 又如英语 bead 是天主教的念珠，其来源系日耳曼语动词 *beten* 崇拜，从而衍生为崇拜之时数念珠的动作，终于衍生为名词念珠；而动词崇拜就改用另一个印欧语系同源词 pray。[2]

前文举例突厥语 *adaq "脚"，这古音只有图瓦语保存着。但是，图瓦语这字已经没有脚这身体部位之意，只保留了衍生意思：对象的底部、时序的最终。[3] 图瓦语改由 даван（/davan/）或 daman "后足"一字兼指整只脚。[4] 此字来自突厥语 taban 脚掌、脚底板。[5] 这是图瓦人自己的语言发展，将对象的底部、时间的最后之意区分开来，跟有生命躯体的足部分立为两字。

13世纪，蒙古人称呼熊：ötege。[6] 这字可能是突厥语 adïγ 的同源词。布里亚特蒙古人住在北边草原森林交界，很敬畏熊，称它为

---

[1] Winfred P. Lehmann, *Historical Linguistics: An Introduction*, p. 260.

[2] Robert A. Hall, *Introductory Linguistics*, p. 287. Winfred P. Lehmann, *Historical Linguistics: An Introduction*, pp. 260—261.

[3] Tatarintsev B. I., *Tuvan Etymological Dictionary*, v.1, pp. 56—57；〔日〕中嶋善辉：《トゥヴァ语・日本语小辞典》，第3页。Geng Shimin, "Materials of the Tuvinian Language in China", p. 58.

[4] Tatarintsev B. I., *Tuvan Etymological Dictionary*, v.2, pp. 29—31。Geng Shimin, "Materials of the Tuvinian language in China", pp. 56, 59. 南快莫德格：《新疆图瓦人社会文化田野调查与研究》，第279页。

[5] Gerard Clauson, *An Etymological Dictionary of Pre-Thirteenth-Century Turkish*, p. 441.

[6] 《华夷译语》记为 ötöge，参考北京图书馆：《北京图书馆古籍珍本丛刊》经部第6，第9页。

"大伯"（*abaga）、有毛皮衣的老人（*daqutu ebügen）。熊是ötege，ötegü是老人、长老。[1] 两字读音如此相近，又是意思引伸。[2] 突厥语熊虽是同源词，却没有老人的意思。我们不妨推测这是蒙古语的创作：蒙古语系民族的祖先长年在大兴安岭，在森林狩猎为生，对熊十分敬畏，称熊为老人家，衍生出ötegü长者这同源分化字，即使后来迁居草原，仍然承袭这传统。相对来说，原始突厥语民族的祖先世代居于草原，从来对熊没有崇拜；后来某些突厥部落扩张、迁居到西伯利亚的森林，生活环境转变，他们才发生了对熊的祖灵崇拜。

今日，蒙古语称熊为baγabaγai，古书的ötege在口语已失去活力。根据词源学（etymology），熊baγabaγai是由蒙古语baγa abaγa组成，其意为"小叔"。[3] 小叔这称呼比祖父、长者低了两辈，辈份也比大伯低一些。恐怕是蒙古语民族迁居草原，变成牧民，渐渐忘记猎人生活与文化；草原之上，熊较少见，狼比熊可怕得多，蒙古牧民对熊的禁忌已减弱了很多。既然蒙古人已失去了对熊的祖灵崇拜，下意识就希望把长者跟熊二字区分清楚。长者与熊二字读音实在太相似，容易混淆。是故蒙古人为熊另创一字。这是草原上蒙古牧民创作的新潮流，取代了古老用字。

---

[1] 北京图书馆：《北京图书馆古籍珍本丛刊》经部第6，第29页。Antoine Mostaert and Igor de Rachewiltz, *Le matériel mongol du Houa i i iu de Houng-ou* (1389), vol. 1, Institut belge des hautes études chinoises, 1977, p. 85.

[2] Nicholas Poppe, "On Some Mongolian Names of Wild Beasts", p. 171. Hans Nugteren, *Mongolic Phonology and the Qinghai-Gansu Languages*, LOT, 2011, p. 478.

[3] Nicholas Poppe, "On Some Mongolian Names of Wild Beasts", *Central Asiatic Journal*, p. 171.《蒙汉词典增订本》，第414—415页。

七、词汇转变——借词

上文提到，移居新环境，看不见原有的事物，就会将旧事物的词汇忘掉。新环境也有可能遇到前所未见的新事物。人类的第一个反应是寻找自身认知一个最相似、最接近的事物去形容。如此，旧有词汇就被挪移，兼代或指代新事物。比如，欧洲有一种知更鸟（Robin，欧亚鸲），胸前有一片橙红色羽毛。17世纪英国人移民北美洲，看到另一种雀鸟，由胸至腹有一片橙红羽毛，就照样称为知更鸟。其实，这是旅鸫，体形比真的知更鸟高大一倍，现在俗称"美洲知更鸟"（American robin）。[1]

蒙古野马，二千年前已记载于《史记·匈奴列传》，称为"騊駼"。[2] 此字对应今日蒙古野马的蒙语名字 taki（takhi）。[3] 但是，此字在古代突厥或蒙古文献记录都十分罕见。11世纪可汗王朝的著作《福乐智慧》可能是最早的突厥语记录，第5369句与5375句：

---

[1] Winfred P. Lehmann, *Historical Linguistics: An Introduction*, p. 256, 263.

[2] 《说文解字》卷10《马部騊字》，中华书局1999年版，第202页："騊駼，野马也。"騊字反切是代何切，声母同代字相同：定母/d-/；韵与何字相同，歌韵，中古是/-o/，上古汉语是/-a/。所以騊的上古汉语是/da/。潘悟云：《汉语历史音韵学》，上海教育出版社2000年版，第169—170页。駼字，匣母/ɣ-/，齐韵/-ei/。騊駼的汉代读音大约是*da-ɣei (/da-ghei/)。又，騊字，早见于公元前7世纪的《诗经·鲁颂·駉》，原指一种暗青黑色而隐白带斑的马，指汉地的家马，跟野马无关。参见许慎জ，段玉裁注：《说文解字注》，上海古籍出版社1988年版，第469页。郑张尚芳构拟的上古汉语，反映先秦音，騊字是*/daI/。见郑张尚芳：《上古音系（第2版）》，上海教育出版社2019年版，第308、514页。《史记》所载的外语，选字兼顾表意，只选马部首的，收窄了可选字数，译音无法准确无偏。"騊駼"未必就能完美翻译匈奴语、突厥语 taɣi。

[3] F. D. Lessing, *Mongolian-English Dictionary*, p. 770.

突厥语蒙古语的熊、野马、骟马、牦牛与牲口　　45

第5369句：优良训练的快马、未上蹄铁的生马、成熟的马、野马、混种阿鲁骨马充满着马厩。

käväl	tazï	büktäl	taγï	arqunï	akur	toldï
优良训练的快马	光着脚的	成熟的	野马	阿鲁骨马	马厩	满

第5375句：捕捉野驴或野马，与捕捉到青色雄羚羊。

qulan	ya	taγï	tut	taqï	kök	täkä	tutup
野驴	或	野马	捕捉	和	青色	雄羚羊	捕捉到

从诗句的词汇排比，可知突厥语 taγï 是好马也是野兽，就是野马。音义也跟汉文骦骡和蒙古文 taki 相合。13世纪，亚美利亚国王晋见蒙哥可汗，在今天新疆准噶尔盆地的沙漠看到一种"黄黑色的野马"。这就是蒙古野马。[1]

14世纪末，明朝翻译的《蒙古秘史》第265节，写着成吉思汗在蒙古与西夏边境围猎野马却堕马受伤。汉文是野马，蒙文原文却是 *qulan[2]，其意为野驴，是突厥语借词。[3] 14世纪伊斯兰史料《国王字典》的阿拉伯、波斯、突厥、蒙古词汇对照表，突厥语和蒙古语都使用 qulan 代表野驴。[4] 难道是明人误译？但是明朝翻译

---

[1] John A. Boyle, "The Journey of Hetum I, King of Little Armenia, to the Court of the Great Khan Möngke", *Central Asiatic Journal*, vol. 9 no. 3 (1964), pp. 175—189 (p. 182);《海屯行纪》，何高济译，中华书局1981年版，第14—15页。

[2] 《元朝秘史》续集卷2：中忽剌，旁译"野马"，总译："狗儿年秋，去征唐兀……冬间于阿儿不合地面围猎。成吉思汗骑一疋红沙马，为野马所惊，成吉思汗坠马跌伤。"

[3] Gerard Clauson, *An Etymological Dictionary of Pre-Thirteenth-Century Turkish*, p. 622.

[4] Tibor Halasi-Kun, Peter B. Golden and Louis Ligeti, *The King's Dictionary-the Rasulid Hexaglot: Fourteenth Century Vocabularies in Arabic, Persian, Turkic, Greek, Armenian and Mongol*, Brill, 2000, p. 223, 199C25.

《蒙古秘史》的译写者其语言学素养达到惊人的高水平，《秘史》旁译总是准确保存了大量已灭绝的古代蒙古语词汇。[1] 早在13世纪，元代《至元译语》"鞍马门"，野马就是叫"胡兰"（汉 hu-lan＜蒙 qulan），就是野驴的借词。

是野驴？还是野马？关键在明朝《华夷译语》高昌馆保存的突厥语系高昌回鹘语词汇，其"鸟兽门"将野马翻译作 γulan tanï "苦阑塔泥"。[2] 李盖提认为 tanï 是野马 taγï 之误笔云云。[3] 但这字既有回鹘字母拼写，又有汉语标音，双重保证，不太可能是讹误。其实，突厥语方言 tanï- 或 tanu- 是动词"提议、判断、认知"之意。[4] 这组合文暗示高昌的回鹘人后裔已不太确知野马这事物，因而"推断"是野驴。他们已经不是9世纪的游牧民，而系在高昌、吐鲁番、哈密绿洲耕作的农民与穿梭各地做买卖的商人，是定居者，他们已看不见野马，已忘记其名，估计大概是较常见的野驴之类。野驴跟野马都是马科，外观相似，就挪移了名字以兼称野马。

突厥语民族是真的忘记了蒙古野马 taγï（taki）。他们明确知道的是东欧的另一种野马。18世纪末，俄国皇家科学院院士帕拉斯（Peter Simon Pallas）调查记录黑海沿岸、伏尔加河、哈萨克斯坦草原、蒙古高原等地。他记录了一种矮小野马，活在东欧的顿河

---

[1] 亦邻真：《元朝秘史及其复原》，《亦邻真蒙古学文集》，内蒙古人民出版社2001年版，第713—746页（第716—717页）。

[2] 北京图书馆：《北京图书馆古籍珍本丛刊》经部第6，第74页。

[3] Louis Ligeti, "Un vocabulaire Sino-Ouigour des Ming: le Kao-tch'ang-Kouan Yi-tchou du bureau des traducteurs", *Acta Orientalia Academiae Scientiarum Hungaricae*, vol. 19 no 3 (1966), pp. 257—316 (p. 260). 李盖提所用的是较后期的《高昌馆译书》抄本。

[4] Gerard Clauson, *An Etymological Dictionary of Pre-Thirteenth-Century Turkish*, p. 516.

（德Donischen）至乌拉尔河（德Jaik<突厥Yayik）一带树林与草原交错带，当地的突厥语民族巴拉巴鞑靼人（Baraba Tatars）、巴什基人（Bashkirs）会诱捕这种小野马来食用或驯养，突厥语称为tarpan。[1] 突厥语tarpan似是来自动词tar-"分散"[2]，显示了突厥人对这种小野马的认知：拐带母马逃脱、走散的马群。帕拉斯从哈萨人口中听说："真正的草原马（德Steppenpferd），形似小骡子（德Kleinen Maultier），因此吉尔吉斯人给予它名字Kulan……"[3]哈萨克斯坦人不是巴尔喀什湖（Balkhash）、七河地区（俄Semirechye<突Jedi-suu）的原居民，是15世纪中叶才由伏尔加河、乌拉尔河东迁而来。[4] 他们的祖先早已忘记蒙古野马taγï这古老名字，自己也未见过蒙古野马。他们见蒙古野马貌似野驴，就借用了野驴的突厥名字Qulan以作称呼。后来，哈萨克斯坦人称呼蒙古野马作Qïrtaγ（Kertag）[5]，有"荒野"（qïr）之物的意思。

蒙古野马在一千年前已经很罕见。优良的草场早被人类占有，

---

[1] 据帕拉斯（Peter Simon Pallas）叙述，这种野马难以驯服，更听闻一只被捕获的年幼雄性野马在第二年拐走了数只雌性家马，脱群离去。P. S. Pallas, *Reise durch verschieden Provinzen des Russischen Reichs,* Teil I（《穿越俄罗斯帝国各省的旅程》第一部分）, Kayserliche Academie der Wissenschaften, 1771, p. 272。帕拉斯怀疑这种 tarpan 小野马不是真的野马，只系走失了的突厥人家马之野化后代：P. S. Pallas, *Reise durch verschieden Provinzen des Russischen Reichs,* Teil III, Kayserliche Academie der Wissenschaften, 1776, pp. 510—511.

[2] Gerard Clauson, *An Etymological Dictionary of Pre-Thirteenth-Century Turkish*, p. 329.

[3] P. S. Pallas, *Reise durch verschieden Provinzen des Russischen Reichs*, Teil I, p. 272. 俄国人当年所称的吉尔吉斯人，其实多数是指哈萨克斯坦人。

[4] Chahryar Adle, Irfan Habib ed., *History of Civilizations of Central Asia*, vol. 5, UNESCO, 2003, pp. 89—99.〔法〕哈比卜（I. Habib）主编：《中亚文明史》卷5，蓝琪译，中国对外翻译出版公司2006年版，第54—63页。

[5] "Przevalsky's Wild Horse", *Nature*, vol. 30 (1884), pp. 391—392.

蒙古野马只活在人迹罕至之地，西至准噶尔盆地[1]、南至罗布泊、东至戈壁沙漠。偏偏蒙古野马又不及野驴顽强粗生。野驴易见，野马难见。突厥语民族离开了蒙古高原，已经几百年未见过蒙古野马，名字早已忘掉。

10世纪末，蒙古语民族势力才到达戈壁滩的北缘。至于世居斡难河、呼伦湖、捕鱼儿海（贝尔湖）的成吉思汗部落过往未见过蒙古野马，因而借野驴qulan来称呼野马。何况蒙古人的最佳拍档高昌回鹘人（畏兀儿人）也如此判断呢？即使蒙古人，很多也未听过taki之名。俄国探险家普尔热瓦尔斯基（N. Przhevalsky）于1872年游罗布泊与柴达木盆地，听闻当地活着一种棕身黑尾的野马，胆小，被惊吓后就一年内都不会返回原地，难以捕捉，当地蒙古人称之为*ǰerlig aduɣu "野生的马群"[2]，也未有提起taki之名。

大概只有那些居于戈壁滩附近的蒙古部落才认得野驴跟蒙古野马是不同的物种，当中只有少数原居民口耳相传保留着蒙古野马taki（突厥语tayï）这太古之名。19世纪末以后，因为欧洲探险家的发现与介绍，蒙古野马taki的名字才广为人知。此后所编的蒙古文字典不能作准。追溯古籍，喀尔喀（Qalqa）蒙古人在17世纪初编写《黄史》[Sira Tuɣuǰi]之时[3]，就记载了16世纪初喀尔喀部

---

[1] 俄国探险家就是在准噶尔盆地的沙漠获得蒙古野马。"Przevalsky's Wild Horse", *Nature*, vol. 30 (1884), pp. 391—392.

[2] N. M. Przhevalsky, *Mongolia, the Tangut Country and the Solitudes of Northern Tibet*, vol. II, pp. 168—170. 普尔热瓦尔斯基率先确认蒙古野马，所以蒙古野马又称为普氏野马。

[3] 包文汉、乔吉等编：《蒙文历史文献概述》，内蒙古人民出版社1994年版，第50—56页。

贵族狩猎野马与野驴的事："格呼森札（Gersenji）统治七旗（外喀尔喀七旗）的原因，是因为赤那思部的乌打博罗特每年都狩猎taki与čikitei、制成干肉并献给达延可汗……"[1]蒙古文čikitei字面意思系"有耳朵的"，就是蒙古文野驴，强调了驴的身体特征是有大耳朵。蒙古文taki就是蒙古野马，这个名字为漠北喀尔喀部所知。但漠南的蒙古部落就未必知道。蒙古史名宿札奇斯钦（Sečin jaγčid，1915—2009），是内蒙古卓索图盟喀喇沁右旗土生土长的。他就未听过taki之名，一如《蒙古秘史》以野驴qulan称呼野马。[2]

八、不同时期的畜牧业借词——骟马、种马和马群

畜牧业是游牧民族最核心的经济生活。饲养马匹，令牧民成为骑兵，更是游牧民族强大战力之所系。史书没有记载诸游牧民族如何学习畜牧技术，彷佛游牧民天生就是养羊养马的高手。史书没有的资料，突厥语和蒙古语的词汇保留了讯息。学界早已发现，蒙古语畜牧业术语中，突厥语借词特多。[3]亦邻真配合史料分析，《魏

---

[1] 转写与翻译，引自 Gombojab Hangin, "the Mongolian titles jinong and Sigejin", *Journal of the American Oriental Society*, vol.100 no.3 (1980), pp. 255—264.《黄史》原文当出自苏联学者沙斯提娜的校注本：N. P. Šastina ed., *Šara Tudži: Mongol'skaja letopis' XVII veka*, Moscow-Leningrad, 1957, p. 107. 也可参考乌云毕力格（Oyunbilig）编：《大黄册》（蒙古文），内蒙古人民出版社2017年版，第49页。格呼森札是达延可汗的幼子。16世纪初，达延可汗剿灭异姓贵族，收归权力，分封诸子统领各部。

[2] 札奇斯钦：《蒙古文化与社会》，第14页。

[3] Ц. Д. Номинханов (Ts. D. Nominhanov), "Термины животноводства в тюркских и монгольских языках"（突厥语和蒙古语中的养畜业术语），Труды сектора востоковедения（《东方学学论文集》），алма-ата (阿拉木图), 1959, pp. 87—116.

书》记载5世纪时大兴安岭的室韦部落（蒙古语系先民）是狩猎、原始农耕与畜牧业并行，他们"无羊少马"，畜牧业落后；今天蒙古语绵羊qonin显然借自突厥语qony，正是原始蒙古语民族从突厥语系民族学会了养羊，所以才在词汇中有所反映（第577页）。[1] 此后学界在这题目再无突破。[2] 现在收窄比较范围，集中观察13世纪突厥语和蒙古语的马匹名称：

表1

	突厥	蒙古
马	yunt	morin
乘马	at	
骟马		aγta
种马	ayγïr<*adγïr	*adriγ>aǰirγa
幼雌马	qïsraq	
母马	yunt	gegün
幼马驹	qulun; tay	unuqan; daγan

---

[1] 亦邻真：《中国北方民族与蒙古族族源》，《内蒙古大学学报》1979年第3/4期；也见《亦邻真蒙古学文集》，内蒙古人民出版社2001年版，第544—582页。

[2] 呼格吉勒图：《从土耳其语和蒙古语畜牧业共有词看蒙古突厥游牧民族的历史文化关系》，刘钟龄、额尔敦布和主编：《游牧文明与生态文明》，内蒙古大学出版社2001年版，第257—266页；丁石庆：《游牧民族的物质文化》，张公瑾主编：《语言与民族物质文化史》，民族出版社2002年版，第172—222页。В. И. Рассадин (V. I. Rassadin), "Комплекс лексики номадного скотоводства монгольских языков в свете тюркско-монгольских"языковых связей" (Nomad Cattle-breeding Vocabulary in Mongolian Languages in the Light of Turko-Mongolian Linguistic Relationship), Урало-алтайские исследования научный журнал (Ural-Altaic Studies Scientific Journal), No. 1:2 (2010), pp. 32—38.

续表

	突厥	蒙古
牧群	sürüg（驱赶之物）[1]	sürüg 畜群；adɣun 马群
牲畜	tawar[2]；yīlqï	adɣusun

各种马的名称，突厥语跟蒙古语都是不同的。人类畜牧文明还未诞生之前，数万年来都是狩猎为生，马匹也是猎物。以狩猎为生的原始蒙古语先民本来就有词汇称呼马匹：morin。真正从突厥语借入蒙古语的，只有三种：

（一）种马 *adyïr 或 adrïy

配种用的公马，蒙古语各支方言都是aǰirɣa[3]，13世纪《蒙古秘史》（141节）也是如此：阿只舌儿中合。但是，蒙古语有一个趋势是/di/颚化为/ji/。[4] 13至14世纪，这个颚化过程刚刚开始，/di/与/ji/在摇摆着。[5] 达斡尔族蒙古方言今天仍保留了最古读音：

---

[1] G. Clauson, *An Etymological Dictionary of Pre-Thirteenth-Century Turkish*, pp. 844, 850. 此字也借鉴了蒙古语，也是群畜。《蒙汉词典增订本》，第967—968页。

[2] 突厥语 tawar 原意是牲口，14世纪的《国王字典》（*The King's Dictionary*, p. 215 [199B5]）就以突厥语乌古斯方言 dawar (< tawar) 对应蒙古语 adūsun (< adɣusun)；后来引伸为"移动的财产"，14世纪后渐渐只有财产之意。G. Clauson, *An Etymological Dictionary of Pre-Thirteenth-Century Turkish*, p. 442. 阿拉伯语 mal 借入突厥语后代指牲口，也借入了蒙古语。Hans Nugteren, *Mongolic Phonology and the Qinghai-Gansu Languages*, p. 439.

[3] Hans Nugteren, *Mongolic Phonology and the Qinghai-Gansu Languages*, p. 266.

[4] Nicholas Poppe, *Introduction to Mongolian Comparative Studies*, Suomalais-ugrilainen Seura, 1955, pp. 107—108.

[5] 何启龙：《审音与勘同：〈世界征服者史〉Ghayir inalčuq 与〈元史〉哈只儿只兰秃的再研究》，《元史及民族与边疆研究集刊》2008年第20辑，第67—81页。

*adriɣ（~ adiraɣ）。[1]

今日，突厥语多数方言称种马为ayɣïr，可根据上文提及的音变公式①还原为*adɣir。[2] 9世纪《占卜书》（第56行）就是写作 adɣïr。[3] 比较原始蒙古语的借入字*adriɣ，两字的/ɣ/与/r/调了位。这是音位倒置（metathesis）。[4] 这种换位现象在突厥语的例子不少。[5] 这二字是相同的。注意，输入借词之时，这里突厥语/-d-/成为蒙古语/-d-/。

（二）乘马与骟马：突厥语at对比蒙古语aɣta

骟马，蒙古语各种方言都是aɣta。[6] 骟马是阉割了的雄马。雄马力壮体强，但脾气暴烈，因为公马天性会为了争夺雌马交配而打斗。阉割后的雄马，脾气温驯，成为良马。游牧民只保留约5%的

---

[1] 孙竹：《蒙古语族语言词典》，青海人民出版社1990年版，第94—95页。〔日〕栗林均：《达斡尔语词汇蒙古文语索引》，第11页。

[2] G. Clauson, *An Etymological Dictionary of Pre-Thirteenth-Century Turkish*, p. 47.

[3] 耿世民：《古代突厥文碑铭研究》，第298页。Talat Tekin, *Irk Bitig: The Book of Omens*, pp. 24—25.

[4] Winfred P. Lehmann, *Historical Linguistics: An Introduction*, p. 204.

[5] Annemarie von Gabain, *Alttürkische Grammatik*, Harrassowitz, 1974, p. 56；〔德〕冯·加班：《古代突厥语语法》，第48页。

[6] 孙竹：《蒙古语族语言词典》，第96—97页。Hans Nugteren, *Mongolic Phonology and the Qinghai-Gansu Languages*, p. 439. 达斡尔语骟马是 arta，是达斡尔语很特别的音变。蒙古语，g/ɣ变r是可以发生，但颇罕见（N. Poppe, *Introduction to Mongolian Comparative Studies*, p. 154）。这个音变在达斡尔语却比较常见，比如蒙古语动词abuɣda-"被拿取、被占领、遭劫、输、败"，达斡尔语动词"战死"aurd-（-b-合并为双元音）；蒙古语名词哺乳器 uɣji，达斡尔语是ordʒ。〔日〕栗林均：《达斡尔语词汇蒙古文语索引》，第8页，第221页。

雄马为种马以繁衍下一代，其余的雄马都会被阉割做骟马。[1]突厥语的at专指供人骑乘驱使的马，蒙古语没有这选项。其实，这是二而一的，只有阉割了的马才能成为让人骑乘的马。[2]今日蒙古语，将骟马aγta添加动词化词缀-la-，构成动词阉割。[3]13世纪蒙古语，动词aγtala-却是"骑马"[4]，也暗示了骟马才是骑乘用马这个古老想法。突厥语at和蒙古语aγta实是同源。鲍培（N. Poppe）、德福（G. Doerfer）确信二字是对应的，提出骟马的原始突厥语就是*aγta，经历了尾元音省略*aγt，再省掉-γ-成为共同突厥语at。[5]鲍培指出突厥语复辅音组/-γt-/，辅音/-γ-/是可以消失的，比如突厥语动词bat-下沉、放置之意，对应着同源的蒙古语动词baγta-盛着、放下、坐下。[6]蒙古语系甘青方言块如土族语[7]、东乡语[8]，aγta

---

[1] 鱼普拉敖力布：《草原游牧民畜群成年礼及其文化内涵》，刘钟龄、额尔敦布和主编：《游牧文明与生态文明》，第267—280页。
[2] G. Clauson, *An Etymological Dictionary of Pre-Thirteenth-Century Turkish*, p. 33. 克劳逊说现代突厥语方言只有少数是将at代指骟马以对比种公马ayγir。10世纪以前突厥语at已是惯指骑乘马，甚至是马的泛称。
[3] Hans Nugteren, *Mongolic Phonology and the Qinghai-Gansu Languages*, p. 266.
[4] 额尔登泰：《蒙古秘史词汇选释》，第89页。
[5] Gerhard Doerfer, *Türkische und Mongolische Elemente im Neupersischen, Band I: Mongolische Elemente im Neupersischen*, 1963, pp. 114—117. Nicholas Poppe, *Introduction to Altaic Linguistics*, Harrassowitz, 1965, p. 155;〔美〕鲍培：《阿尔泰语言学导论》，第190页。
[6] G. Doerfer, *Türkische und Mongolische Elemente im Neupersischen, Band I*, pp. 115—116. N. Poppe, *Vergleichende Grammatik der altaischen Sprachen*, Harrassowitz, 1960, p. 89. 笔者相信，突厥语其他以-γ-为先的复辅音组/-γC-/，-γ-也是会消失的，比如突厥语肩胛骨较古老的形态是yaγrin，后来γ消失成为常见形态yarin（G. Clauson, *An Etymological Dictionary of Pre-Thirteenth-Century Turkish*, pp. 905, 970）。
[7] 照那斯图：《土族语简志》，第93页。〔日〕栗林均：《土族语词汇蒙古文语索引》，东北大学东北アジア研究センター2013年版，第8页。
[8]〔日〕栗林均：《东乡语词汇、新编东部裕固语词汇蒙古文语索引》，东北大学东北アジア研究センター2017年版，第8页。

一字也出现/γ/脱落的现像。简而言之，在原始突厥语时代，骟马*aγta借入了蒙古语，在蒙古语一直保留下来，后来突厥语读音简化为at。注意，这里突厥语/-t-/借入蒙古语仍然是/-t-/。

（三）蒙古语的马群与牲口

13世纪《蒙古秘史》"阿都兀"*aduγu（第124、177节）与"阿都温"*aduγun（第39、190节）都是旁译作"马群"。蒙古语，马是morin。但马群却是aduγun。这明显来自突厥语at"马"。科特维奇（W. Kotwicz）指出，把突厥语at嫁接上蒙古语词缀-γun构成集体之意，一只马成为一群马，是蒙古语的惯性。[1]由马群再添加词缀-sun成为aduγusun，就是牲畜——阿都兀孙：头口（《蒙古秘史》第272节）；添加动词词缀，成为动词放牧：阿都兀剌aduγula-（《蒙古秘史》第124、279节）。

由突厥语的乘马at引伸为蒙古语马群aduγun、牲口aduγusun、放牧aduγula-，代表的不是一般的牲口饲养，而系以马为六畜之首，以养马为第一目标的草原游牧生活。草原上的蒙古牧民动辄让上千头马匹在大自然生活，任其流动，自由吃草，牧民只在适当时候驱赶它们迁往其他草场。[2]这绝非大兴安岭森林那种"无羊少马多猪

---

[1] 〔波兰〕科特维奇（W. Kotwicz）：《阿尔泰诸语言研究》（*Studia nad językami ałtajskimi*），哈斯译，内蒙古教育出版社2004年版，第59—63页。由于蒙古语抗拒复辅音，所以在at与γun之间增添元音-u-。

[2] Peter Simon Pallas, *Sammlungen Historischer Nachrichten über die Mongolischen Völkerschaften*, Johann Georg Fleischer, 1779, pp. 177—179；〔德〕帕拉斯：《内陆亚洲厄鲁特历史资料》，邵建东、刘迎胜译，云南人民出版社2002年版，第117—120页。

牛"（《北史·室韦传》）环境可以实践的。这些词汇代表蒙古语民族的祖先迁居草原地区之后从突厥语系民族学习了养马与游牧技巧。注意，这里的突厥语/t/借入蒙古语变成了/d/。突厥语各支方言，马都是at，没有转为/d/。[1] 借入蒙古语以后的音变，是蒙古语自身发生。

这三个输入蒙古语的突厥语借词，可以分为两组：（甲）骟马与种马，其突厥语跟蒙古语的辅音对应是-t->-t-与-d->-d-；（乙）马群，突厥语借入蒙古音的辅音对应是t>d。同样是借自突厥语at（*aγta），进入蒙古语后，辅音体现了两套不同的音变规则。笔者推测，甲组和乙组的字并不是同一时间借入蒙古语的。

九、突厥语词借入蒙古语的音变：t>d

自成吉思汗年代采用回鹘文字母成为蒙古文字母，字母相同，转写也相同。我们千万别忘记，两种语言的发音差异由始至终是看口语读音，而不是看字母拼写。同一套字母，在不同语系可以代表不同发音。比如大陆拼音系统的/r/与/q/跟英文的r与q极不相同。突厥语/t/是清齿塞音（voiceless dental stop），/d/是浊齿塞音（voiced dental stop）。[2] 13世纪蒙古语，/t/系吐气的清齿塞音（voiceless aspirated dental stop），/d/系不吐气的清齿塞音

---

[1] G. Clauson, *An Etymological Dictionary of Pre-Thirteenth-Century Turkish*, p. 33.
[2] Talat Tekin, *A Grammar of Orkhon Turkic*, Indiana University, 1968, pp. 77—79. 张铁山：《回鹘文献语言的结构与特点》，中央民族大学出版社2005年版，第60页，第65页。

(voiceless unaspirated dental stop)。[1] 突厥文/t/与/d/是表达突厥语清音与浊音的分别，突厥语并不吐气。蒙古文/t/与/d/是表达蒙古语吐气与不吐气的分别，并无浊音。明代《蒙古秘史》的汉字标音，表达蒙古文/t-/读音所用的汉字：塔、帖、脱、秃、台等，都是透母字［tʰ-］，是古代中文韵书所称的次清舌尖音——即现代音韵学国际音标的吐气清齿塞音（voiceless aspirated dental stop），清楚显示蒙古文/t/是吐气音。[2] 假如在13世纪一个突厥语清音/t/借入蒙古语，蒙古语是不会翻译作吐气的/t/，而是翻译为不吐气清音/d/。比如突厥人将领官号 Tarqan[3]，借入蒙古语就写成 Darqan。[4] 元代汉译答剌罕，答字是不吐气的声母。元朝蒙汉二体《大元敕赐忻都公神道碑》，汉文第13行"答剌罕"对译蒙古文第22行 darqan。[5] 如此类推，蒙古语系民族借入突厥语词汇乘马 at，很介意吐气与不吐气的分别，就译成了不吐气的/d/，成为马群 aduɣun。这字跟官号答剌罕是属于相同时代的借入词。

蒙古语这种吐气与与不吐气的对立是从何时开始的呢？早在5世纪，柔然汗国的原始蒙古语已经看到吐气清音/t/了。柔然的他汗

---

[1] Nicholas Poppe, *Grammar of Written Mongolian*, Otto Harrassowitz, 1954, p. 13. 嘎日迪：《中古蒙古语研究》，辽宁民出版社2006年版，第155—158页。

[2] 嘎日迪：《中古蒙古语研究》，第155—156页。明译《元朝秘史》表达蒙古文/t-/还用了汉字田与坛，二字在隋唐中古汉译是浊音定母/d-/，但宋代汉语发生浊音清化，田与坛二字已经变成了吐气清音/tʰ-/。

[3] G. Clauson, *An Etymological Dictionary of Pre-Thirteenth-Century Turkish*, pp. 539—540.《新唐书·突厥传上》音译为"达官"。

[4] 韩儒林：《蒙古答剌罕考》，华西大学《中国文化研究所集刊》第1卷第4期（1941）；韩儒林：《穹庐集》，河北教育出版社2001年版，第23—58页。

[5] Francis Woodman Cleaves, "The Sino-Mongolian Inscription of 1362 in Memory of Prince Hindu", *Harvard Journal of Asiatic Studies*, vol. 12 no. 1/2 (1949), pp. 1—133.

可汗，其名号意为心绪、心愿，就是蒙古语taγan；他，就是用透母字［tʰ-］是吐气清音。假若突厥语系的不吐气清音/t/在柔然时期借入蒙古语，恐怕也是会回避吐气/t/而译为不吐气的/d/。可以推论，甲组的突厥语词骗马aγta与种公马*adriγ借入蒙古语的时代，是早于柔然、鲜卑的时代。学术界判断上古蒙古语的塞音（stop）之强弱对立（strong *vs* weak），是清浊对立还是吐不吐气对立，未有共识。[1] 但相当多学者都认同古代突厥语的辅音对立跟古代蒙古语的是一致的。[2] 两者完美对应的年代恐怕十分古老，是匈奴时代或甚是史前时代。

阉割牲口，为牲畜去势，并非游牧民族独有。农业民族为了育肥猪而去势，在汉文叫豶；让牛马变温驯以便利调教，也会阉割牲口。三千多年前，商代的中原农民已懂得阉割牲口；中原之地最早的马车遗物考古发现，正是商代；阉割马匹的字也在甲骨文有所反

---

[1] Jan-O. Svantesson, Anna Tsendina, Anastasia, Karlsson, Vivan Franzen, *The Phonology of Mongolian*, Oxford Univerisity Press, 2005, pp. 119—121。孟和宝音：《原始蒙古语辅音构拟的基础》，《中央民族大学学报（哲学社会科学版）》2002年第3期，第127—131页。苏联学者伊利奇-斯维特奇（V. Illich-Svitych）认为上古蒙古语的p与b、t与d等塞音组是清音跟浊音的对立，跟突厥语相同；鲍培则认为上古蒙古语也是吐气与不吐气的对立。

[2] 蓝司铁（G. Ramstedt）反而认为古代突厥语是吐气与不吐气对立为主轴，像蒙古语一样。G. J. Ramstedt, *Einführung in die altaische Sprachwissenschaft*, Suomalais-ugrilainen Seura, 1957, pp. 54—55；〔芬〕蓝司铁：《阿尔泰语言学导论》，周建奇译，内蒙古教育出版社2004年版，第24—25页。蒲立本（p. 242；第166页）指出，匈奴人的语言有浊塞音和清塞音，却很少见到吐气音；蒙古语的吐气清音很强，共同突厥语却不是；因此匈奴语更接近突厥语。Edwin G. Pulleyblank, "The Consonantal System of Old Chinese", *Asia Major*, new series vol. 9 (1962), pp. 206—265；〔加〕蒲立本：《上古汉语的辅音系统》，潘悟云、徐文堪译，中华书局1999年版。如此，突厥语t/d和蒙古语t/d一一对应的时代，比匈奴人的时代更古老？不然，就是匈奴人同期的原始蒙古语——东胡语是清浊对立而没有吐气音。

映，西周的攻驹、攻特、騬就是骟马。[1]农牧与狩猎混合的经济为牲口阉割，自然也十分适合。因此，骟马技术流传甚广，大兴安岭森林的居民也学习甚早。

阉割马匹容易学习，但骟马不必然就成为良驹。养马之法艰深，如何养肥长膘，怎样饿马数日再喂食，令马脂长于脊而肚腹小、臀部大而实，不是求肥胖，而是求肥而实，这样才不会跑死毙命，才能成为良驹云云。[2]懂得培养好马是一回事，同时间牧养大群马匹又是另一门学问。要大量饲养马匹，需要累积相当丰富的草场环境知识：马只爱吃草的尖端与籽粒，需要草长得高的牧场；羊喜爱吃掉整条草至草根，放羊后的草场一年内都无法养马；某种草籽长着刺，会卷在羊毛刺入羊身，不适合养羊，但马喜爱吃；马不像羊，马不能困在居家近旁，永远是放牧在空旷的草原上；诸如此类，羊是牧民的食物来源，马却是财产与战力所在，如何平衡两者的成长，学问艰深。[3]这些不会是活在森林的原始蒙古语先民学得来的，必定是后来生活于蒙古高原广阔草场之地，有这种适合游牧经济条件的自然环境，才能学习得来。是故，突厥语马 at 借入蒙古语成为马群 aduɣun，其时代最早也只能是5世纪鲜卑人、柔然人雄据大漠南北的时代，最迟甚至系9世纪突厥语回鹘汗国崩溃之后。

---

[1] 周自强主编：《中国经济通史——先秦经济卷》，经济日报出版社2000年版，第285—287、300—302、1149—1150、1157—1158页；王宇信：《商代的马和养马业》，《中国史研究》1980年第1期，第99—108页；袁靖：《中国古代家马的研究》，陕西省文物局主编：《中国史前考古学研究——祝贺石兴邦先生考古半世纪暨八秩华诞文集》，三秦出版社2003年版，第436—443页。
[2] 萧大亨：《夷俗记·牧养》。
[3] 札奇斯钦：《蒙古文化与社会》，第19—22页。

十、土族语的牲口是牛

蒙古语马群aduγun与牲口aduγusun广见于各支方言，偏远的布里亚特语和达斡尔语也有使用。[1] 但是，蒙古语南部方言群（甘肃青海地区）与别不同，如土族语、保安语、东乡语，他们没有aduγun和aduγusun两字。称呼牲口，他们有一个独特的字，不见于其他蒙古方言，却在甘肃地区广泛使用：土族语a:sə[2]、aasi[3]、aasə[4]，保安语asuŋ[5]，东乡语asun[6]、asuŋ[7]。这个字，契丹人也使用过：*as。[8] 这字*aasu(n)应该属于原始蒙古语，是当日吐谷浑语和契丹语的共享同源词。[9] 13世纪，来自漠北的蒙古人统治甘肃、青海，蒙古人的强势语言同化了当地土著语言。土著放弃了自

---

[1] Hans Nugteren, *Mongolic Phonology and the Qinghai-Gansu Languages*, p. 265.
[2] 〔日〕栗林均：《"土族语词汇"蒙古文语索引》，第8页。
[3] 〔日〕栗林均：《土族语·汉语统合辞典》，第9页。
[4] 照那斯图：《土族语简志》，第93页。
[5] 布和、刘照雄：《保安语简志》，民族出版社1982年版，第19页。
[6] 刘照雄：《东乡语简志》，民族出版社1981年版，第26页、第32页、第117页。
[7] 〔日〕栗林均：《东乡语词汇·新编东部裕固语词汇蒙古文语索引》，第8页。
[8] 契丹小字称呼老虎为"可汗之兽"*xaya'as。其中 *as 是走兽，对应着土族语aasi 牲畜、牛。清格尔泰：《关于契丹小字地支的读书》（1991年），《契丹小字研究论文选编》，内蒙古人民出版社2005年版，第725—740页（第735—740页）。Chinggeltei, "On the Problems of Reading Kitan Characters", *Acta Orientalia Academiae Scientarum Hungaricae*, vol. 55 (2002), no. 1—3, pp. 99—114 (p. 107). Daniel Kane, *The Kitan Language and Script* (Brill, 2009), pp. 55—56, 103, 176.
[9] 何启龙：《蒙古国新发现6世纪婆罗米文原始蒙古语碑文与柔然鲜卑语考证——兼论土族语（Monguor）与吐谷浑语的关系》，《清华元史》2021年第7辑，第1—89页。这些方言的各个拼写，可还原为*aasun。此字的原始形态可能是*abasun。如果假设成立，这是狩猎aba的派生词，意为狩猎之物、走兽。不过，abasun这字在今天蒙古语并不存在，无法验证以上假设。

己的母语，说着统治者的强势语言，但仍然会留下一些母语词汇融合到强势语言之中。这些就是语言学所谓的底层语言（substratum）。比如，公元8世纪起，大量维京人入侵并定居英国沿岸，他们没有形成长久的统治阶层，最终被同化，成为说英语的英国人；但他们在英语中留下了一些低下阶层生活的用字与音变。[1]如此类推，土族语、保安语、东乡语这独有词汇*aasun牲口，就是青海甘肃原居民的底层语言之词汇；13世纪，当地的原居民辛勤劳动供养了上层蒙古人权贵，他们是低下层牧民，主宰了畜牧业术语，他们的语言就成为甘青地区蒙古语的底层语言。这样解释是没有错，但仍略嫌简单。土族、东乡族他们选择保留牲口这字，而放弃其他低下阶层生活用字。如此的选择总是有原因的，应该跟社会压力、生活压力息息相关。

蒙古语牲口 aduγusun 是来自马匹 aduγu，显示了蒙古人在蒙古高原生活十分重视马匹。土族语牲口*aasun，在生活中不只代表牲口，更是专指牛只。[2]西宁湟水流域、甘肃青海交界之地是山谷，地理环境、水土气候跟蒙古高原颇不相同。甘青地区民族以畜养牛只为主，有异于蒙古高原的牧马传统。公元5世纪，史料记载甘肃陇右的羌人是饲养牦牛（古写是犛牛、氂牛）、牛与猪。[3]吐谷浑

---

[1] Leonard Bloomfield, *Language*, George Allen & Unwin Ltd., 1935, pp. 463—464, 468—469. 比如：蛋egg、皮skin、闸gate、公牛bull、妹妹sister等字皆是维京人留下的。

[2] 土族语 aasi，第一解作牛，第二解作牲畜。〔日〕栗林均：《土族语·汉语统合辞典》，第9页。另一本词典记载 a:sə，解作牲畜、牛。〔日〕栗林均：《"土族语词汇"蒙古文语索引》，第8页。

[3] 《魏书》卷108《宕昌列传》；《隋书》卷83《西域传·党项》。

人居于洮河至青海湖一带，当地盛产牦牛[1]；虽然吐谷浑有"青海骢"传说，其实出产的只是小马与牦牛。[2] 13世纪《马可波罗行纪》记载凉州府 Ergiuul（蒙 Erije'ü）后，详尽记载了 Silingiu "西宁州"[3]：

> 西宁州盛产一种野牛，其身大如象，牛毛被覆全身……居民把小的野牛捕捉来饲养，跟家牛交配。居民拥有大量这些混种牛，它们长于负载，气力大，用于耕田效益比其他牲畜高一倍。[4]

马可波罗提到的是高大的野牦牛、驯养的家牦牛与及混种的犏牛。土族语，野牦牛 se:naġ（*seineg ~ *sainuγ）[5]，家牦牛 xainek（*qainaγ ~ qainuγ）[6]，混种的犏牛 museng[7] ~ *musu(n)[8]。即使到了近代，蒙古牧民之中，只有生活在阿尔泰山、杭爱山（Khangai

---

[1] 《隋书》卷83《西域传·吐谷浑》。
[2] 《新唐书》卷237《西域传上·吐谷浑》。
[3] Paul Pelliot, *Notes on Marco Polo,* vol. 2, Imprimerie Nationale, 1963, pp. 832—833.
[4] Arthor C. Moule and Paul Pelliot, *Marco Polo—The Description of the World,* George Routledge & Sons Ltd., 1938, p. 179.
[5] A. de Smedt and Antoine Mostaert, *Le dialecte Monguor parlé par les Mongols du Kansou occidental,* 3e partie, *Dictionnaire Monguor-Français,* Imprimerie de 1'Université Catholique, 1933, p. 344.
[6] Grigorij Potanin (1835—1920), Juha Janhunen trans., "On the Shirongols", G. Roche and K. Stuart ed., *Mapping the Monguor,* Raleigh, North Carolina: lulu.com, 2015, pp. 139—177. (p. 155).
[7] Grigorij Potanin (1835—1920), Juha Janhunen trans., "On the Shirongols", pp. 144—145.
[8] A. de Smedt and Antoine Mostaert, *Le dialecte Monguor parlé par les Mongols du Kansou occidental,* 3e partie, *Dictionnaire Monguor-Français,* p. 251.

Mt)等西部寒冷山岭区的人才会饲养犏牛拖牛车拖雪橇，替代黄牛的负重角色。青海的土族广泛饲养黄牛、犏牛、牦牛，既是负重之用，也作为乳产品和肉食，更是拖犁翻土的农田劳动之用，十分重要。对甘青之地的蒙古语系民族，环境水土气候使他们重视牛只远多于马匹。草原区以马为先的牲口词汇 aduɣusun 自然无法在此地流行。因此，*aasun 这个底层词汇就被安置代表以牛为先的牲口，淘汰了 aduɣusun。[1]

土族语还有第二个词汇 kaarda 称呼牲口，尤指骟马。[2] 这是派生词，来自动词 kaar-，比如在东部裕固语系动词：为驴马阉割。[3] 此字就是蒙古语书面语动词 qaɣari-，系烙煎、烫阉马驴。[4] 烫阉，是蒙古牧民阉割牲口最常用的方法。[5] 这是蒙古语的同源字，并非底层词语。远至伏尔加河的卡尔梅克蒙古人也惯用烫阉。[6] kaarda

---

[1] 同是由马群 aduɣu 派生来的动词牧养 aduɣula-、名词牧人 aduɣulaɣči(n) 就仍然在土族语之中，只是发生了音变，首元音省略了：dulaa- 与 dulaadʑin。〔日〕栗林均：《土族语·汉语统合辞典》，第89页。〔日〕栗林均：《"土族语词汇"蒙古文语索引》，第8页。牧人一词，土族语同时存在从牲口 aasən 派生的 aasəntɕə（*aasunči）。孙竹：《蒙古语族语言词典》，第94—95页。

[2] 照那斯图：《土族语简志》，第101页。〔日〕栗林均：《土族语·汉语统合辞典》，第220页。孙竹：《蒙古语族语言词典》，第94—95页。

[3] 〔日〕栗林均：《东乡语词汇、新编东部裕固语词汇蒙古文语索引》，第298页；孙竹：《蒙古语族语言词典》，第96—97页。

[4] Ferdinand D. Lessing, *Mongolian-English Dictionary*, p. 907.《蒙汉词典增订本》，第552页。

[5] 鱼普拉敖力布：《草原游牧民畜群成年礼及其文化内涵》，刘钟龄、额尔敦布和主编：《游牧文明与生态文明》，第275页。

[6] Peter S. Pallas, *Sammlungen Historischer Nachrichten über die Mongolischen Völckerschaften*, p. 178;〔德〕帕拉斯：《内陆亚洲厄鲁特历史资料》，第118页。据帕拉斯所见，蒙古人阉割小马小牛小羊，割除阴囊，用烧红的烙铁灼烫那已割断的输精管末端。

这词也借进了邻近的突厥语系撒拉语：karda，仍是代表牲口。[1] 土族最终放弃以马为先的aduɣusun，恐怕仍是环境使然。土族人生活的甘青地区，山岭深谷交错，马匹行走不便，却十分适合骡与驴。土族等蒙古南部方言以aasun代表牛群牲口，以kaarda代表骡马牲口，他们选择这些词汇是由于环境与生活的因素，这因素凌驾于底层词汇或强势语言之上。

十一、从词汇看牦牛传入蒙古的历史

突厥人比蒙古人早些认识牦牛，称为qotoz ~ qotaz，早见于11世纪《福乐智慧》（2311与5372句）[2]，今天维吾尔语仍是زاتوق（qotaz）。7世纪，吐蕃王朝向西扩张，驯养的家牦牛最迟于此时传入克什米尔和帕米尔高原。在此前后，突厥人接触到牦牛。13世纪蒙古人吞并西夏，进兵青海、西藏。此前蒙古人从未见过牦牛，就借入突厥语称呼。《华夷译语》记载"毛牛"：otos 斡他思（*otas）。[3] 13世纪，突厥语词末辅音-z借入蒙古语会成为-s。[4] 词

---

[1] 林莲云：《撒拉语简志》，民族出版社1985年版，第119页；许伊娜：《新疆—青海撒拉语维吾尔语词汇比较》，第183页。

[2] Gerard Clauson, *An Etymological Dictionary of Pre-Thirteenth-Century Turkish*, p. 608.

[3] Antoine Mostaert, Igor de Rachewiltz, *Le matériel mongol du houa i i iu de Houng-ou* (1389), vol. I, Institut Belge des Hautes Études Chinoises, 1995, p. 82.

[4] Larry V. Clark, "Turkic Loanwords in Mongol, I: The Treatment of Non-initial S, Z, Š, Č", *Central Asiatic Journal*, vol. 24 no. 1/2 (1980), pp. 36—59.

首辅音q-脱落，是13世纪蒙古语一个较少见的现象。[1]往后，蒙古人认识牦牛比突厥人深入得多，知道青藏高原居民培育的牦牛与黄牛混种牛。14世纪元朝发给寺院的护持懿旨令旨，汉地的只称"铺马、祇应休着者"（不得索取驿马与粮食），发给西藏寺院则写着不得索取马（morin）与犏牛（umsu）。[2]藏文gyag是牦牛，mdzo是混种的犏牛。[3]蒙古人从未见过犏牛，就借入了藏文mdzo称呼；因蒙古语不喜欢复辅音作词首，就添上首元音变成umsu。

表2

	野牦牛（wild yak）	家牦牛（yak）	犏牛（dzo）
藏语	'brong	gyag	mdzo
突厥语		qotaz	
蒙古语（14世纪）		otas	umsu
土族语	seineg	qainaɣ	musun

---

[1] Larry V. Clark, "Mongol Elements in Old Turkic?", *Journal de la Socit Finno-Ougrienne*, vol. 75 (1977), pp. 110—168 no. 64, pp. 147—148. N. Poppe, *Introduction to Mongolian Comparative Studies*, pp. 134—135. 又如13世纪《蒙古秘史》记载成吉思汗麾下忙兀部首领忽亦勒答儿（Quyildar），14世纪《元史》译作畏答儿，首辅音*q-已经丢失。可能*q-吐气太强，变到像h-一样，因而与h-同样也丢失了。

[2] 1305年八思巴字蒙古文《海山怀宁王蛇年令旨》第24行；1320年八思巴字蒙古文《答吉皇太后猴年懿旨》第18行。照那斯图：《八思巴字和蒙古语文献II 文献汇集》，东京外国语大学アジア・アフリカ言语文化研究所1991年版，第113—117页、第137—141页。

[3] H. A. Jäschke, *A Tibetan-English Dictionary*, Munshiram Manoharlal, 1998, pp. 463, 516.

续表

	野牦牛（wild yak）	家牦牛（yak）	犏牛（dzo）
东部裕固语		qara hüker[1] qainaγ（阉牦牛）[2]	omsə
蒙古语（现代）	jerlig sarlaγ	sarlaγ[3]	qainaγ

藏民面对野牦牛数千年，驯养家牦牛、混种配种栽培犏牛，仔细分门别类，各有名字。突厥语、古今蒙古语、土族语比较之下，土族语的词汇最为完备。土族语词汇，野牦牛、家牦牛、犏牛都自成一套，显示了甘青当地独有的潮流，根蒙古本部不相同。这也很自然。青海的水土气候特别适合牦牛与犏牛，是土族人生活至关重要的牲口，重要性不亚于藏民。但是，土族语的名字大异于古今蒙古语。土族语拥有原始蒙古语的底层语言，跟吐谷浑人很有关系。吐谷浑人早在5世纪已经入居陇右、青海一带，跟当地的羌人、藏民祖先学习饲养牦牛。其实，吐谷浑人才是蒙古语系民族之中最早接触牦牛的，也比突厥人要早一些。没有突厥语系词汇可以借用，吐谷浑人就从自身认识的动物之中，寻找一些跟牦牛有相似特征

---

[1] 牛 üker，13世纪蒙古语有h-首辅音：hüker，明朝音译为"忽客儿"。见额尔登泰：《蒙古秘史词汇选释》，第199页。东部裕固语仍保留h-首辅音，但元音有变易，牛是hgor。东部裕固语牦牛是xara hgor（< qara hüker），字面意思是黑色的牛、坏的牛、猛烈的牛、大的牛。〔日〕栗林均：《东乡语词汇、新编东部裕固语词汇蒙古文语索引》，第244—245页。

[2] 照那斯图：《东部裕固语简志》，民族出版社1981年版，第15页。〔日〕栗林均：《东乡语词汇、新编东部裕固语词汇蒙古文语索引》，第306页。二书分别译作犍牛、犍牦牛。犍，阉牛也。

[3] 孙竹：《蒙古语族语言词典》，第594页。

的，或者在草原故乡看到但在青海看不到的，拿其名字来代指牦牛。

内和泰仁（Hans Nugteren）发现，蒙古语 seineg 原本意思应是某一种公山羊或野山羊：本部蒙古语和卡尔梅克方言系两岁公山羊，布里亚特语和巴尔虎方言系阉割了的山羊，只有土族语系代表野牦牛。[1] 至于 qainaγ，几乎所有蒙古语方言都代表混种犏牛，这是 qainaγ 的第一义。不过，这第一意思并不古老——14 世纪时蒙古人称犏牛为 umsu，这字眼只有东部裕固语和保安语仍在使用着[2]，他们都是 13 世纪起在甘肃驻扎的蒙古军语言后裔，地处孤立，仍保留着 13 世纪的词汇。土族语和整个南部方言块，qainaγ 都是家牦牛，包括东部裕固语、保安语、康家语也是[3]；邻近的突厥语系撒拉语（/χεjnəχ/）[4] 和西部裕固语（/qajnaq/）[5] 也借入 qainaγ 称呼牦牛，放弃了突厥词 qotaz。所以，qainaγ 的第二义是家牦牛。1885 年，俄国人类学家波塔宁（G. Potanin）调查甘肃青海，首次记录土族语词汇。他收录了 кунегъ（kuneg' <*qunaγ）一字，解作公山羊。[6] 第三义公山羊，应该是 qainaγ 的最古老意思。看来，土族语 *qunaγ 公山羊跟 *qainaγ 家牦牛是同源分化字，情况就如蒙古语长

---

[1] Hans Nugteren, *Mongolic Phonology and the Qinghai-Gansu Languages*, pp. 485—486.

[2] Hans Nugteren, *Mongolic Phonology and the Qinghai-Gansu Languages*, p. 532.

[3] Hans Nugteren, *Mongolic Phonology and the Qinghai-Gansu Languages*, pp. 400—401.

[4] 许伊娜：《新疆—青海撒拉语维吾尔语词汇比较》，第 132 页。

[5] 陈宗振、雷选春：《西部裕固语简志》，民族出版社 1985 年版，第 159 页：qenaq，牦牛。雷选春：《西部裕固汉词典》，第 207 页：qajnaq，犍牛、骟牦牛。后者多了阉割之意，跟东部裕固语的相合，应是从东部裕固语（蒙古语系）借进去西部裕固语（突厥语系）。

[6] Grigorij N. Potanin, *Tangutsko-tibetskaja okraina Kitaja i central'naja Mongolija*, Tom. II, Imperatorskago Russkago Geograficheskago Obshchestva, 1893, p. 414.

者 ötegü 和熊 ötege 之同源关系。所以，原始蒙古语 qainaγ 是跟 seineg 一样，原意是某类野山羊。不妨推测，吐谷浑人入居青海之后，遇到前所未见的野牦牛和家牦牛，无以名之，就以某种野山羊的古名 seineg 和 qainaγ 作称呼。

山羊跟牦牛都是长着长角，披着长毛，外观相似，但体形相差甚远。不过，前文举例欧洲知更鸟（Robin）体型也比北美洲的旅鸫差很远，但都借用其名字来称呼。中文也有类似情形。高昌馆《华夷译语》和《高昌馆译书》收录了一种动物，回鹘文写着 qara qulaq，译官无以名之，音译为"哈喇虎喇"作名字。[1] 帕拉斯听闻蒙古人传说：阿尔泰山脉有一种哈喇虎喇，是类似狮子的动物，长鬃，深褐色皮毛，凶残无比。[2] 这动物在蒙古文为 *qarqulaq，鞑靼馆《华夷译语》记音为"哈儿忽剌黑"，中文翻译为"彪"。[3] 彪，原意为虎纹，后有幼虎之意。当明朝人遇到突厥和蒙古的动物"哈喇虎喇"，就以古字"彪"成为其名称。其实，这猛兽之名来自突厥语 *qara qulγaq（黑耳）[4]，今称狞猫（Caracal）。都是猫科动物，它长着一对又长又尖的黑耳朵，但体形偏小，身长不超1米，捕食野兔、野鸡，跟老虎体形相差甚远。[5]

后来，吐谷浑人（或土族祖先）跟藏民接触日深，开始出现藏

---

[1] 北京图书馆：《北京图书馆古籍珍本丛刊》经部第6，第75页、第381页。
[2] Peter S. Pallas, *Sammlungen Historischer Nachrichten über die Mongolischen Völkerschaften*, p. 54;〔德〕帕拉斯：《内陆亚洲厄鲁特历史资料》，第37页。
[3] 北京图书馆：《北京图书馆古籍珍本丛刊》经部第6，第11页。
[4] Gerard Clauson, *An Etymological Dictionary of Pre-Thirteenth-Century Turkish*, p. 621.
[5] J. P. Rafferty, "Caracals", *Carnivores: Meat-eating Mammals*, The Rosen Publishing Group, 2011, p. 117. 狞猫（Caracal）外貌跟猞猁（Lynx）相似，但体形较小。猞猁居于西伯利亚与青藏高原等寒冷地区。狞猫居于炎热的沙漠地带，也被称为"沙漠猞猁"。

文借词。他们跟藏民学习培育混种犏牛，借入其藏文名 mdzo。蒙古语不喜复辅音，就在/m-/后添加元音，再添上原始蒙古语钟爱的词末/-n/辅音，成为*musun。[1] 这个藏语借词跟元朝护持令旨的犏牛 umsu 同源同意，但音变规则不同，是两个不同传统、不同来源。

本部蒙古语对牦牛、犏牛的称呼并不稳定。今日，本部蒙古语诸方言皆称牦牛为 sarlaγ[2]，突厥语借词无声无息间被放弃了。13世纪的蒙古人并不重视牦牛。党项羌人与凉州山区河谷的藏民都有饲养牦牛的传统。《蒙古秘史》记载蒙古人攻灭西夏国（249、265至267节），只提及西夏献上骆驼，无只字提起牦牛。蒙古语放弃突厥语借词 otoz ~ otas[3]，改用蒙古语 sarlaγ ~ sarluγ。这当发生在蒙古人重视牦牛之后，不会早于明朝编写《华夷译语》，最迟是在清代编写满蒙汉三合字典之前。16世纪末，蒙古人除了传统的五畜：马、牛、绵羊、骆驼、山羊[4]，出现了新的称呼：六畜

---

[1] Hans Nugteren, *Mongolic Phonology and the Qinghai-Gansu Languages*, p. 532. 除了土族语，康家语也称犏牛*musun。词末辅音/-n/是土族语后加的，这是原始蒙古语的习惯。吐谷浑人称兄长作阿干，是原始蒙古语*aqan，比13世纪蒙古语 aqa 多了一个-n。《晋书·四夷传·吐谷浑》："鲜卑谓兄为阿干。"

[2] 孙竹：《蒙古语族语言词典》，第594页。教科书正字法将牦牛拼写为 sarluγ。

[3] 1960年 Ferdinand D. Lessing 出版的英蒙字典收录了一字：udus，解作野牦牛（英 wild yak）与野牛（英 buffalo）。Ferdinand D. Lessing, *Mongolian-English Dictionary*, p. 862. 恐怕是 Lessing 他们看了《华夷译语》"毛牛"的回鹘字蒙古文，将 otos 错读作 *udus，认为这是突厥语 ud 牛的派生字。*Bol'shoy Akademicheskiy Mongol'sko Russkiy Slovar'*, Tom. II, Academia, 2001—2002, p. 346. Alexander Savelyev, *Language Dispersal Beyond Farming*, Amsterdam, John Benjamins, 2017, p. 153. 这判断是错误的。《华夷译语》有汉字标音"斡他思"，只能是 otos 或 otas。这顶多是突厥语 ot 火。没有田野调查收集得来的证据支持，笔者判断突厥语借词 otos 早已死亡。

[4] 欺钦朝克图：《蒙古语五种牲畜名称语义分析》，《民族语文》1994年第1期。斯钦朝克图：《蒙古语五畜名称与草原文化》，马永真主编：《论草原文化》第6辑，内蒙古教育出版社2009年版，第138—167页。

(jiryuyan qosiyu mal)，第六畜很可能就是牦牛。[1] 蒙古语 šar 是犍牛、四岁以上的阉牛。[2] 蒙古语 sarlaγ 当是 šar 的派生词，[3] 添加了 -laγ/-lig 词缀[4]，字面意思就是：似犍牛的、与犍牛拥有相同特征的。但是，居于嫩江以东（黑龙江省）的科尔沁蒙古杜尔伯特部，其方言以 sarlaγ 称呼水牛。[5] 大概，杜尔伯特部入居黑龙江之时，以 sarlaγ 为牦牛的意思尚未稳固，定名历史不长。

本部蒙古语对牦牛与黄牛的混种（犏牛）的称呼，14世纪系 umsu，后来改称 *qainaγ。但在土族语等南部方言块 qainaγ 则是牦牛。畜养牦牛与犏牛配种的传统都是在青藏高原孕育成长，只有品

---

[1] 《阿勒坦汗传》（1607年前成书）第1115行写着："六畜聚集，布满草原。"艾鸿展推断这第六就是牦牛。Johan Elverskog, *The Jewel Translucent Sutra: Altan Khan and the Mongols in the Sixteenth Century*, Brill, 2003, pp. 178, 286.

[2] 《蒙汉词典增订本》，第978页。Ferdinand D. Lessing, *Mongolian-English Dictionary*, p. 752.

[3] 蒙古语 /š/ 并非独立音位，多数是其他辅音如 /s/ 变过来，或是外语借词（N. Poppe, *Introduction to Mongolian Comparative Studies*, p. 154）。比如，蒙古文 šari 有白色之意，šari sibaγuqai 是白头鸭，字面意思为白色的雏鸟；蒙古文 sariday 是终年积雪的山峰，字面意思是白色的山顶（taγ 山顶），这里已发生了 S～Š 摇摆。《蒙汉词典增订本》，第887页、第979页。

[4] Nicholas Poppe, *Grammar of Written Mongolian*, p. 42, no.127. 再比较蒙古语犀牛和独角兽。明代《华夷译语》鸟兽门收录了犀牛：kers，汉字记音/ke-er-si/客儿思。嫁接后缀-lig，蒙古文 kerslig 就成为独角兽。单独一只角，就是犀牛与独角兽的共有特征。汪睿昌：《蒙汉字典》，蒙文书社1928年版，第238页。〔日〕栗林均编：《蒙汉字典——资料编原本影印》，东北大学东北アジア研究センター2014年版，第510页；〔日〕栗林均：《蒙汉字典——モンゴル語ローマ字転写配列》，东北大学东北アジア研究センター2016年版，第277页。

[5] 孙竹：《蒙古语文集》，第459页。杜尔伯特方言读为 tarlaγ，大量/s/变为/t/是其方言的特色（孙竹：《蒙古语文集》，第15页、第327页）。另外，内蒙古四王子旗（Durbut Beise 四贝子）的方言也见到/s/>/t/的音变（N. Poppe, *Introduction to Mongolian Comparative Studies*, pp. 119—122）。蒙古语一般称水牛为：水的牛 usun-u üker。

种与技艺向外输出，断无从蒙古高原引入之理。所以，借词方向当是土族语 qainaɣ "牦牛"输出到本部蒙古语 qainaɣ "犏牛"。只是，为何意思从牦牛变成了混种的犏牛？内和泰仁发现这现象，但无法解释。[1] 这恐怕是因为青海的牦牛品种太过优越，不断输出蒙古高原。牦牛不适应低海拔的气候与气压，黄牛不适应高原的寒冷与稀薄空气。青海跟甘肃交界之地，湟水与黄河九曲，是青藏高原的边缘区域，高低适中，正是两个物种交汇之地。混种犏牛集两者优点，强壮，多奶多肉，甚为牧民所爱。公犏牛基因有缺，无法繁衍下一代；但母犏牛却可与公牦牛或公黄牛交配，诞育新的混种。牧民为母犏牛跟公牦牛选种配种，几代之后会得出新品种的牦牛——拥有少量黄牛基因的牦牛。科学调查证明甘青与西康等青藏高原边区，当地的牦牛品种交杂了更多的黄牛基因，混血情况是最高的，比青藏高原内陆更普遍，而且是发生了上千年。[2] 犏牛没有独立的生育能力，必须跟牦牛一起饲养才能衍育下去。青海的牦牛比西藏的牦牛更加适合蒙古西部杭爱山至阿尔泰山的高原区，那里的海拔远低于西藏，跟青海边区相近。青海的蒙古语系民族将当地品种优良的牦牛 qainaɣ 输到蒙古高原。不妨推测，蒙古高原的牧民把青海牦牛跟蒙古黄牛混种，得出的犏牛比过往的更加适合蒙古牧民所需。久而久之，蒙古人将犏牛称为 "qainaɣ 的犏牛"，慢慢简称为 qainaɣ，最终 qainaɣ 的意思就挪移为犏牛。

---

[1] Hans Nugteren, *Mongolic Phonology and the Qinghai-Gansu Languages*, pp. 400—401.
[2] X. B. Qi, H. Jianlin, G. Wang, J. E. O. Rege, and O. Hanotte, "Assessment of Cattle Genetic Introgression into Domestic Yak Populations Using Mitochondrial and Microsatellite DNA Markers", *Animal Genetics*, vol. 41 no. 3 (2010), pp. 242—252.

在工业革命以前，牦牛是最后一种引入草原区的游牧牲口。介绍者是蒙古语民族。突厥语民族对饲养牦牛投入很少，天山的高地牧场狭窄，不像青海与蒙古西部有广阔的高原。唐努山、萨仁岭的突厥语系图瓦人也是跟蒙古人学到牧养牦牛。图瓦人以本部蒙古语名称 sarlaγ 称呼牦牛，而不是突厥语。[1]

十二、总结

　　历史语言学家观察世上不同群众的语言、音变、借词、词意变易等现象，审视人类的经济生活、商品交易、文化交流、社会阶级、政治势力等等给人类语言留下的烙印，归纳经验，提出理论。这些理论可以为史学界提供另一层面的视角。尤其内陆亚洲史的史料比农业民族少得多，词汇数据与历史语言学理论所提供的讯息，即使少量也变得重要，能协助填补历史空白。两家学说可以交流的心得比想象中多。语言学界借鉴了各种历史记录。史料却是史学界专长所在，理应可以将语言学理论发挥得更好，写出更好的史学研究。以本文为例，研究了多种野生动物、牧养牲口的名字与音变，运用历史语言学理论，证明了蒙古人分两个不同时代学习了养马技术，并在15世纪后引入牦牛与犏牛。游牧民族不是天生就懂得如何擅用牲口在草原生存。在这攸攸二千年，游牧民缓缓提升牧养技艺，改善经济生活。这些，史书都未有记载。本文以交错的学术理论，希望能为历史空白区提供贡献。

---

[1] 宋正纯：《图瓦语和图瓦人的多语生活》，第286页。

"上畔"解
——辽金之际的语义衍化与统治变迁[*]

邱靖嘉

"上畔"一词本为上边之义，与"下畔"相对而言。东汉郑玄《尚书考灵耀》注云："地盖厚三万里，春分之时地正当中。自此，地渐渐而下。至夏至之时，地下游万五千里，地之上畔与天中平。夏至之后，地渐渐向上，至秋分，地正当天之中央。自此，地渐渐而上，至冬至，上游万五千里，地之下畔与天中平。自冬至后，地渐渐而下。"[1] 这里的地之"上畔""下畔"就是指大地的上下边缘。类似的用法又如《礼记·玉藻》唐孔颖达疏解释"缝齐倍要"句，谓"齐谓裳之下畔，要谓裳之上畔，言缝下畔之广倍于要中之广"[2]；南宋林希逸《考工记解》云："钟有四带，上畔一带，下畔一带，中二带。"[3] 有学者注意到在宋金时期的北方口语中，"上

---

[*] 本文为国家社会科学基金一般项目阶段性成果，项目批准号21BZS057，项目名称"北族王朝历史书写视野下的金朝开国史研究"。感谢同事张亦冰兄的帮助。
[1] 《礼记正义（附释音礼记注疏）》卷14《月令》孔颖达疏引郑注《考灵耀》，阮元校刻《十三经注疏》本，中华书局1982年版影印本，第1352页中栏。
[2] 《礼记正义（附释音礼记注疏）》卷29《玉藻》，第1477页中栏。
[3] 林希逸：《鬳斋考工记解》卷上，《通志堂经解》本，叶54a。

畔"由上边引申为指上司、上级,其用例见于《三朝北盟会编》一书中。[1]其实,若仔细稽考文献史料可知,"上畔"一词乃是辽、金两朝统治下的北方地区所惯常使用的一个语汇,它并非只是对上司、上级的一般泛称,而是具有其特定含义,并且随着辽金易代,其指称对象亦发生流转,从中可折射出辽金之际北方汉地的统治变迁。[2]

一、"上畔"专称由辽主至女真元帅府的转变

南宋徐梦莘撰《三朝北盟会编》(以下简称《会编》)详细记载了两宋之际宋、辽、金之间的和战史事,保存有许多时人对话谈判的白话口语资料,十分珍贵。[3] 已有学者指出,《会编》所见"上畔"一词乃指上司、上级,审其所举用例皆出自北方金人之口。但实际上,北人称呼"上畔"早在之前的辽代即已广泛通行,且有着特定的指向。北宋元丰六年(1083),蔡京为贺辽主生辰使,出使辽朝,其子蔡絛所撰《北征纪实》记载其时辽道宗在位,命人邀请宋使参观皇孙出阁礼,蔡京问其故,辽人答道:"上畔老矣,独

---

[1] 范朝康:《〈三朝北盟会编〉口语词选释》,《贵州大学学报(社会科学版)》2000年第2期,第66—69页。
[2] 景爱《陈述先生遗稿叙录》称1937年陈述先生所作《说南纪牙思》一文尾末一页下方手书"述别有《官家上畔解》,拟合并发表",然今存陈述遗稿中不见《官家上畔解》一文,疑已遗失不可寻矣。参见《辽金历史与考古》第2辑,辽宁教育出版社2010年版,第7页。按陈述《官家上畔解》是目前仅知的一篇专门考察"上畔"一词的文章,惜已不得见。
[3] 参见梅祖麟:《〈三朝北盟会编〉里的白话资料》,原载《书目季刊》1981年第14卷第2期,后收入《梅祖麟:语言学论文集》,商务印书馆2000年版,第28—59页。

此皇孙，今亦欲分付南朝也。"此处有注曰"虏人自来呼其主'上畔'"。[1] 由此可知，辽人以"上畔"为辽朝皇帝的专称，这与宋人称宋主为"官家"类似，皆为时人习语。北京门头沟地区发现的辽末天庆元年（1111）墓幢题记，有"奉宣诸道使臣上畔并留衙指挥管内壮士都提点"之文[2]，可以印证辽人确有"上畔"之称，此题记所见"上畔"似当指辽天祚帝。

女真灭辽伐宋，占有北方，"上畔"之称亦为金人所因袭，然其所指已发生转变。北宋末，范仲熊任怀州河内县丞，靖康元年（金天会四年，1126）十一月金军攻破怀州，仲熊被俘，收管于郑州，至次年四月方被放还归宋，撰有《北记》。书中提到，范仲熊被掳后曾联络降金仕官的前知泽州高世由，希望召其返回洛阳故乡居住，此事上报至金国相元帅粘罕（汉名宗翰）处，粘罕不乐，称"范仲熊是结连背叛、不顺大金之人"，予以严词拒绝，且"令元帅府上畔依此批下"。[3] 此处"上畔"与元帅府连称，显为特指，这就要说到金初的元帅府体制及其对汉地的统辖问题。

据《金史·兵志》，"太宗天会元年，以袭辽主所立西南都统府为西南、西北两路都统府。三年，以伐宋更为元帅府，置［都］元

---

[1] 李焘：《续资治通鉴长编》卷338，元丰六年八月乙酉条及其下小注考异引《北征纪实》，中华书局点校本2004年版，第14册，第8144页。"虏人"点校本原作"北人"，今据《长编》四库底本改（见中华书局2016年版影印本，第33册，第18765页）。

[2] 鲁琪：《辽墓壁画》，原载《旅游》1980年第4期，收入苏天钧主编：《北京考古集成》第5册，宋辽卷，北京出版社2000年版，第138页。

[3] 徐梦莘：《三朝北盟会编》卷63，靖康元年十一月十八日"康王渡河至濬州"条引范仲熊《北纪》，《中华再造善本》影印国家图书馆藏明抄本，国家图书馆出版社2013年版，叶17a—17b。按范仲熊书原名当作《北记》，见于尤袤《遂初堂书目》著录。

帅及左、右副，及左、右监军，左、右都监"。[1] 当时任命的七位元帅中，都元帅完颜杲（女真名斜也）居守京师，不领军，实际由左、右副元帅宗翰、宗望分掌东、西路之军指挥作战，单独开府。[2] 随着战事的推进，金军所占领的中原地区亦分别由两路元帅直接管理，于是元帅府便成为实际统辖汉地的最高军政机构，具有高度的自主权。[3]"上畔"遂由原本对辽主的专称转而成为元帅府的特指，并多以连称的形式出现。

除范仲熊《北记》的记载之外，另有一例亦颇典型。南宋道士白玉蟾记述江西洪州（今南昌）玉隆万寿宫的建观历史，云："建炎中，金人寇江右，欲火宫庭，俄而水自槛楯间出，火不能蓺。虏酋大惊，乃书壁云：'金国龙虎上将军来献忠，被授元帅府上畔都统，大军届兹，遍观圣像，庄严华丽，不敢焚毁。时天会八年正月初二日记，主观想知悉。'写毕，戢兵而去。"[4] 按金天会六年十月，"宗翰、宗辅会于濮，伐宋"[5]，此前原东路军统帅右副元帅宗望卒，遂由完颜宗辅继任右副元帅，与宗翰军会合，再次兴兵伐

---

[1] 《金史》卷44《兵志》，中华书局1997年版，第1002页。按《会编》卷45，靖康元年四月记云："金人建元帅府，设置官属，都元帅、左右副元帅、左右监军、左右都监凡七人。"（叶9b）又《金史》卷3《太宗纪》，天会三年十月，"诏诸将伐宋。以谙班勃极烈杲兼领都元帅"（第53页），知《兵志》"置元帅"当作"置都元帅"。

[2] 参见王曾瑜：《金朝军制》，河北大学出版社1996年版，第5—9页。

[3] 参见程妮娜：《金朝前期军政合一的统治机构都元帅府初探》，《吉林大学社会科学学报》1999年第3期，第27—31页；《金前期军政合一机构都元帅府职能探析》，《史学集刊》2000年第2期，第17—21页。按因都元帅居守京师，故元帅府的统辖职权实际由左、右副元帅行使。

[4] 白玉蟾：《修真十书玉隆集》卷34《御降真君诰表文》，《正统道藏》，文物出版社、上海书店出版社、天津古籍出版社1988年版，第4册，第763页上栏。

[5] 《金史》卷3《太宗纪》，第59页。

宋，令"挞懒、宗弼、拔离速、马五等分道南伐"。[1] 其中，有一路金兵侵入江西，《建炎以来系年要录》（以下简称《要录》）载建炎三年（金天会七年，1129）十二月乙未，"金人屠洪州。先是，金帅马五太师留洪州月余，取索金银宝物、百工伎艺之属皆尽"。[2] 知"马五太师"即此路金军之统帅[3]，其军在洪州"大肆屠戮，焚掠殆尽"[4]，盖亦祸及西郊万寿宫，幸而真君显灵未遭焚毁。金统兵将领来献忠在万寿宫壁上留下了题记，称"被授元帅府上畔都统"，是指受宗翰元帅府之命任统军长官，率军至此。

在金初，北人平日亦可单称"上畔"，所指仍为元帅府。如靖康二年（金天会五年，1127），宋徽宗、钦宗二帝为金军所掳北迁，有从行者曹勋详细记录了陷金中事，撰成《北狩闻见录》[5]，言及徽宗自二月入居金人寨二十余日，"自制札子一通，令与相国"，表示对宋朝败约失盟深至悔恨，希望能"以身代嗣子（指钦宗），远朝阙庭"，赴金请罪。"札子去后一日，有番使来云：'承示文字，但三关之盟，初不恁地。止说子孙不绍，社稷倾危，虽承札子，却不敢背元约，更容取上伴指挥。请上皇心下不要烦恼，但且宽心。'"至四月初一日起程北行，徽宗初见金"二太子"，再次表达

---

[1] 《金史》卷74《宗翰传》，第1698页。
[2] 李心传：《建炎以来系年要录》卷30，建炎三年十二月乙未，胡坤点校，中华书局2013年版，第2册，第693页。小注曰："马五太师陷洪州，他书不见，惟叶夏卿劾疏有之。"
[3] 按金世宗大定间所定衍庆宫功臣中有"金吾卫上将军耶律马五"（《金史》卷80《阿离补传》，第1811页），即此人。
[4] 《三朝北盟会编》卷135，建炎三年十二月二十二日"金人屠洪州"条，叶8b。
[5] 陈振孙：《直斋书录解题》卷5杂史类著录《北狩闻见录》一卷，解题云："干当龙德宫曹勋功显撰。勋扈从北狩，以徽庙御札，间道走行在所，以建炎二年七月至南京。"（徐小蛮、顾美华点校，上海古籍出版社2006年版，第156页。）

了"近尝求代嗣子远朝大国,望为主张"的请求,然"太子曰:'上伴不肯。'"[1]这里出现了两处"上伴",按"伴"与"畔"同音[2],《会编》引《北狩闻见录》,其中前一句"更容取上伴指挥"删落未见,而后一句正作"上畔未肯"[3],盖《北狩闻见录》原当皆作"上畔",后在传抄过程中被写作"上伴"。徽宗所撰札子乃是"令与相国",此"相国"是指当时主持伐宋战事的金移赉勃极烈兼左副元帅完颜宗翰,时人多称之为"国相元帅"。金国使者回复徽宗称"更容取上伴(畔)指挥",即意谓须向宗翰统领的元帅府请示。而徽宗见到的"二太子"即金太祖阿骨打第二子完颜宗望(女真名斡离不),时任右副元帅,在军中的地位仅次于宗翰。[4]对于徽宗的请求,宗望直截了当地回答"上伴(畔)不肯",应该也是指宗翰元帅府。可见"上畔"当为"元帅府上畔"的省称。

除口语称呼外,这种"上畔"单称亦见于正式文书。建炎元年(金天会五年,1127)五月,康王赵构于应天府即皇帝位,七月遣傅雱出使金朝,通报即位之事,后傅雱将其出使经过及与金人议论等事撰成《建炎通问录》。[5]其中记载傅雱被命往"河东路奉使国

---

[1] 曹勋著,朱凯、姜汉椿整理:《北狩见闻录》,《全宋笔记》第3编,大象出版社2008年版,第10册,第183—185页。按此书原名当作《北狩闻见录》。
[2] 参见郭锡良:《汉字古音手册(增订本)》,商务印书馆2011年版,第312页。
[3] 《三朝北盟会编》卷89,靖康二年三月二十九日"太上皇帝、渊圣皇帝銮舆北狩"条引曹勋《北狩闻见录》,叶5b。
[4] 《金史》卷3《太宗纪》,天会四年"八月庚子,诏左副元帅宗翰、右副元帅宗望伐宋"(第55页)。按当时左、右副元帅分别统领云中—河东与燕京—河北两大区域,两者似无轩轾,但金初实行中央辅政勃极烈的特殊体制,宗翰为移赉勃极烈,显然身份地位更高。
[5] 《直斋书录解题》卷5杂史类著录《建炎通问录》一卷,解题云:"宣教郎傅雱撰。建炎初,李丞相纲所进。"(第155页)

相元帅"，前去觐见宗翰。然因当时金朝尚未承认新建立的南宋政权，只认可张邦昌的大楚，故傅雱一行在金国控制的河阳府渡黄河时受到阻拦，后经河阳知府张巨居间沟通，向上请示，终得令南使摆渡放行。河阳府给宋使的回牒称"是国号不同，未敢擅便放令人使渡河，已申取上畔指挥，候得指挥，别行关报前去"，关报又云："今来已得上畔指挥，许令南使渡河，仍打减人从，方得摆渡。"这里的两处"上畔"见于金对宋外交文书，属于比较正式的场合，所谓申取或已得"上畔指挥"皆是指当时管理河东及云中地区的最高军政机构元帅府。其后傅雱与金国接伴使副的问答，谈及张邦昌为何归政于宋，金使称"此段事上畔人当时亦曾预料，他日大楚必须如此"云云[1]，所谓"上畔人"则应是指左副元帅宗翰。

由上可知，"上畔"一词在辽代原为辽主的专称，金灭辽后，则转而特指实际统辖北方地区的女真元帅府，既可与元帅府连称，也可单独使用。该词无论如何都不是一个对上司、上级的普通泛称，从辽到金，"上畔"的指称对象乃随着统治者的更迭而流转。

二、"上畔"指称所见金初汉地统治机构的变化

值得注意的是，除"元帅府上畔"外，后来在金代公文中，还出现了其他机构与"上畔"连称的情况。立于山西平阳府的《都总管镇国定两县水碑》（见图1）记述了金初赵城、洪洞两县的灌溉用水之争始末。平阳府"东北九十余里，有山曰霍山，山阳有泉，曰

---

[1] 《三朝北盟会编》卷110，建炎元年七月四日引傅雱《建炎通问录》，叶1a—3a。

霍泉，涌地以出，派而成河。居民因而导之，分为两渠，一名南霍，一名北霍。两渠游赵城、洪洞县界而行，其两县民皆赖灌溉之利以洽生也"。北宋庆历五年（1045），两县人户就"霍泉河灌溉水田分数"的问题产生过争议，最后裁定"赵城县人户合得水七分，洪洞县人户合得水三分，两词自此而定"，立碑为证。然至金朝天会十三年，赵城县使水人户虞潮等状告"有洪洞县人户盗使水"，平阳府多次差官均未能解决。十五年十月，又委派府判高金部规画，"定于母渠上置木隔子，更隔上岸，水势匀流"，并取得两县具结文状，但不久纠纷再起：

图1 金《都总管镇国定两县水碑》

至天眷元年四月八日，<u>准奉枢密院上畔</u>，"元帅府札子咨送封题到平阳府赵城县张山等状告高府判创行填塞了南岸海水泉眼，更于元置定霍河三七分限口次东五步外海泉出水口顿然挏修石堰一道，匿起水势，高涨于上面，流过诸处，泛出泉眼，合流入南霍河，增益水多山等，北霍河水见减二分，乞去除挕起石堰",下本府仍分析所告虚的。府衙具前后争告、使水不均及差官定夺词因申过枢密院。

当年八月二十六日，准奉枢密院上畔，"据所申因依，缘不见得指定一十一村因甚未肯准伏，再委厅幕与两县知县并一十一村人户，依准积年体例，从长规画，仍责两县人户各无词诉文状申上"。为本府阙员，申覆枢密院去后，于十月十一日，准奉上畔，"已下钱帛都勾判官朱申计会两县知县及勾取一十一村人户，从长规画，依准积年体例，立定三七分限口，分使水利，仍取责两县各无词诉文状连申"。

天眷二年二月二十七日，准奉行台尚书省上畔，"据新授中京留判官朱申告，为定水公事头使乞更差官一员，同共规画，已下绛阳军节度副使杨桢同共规定"。

当年四月九日，洪洞县人户张方等经元帅监军行府，状告府判官高金部定水不均及朱勾判亦定不均，乞差新到任近上官员与杨桢奉直同共定夺。今下河东南路兵马都总管、镇国上将军完颜谋离也，将带两县官吏并合千人户，亲诣□定水头，子细检验，及参照积古体例定夺，务要两便。

准奉上畔，差委前去定夺赵城、洪洞两县人户水利不均公事。寻亲诣到两县所争分水处验觑，得先前高府判挕立水柜并分水去处，委是不依古旧置定到痕迹，是有不均，遂行去坼了当，及将两县元置定分水碑文内照得该写"赵城县陡门内水南北阔一丈六尺一寸，深一尺七寸；洪洞县陡门内东西阔六尺九寸，深一尺六寸"。遂再将陡门内见行流水等，量得赵城县深一尺四寸，比旧时霍水浅三寸，洪洞县深五寸，比旧时霍水浅一尺一寸。其洪洞县见今水数不及三分，寻□两县见流水相并等，量得共深一尺九寸。依古旧碑文内各得水分数比附，内赵城县合得一尺，洪洞县合得九寸。若便依此分定，缘□两县陡门外地势低下，水流紧急，减一寸只合得水深八寸，赵城县水只与深一尺，又缘陡门外地势高仰，水流澄漫，以此更添深一寸，共合得一尺一寸。遂将两渠水堰塞，令别渠散流。两陡门内阔狭依古旧尺寸外，将两渠陡门中用水斗量，定于洪洞县限口西壁向北照直添立石头，阔二尺，拦水入南霍渠内，以此立定：赵城县水七分，洪洞县水三分，考验古碑水数无异。各已取到两县官吏并使水人户准伏，"□无偏曲"执结文状，具解申覆元帅府并行台尚书省照验讫，<u>却奉上畔</u>。[1]

这通碑文详细记录了平阳府就赵城、洪洞两县分水问题与上级行政机构之间的文书往来，为完整呈现其所载公文的全貌，故在此引录全文，不过其间讨论的具体争议与本文主题关系不大，此处需重点关注公文中提及的上级机构。天眷元年（1138）四月八日，平阳府收到"枢密院上畔"封送的元帅府札子，要求对赵城县张山等人的状告内容进行核实，平阳府遂将以往案卷及处理情况申报给枢密院。八月二十六日，平阳府又接到"枢密院上畔"的指示，要求再派员与两县知县及涉事人户"从长规画"，平阳府以"本府阙员"

---

[1] 胡聘之：《山右石刻丛编》卷19金《赵城洪洞水利碑》，《续修四库全书》影印清光绪二十七年刻本，上海古籍出版社2002年版，第907册，第425页下栏—427页上栏。据《三晋石刻大全·临汾市洪洞县卷》所载录文（三晋出版社2009年版，第39页，拓片见第38页）校正文字。

为由申覆枢密院。十月十一日，再次"准奉上畔"，仍应指枢密院，特派钱帛都勾判官朱申前来负责会同处理两县分水事宜。至次年二月二十七日，平阳府准奉的上级机构变更为"行台尚书省上畔"，其时朱申改任中京留守判官，故改差绛阳军节度副使杨桢办理。四月九日，因洪洞县人户张方等再次状告，"乞差新到任近上官员与杨桢奉直同共定夺"，于是命河东南路兵马都总管、镇国上将军完颜谋离也直接负责处理此事，才最终将事情解决，平阳府"具解申覆元帅府并行台尚书省照验讫"。末段所见"准奉上畔"和"却奉上畔"，当均指行台尚书省。这里涉及天会中后期至天眷年间金朝汉地统治机构的变化。

金军占领北方中原地区后，由东、西两路元帅直接统辖，元帅府是实际的最高军政机构，并形成云中—河东与燕京—河北两大统治区，各设枢密院以统之。张汇尝"陷金十五年"，颇知金事，绍兴十年（1140）归宋后撰《金虏节要》[1]，其中记载："窝里孛初寇燕山，粘罕初寇河东，称都统府，至是改曰元帅府。……东路之军斡里孛主之，西路之军粘罕主之，虏人呼作东军、西军。东路斡孛不建枢密院于燕山，以刘彦宗主院事；西路粘罕建枢密院于云中，以时立爱主院事，虏呼'东朝廷''西朝廷'。"[2] 此处所见

---

[1]《直斋书录解题》卷5伪史类《金国节要》解题，第141页。书名"金国"二字系清人讳改，原当作"金虏"。

[2]《三朝北盟会编》卷45，靖康元年四月十五日"金人建元帅府"条引《金虏节要》，叶9b—10a。有学者认为金初并无两枢密院制（唐英博：《金初枢密院建制辨析》，《蒲峪学刊（哲学社会科学版）》1997年第4期，第45—47页），笔者并不赞同，参见邱靖嘉：《从两翼分兵到东西分治——论金初女真军的两翼战法及其对华北统治方式影响》，《军事历史研究》2021年第5期，第29—34页。

"窝里孛""斡里孛"皆为宗望女真名斡离不之异译，而"斡孛不"乃斡离不之误。这段记载说明左、右副元帅宗翰、宗望各统东、西两路，分区统治北方汉地，且设有专门机构进行管理，俨然形成地方小朝廷。然至天会六年十月，"领燕京枢密院事刘彦宗以病死，并枢密院于云中，除云中留守韩企先为相，同时立爱主之"[1]。据学者研究，两枢密院的合并结束了分治局面，统一了管辖华北汉地的事权，且大约在天会十二年枢密院由云中迁至燕京。至天眷元年九月，又"改燕京枢密院为行台尚书省"[2]，作为中央朝廷尚书省的派出机构，治理黄河以北地区。[3]实际上，自天会六年十月宗翰、宗辅率军伐宋后，元帅府尽管仍是名义上的汉地最高统治机构，但其职能可能更偏重于军事防控和对宋作战，而将日常行政管理权皆交由合并重组之后的枢密院，后又改为行台尚书省。

上引碑文所载天眷元年平阳府公文皆称"准奉枢密院上畔"，天眷二年公文则作"准奉行台尚书省上畔"，恰好可以反映这两年间北方汉地行政管辖机构名称的变化。而且在公文中亦可体现出元帅府的地位，尽管此番赵城、洪洞两县分水纠纷起初很可能是由县民向元帅府申告，如其中提到"洪洞县人户张方等经元帅监军行府

---

[1]《三朝北盟会编》卷132，建炎三年"兀尤请于粘罕入寇江上，粘罕等归"条引《金房节要》，叶5b。刘彦宗卒日见《金史》卷3《太宗纪》（第59页）。
[2]《金史》卷4《熙宗纪》，第73页。
[3] 参见李涵：《金初汉地枢密院试析》，《辽金史论集》第4辑，书目文献出版社1989年版，第180—195页；鲁西奇：《金初行台尚书省与汉地统治政策》，《江汉论坛》1994年第10期，第58—62页。

状告"云云，此处"元帅监军行府"是指元帅右监军撒离喝[1]，当时他驻军于河中府，管辖河东路[2]，张方等人先是向这位元帅提告，撒离喝接受诉状后并没有以元帅府的名义直接命令平阳府处理，而是先下达给枢密院或行台尚书省，再由枢密院或行台尚书省向平阳府转送元帅府札子，传达指令，由此可见枢密院或行台尚书省与平阳府之间具有直接的上下级关系，而元帅府虽地位更高，但并不直接受理民事。天眷二年，即有明确诏令："诸州郡军旅之事，决于帅府。民讼钱谷，行台尚书省治之。"[3] 在明了以上背景之后，我们再来看公文中出现的"上畔"之称。这里的"上畔"明确是指枢密院或行台尚书省，且在上级机构名首见时使用连称的形式，而提到元帅府则不加"上畔"，此外无论是"枢密院上畔""行台尚书省上畔"，还是单独称"上畔"，在碑文中均于词前提空，或另提行，以示敬意，说明"上畔"在此显然是一种特称，应是指平阳府之上的最高行政统辖机构。

不过，在军队系统中，可能仍继续称元帅府为"上畔"。如《要录》载绍兴九年（金天眷二年，1139）十一月，"金人自河中府以马军八队出城，遣人招同州巡检官白美入城议事。美为言：'自今各守疆界，无令北军私过黄河。'萧千户者遂言：'上畔即无不得过河指挥，既有此桥，我有千二百军在此，得指挥毋令骚扰南界

---

[1] 《金史》卷84《完颜杲传》谓其"天会十四年，为元帅右监军。天眷三年，宗弼复取河南。撒离喝自河中出陕西"（第1878页）。按此人汉名与上文提到的都元帅完颜杲重名。
[2] 王曾瑜：《金朝军制》，第9页。
[3] 《金史》卷79《宗弼传》，第1754页。

地,于二十里外硬探。'"[1] 此处萧千户口中的"上畔"当指元帅府无疑。说明天眷年间在军事系统中仍沿用此前的习惯,以"上畔"称呼其最高指挥部门,但在行政体系中"上畔"的指称对象实已发生流转,先后变为特指实际负责汉地治理事务的枢密院和行台尚书省。

三、"上畔"转称金之朝廷

金朝以元帅府统辖中原汉地是金初特殊时期的一种统治方式。熙宗即位后推行官制改革,加强中央权威,完善国家体制。[2] 天眷元年九月"改燕京枢密院为行台尚书省",似已显露出金国内地朝廷欲直接掌管中原汉地的意图。"皇统元年(1141),以燕京路隶尚书省,西京及山后诸部族隶元帅府。"[3] 始将燕京、河北地区直接划归中央朝廷管辖,侵夺了元帅府的势力范围。此后海陵王天德二年(1150)十二月,"罢行台尚书省",又将都元帅府改为纯军事机构枢密院,消除了元帅府的独立性;紧接着次年三月"诏广燕城,建宫室",四月"诏迁都燕京",至贞元元年(1153)正式迁都[4],金朝的统治重心由上京会宁府(今黑龙江哈尔滨阿城区)完全转移至中原汉地,进行直接统治。在这一背景之下,北方汉地流行的"上畔"之称再度发生了语义转变。

---

[1]《建炎以来系年要录》卷133,绍兴九年十一月癸未,第6册,第2481页。
[2] 参见赵永春:《金熙宗的官制改革及其历史地位》,《北方民族文化》(赤峰)1991年增刊,第78—82页。
[3]《金史》卷24《地理志上》,第564页。
[4]《金史》卷5《海陵纪》,第96—100页。

南宋绍兴二十九年（1159），周麟之以皇太后韦氏崩使金告哀[1]，归来后将其途中见闻写成《中原民谣》十首，其中《过沃州》诗有"胡人惊呼上畔知"句，小注曰："虏称朝廷为'上畔'，多见于公文。"[2] 此说亦可得到金代石刻材料的印证。山东泰安徂徕山古四禅寺立有一《四禅寺牒记碑》，分为上下两部分，上层刻金世宗大定二年（1162）《尚书礼部牒》，其内容称是年四禅寺住持法润等人经官纳钱，请朝廷赐额，牒文谓"依奉上畔，已经本军军资库纳讫，合有钱数，乞立寺额，须至给赐者，牒奉敕可特赐'法云禅寺'"[3]。于是四禅寺改名为法云禅寺，后大定十六年张莘夫撰《重修法云寺碑》记此事曰："住庵僧润公等……哀集钱叁百贯，'依奉上畔，经本军军资库纳讫钱数，乞示寺额'，伏蒙朝廷特赐'法云禅寺'。"[4] 此处引《尚书礼部牒》"依奉上畔"之文，又称"伏蒙朝廷"，显然是以"朝廷"作为"上畔"的同义语，且"上畔"之称正见于公文，知周麟之所言不虚。原来"上畔"无论是指元帅府，还是枢密院、行台尚书省，均为金国中央朝廷统治汉地州县的一个中间层级。至海陵迁都后，对于中原汉地而言，其最高统辖机构就是中央朝廷，于是"上畔"一词也就转而成为金国"朝廷"的特称。

在金世宗时期，我们还能见到其他文献记载中的"上畔"用

---

[1] 《建炎以来系年要录》卷183，绍兴二十九年九月癸卯，第8册，第3533页。
[2] 周麟之：《海陵集》外集《中原民谣·过沃州》，韩国钧辑《海陵丛刻》1920年版本，叶4b。
[3] 唐仲冕撰，孟昭水校点集注：《岱览校点集注》卷22徂徕山《四禅寺牒记碑》，泰山出版社2007年版，下册，第624页。
[4] 《岱览校点集注》卷22徂徕山《重修法云寺碑》，第625页。

例。乾道五年（金大定九年，1169），南宋遣王大猷、曾觌使金贺正旦，楼钥以书状官从行，记录途中见闻撰成《北行日录》，其中记到十二月三日至宿州，见“州城新筑，雉堞甚整，闻是‘五月下旬上畔指挥重修，限四旬毕工，费一出于民’”[1]。此处“上畔指挥重修”云云应是楼钥转述金人之语，这里的“上畔”亦指朝廷，因宿州乃宋使入金的必经之地，故金朝特命重修州城，以示国力之盛。金大定十七年《石宗璧墓志》载墓主仕履，称“至大定十三年，准上畔坐奉圣旨，兼知大和寨使”[2]，原碑中“上畔”前有提

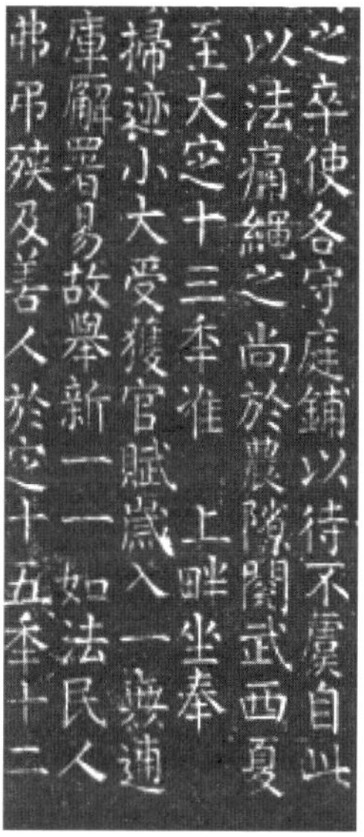
之卒使各守庭鋪以待不虞自此
以法痛繩之尚於農隙閱武西夏
至大定十三年准　上畔坐奉
掃迹小大受獲官賦歲入一無逋
庫廨署易故舉新一一如法民人
弗弔殃及善人於定十五年十二

图2　金《石宗璧墓志》局部

空（见图2），又紧接“坐奉圣旨”，显为朝廷之特称。又南宋绍熙中由金入宋的归正人张棣所撰《正隆事迹》记载[3]，金世宗末立完颜璟为皇太孙[4]，璟奏请毁南京宋之故都及洛阳宋之丘陵，并对在押赐宋使的射弓宴上射箭不胜者加以治罪，对此左司郎中粘割没雅上言提出异议，奏上之后获得批示“奉上畔指挥，所奏至忠，并依

[1]　楼钥：《攻媿集》卷111《北行日录上》，《四部丛刊初编》本，叶12b。

[2]　录文及拓片见鲁晓帆、龚向军：《金代石宗璧墓志与北京通州之得名》，《收藏家》2018年第9期，第85—92页；拓片又见北京市文物研究所编：《北京市文物研究所藏墓志拓片》，北京燕山出版社2003年版，第63页。

[3]　关于张棣的入宋年代，参见孙建权：《关于张棣〈金虏图经〉的几个问题》，《文献》2013年第2期，第131—137页。

[4]　《金史》卷8《世宗纪下》大定二十六年十一月庚申，“立右丞相原王璟为皇太孙”（第195页）。

所言，粘割没雅特转一重"[1]。此处"上畔指挥"当与上引楼钥《北行日录》所记同义，皆谓奉朝廷旨令。

经上文梳理分析，我们可以了解"上畔"一词语义衍化的大致过程。"上畔"本义为上边，可引申指上司、上级，但在辽金时期的北方地区，这一语汇有其特定的指称。辽代以"上畔"称呼辽朝皇帝，金朝入主中原后，以高度军政一体化的元帅府统辖汉地，此后元帅府又将日常行政管理权交由枢密院，后又改为行台尚书省，"上畔"之称遂依次特指这三个权力机构。最终随着海陵王迁都燕京，金朝对中原汉地全面实行直接统治，消除了中间管理层级，"上畔"遂转变为对金国中央朝廷的专称，并频繁出现于金代公文之中。"上畔"指称对象的流转，折射出的是辽金之际北方汉地的统治变迁，这可谓是政治因素影响语义变化的一个典型案例。

---

[1]《三朝北盟会编》卷233，绍兴三十一年十月八日"金人立葛王褎于辽阳府"引张棣《正隆事迹》，叶9a—10b。

《史集·部族志·雪泥部》译注

求芝蓉

引 言

14世纪初，深受伊利汗国合赞（1295—1304年在位）、完者都（1304—1316年在位）两代君王信重的宰相拉施特（Rashīd al-Dīn Fażl Allāh Hamadānī，1247—1318）主持编纂了世界通史性质的《史集》（Jāmiʻ al-Tavārīkh），其中为中国学界所熟知的是第一部分《合赞吉祥史》（Tārīkh-i mubārak-i Ghāzānī），又称《史集·蒙古史》，内容包括《突厥—蒙古部族志》《成吉思汗先祖纪》《成吉思汗纪》《成吉思汗的继承者们》以及《伊利汗国君王传》。[1]《史集》保存了大量蒙元时期的一手资料，特别是《部族志》"一一记载了蒙古高原上的所有部族、部落，正好弥补了汉文史料对10至13世纪这一地区记载的贫乏"[2]。《史集·部族志》独家记载了许

---

[1] Stefan Kamola, *Making Mongol History: Rashid al-Din and the Jamiʻ al-Tawarikh*, Edinburgh University Press, 2019, pp. 59—90, 183—187.
[2] 白寿彝总主编，陈得芝编：《中国通史》第8卷（中古时代·元时期），上海人民出版社1997年版，第69页。

多草原部族,雪泥部就是其一。

雪泥部之名,明初汉译的蒙古语史书《元朝秘史》音写为"雪你惕"[1],元代又译雪你台、雪尼台、薛尼台[2]、速你带[3]、薛亦[4]。《元史·祭祀志·国俗旧礼》记载参加"射草狗"仪式的部族中有"雪泥"。[5]韩儒林先生在《蒙古氏族札记二则》中利用汉文文献对雪泥部族源做过简要讨论。[6]但传世的汉文史料对雪泥部的记载十分稀少。而拉施特《史集·部族志·雪泥部》集中记载了雪泥部的分支合卜秃儿合思,以及雪泥部异密在前四汗时期并伊利汗国中的政治参与情况。

拉施特编纂《部族志》有一定的范式。一篇部族志的内容大致包括以下几方面:1)部族起源与早期历史;2)成吉思汗时代的异密;3)窝阔台到蒙哥时期的异密;4)在伊利汗国的后裔;5)在元朝的后裔。《雪泥部》与《部族志》其他篇章有很大的不同。《雪泥部》几乎没有交代部族起源及早期历史,绝大多数篇幅是记载搠力蛮部三万户探马军的异密事迹,仅在最后扼要列举了成吉思汗时代、窝阔台到蒙哥时期、伊利汗国的异密,而元朝的后裔付之阙如。虽然搠力蛮本人出自雪泥部,但他麾下的探马军出自众多部

---

[1] 乌兰校勘:《元朝秘史(校勘本)》,中华书局2012年版,第15页。
[2] 《元史》卷22《武宗纪一》,中华书局1976年版,第502、503页。参屠寄:《蒙兀儿史记》卷32《察阿歹诸王》,《元史二种》,上海古籍出版社、上海书店出版社2012年版,第299页下栏。
[3] 《元史》卷3《宪宗纪》,第44页。
[4] 《元史》卷123《哈八儿秃传》,第3039页。参钱大昕:《元史氏族表》,光绪广雅丛书本,叶20b。
[5] 《元史》卷77《祭祀志六》,第1924页。
[6] 韩儒林:《蒙古氏族札记二则》,《穹庐集》,河北教育出版社2000年版,第64页。

族，远远超出了雪泥部的范围。搠力蛮部探马军的异密事迹包括四部分：a) 拜住万户及其变迁；b) 也可·也速儿万户及其变迁；c) 灭里沙万户及其变迁；d) 其他著名千户，特别是大、小察哈台。

拉施特撰写《雪泥部》中关于搠力蛮部探马军的插叙，时间大概比较早，应该是在合赞汗即位不久之后。因为他在记述速你带万户时，提及了塔察儿的后继者巴勒秃。但未记载1297年巴勒秃叛乱被处死之事。[1] 则《雪泥部》的编纂可能是在1297年前。

拉施特之所以仅在《雪泥部》集中讲述搠力蛮西征的政治遗产，是受到了伊利汗国现实政治的影响。搠力蛮部探马军在13世纪三四十年代于伊朗西北部、外高加索地区实行半独立的军事统治。[2] 到1250年代旭烈兀西征时，搠力蛮部探马军虽然一定程度上奠定了伊利汗国的基础，但也成为伊利汗国集权的绊脚石。伊利汗国的形成，实从旭烈兀杀搠力蛮部探马军统帅拜住始。[3] 而伊利汗国的鼎盛，与合赞汗对搠力蛮部探马军的彻底拆分息息相关。拉施特无法在蒙古帝国的历代君王纪传中详述搠力蛮部的功绩，甚至还

---

[1] 〔波斯〕拉施特主编：《史集》第3卷，余大钧、周建奇译，商务印书馆1986年版，第302页。

[2] Timothy May, "Chormaqan Noyan: The First Mongol Military Governor in the Middle East", *Master of Arts Dissertation*, Department of Central Eurasian Studies, Indiana University, 1996; Timothy May, "The Conquest and Rule of Transcaucasia: The Era of Chormaqan", *Causcasus during the Mongol Period-Der Kaukasus in der Mongolenzeit*, edited by Jürgen Tubach, Sophia G. Vashalomidze and Manfred Zimmer, Reichert Verlag, 2012, pp. 129—152.

[3] 〔波斯〕拉施特主编：《史集》第1卷第1分册，第320页。

要进行贬低[1]，以配合现实政治中伊利汗对他们的打击。《雪泥部》集中反映了搠力蛮部三万户探马军与历代伊利汗之间的纠葛，给我们留下了一个了解史实的入口。

以往学者对《史集·部族志·雪泥部》波斯文本已做了一些整理和翻译工作。1965年苏联学者的波斯语集校本《史集·部族志》[2]，是目前最佳的校勘本。余大钧、周建奇的汉译本《史集》译自1952年俄译本[3]，延续了俄译本的一些错误，译文、译名皆有未安之处。萨克斯顿（Wheeler. M. Thackston）英译《史集》全书时[4]，因为苏联集校本未能出完三卷，遂以1934年卡里米（Bahman Karimi）的波斯语整理本为底本[5]，虽然有时参考集校本，但其《部族志·雪泥部》中的专名识读一从卡里米本之误。《史集》成书后，拉施特又编纂了《五族谱》（*Shuʻab-i Panjgāna*）[6]，其中记载了不少雪泥部人物，对《史集·部族志·雪泥部》的校勘有重要参考价值，但以往整理本、译本皆未利用。鉴于目前所见俄

---

[1] 参考张晓慧：《拜住西征与蒙古派系斗争》，《元史及民族与边疆研究集刊》2014年第28辑，第26—31页。

[2] Рашид ад-Дин, Джами ат-таварих «Сборник легописей», Т. 1, ч. 1. Критический текст А. А. Ромаскевича, А. А. Хетагурова и А. А. Али-заде. 1965.〔波斯〕拉施特《史集》苏联集校本第1卷第1分册，莫斯科1965年版，第149—158页。

[3] Рашид ад - Дин, *Сборник летописей*, Пер. с персидского Л. А. Хетагурова, редакция и примечания проф. А. А. Семенова. М., Л.: Издательство Академии Наук СССР, 1952, Т. 1, кн. 1.

[4] Wheeler M. Thackston, *Jamiʻuʼt-tawarikh: Compendium of Chronicles*, Harvard University Department of Near Eastern Languages and Civilizations, 1998.

[5] Bahman Karimi ed., *Jamiʻal-Tawarikh*, Iqbal, 1988.

[6] Stefan Kamola, *Making Mongol History*, p. 127. 相关研究概况参邱轶皓：《〈五族谱〉研究导论》，程彤主编：《丝绸之路上的照世杯——"中国与伊朗：丝绸之路上的文化交流"国际学术研讨会论文集》，中西书局2016年版，第173—190页。

语、汉语、英语译本皆不完美，兹据波斯文重新汉译并校注，以飨读者。

笔者据波斯文重新译注《雪泥部》，以苏联集校本《史集·部族志》（第149—158页）为底本，保留校勘记，并核对抄本，尤其是伊斯坦布尔抄本、塔什干抄本，参校《五族谱》，对波斯文写型做出校订；同时结合其他文献及相关研究成果，对有疑问之处进行必要的注释。波斯文转写采用《国际中东研究期刊》（*International Journal of Middle East Studies*）转写系统，但字母ح作h；波斯文原文无识点的字母，以（?）表示。译文与余大钧、周建奇汉译本明显相异的地方，加粗表示。

版本简称（沿用苏联集校本的术语）：

B本=塔什干抄本（藏于乌兹别克斯坦科学院东方抄本部，编号1620）

P本=伊斯坦布尔抄本（藏于土耳其伊斯坦布尔市托普卡庇·萨莱图书馆，编号1518）

T本=圣彼得堡萨尔蒂科夫谢德林公共图书馆抄本

S本=伦敦抄本（大英博物馆藏，Add. 7628）

J本=德黑兰博物馆抄本

Ch本=巴黎国立图书馆藏抄本

H本=俄罗斯科学院圣彼得堡分院（原苏联科学院列宁格勒分院）亚洲诸民族研究所抄本

Kh本=贝勒津《史集·部族志》校刊本

译文

雪泥部（قوم سونیت Qawm-i Sūnīt）

以及从雪泥部分出、被称为合卜秃儿合思（قبترقس Qabturqas）[1]的部落。

合卜秃儿合思部人在我国［伊利汗国］较少。但是，从合罕、海都（قایدو Qāīdū）和脱脱（توقتای Tūqtāy）[2]各兀鲁思带来的蒙古奴仆中，有些奴仆是这个部落的人。

有很多异密为雪泥部人。在成吉思汗时，搠力蛮（جوماغون Jūrmāghūn）是他的箭筒士（豁儿赤）。成吉思汗去世后，因为曾经来过伊朗田地的也可（یکه Yika）[3]、哲别（جبه Jaba）[4]和速不台（سوباتای Sūbātāy）[5]，取道铁门关（تیمور قهلقه Tīmūr qahalqa）[6]回

---

[1] 合卜秃儿合思（Qabturqas），苏联集校本正文作 Qabturūn, T、S、J、Ch 本作 Qabturqas, H、Kh 本作 Qīrqīn。此据《元朝秘史》"合卜秃儿合思"（Qabturqas）及下文改。参考余大钧译注：《元朝秘史》第47节，河北人民出版社2001年版，第36页。其词源为突厥语，由 qab-加上一个使役后缀 dur-再加上一个表示现在分词的构词后缀 qan 组成，意为"追捕者"。参 Lajos Bese, "On Some Ethnic Names in 13th Century Inner-Asia", *Acta Orientalia Academiae Scientiarum Hungaricae* Vol. 42, No.1, 1988, p. 32.

[2] 和脱脱（wa Tūqtāy），H 本作 wa beh ftāī; T、S、J 本缺，P 本作 lū qbā, Kh 本作 wa beh qtāī，贝勒津译作"和在中国"。合罕、海都、脱脱分别指元朝、察哈台汗国和钦察汗国的统治者。

[3] 也可（Yika），J 本作 Yek, Ch 本作?la, H 本作 TKNH, Kh 本作 Būrka。此人可能是札剌亦儿部人不儿客（Būrka）。

[4] 哲别（Jaba），T、S 本作 Haba，Ch 本作 H?a。

[5] 速不台（Sūbātāy），P 本作 Sūnātāy, T 本作 Sū?ādāy, Ch 本作 Sū?ā?āy, H 本作 Sūnatāy, S、J 本作 Sūbādāy。

[6] 铁门关（Tīmūr qahalqa），H 本作 Tamūr qahalqā，Ch 本作 Tīmūr qahalqā。

师，前去窝阔台（اوکتای Ūkatāy）[1] 合罕[2] 处拜见[3] 并示忠，所以窝阔台派遣搠力蛮和四万探马军（لشگر تما lashgar-i tamā）[4] 到我们这里［伊朗］。探马军，指的是从千户、百户中抽出人组成的专门军队，被派往某地区，并在那里驻扎下来。千户长和万户长中的一些大异密，是曾经和他一起来的。尽管这些异密出自其他氏族，他们的事迹应该在各自的氏族中讲述。**但是因为那个异密的事迹是自成一篇的故事**[5]，既然这里谈到了他，我也就详细叙述一下。

这支军队里，有个万户长是拜住（بایجو Bāyjū）[6] 那颜，别速[7] 部（قوم بیسوت Qawm-i Bīsūt）人，哲别的亲戚。搠力蛮去世时，合罕[8] 任命拜住继任他的职位。当旭烈兀汗来到我国时，拜住

---

[1] 窝阔台（Ūkutāy），T、S 本作 Hūkutāy。

[2] 合罕（Qāān），S 本缺。

[3] 拜见（aūljāmīšī），俄译本转写作 ūljāmīšī，认为出自突厥语动词 ūljāmaq，意为对长者行礼。Gerhard Doerfer 提出了蒙古语 a'ulaǰa-词源说（"Prolegomena zu einer Untersuchung der alt. Lehnworter im Neupersischen", *Central Asiatic Journal* 1959, p. 1, n. 2）。其词源，《元朝秘史》作"阿兀勒札"，旁译"拜见"，指谒见君主。突厥语词尾-mīš，是过去形词尾。波斯语词尾-ī，用以构成名词。参〔日〕本田实信：《モンゴル・トルコ語起源の術語——語尾-mishiをもつもの》，《モンゴル時代史研究》，东京大学出版会 1991 年版，第 411—414 页。

[4] 探马（tamā），Ch、H 本作 tamām，Kh 本作 namā。探马军数量，《史集・窝阔台合罕纪》记载为三万。（〔波斯〕拉施特主编，余大钧、周建奇译：《史集》第 2 卷，第 32 页。）

[5] "那个异密"，余大钧、周建奇译本认为指搠力蛮，笔者认为应指跟搠力蛮一起来的其他氏族的异密。

[6] 拜住（Bāyjū），P、J 本作 ?ābjū，T 本作 tā?jūy，S 本作 ?ā?ḫūy，Ch 本作 ?ā?ḫūr，H 本作 Bālḫūr。

[7] 别速（Bīsūt），苏联集校本正文作 Yīsūt，P、Ch 本作 ?? sūt，T 本作 Bīsūt，J 本作 YB'ŪT，H 本作 Yisūt。

[8] 合罕，指窝阔台合罕。

在攻占报达（بغداد Baghdād）之役中，全力以赴，**好好出力了**[1]，被任命为万户长。他死后，他的儿子**阿哇克**（اواك Avāk）[2] 掌管了父亲的万户；阿哇克死后，阿鲁浑汗将他的万户的一部分委付[3]于**乞牙歹·不阑奚**（قیاتای Qiyātāy[4] بورالغی Būrālghī[5]），一部分交给了札剌亦儿人合赞（غازان Ghāzān），他是亦失克·秃忽里（اشک Ashik تغلی Tughlī）的兄长（اقا aqā）[6]。在他们之后，乞合都（کیخاتو Kīkhātū）汗交给了上述合赞的兄弟亦捏伯（اینه بک Īna bik）[7]。当他与速哥（سوکا Sūkā）[8] 勾结时，伊斯兰教君主合赞

---

[1] 好好出力了（کوچ نیکو داده kūch nīkū dāda），动作的主语是拜住，且与牧地无涉，余大钧、周建奇译文"赐予良好的牧地"是不正确的。Kūch 这一读音可以对应两个词，其一为 köç，意为"迁徙"，其二为 kü:ç，意为具体或抽象的"力气"（Gerard Clauson, *An Etymological Dictionary of Pre-Thirteenth-Century Turkish*, Clarendon Press, 1972, p. 693）。在波斯语中，kūch 的常用义项为"迁徙"，常搭配的动词为کردن（kardan），而"力气"则多与دادن（dādan）搭配，所以此处应该翻译为"好好出力了"。

[2] 阿哇克（Avāk），苏联集校本正文作 Adāk，P、T、S、Ch、J 本作 Avāk。《史集》下文和《五族谱》的写型皆作 Avāk。余大钧、周建奇从俄译本译为"额迭克"；萨克斯顿英译本作 Adak。实际上，此名源于亚美尼亚语 awag (ամագ)，义为大、长、首、贵，常用作人名。参 Geworg Ĵahukyan, "ամագ", Vahan Sargsyan ed., *Hayeren stugabanakan baṙaran*（《亚美尼亚语词源词典》），Asoghik, 2010, p. 98.

[3] 委付（tūsāmīshī），贝勒津认为大概源于动词 tuzmak，意为整顿、建立（贝勒津译《史集》，第231页，注44）。俄译本认为其词源是动词 tūsāmak，意为注视、瞄准、警察。本田实信指出，其词根应是蒙古语 tüši->tüše-，意为委任、委付、任命。参〔日〕本田実信：《モンゴル·トルコ語起源の術語——語尾-mishi をもつもの》，《モンゴル時代史研究》，第424—425页。

[4] 乞牙歹（Qiyātāy），苏联集校本正文作 Qubātāy，H 本作??ā?y，J、Kh 本作 Qiyātāy，因为 Qubātāy 没有明显含义，而 Qiyātāy 可能暗示其为乞颜部人，所以此处译作乞牙歹。

[5] 不阑奚（Būrālghī），H 本作 Būrālqī。

[6] 亦失乞·秃哈里的兄长（aqā-i Ashik Tughlī），Ch、H 本作 aqā-i ashk ṭuqlī，Kh 本作 āqā-i īshk ṭūghlī，J 本作 ṭūqlī。

[7] 亦捏伯（Īna bik），H 本作 tāmina-bīk，Kh 本作 ba 'īna-bīk，Ch 本作 ba a??a-bik。

[8] 与速哥（bā Sūkā），H 本作 namānad ?ā ??kāh，P 本作 bāSūkā，T、S、J 本作 bā Sūka，Ch 本作?ā Sūkāh。

汗[1]便处死了他，将这支军队授予阿哇克[2]的儿子速剌迷失（سولامیش Sūlāmīsh）[3]；因为他叛变，合赞汗将他处死了。将他的千户交给**不合察儿**（بوقا جار Būqā-jār）[4]，其余的交给其他人[5]。

万户长之中，有另一异密豁罗剌思人也可·也速儿（یاکا ییسور Yākā-Yīsūr）[6]，在成吉思汗时，是一个大异密。成吉思汗**视之为舅**[7]。当他们来到我国之后，他长期掌管自己的万户。在他之后，他的儿子火者（خواجه Khwāja）[8]那颜据有他的职位。火者那颜的儿子是千夫长秃纳（تونا Tūnā）与木剌合儿（مولاقر Mūlāqar）。秃纳的儿子为秃剌秃驸马（توراتو کورکان Tūrātū-Kūrikān）、**巴鲁剌**（بارولا Bārūlā）[9]和忽林失（قورمشی Qūrumshī）[10]。他们因为在阿

---

[1] 合赞汗，T、S、J、Ch、H、Kh本无。

[2] 阿哇克（Avāk），H、Kh本作Adāk。

[3] 速剌迷失（Sūlāmīsh），T、S本作Sūlāmīshī。

[4] 给不合察儿（ba-Būqā-jār），写型从T、S、J本，苏联集校本正文作ba-Būqā-masār，Kh本作ba-Tūqā Jār，H本作??qā Jār，Ch本作ba-?ūqā Jār。余大钧、周建奇汉译本作"给不花-马撒儿"。

[5] 其余的交给其他人（dīkar hā bahr kasī ḥavālat kard），H、Kh本作"其余转交他人（dīkar kasān ḥavāla）"。

[6] 也可·也速儿（Yākā-Yīsūr），T、Kh本作Yika-Bīsūr，S本作Yika-??sūr，J本作Yik-?īsūr，Ch本作?ādā-?īsūr，H本作?āk?sūr。

[7] 视之为舅（bā waī rāh naqājūyī dāshta），余大钧、周建奇汉译本作"经常和他往来"，沿袭了俄译本的译文错误。苏联集校本正文作baqājūyī，T本作?qāhūyī，P本作??ājūyī，H本作taqāhūyī，Kh本作baqāhūyī。波亦勒认为此词当为"naqaču"，蒙古语舅舅之意。参John Andrew Boyle, "Some Additional Notes on the Mongolian Names in *The History of the Nation of the Archers*", *Researches in Altaic Languages*, Budapest, 1975, p. 34.

[8] 火者（Khwāja），T、S本作Jūja，J、Ch本作Khūja。

[9] 巴鲁剌（Bārūlā），苏联集校本正文作Yārūlā，T本作Bārūlāy，S本作?ārūlāy，J本作Bārūlā'，Ch本作?ārūlād，H、Kh本作Bārūlād。余大钧、周建奇汉译本作"牙鲁剌"。

[10] 忽林失（Qūrumshī），T本作Qūrūmīshī，S、J、Ch、H、Kh本作Qūrumshī。

鲁浑汗［死］后，与［一些］异密们一起叛变而被处死了。

另一万户长为灭里沙（ملكشاه Malikshāh），有一支征集了畏兀儿人（اویغور Ūyghūr）、哈剌鲁人（قارلوق Qārlūq）、突厥蛮人（تركمان Turkmān）、可失哈儿人（كاشغرى Kāshgharī）[1] 和苦叉人（كوجاى Kūjāy）[2] 组成的军队，交给了他。当他去世时，他的职位转归他的儿子**忻都察**（هندوجاق Hindūjāq）[3]。忻都察无故杀害了忽木（قم Qum）[4] 的领主（ملك malik），因此，异密阿儿浑（ارغون Arghūn），按照蒙哥合罕的诏书，在徒思（طوس Tūs）[5] 城门将他处死，他的家属则被分配给成吉思汗四子的后裔，他的职位被授予了他的兄弟撒剌儿伯（سالار بيك Sālār bayk）。怯的不花（كيت بوقا Kīt-būqā）[6] **那颜**[7] 对密昔儿作战被杀时，撒剌儿伯和他在一起，但逃了回去，因此旭烈兀汗将他定罪处死，将那些千户交给其他异密。现今**纳兀勒答儿**（ناولدار Nāvuldār）[8] 拥有其中一千户。

与搠力蛮同来的一些千户长，**现在可知的有**[9]：一为在鲁木

---

[1] 可失哈儿人（Kāshgharī），T、S、J本作Kāshghar，H本作Kāsghard。
[2] 苦叉人（Kūjāy），T、S本作Kūjhāy。
[3] 忻都察（Hindūjāq），余大钧、周建奇汉译本作"罕都察黑（Handūjāq）"。此词由Hindu（忻都，印度）和突厥-蒙古语词缀-jaq组成。
[4] 忽木（Qum），T、S本作Qumrī rā，J本作Qumr rā。忽木（今译库姆）是伊朗城市，位于德黑兰以南125公里，是什叶派圣城。
[5] 徒思（Tūs），伊朗东北部古城，位于马什哈德东南25公里处。
[6] 怯的不花（Kīt-būqā），J本作Kib-tūqā，H本作Kī?-tūqā，Kh本作Kīt būqā。余大钧、周建奇译本此处译作乞惕不花，第2卷、第3卷则译作乞忒不花。兹从《元史·宪宗纪》译名"怯的不花"。
[7] 那颜（Nūyān），T、S、J、Ch、H、Kh本无，余大钧、周建奇译本亦无。
[8] 纳兀勒答儿（Nāvuldār），H本作Bāvukzār，S本作?ūldār，Kh本作Bāvuldār。
[9] 现在可知的有（aknūn ma 'lūm shūda），余大钧、周建奇译本作"有些人至今还很著名"。

（روم Rūm）的千户长，合剌·也速迭儿·撒里只（ساریجی Qarā-yīsūdar-sārījī）[1] 的父亲；另一为明·亦客迷失（مینک ایکامیش Mīnk īkāmīsh）[2]，阿里八哈失（علی بخشی 'Alī bakhshī）是他的儿子，他一直掌管着一个畏兀儿人千户；另一异密为额思客（اسکه Aska）那颜，他死后，他的亲属绰儿马（جورمه Jūrma）那颜据有他的职位，他的儿子为乞勒的该（کلتکای Kiltikāy）和塔海（طغای Taghāy）。

另一异密为**大察哈台豁儿赤**（جغتای بزرگ قورجی Jaghatāy-i buzurg Qūrjī）[3]，阿儿剌部人，孛斡儿臣（بوغورجین Būghūrjīn）[4] 那颜的亲属，他被木剌夷人（ملحدان Mulhidān）用刀杀死。他的儿子为朵剌带（دولادای Dūlādāy）札鲁忽赤、拜帖木儿（بایتمور Bāy-timūr）、合剌布剌罕（قرابولغان Qarā-būlaghān）和撒儿塔台（سرتاقتای Sartāqtāy）。朵剌带的儿子为阿失·帖木儿（اشیق تیمور Ashīq tīmūr）；拜帖木儿的儿子为秃帖木儿（توقتیمور Tūq-tīmūr）；上述合剌布剌罕**的儿子**[5] 是千户长和札鲁忽赤；秃丹（تودان

---

[1] 合剌·也速迭儿·撒里只（Qarā-yīsūdar-sārījī），T、J本作Qarāāyīsūdar Sārīkhī，S本作Qarā ??sūdar Sār?hī，H本作Qarā Sūdar Sārīkjī，Ch本作Qarā ??sūdar Sār?hī。

[2] 亦客迷失（īkāmīsh），T、J本作īkātmīsh，H、Kh本作īkātmish，Ch本作īkāt MTSh。

[3] 大察哈台豁儿赤（Jaghatāy-i buzurg Qūrjī），苏联集校本正文作جغتیان قورجیان，T、S、J、H、Ch、Kh诸本的"豁儿赤"都是单数qūrjī，只有P本作qūjīyān。俄译本将buzurg与"豁儿赤（复数）"连用，解释为箭筒士长。余大钧、周建奇汉译本从之，作"察哈台为箭筒士长"。笔者认为buzurg是修饰察哈台的，正如下文"小察哈台"的"小"也是用了波斯语词kūchak。

[4] 孛斡儿臣（Būghūrjīn），苏联集校本正文作Bū'ūzhīn，T、S、J本作Būghūrjīn，H、Kh本作Būrghūjīn。

[5] 的儿子，T、S、J、Ch、Kh、H本作wa。

Tūdān）和秃忽（توقو Tūqū）在鲁木作战时，撒儿塔台被密昔儿人捉住，并带到了那边。

另一异密为小察哈台（جغتای کوچک Jaghatāy-i kūchak）。因为在那时成吉思汗之子察哈台去世，他的名字成为禁忌（قوریق qūrīq）[1]，此后他被称为速你带（سونتای Sūnitāy）[2]，因为他是雪泥部人。起初，他是千户长；塔察儿（طغاجار Ṭaghājār）之父忽秃不花（قوتو بوقا Qūtū būqā）那颜死后，他的职位给了速你带。他的儿子为也灭格真·把阿秃儿（امکجین Amakajīn بهادر Bahādur）[3]和塔海（طغای Ṭughāy）；也灭格真[4]的儿子为不阑奚（بورالغی Būrālghī）和泰不花（تاییوقا Tāy-būqā）[5]；不阑奚的儿子为者卜列亦勒（جبرئیل Jabra'īl）和米合亦勒（میکائیل Mīkā'īl）。速你带死后，他的职位给了忽勒忽秃（هولقوتو Hūlqūtū）[6]豁儿赤，他是忙兀部人，忽都鲁沙（قتلغ شاه Qutlugh Shāh）那颜的叔父。在阿鲁浑汗时代，又给了塔察儿。伊斯兰君主合赞汗命**巴勒秃**（بالدو

---

[1] 禁忌（qūrīq），J、Kh本作qūrīq，Ch本作qūrīn，H本作qūr?n。这一词源自蒙古语qoriq（禁忌）。

[2] 速你带（Sūnitāy），H本作Sūbtāy。

[3] 也灭格真·把阿秃儿（Amakajīn Bahādur），苏联集校本正文缺，H、Kh本作Īljīn bahādur，T、S、Ch本作Amakhīn bahādur，J本作Amakjīn bahādur。

[4] 也灭格真（Amakajīn），H、Kh本作Īljīn，P本作Amakhīn。

[5] 泰不花（Tāy-būqā），T本作Tāy-pūqā，S本作?ā?- ?ūqā，J、Ch本作Tāy- ?ūqā，H本作Bāy- būqā。

[6] 忽勒忽秃（Hūlqūtū），Ch本作Hūlghūtū。

Bāldū）[1] 管理［**鲁木**］[2]。

雪泥部的其他异密还有很多。例如，在成吉思汗时代，有个异密名为帖木儿（تیمور Tīmūr），他有个兄弟，名为燕帖木儿宝儿赤（التیمور باورجی Al-tīmūr Bāūrjī），属于成吉思汗的大皇后，他的四个儿子的母亲孛儿帖旭真（بورته قوجین Būrta Qūjīn）的斡耳朵，曾掌管御前千户中的一个百户。与他同时代，右翼军中另一个异密名为斡格列扯儿必（اوکلی جربی Ūkalay Jirbī）[3]，左翼军中有个异密名为帖木迭儿（تمودر Timūdar）[4]那颜，是成吉思汗的箭筒士；他有个儿子，身材特高且敏捷（چاپک chāpuk）[5]，在蒙哥合罕时代，被称为**木八剌豁儿赤**（مبارک قورجی Mubārak Qūrjī）[6]，**他有点呆滞且虚弱**[7]，**因此得名**。也灭格真和不忽带[8] 阿塔赤（بوقدای اقتاجی

---

[1] 巴勒秃（Bāldū），Kh本作Bāūldār。以往各译本将其名的首字母认作介词"bi"（给予），余大钧、周建奇汉译本作"赐予阿剌都"，萨克斯顿作"to Olda'ar"（Wheeler M. Thackston, *Jami'u't-tawarikh: Compendium of Chronicles*, 1998, p. 43）。实际上，巴勒秃，出自札剌亦儿部的分支脱忽剌温部，其又见载《史集》第1、3卷。苏联集校本第1卷第1分册，第144页；第3卷，第307页皆作Bāltū。余大钧、周建奇译《史集》第1卷第1分册，第156页译作"巴勒秃"；第3卷，第302页译作"巴剌秃"。以往译本未将之勘同，导致三处译名歧异。
[2] 鲁木，原文缺。以往译本因为未解此人为谁，故不知其管理何地。兹确定其为脱忽剌温部巴勒秃后，即知其管理鲁木。参见上一条注。
[3] 斡格列扯儿必（Ūkalay Jirbī），苏联集校本正文作Ūklay ḥūbī，T本作jirbī，S本作ḥir?ī，J本作jiryī，H本作ḥirnī，Kh本作ḥirbī，Ch本作ḥīryī。
[4] 帖木迭儿（Timūdar），T、S、J本作Nimūdar。
[5] 敏捷（chāpuk），H本无。
[6] 木八剌豁儿赤（Mubārak qūrjī），余大钧、周建奇译本作"有福气的豁儿赤"。豁儿赤，职官名，即箭筒士。Mubārak意为有福气的、吉祥的，但此处为人名，因此当用音译。
[7] 有点呆滞且虚弱（pāra-yī ża 'f wa sustī），H本作"虚弱（sustī）"。余大钧、周建奇译本作"他的性格有些软弱"。萨克斯顿作"there was a bit of weakness and languor in his nature"。
[8] 不忽带（Būqudāy），S本作?ū?dāī，Kh本作Tūqdāī，Ch本作?ūqdāī。

Būqudāy Aqtājī）是帖木迭儿那颜的子息[1]和亲属。阿八哈汗时代的亦鲁坚[2]·札撒兀勒[3]（ایلوکان جاساور Īlūkān Jāsāūl）是雪泥部人。现今清楚的就这些人。

---

[1] 子息（farzandān），Ch、H、Kh本无。
[2] 亦鲁坚（Īlūkān），H本作Amlkūkhān。
[3] 札撒兀勒（jāsāūl），H本作ḥāsāūn，Ch本作jāsāūn。札撒兀勒（蒙古语jasaʼul），早前学者一般认为是成吉思汗诏令札撒的执行者，词源是jasaq。李鸣飞据14世纪波斯语文献《书记规范》指出，札撒兀勒的主要职能是为斡耳朵、军队及个人的平时驻营、战时布阵和大聚会指定位置并维持秩序，汉文史料称之为"札撒孙"，其词源是jasa-，意为整治。参李鸣飞：《蒙元时期的札撒孙》，《西域研究》2013年第2期，第20—28页。

蒙古攻金借道淮东方案考

洪学东（南京农业大学）

元太宗二年（1230），元太宗窝阔台亲师南征金国，大军渡过黄河，进攻凤翔（今陕西凤翔）。[1] 次年五月，窝阔台于官山（在今内蒙古卓资北）大会宗王、诸将，议定三路攻金，计划窝阔台统中路军，由山西南下，突破黄河防线，趋汴京（今河南开封）；拖雷率右军，从宝鸡（今陕西宝鸡）入汉中（今陕西汉中），由宋境通过，沿汉水到达唐州（辖境相当于今河南方城、社旗、唐河、泌阳、桐柏等地）、邓州（辖境相当于今河南西峡、淅川、内乡、镇平、南召、南阳、邓县、新野等地）；左军由斡真那颜率领，从山东入河南夹攻。[2] 预计第二年正月会师汴梁。[3]

三路大军中，战果最为辉煌的，当属拖雷所率从宋境借道的右军。右军先攻克大散关（在今陕西宝鸡西南），攻破南宋治下凤州（今陕西凤县）、兴元（今陕西汉中）、天水（今甘肃天水西南）、同

---

[1]《元史》卷2《太宗纪》，中华书局点校本1977年版，第30页。
[2]《元史》卷115《睿宗传》，第2885—2886页。
[3] 贾敬颜校注，陈晓伟整理：《圣武亲征录》（新校本）辛卯条，中华书局2020年版，第316页。

庆（今甘肃成县）、西和州（今甘肃西和）、沔州（今陕西略阳）等地。南宋未积极配合蒙古军借道，出于报复，蒙古军南下侵扰，前锋一度突至宋阆州南部（今四川南部）。后拖雷率军从金州（今陕西安康）东下，取房州（今湖北房县）、均州（今河南禹县），渡过汉水，进入金邓州境内。[1] 金朝调完颜合达、移剌蒲阿率军迎战右路军。双方先在邓州西禹山交战，拖雷避开金军主力，轻骑趋汴京，合达等尾随。元太宗四年（1232）春，金军进至三峰山，拖雷趁金军疲惫不堪，发起攻击，大破金军，金朝精锐几乎丧失殆尽。[2] 另一边，窝阔台的中路军攻破金河中府（治今山西永济），渡过了黄河，拖雷、窝阔台两路大军会师，河南十余州均被蒙古军攻陷。三月间，蒙古军围困汴梁，金哀宗请和，遣曹王讹可入质蒙古。[3] 除汴梁等地仍在金统治之下，蒙古基本瓦解了金朝的防线，金朝的灭亡近在眼前。蒙古的胜利与采纳、实施借道宋境攻金之策密不可分。

实际上，在借道汉中之外，多种史籍中记载了另外一种借道攻金的方案：借道淮东。淮东亦称淮左，隋唐以前，从中原地区通往长江下游一般都在今安徽寿县附近渡淮，这段淮水的流向为自南而北，所以习称今安徽淮河南岸一带为淮东。有时兼指包括长江下游一带。[4] 宋有淮南路，熙宁五年（1072）起分为淮南东路和淮南西路，南宋时，淮南东路下辖扬州、楚州、海州、泰州、泗州、滁

---

[1] 关于蒙古军借道攻金的经过，可参见李天鸣先生：《宋元战史》（食货出版社1988年版）第一章《金国灭亡前的宋蒙战争和汴洛之役》第五节"蒙军借路之役"。
[2] 《元史》卷115《睿宗传》，第2886—2887页。
[3] 《元史》卷2《太宗纪》，第31页。
[4] 史为乐主编：《中国历史地名大辞典》，中国社会科学出版社2005年版，第2442页。

州、淮安州、真州、通州等九个州，高邮、招信、淮安、清河等四个军。[1] 淮南东路往往简称为淮东。宋淮南东路与金朝山东东路、西路接壤，如果从山东南下，从宋境迂回，北上渡过淮水，可进入金泗州；或者进入宋淮南东路后，继续西行到淮南西路，从安丰军（治所寿春，今寿县）北上，渡过淮水，即进入金寿州境内，再向西北方向进军，就将到达金开封府。

不难看出，借道淮东与借道汉中有类似之处，两个方案的指导思路都是绕开金严密防卫的潼关（在今陕西潼关东北）、黄河——窝阔台登位后，曾以潼关为主攻方向，但是战果有限——由宋境通过，从金南方包抄；也都便于接受宋粮草、人力支援，具有一定的可行性。哪怕不作为主攻方向，以偏师借道淮东，也能给金的防守制造麻烦。关于蒙古借道攻金，学界已有相当的研究成果。[2] 然而，大概因为"假道淮东"计划并未真正实行，且相关记载也较为分散，笔者所见，未有学者对"假道淮东"进行过专题的讨论和研究。笔者不禁好奇，此计划被蒙宋双方如何看待？又为什么没有真正实施？同时，如果"假道淮东"真的实施，蒙金宋相互关系和战事会有如何的发展？

---

[1] 《宋史》卷88《地理志四》，中华书局点校本1977年版，第2178页。
[2] 专题论文如邹重华：《蒙古"假道于宋以灭金"战略剖析》，《宋史研究论文集》，河北教育出版社1989年版；蔡东洲：《蒙军"假道灭金"研究四题》，《四川师范学院学报（哲学社会科学版）》1989年第2期；石坚军：《蒙军假道灭金战略新考》，《历史教学》2010年第16期。论著如李天鸣：《宋元战史》（食货出版社1988年版）、陈世松等：《宋元战争史》（四川省社会科学出版社1988年版）、胡昭曦、邹重华主编：《宋蒙（元）关系史》（四川大学出版社1992年版）的相关章节，对蒙古借道攻金也有详细的叙述、考证和评价。

一、史籍中所载的"假道淮东"方案

在宋元时期的多种史籍中,都有蒙古与宋商议,希望"假道淮东"攻金的记载。如《宋季三朝政要》载:

> 鞑靼自山东通好,欲假淮东以趋河南。群臣议不许。[1]

系于辛卯(1231)条下,月份不明,同时也未说明拒绝借道的理由。除明确有日期的事件外,《宋季三朝政要》同一年中纪事并不严格按照时间排序,难以从前后事件的发生时间推测中间事件的发生时间。

《大金国志》中有一段与此类似的文字:

> 正大七年(时宋绍定三年也。)正月,大军在庆阳、卫州既皆失利,不胜其忿,亲领精锐四十余万直攻潼关,数月不克,选四万人刊石伐木,凿商淤之山,斡腹入蓝关之内,为合达所败,丧万余人及马数万匹。大军渡河不能,入关不可,遂自山东通好南宋,欲假淮东以趋河南。南宋依违不报,大军乃用力于西夏,数年,灭之。夏人有献策者,令其自蜀道由金、洋出襄、汉以入唐、邓。时宋郑损为四川制置,无以遏之,自利顺流,奔至果阆间。适大行遗诏至其兵遽回,自后遂以通好

---

[1] 佚名撰,王瑞来笺证:《宋季三朝政要笺证》卷1,中华书局2010年版,第52页。

为名,觇宋蜀道。制置桂如渊中其计,延而纳之。[1]

引文言,金正大七年(宋绍定三年,元太宗二年,1230),蒙古攻庆阳(今甘肃庆阳)、卫州(今河南汲县)、潼关、蓝关(在今陕西西安蓝田)等地皆失败,于是从山东通好南宋,希望借道淮东攻河南,但南宋方面却态度迟疑,不作答复。蒙古用数年时间灭西夏,采纳夏人献策,穿过宋境攻金。

如王瑞来先生指出,《大金国志》"大军渡河不能,入关不可,遂自山东通好南宋,欲假淮东以趋河南"之说与上引《宋季三朝政要》的记载语出同源。[2]在时间顺序上,上引《大金国志》的错误很明显:西夏灭亡于1227年,窝阔台征潼关、蓝关在太宗二年十一月[3],攻潼关不克—攻蓝关失败—通好南宋不成—用力攻西夏的时间顺序不可能成立,是将窝阔台时代的军事行动和成吉思汗时代的军事行动混为一谈。

虽然存在时代上的错误,引文的纪事仍值得注意。引文中,听取夏人的借道建议,蒙古军突入宋境,宋四川制置使郑损无力阻挡,顺流向南逃跑,后蒙古军因成吉思汗遗诏而退回,这些叙述与太祖二十二年(宋宝庆三年,丁亥年,1227)"丁亥之变"的经过相符。这一年,成吉思汗率军攻西夏,派遣一部分军队围攻中兴府(今宁夏银川),自己南下攻金。[4]蒙古军的前锋入掠四川关外地,

---

[1] 宇文懋昭撰、崔文印校证:《大金国志校证》卷26《义宗皇帝纪年》,第362页。中华书局1986年版。括号内为原注。
[2] 《宋季三朝政要笺证》卷1,第52页。
[3] 《元史》卷2《太宗纪》,第30页。
[4] 《元史》卷1《太祖纪》,第24页。

被南宋方面称作"丁亥之变"。胡昭曦先生等联系金国使者出使蒙古时,蒙古大臣已表露出借道宋境攻金的设想,以及上引《大金国志》的叙述,推测"丁亥之乱"中蒙古军的行动"正是带有探路和借道的性质"。[1] 这一推测很有道理。

宋遗民郑思肖的《大义略叙》中也有关于借道淮东的记载:

> 至完颜守绪(按即金哀宗)立,鞑遣使来我朝,假道淮东趋河南攻金。我朝不答,鞑乃用力先灭西夏,乃自蜀由金洋出襄汉,入唐邓。忒没真(按即铁木真)死于巩州,鞑即立兀窟带(按即窝阔台)为主,复由忒没真故道破西和,犯兴元,捣河南,攻潼关。金人应敌失利,岁久力穷,潜兵入蔡。[2]

文中将蒙古遣使借道淮东之事放在完颜守绪登位(1224)之后,西夏灭亡(1227)之前,并将灭亡西夏视为蒙古借道淮东失败后,为夺取攻金通道的措施——这一点与《大金国志》相同。不过,与《大金国志》的编写者不同,郑思肖完全没有将借道淮东不成—灭亡西夏之事与窝阔台攻金、在潼关受挫之事联系。这样一来,就不存在时间顺序上的错误。

在元末陈桱编撰的《通鉴续编》中载,宋理宗绍定四年(元太宗三年,1231)时:

---

[1] 胡昭曦、邹重华主编:《宋蒙(元)关系史》,第47页。
[2] 郑思肖著、陈福康校点:《大义略叙》,《郑思肖集》,上海古籍出版社1991年版,第158页。

蒙古太宗皇帝使太弟侵金陕西，速不罕来假道淮东以趋河南。（初金降人李昌国言于蒙古曰："金迁汴将二十年，其所恃以安者，潼关、黄河耳。如出宝鸡以侵汉中，不一月可达唐、邓，大事集矣。"太弟睿宗皇帝然之。五月，太宗皇帝避暑于九十九泉，诸王咸会，太弟以昌国之言白于帝，帝乃大会诸将，期以明年正月合南北军以攻汴。遣太弟先出师趋宝鸡。速不罕如宋，乞假淮东以趋河南，且请以兵会之。）[1]

言李昌国献策拖雷，拖雷转达窝阔台，窝阔台定从宝鸡出师，经过汉中攻金之策，且派遣速不罕出使南宋，请求借道淮东和援军。

《通鉴续编》的记载，与《元史》中的两段记载较为类似，一是《元史》本纪部分载：

（太宗三年）夏五月，（太宗）避暑于九十九泉。命拖雷出师宝鸡。遣搠不罕使宋假道，宋杀之。复遣李国昌使宋需粮。[2]

区别在于，《元史》中未明确说明速不罕使宋借道到底是借哪条道，而《通鉴续编》中则记载明确。

另一是《元史·睿宗传》的记载：

---

[1] 陈桱：《通鉴续编》卷21，元刊本。括号内为原文小字夹注。
[2] 《元史》卷2《太宗纪》，第31页。

凤翔既下，有降人李昌国者，言："金主迁汴，所恃者黄河、潼关之险尔。若出宝鸡，入汉中，不一月可达唐、邓。金人闻之，宁不谓我师从天而下乎。"拖雷然之，言于太宗。[1]

《通鉴续编》中的记载与引文中李昌国的献策基本一致。

二、速不罕使宋考

《通鉴续编》中所载出使南宋，商讨借道的蒙古使者速不罕（Ĵubqan）[2]，是一个活跃于蒙宋外交的重要人物，踪迹在史籍中多处可见，为后世历史学者所注意。[3]重新检视速不罕出使的经

---

[1]《元史》卷115《睿宗传》，第2886页。
[2]"速不罕"一名见于《蒙鞑备录》《鹤山先生大全文集》《通鉴续编》等史籍，在有的史籍中又作主卜罕（见于《元朝秘史》）、搠不罕（见于《元史·睿宗传》）、苏巴尔罕（见于《续资治通鉴》、耶律铸《双溪醉隐集》）、苏布罕（见于佚名撰《昭忠录》）、绰布干（见于《双溪醉隐集》）等。考Ĵubqan名的几种写法，《通鉴续编》元刊本中如"蒙古太宗皇帝使太弟侵金陕西，速不罕来假道淮东以趋河南""沔州统制张宣诱杀蒙古行人速不罕于青野原"（《通鉴续编》卷21，元刊本）等处，作"速不罕"；《四库全书》本相应位置作"绰布干"，则知"绰布干"之名为四库馆臣所改。《续资治通鉴》为清人毕沅（1730—1797）主持编写，现存《双溪醉隐集》为四库馆臣改定过的版本，故苏巴尔罕之名应该也是编修《四库全书》时所改，或是受《四库全书》之影响。主卜罕、速不罕、搠不罕之名更接近读音。
[3] 速不罕或其使宋事迹，可参见日本学者箭内亘《拖雷使者搠不罕之被杀》（《蒙古史研究》，陈捷、陈清泉译，商务印书馆1932年版，第13—14页）、日本学者村上正二译注《蒙古秘史》主卜罕条（平凡社东洋文库，1970—1976年，第156—158页）、澳大利亚学者罗依果（Igor de Rachewiltz）《〈蒙古秘史〉英文译注》速不罕条（*The Secret History of the Mongols, A Mongolian Epic Chronicle of the Thirteenth Century, Translated with a Historical and Philological Commentary*, vol. 2, Brill, Leiden-Boston, 2006, pp. 909—910）、苗冬博士学位论文《元代使臣研究》（南开大学，2010年）第六章第一节下《早期使臣主不罕考辨》等论著。

历，或许对认识借道淮东方案有所帮助。

史籍所见，速不罕是蒙古派往南宋的最早的使者之一。《元朝秘史》第251节，总译作：

> 在后成吉思差使臣主卜罕等，通好于宋，被金家阻当了。以此成吉思狗儿年（按1214年）再征金国。[1]

知速不罕1214年前就曾前往南宋，但未成功。

在南宋方面的资料中，有这样一段记载：

> 嘉定七年正月九日甲戌夜三鼓，濠州钟离县北岸吴团铺有三骑渡淮而南，水陆巡检梁实问所由，三人者出文书一囊，绢画地图一册，云是鞑靼王子成吉思遣来纳地请兵。翌日，守臣知之，遣效用统领李兴等以本州不奉朝旨，不敢受，谕遣之。又翌日，遇诸庙埕，即以筏送之而去。……鞑兵至济南，遣三十七骑护三人者以来，又以三百兵送之，过邳州，夺舟渡河而西，既为濠州所却，路绝不得归。匿虹县之白鹿湖中。后三日，县遣人捕送泗州。或谓三人者，其一则鞑靼通事，其一则所掠金人莫州同知，其一则汉儿也。因戒边吏，后有似此者，即驱逐去之，违者从军法，且上其事于朝。[2]

---

[1] 乌兰校勘：《元朝秘史（校勘本）》第251节，中华书局2012年版，第346页。
[2] 李心传撰，徐规点校：《建炎以来朝野杂记》乙集卷19《鞑靼款塞》，中华书局2000年版，第848页。

胡昭曦等考证，嘉定六年（1213）冬，蒙古中路军南循至济南时，向南宋派出使者速不罕等人，次年正月到达濠州钟离（今安徽凤阳东北），为宋边将驱逐后，又被金人所获，后可能以三月的蒙金和议而通过金朝返回蒙古。《元朝秘史》《建炎以来朝野杂记》所载为同一事。速不罕等使宋未成，并非因金人阻挡，而是为南宋边臣所拒。[1]

1220年，南宋派遣使者赵珙等至河北蒙古军前议事，成吉思汗时正在西征，宋使会见了驻扎汉地的蒙古将领木华黎。据赵珙所撰《蒙鞑备录》：

> 近者入聘于我宋副使速不罕者，乃白鞑靼也。每联辔间，速不罕未尝不以好语相陪奉慰劳，且曰：辛苦无管待，千万勿怪。[2]

据此知速不罕为白鞑靼即汪古（Önggüd）人，在路途中陪伴宋使。

王国维先生考，宋宁宗遣苟梦玉通好蒙古，见成吉思汗于铁门关，成吉思汗派噶哈送苟梦玉回国，速不罕当为副使，故有"近者入聘于我宋副使速不罕者"之说。[3] 按，苟梦玉见成吉思汗，事在元太祖十六年（1221）。[4] 胡昭曦等进一步推测，如速不罕确系噶

---

[1] 胡昭曦、邹重华主编：《宋蒙（元）关系史》，第18—19页。
[2] 赵珙撰，王国维笺证：《蒙鞑备录笺证》立国条，《王国维遗书》第13册，上海古籍出版社1983年版，第2叶正。
[3] 《蒙鞑备录笺证》立国条，《王国维遗书》第13册，第2叶背。
[4] 《元史》卷1《太祖纪》，第21页。

哈的副使，应是苟梦玉从成吉思汗处回返至木华黎处，木华黎命速不罕随噶哈伴苟梦玉返宋，赵珙亦可能于此时同返。[1]

与王国维、胡昭曦的观点不同，陈得芝先生推测，大约在1221年前不久，蒙古曾派遣使臣到南宋通好，因此，1221年，南宋派苟梦玉去蒙古报谢，时成吉思汗正用兵西域，苟梦玉到西域见了成吉思汗。"近者入聘于我宋副使速不罕者"就是蒙古1221年前通好的使者。[2]

笔者比较王国维/胡昭曦与陈得芝的两种观点，更倾向陈先生之说。原因一者，就"近者入聘于我宋副使速不罕者"一句，如速不罕只是陪伴苟梦玉或赵珙出蒙古国境并回访南宋，可称"报聘"，不是"入聘"。

二者，如史料所载，"岁戊寅（1218），太祖使葛葛不罕与宋议和"[3]，则在1221年前，蒙古确有使臣访宋。胡昭曦等注意到了早期使宋蒙臣汉译姓名的混乱，整理各类古籍，推测"葛葛不罕"（见于《元史·石珪传》）与"噶哈"（见于耶律铸《双溪醉隐集》）、"葛合赤县"（见于《宋史全文》）、"葛合赤孙"（见于《续宋中兴编年资治通鉴》）、"格根齐逊"（见于《两朝纲目备要》）为同一人。[4]

按，葛合赤县、葛合赤孙、格根齐逊三名较为接近，史籍记载的行动也大致类似，当为同一人。葛葛不罕之名则与前面三个不大

---

[1] 胡昭曦、邹重华主编：《宋蒙（元）关系史》，第25页。
[2] 陈得芝：《金亡前的宋蒙关系》，收录于《蒙元史与中华多元文化论集》，上海古籍出版社2013年版，第293—304页。
[3] 《元史》卷193《忠义传一·石珪》，第4378—4379页。
[4] 胡昭曦、邹重华主编：《宋蒙（元）关系史》，第26—27页。

相同。葛葛Gege，与噶哈、葛合、格根Gegen对应，在蒙古语中有明亮之意。赤县/赤孙/齐逊（čihian）的部分，可对应察罕Čagan，蒙古语中有洁白之意。《元史·石珪传》中葛葛不罕之名，可能并非一人之名，而是两个使者（葛葛、速不罕）的名字并列，其中，速不罕之名脱落了一个"速"字。葛葛/噶哈为使者之首，速不罕为副，符合"副使速不罕"之称谓。而葛合赤县/葛合赤孙/格根齐逊之名，在有的史籍中省略了后面的赤县/赤孙/齐逊，仅以葛葛称之。[1]如此则可确定，1218年葛葛为正使，速不罕为副使出使南宋，是蒙宋双方第一次成功的接触，之后有宋苟梦玉的出访。

再多讨论一下"太祖使葛葛不罕与宋议和"事，此事记载于《元史·石珪传》：

> 岁戊寅，太祖使葛葛不罕与宋议和。己卯，珪令麾下刘顺直抵寻斯干城，入觐，太祖慰劳顺，且敕珪曰："如宋和议不成，吾与尔永结一家，吾必荣汝。"顺还告珪，珪心感服，日夜思降。庚辰，宋果渝盟，珪弃其妻孔氏、子金山，杖剑渡淮，宋将追之曰："太尉回，完汝妻子。"珪不顾，宋将沉珪妻子于淮。遂率顺及李温，因孛里海归木华黎。木华黎悦之，谓曰："若得东平、南京，授汝判之。"[2]

见于本传，石珪为金山东新泰（今山东新泰）人，贞祐南渡

---

[1] 语音部分得乌罕奇指正，谨此致谢。
[2] 《元史》卷193《忠义传一·石珪》，第4378—4379页。

（1214年）后起兵自保，辗转入宋，宋贾涉诱杀季先（时为宋嘉定十三年，1220）后，石珪被忠义军拥为统帅。同年，石珪与南宋关系破裂，投蒙，归木华黎统率。1221年，石珪攻金，兵败被杀。[1]

胡昭曦等指出，《石珪传》中这次使宋是否取得联系，不清楚；"宋果渝盟"一句何所指，亦不甚明了，"渝盟"似应指石珪与南宋的关系而言，与宋、蒙交往无关。[2] 出使之事确难以推测，但对两国外交的记载却羼入忠义军首领的传记中，背后原因值得深究。

笔者推测，葛葛、速不罕的出使，当与1214年速不罕出使一样，经山东往淮东入宋，途中经过忠义军的地盘时，投宋的忠义首领抓住时机与使者接触，与蒙古交好。《石珪传》中，己卯（1219年），石珪遣部下刘顺至寻思干（今乌兹别克斯坦撒马尔罕）见成吉思汗一事，可能刘顺就是随使团返回。成吉思汗欣然接受石珪的输诚，许诺与后者"永结一家"。值得注意的是，当时石珪还在南宋阵营，此举无疑是里通外国。使者的往来表面上是实现两国的交往，在背地里却有着招降纳叛的行径。

速不罕在1218年作为副使出使南宋，1221年又护送宋使赵珙等返回。赵珙回南宋后撰写《蒙鞑备录》，其中记白鞑靼（速不罕为白鞑靼人）："容貌稍细，为人恭谨而孝。"[3] 记速不罕："未尝不以好语相陪奉慰劳，且曰：'辛苦无管待，千万勿怪。'"[4] 对速不罕印象很好。出使过程中，赵珙等与速不罕往来密切，赵珙等对蒙

---

[1]《元史》卷193《忠义传一·石珪》，第4378页。
[2] 胡昭曦、邹重华主编：《宋蒙（元）关系史》，第20—21页。
[3]《蒙鞑备录笺证》立国条，第1叶背。
[4]《蒙鞑备录笺证》立国条，第2叶背。

古的了解，应该有相当的部分是通过速不罕来获取的。同时，赵珙为宋淮东制置使贾涉的部下，速不罕或许亦同时从赵珙处得知南宋、淮东的情况。

时隔十年，元太宗二年，窝阔台准备攻金，速不罕又受命使宋，这次是到南宋西部，与金接壤的利州。据宋方记载：

>（绍定）四年正月，鞑人又至，则径属他官往武休议和，事甚秘，公（按郭正孙）弗及知。房又出嫚书，索粮二十万斛，五日取若干斛。其使速不罕诸人裴回兴赵原，而别大赤辈已纵骑焚掠出没。[1]

则速不罕在年初已经与南宋方面多次接触，目的之一是索要粮食。除索粮之外，速不罕与宋方谈判的内容颇为神秘，作为利州路最高官员，时任利州路安抚兼知兴元府的郭正孙竟然不能知晓。

这一年五月的官山大会后，速不罕受窝阔台命再次使宋，并在使宋过程中被宋军所杀。被杀时间，史籍中有宋绍定四年（元太宗三年，1231）七月（《通鉴续编》）、十月十七日（《昭忠录》）、十月二十一日（耶律铸《凯歌乐词九首并序》）等说法。[2] 据《元史·睿宗传》载：

---

[1] 魏了翁：《故太府寺丞兼知兴元府利州安抚郭公墓志铭》，《鹤山先生大全文集》卷82，四部丛刊本。
[2] 对速不罕被杀时间的辨析，可参见箭内亘（《拖雷使者搠不罕之被杀》，收录于箭内亘《蒙古史研究》）、李天鸣（《宋元战史》）、胡昭曦（《宋蒙（元）关系史》）等学者的论著。

太宗（按窝阔台）以中军自碗子城南下，渡河，由洛阳进；斡陈那颜以左军由济南进；而拖雷总右军自凤翔渡渭水，过宝鸡，入小潼关，涉宋人之境，沿汉水而下。期以明年春，俱会于汴。遣挷不罕（按即速不罕）诣宋假道，且约合兵。宋杀使者，拖雷大怒曰："彼昔遣苟梦玉来通好，遽自食言背盟乎？"乃分兵攻宋诸城堡，长驱入汉中，进袭四川，陷阆州，过南部而还。[1]

言宋杀速不罕，拖雷怒，发起了报复性的进攻。其实蒙古军在速不罕被杀前已突入宋境，攻掠城池，屠杀居民，双方的是非曲直大有争议。因篇幅有限，文中不再赘述。

速不罕最后一次出使南宋，目的到底是什么？除前引《通鉴续编》中载"速不罕来假道淮东以趋河南"，目前未见其他史籍中有清楚的交代。多种史籍中只是泛泛称借道。从速不罕个人来看，他多次经淮东至南宋，了解山东、淮东的情况，对忠义军、宋廷都较为熟悉，派他协调借道淮东，似乎再合适不过。从蒙古军的整体动向来看，窝阔台统中路军，拖雷所率右军都取得不凡的反响，唯独计划中由斡真那颜率领，从山东入河南夹攻的蒙古军没有大的举措，这路蒙古军的无所作为和借道淮东的未实行是不是存在联系？这有待于未来更多史料的发现来揭开这一谜团。

---

[1]《元史》卷115《睿宗传》，第2886页。

三、李邦瑞使宋考

除速不罕外,史籍所见,另一个与借道淮东密切相关的蒙古使者是李邦瑞(？—1235)。李邦瑞本为金人,"读书通大义",于木华黎攻略太原时归顺蒙古。[1] 时为元太祖十三年（1218）。[2]

据《元史·李邦瑞传》载,李邦瑞曾奉命自山东使宋：

> 岁庚寅,（李邦瑞）受旨使宋,至宝应,不得入。未几,命复往,仍谕山东淮南路行尚书省李全护送,宋仍拒之。复奉旨以行,邦瑞道出蕲、黄,宋遣贱者来迎,邦瑞怒,叱出之,宋改命行人,乃议如约而还。太宗慰劳,赐车骑旃裘衣装,及银十锭。邦瑞因奏："干戈之际,宗族离散,乞归寻访。"帝谕速不䚟、察罕、匣剌达海等：邦瑞驰驿南京,询访亲戚,或以隶诸部者,悉归之。[3]

据此,李邦瑞于庚寅年（元太宗二年,宋绍定三年,1230）起三次使宋。前两次由李全护送,都被南宋所拒。第一次至宝应然后被拒。宋有宝应军,治所在今江苏宝应,属淮南东路。第二次被拒的地点不详。既为李全护送,入宋的地点大概也在淮东。第三次途

---

[1] 《元史》卷153《李邦瑞传》,第3620页。
[2] 《元史》卷1《太祖纪》："（十三年戊寅秋八月,）木华黎自西京入河东,克太原、平阳及忻、代、泽、潞、汾、霍等州。"第20页。
[3] 《元史》卷153《李邦瑞传》,第3620—3621页。

经蕲州（辖境相当于今湖北蕲春、浠水、罗田、英山、黄梅、武穴等地）、黄州（辖境相当于今湖北红安、麻城、黄陂、新洲等地）走，虽然经历不愉快的礼节问题，最终还是出访成功。

文中被称为"山东淮南路行尚书省"的李全，本是金人，随着金国衰弱，在山东起兵反金，1218年渡河归附南宋。李全既有为宋抗金的一面，又有拥兵自重的一面，往来山东、淮东，势力日渐壮大。蒙古力量进入山东后，与李全发生冲突。1226—1227年，李全被蒙古军围于青州（今山东青州），断绝无援，最后投蒙。投蒙之后一段时间内仍依违两端，同时保持着与南宋、蒙古、金的关系。1230年，李全下定决心，南下攻宋，次年正月被宋军击杀于扬州，余部退守山东。

与前两次相比，第三次出访让人费解：一是不再提由李全护送。我们易于想到，李全从元太宗二年起与宋廷兵戎相见，次年正月中伏死于扬州。李全攻宋与李邦瑞第三次出访时间接近，大概因已与宋廷交恶，或是已经命丧沙场，所以不再护送使者。李全攻宋的原因，若与窝阔台攻金相联系，似乎不止是李全个人向南宋的报仇，而有可能是为蒙古借道淮东充当先驱，打通路径——这一猜测有待进一步考察。二是没有说明是从哪里进入的宋境。三是在路径上，不知为何辗转到了淮南西路的西部，临近荆湖北路的地方；而且，按说黄州在北，蕲州在南，在记载中上却是先蕲，再黄，似乎终点不是临安。这些细节仍待进一步的研究。

《元史》本纪部分载：

（太宗三年）夏五月，（太宗）避暑于九十九泉。命拖雷出师宝鸡。遣搠不罕使宋假道，宋杀之。复遣李国昌使宋需粮。[1]

李国昌使宋，与前引李邦瑞路经蕲州、黄州出使南宋一事时间相近。"李国昌"在《元史》中仅此一处出现。李邦瑞字昌国，以字行[2]，李邦瑞和李国昌在事迹、名字上都类似，"李国昌"很可能就是"李昌国"之误。即此处引文所叙述的，是李邦瑞出使之事。速不罕、李邦瑞同时受命，李邦瑞之前被派遣过，所以此处称"复遣"，而不是说速不罕被杀后，改遣李邦瑞。

李邦瑞与耶律楚材多有诗歌唱和，耶律楚材曾作《和邦瑞韵送奉使之江表》，为送别李邦瑞使宋时所作：

驲骑翩翩出玉京，金符一插照人明。
莫忘北阙龙飞志，要识南陬鴂舌情。
布袖来朝无骑乘，锦衣归去不徒行。
升仙桥畔增春色，郡守传呼接长卿。[3]

王国维亦将其诗系于1231年。[4] 当是。

---

[1] 《元史》卷2《太宗纪》，第31页。
[2] 《元史》卷153《李邦瑞传》，第3620页。
[3] 耶律楚材：《湛然居士文集》卷4《和邦瑞韵送奉使之江表》，《丛书集成初编》，中华书局1985年版，第52页。
[4] 王国维：《耶律文正公年谱》，《王国维遗书》第11册，上海古籍书店1983年版，第13叶背。又，《耶律文正公年谱》将耶律楚材《和李邦瑞韵》及《和邦瑞韵送行》两首诗系于丙申年（1236），（第18叶背，第19叶正。）按，李邦瑞死于乙未年（1235）夏六月，（《元史》卷153《李邦瑞传》，第3621页。）耶律楚材与之唱和不可能在其去世之后，故《耶律文正公年谱》中这两首诗系年当有误。

如上所考，应该能确定李邦瑞在元太宗二年两次出使南宋，太宗三年第三次出使（这次出使在1233年之前结束[1]）。前两次被拒，第三次"如约而还"，到底是什么约定，文中并未说明；到底有没有达成，《元史·李邦瑞传》单方面的记载也未必能全信。学者们只能加以推测。如屠寄先生推测：

> 庚寅，（李邦瑞）奉使如宋，至宝应，不得入。未几，命复往，仍谕山东淮南路行省李全护送，宋仍拒。复奉诏以行，改道出蕲、黄，宋遣贱者来迎，昌国怒，斥去之。宋改命行人，乃议如约而还。斡歌歹汗（按即窝阔台）劳之，赐以车骑游裘及白金十铤。其后，拖雷用其斡腹之策，果奏三峰之捷。而孟珙以军粮助攻蔡州，即践昌国前约也。[2]

蒙古军围蔡州时（1233—1234），南宋派孟珙率军赴蔡州，并运粮接济蒙古军。一般认为，蒙宋两方的协同作战与蒙古使者王檝、南宋使者邹伸之在1233年的外交活动有密切关系[3]，至于说是不是在李邦瑞使宋时就达成了协议，存疑。

李邦瑞前两次自山东使宋，都被南宋拒绝，能与《大金国志》"南宋依违不报"及《大义略叙》"我朝不答"的说法对应。联系到

---

[1] 《李邦瑞传》中载李邦瑞返回，窝阔台予以慰劳，并允许"邦瑞驰驿南京，询访亲戚"，蒙古取金南京在1233年，则李邦瑞的出访活动最晚1233年已经结束。
[2] 屠寄：《蒙兀儿史记》卷43《李昌国传》，《元史二种》，上海古籍出版社1989年版，第347页。
[3] 可参见学者陈高华：《王檝使宋事实考略》，收录于《元史研究新论》，上海社会科学出版社2005年版。

"鞑靼自山东通好,欲假淮东以趋河南""遂自山东通好南宋,欲假淮东以趋河南"的记载,李邦瑞很可能是这几条记载中请求借道淮东的使者。

另有一段记载:

> 太宗还官山,大会诸侯王,谓曰:"人言耗国家者,实由寇敌。今金未殄,实我敌也。诸君宁无计乎?"拖雷进曰:"臣有愚计,非众可闻。"太宗屏左右,亟临问之,其言秘,人莫知也。凤翔既下,有降人李昌国者,言:"金主迁汴,所恃者黄河、潼关之险尔。若出宝鸡,入汉中,不一月可达唐、邓。金人闻之,宁不谓我师从天而下乎。"拖雷然之,言于太宗。太宗大喜,语诸王大臣曰:"昔太祖尝有志此举,今拖雷能言之,真赛因也。"赛因,犹华言大好云。遂大发兵。[1]

所记也是官山大会之事,言李邦瑞向拖雷献策,从汉中到达唐、邓,拖雷再献策窝阔台。

"凤翔既下"这一李邦瑞献策的时间点非常微妙。金凤翔被蒙古军攻破,据《元史·太宗纪》,在太宗三年二月[2];据《金史·哀宗纪上》,在此年四月[3]。无论如何,都差不多是李邦瑞前两次出使返回复命的时间。联系到他1230年出使的失败,有可能是这样:李邦瑞通过先前的数次出使,已了解淮东的形势和南宋对借道

---

[1] 《元史》卷115《睿宗传》,第2885—2886页。
[2] 《元史》卷2《太宗纪》,第31页。
[3] 《金史》卷17《哀宗纪上》,中华书局点校本1977年版,第383页。

淮东的态度，意识到这一计划并不可行，所以他改向蒙古统治者建议借道汉中。窝阔台等统治者采取了他的建议。

如果前引《通鉴续编》中"速不罕来假道淮东以趋河南"在时间和史实上都是记载准确的，那么可以再进一步大胆推测，尽管李邦瑞出使借道失败，但窝阔台对借道淮东计划仍抱有希望，于是改派了速不罕这位对南宋情况更加了解，外交经验更加丰富，外交技巧更加纯熟的使节，希望能够打破僵局，有所收获。当然如我们所知，速不罕进入宋境后被宋军所杀，结束了他奔波的一生，也结束了蒙古借道淮东的最后希望。

结语：灭金策略的选择与调整

综合前文的考证，蒙古向南宋请求借道淮东，当确有此事。蒙古不止一次遣使南宋，史料所见，蒙古使者速不罕于1214年、1218年、1221年、1230年（多次），李邦瑞于1230年（两次）、1231年出使南宋，虽然不能详细考证每次出使的具体目的，但目的中应当包含商讨借道淮东。尤其速不罕1230年下半年的出使和李邦瑞的三次出使，正值窝阔台攻金期间，主要任务很可能就是商讨借道淮东。外交活动之外，使者们大多从淮东入宋，出使增进了蒙古对淮东、南宋情况的认识，蒙古统治者随着认识的加深而调整攻金的策略。同时，淮东、山东摇摆于蒙金宋的势力，也通过使者建立与蒙古的联系，忠义军首领石珪的投蒙，就是一个典型的例子。

不过，无论不纳使者还是不予回答，宋方总体上并不同意借道淮东。借道的危害显而易见：向他国借道，己方边区的地理、交通、武备等情况容易暴露；居民受到骚扰，民心浮动，怀有不良企图者趁势作乱；他国军队进入己方境内，军纪不能保证，和本国军民易发冲突；撤离军队的情况下，民众如随军队而动，则地区动荡，民众不动，则陷于任人宰割的境地；如他国包含祸心，撕毁盟约，直取己方内地，更是有亡国之虞。

事实也正是如此，后来拖雷所率蒙古右军借道宋境，破坏严重，南宋四川北部元气大伤：蒙古军武力开路，在谈判期间便攻入宋境，强攻城池，屠杀军民。如攻破兴元时，撤退的兴元军民遭蒙古军追击，"死于沙窝者数十万"[1]；攻破西和，城中"三十七万九千单八口""至是尽歼焉"[2]；天水、同庆、洋州、阶州等地，也遭到了蒙古军的屠城。遭蒙古军蹂躏，南宋关隘、仓库损毁，将士伤亡，人民离散，溃军作乱。[3] 蒙、金相争，宋作为蒙古的盟友和协助者，反遭大难，有"城门失火，殃及池鱼"之感。更进一步，蒙古军通过借道汉中，探悉南宋西北地区情况，也为宋蒙战争全面爆发后，蒙古以四川为进攻要点，并得以迅速打入四川内地埋下了伏笔。[4]

宋廷事先对借道的危害应是有所认识的。例如，金朝向南宋派遣的使者，一向经由淮东，渡江而至临安，之所以如此，是南宋为了防备对方察看长江天险的形势。端平元年（1234）十二月，蒙古使者王檝到达临安，所行路线为由襄阳沿江而下。对此，魏了翁等

---

[1]《金史》卷111《完颜讹可传》，第2446页。
[2]《昭忠录》陈寅、杨锐条，守山阁丛书。
[3] 可参见李天鸣：《宋元战史》第一章《金国灭亡前的宋蒙战争和汴洛之役》第五节"蒙军借路之役"。
[4] 胡昭曦、邹重华主编：《宋蒙（元）关系史》，第60—61页。

官员即表示不满。[1] 使团入境尚且要慎重考虑行经路线，以免泄露内情，更何况浩浩荡荡的攻金大军。

淮东距离行在临安近，人口稠密，蒙古军如借机南下，后果不堪设想。况且活动于山东和淮东的忠义军，一直都是不稳定因素。石珪和李全先后都投向蒙古。尤其李全在1230年与南宋反目，直接攻宋。倘若蒙古以借道之名支援和收编李全等的力量，一路南下，对南宋来说，实在危险不堪。所以不难想象，南宋不会欢迎借道淮东之策。另一方面，或许是洞察南宋的意图，李邦瑞在经淮东出使南宋后，献策拖雷借道汉中，这一方案最终得到了蒙古统治者的采纳。

若将目光放得稍远一些，议而未行的借道淮东和实际实施的借道汉中，同属于借道攻金的方略，借道攻金对蒙宋双方，乃至金朝都并不陌生。记载中，早在成吉思汗时期，金使出使蒙古时，蒙古大臣已透露从汉中攻金的构想：

> 又宣徽使奥敦阿虎使北方，北中大臣有以舆地图指示之曰："商州至此中军马几何？"又指兴元云："我不从商州，则取兴元路入汝界矣。"阿虎还奏，宣宗甚忧之。[2]

金宣宗1213—1223年在位，则奥敦阿虎此次出使在1223年之前。

---

[1] 陈高华：《王檝使宋事实考略》，《元史研究新论》，上海社会科学出版社2005年版，第220—237页。

[2] 《金史》卷112《完颜合达传》，第2468页。

又如，据《元史·太祖纪》载，1227年，成吉思汗临终时留下著名的遗策：

> 秋七月壬午，（太祖）不豫。己丑，崩于萨里川哈老徒之行宫。临崩谓左右曰："金精兵在潼关，南据连山，北限大河，难以遽破。若假道于宋，宋、金世雠，必能许我，则下兵唐、邓，直捣大梁。金急，必征兵潼关。然以数万之众，千里赴援，人马疲弊，虽至弗能战，破之必矣。"言讫而崩，寿六十六。[1]

从历史进程来看，窝阔台攻金起初并未采纳借道的策略，直到受挫后才重新回到借道，并最后选择了借道汉中。借道淮东计划可能也一样经历了提出、商讨，暂时搁置的过程；不过，不同于借道汉中，借道淮东停留于计划，未能真正实施。

以开放的眼光，在大多数情况下，蒙古的征服并未按照事先预定的一成不变的作战计划，实践中总是在选择和调整，以抓住有利时机。在历史进程中，变化、选择和调整，始终扮演着重要的，有时是关键性的角色。

---

[1] 《元史》卷1《太祖纪》，第25页。

忽必烈时期的赦免研究

王敬松（国家广播电视总局）

《马可波罗行纪》（以下简称《行纪》）中有几句话，是这样说的：

> 各种罪人拘捕后，投之狱，而缢杀之。但大汗于三年开狱，释放罪人一次。然被释者面烙火印，俾永远可以认识。[1]

这一段话有三点内容，即：各种罪人捕后，皆在狱中被"缢杀"；大汗每三年开狱赦免一次罪犯；为永远能够被辨认，被释者须"面烙火印"。

马可波罗来东方是在元朝忽必烈时期。这一时期是否存在上述情况呢？姑且不说《行纪》所述的这三点存在矛盾之处，而在实际上，这些说法在忽必烈时期均不存在，不仅如此，忽必烈以后的所有继任者，也就是说，整个元朝时期也没有实施过这些制度或者规

---

[1]〔意〕马可波罗：《马可波罗行纪》，冯承钧译，商务印书馆1955年版，第416—417页。

定。《行纪》中的这些记录，如说"被释者面烙火印，俾永远可以认识"。忽必烈时期曾有过这种情况，如至元二十二年（1285）十一月，为了补充"征日本"的兵力，同时也防止其逃跑，忽必烈施行"赦囚徒，黥其面"的手段。[1] 不过，这只是个别的和临时性的。从整个元朝的历史看，这种做法并没有普遍性和制度性。不知道《行纪》这样说所据何自。另外，有材料说，宋太祖赵匡胤时开始每三年举行郊祀，届时即宣布大赦。但这与元朝没有关系。

　　本文主要谈的是忽必烈时期的赦免问题。当然，这并非仅是针对《行纪》的回答，更重要的是，关于元朝赦免的研究，至今存在很多空白。忽必烈是元朝的第一位皇帝，在位长达三十五年。他奠定了元朝的诸多制度，关于赦免的观念与制度，亦是如此，这是需要填补的研究缺失。另外，通过对忽必烈时期赦免的研究，从一个方面拓展和加深了对该时期一些历史事件的认识，譬如至元改元问题，忽必烈上尊号的问题等。还要说明一点的是，有时候，中国的一些学者把马可波罗提升为历史上中意友好的代表，称马可波罗是中意之间的友好使者，等等。实际上，马可波罗就是一个商人，他到东方，没有任何外交的和双边的任务，也没有超越世俗之上的宗教使命和其他道义上的责任，完全是为了他个人的利益。当然，这是正义的和正当的行为，无可厚非，而且仅此就足够了，无须拔高。可以延申的是，马可波罗的东方之行，是西方自由经济制度的一个反映。所谓走向世界，都是从个人的行为开始的。这种行为唯

---

[1]《元史》卷13《世祖纪一〇》。

一需要的前提就是，政府不干涉、不禁止。

本文拟主要谈以下几个问题：忽必烈时期赦免的基本情况；忽必烈时期的一些重要的赦免经过与相关因素，包括对其背景的钩沉，和对其中一些要点的分析；以及忽必烈时期赦免的一些特点等。请学界和读者不吝指正。

一、忽必烈时期赦免的基本情况

忽必烈时期，元朝政府实施了多种形式、相当数量的赦免。赦免的形式包括大赦（有时也称为赦天下）、曲赦、录囚、赦、减（减免）、释、放、原等等名目。这些诸多的赦免名称，多数是元朝政府在公文中使用的，也有极个别是《元史》的编纂者在行文中予以简化，或者延续前代类似的赦免名称而采用的。

（一）关于忽必烈时期大赦的次数问题

《元史·世祖纪》的记载是，忽必烈时期实施的大赦，依次是：

中统元年（1260）五月，"以阿里不哥反，诏赦天下"[1]。

至元元年（1264）八月，改元，大赦。[2]

至元十三年（1276）九月，灭宋国，大赦。[3]

---

[1] 《元史》卷4《世祖纪一》；王鹗：《中统元年五月赦》，《播芳续集》卷6，日本宫内厅藏本。
[2] 《元史》卷5《世祖纪二》。
[3] 《元史》卷16《世祖纪一三》。

至元二十一年（1284）正月初六，忽必烈上尊号，赦天下。[1]这次大赦，地方志也有记载，如《至正金陵新志》卷3下《金陵表七·元》："至元二十一年正月六日，上尊号，大赦。"

至元二十五年（1288）正月二十一日，征伐乃颜得胜后，大赦。[2]

至元二十七年（1290）九月，因地震，大赦。[3]

至元三十年（1293）十月，赦天下。[4]有关此次肆赦的相关材料尚未看到。

以上据《元史》记载总计，忽必烈时期的大赦共有七次。忽必烈时期的大赦是不是只有这七次呢？元末苏天爵说："世祖皇帝在位三十五年，肆赦者八。"[5]苏天爵生活在元朝中后期，他不仅是位刚直的官员，参加过地方监察、录囚等行政、司法工作，还是一位颇负盛誉的史学家，其所编著的《元文类》《元朝名臣事略》《滋溪文稿》等著作是治蒙元史者必读的材料。应该说，苏天爵的说法不会有错，再说，大赦是一件大事，覆盖全国，涉及官、军、民，作为当时的一位中高级官员，其说法要比明初编撰的《元史》靠得住。也就是说，忽必烈时期肆赦了八次。沈家本在《历代刑法考》中也说忽必烈时期大赦为七次，这个数字也是据《元史》的记载统

---

[1] 《元史》卷13《世祖纪一〇》；《谕中书省以下大小官吏诸色人等诏赦》，《播芳续集》卷6。

[2] 《元史》卷15《世祖纪一二》。

[3] 《元史》卷15《世祖纪一二》；王鹗：《中统元年五月赦》，《播芳续集》卷6。

[4] 《元史》卷16《世祖纪一三》。《佛祖历代通载》卷21，大藏本记为："庚寅九月日大赦"，庚寅年即至元二十七年，但未记此次大赦的原因。

[5] 苏天爵著，陈高华、孟繁清点校：《滋溪文稿》卷26《论不可数赦》，中华书局1997年版，第436页。

计得出的。那么,《元史》缺记了哪一次呢？阅诸多材料,惟见《佛祖历代通载》记载至元十五年有一次大赦,这一次大赦《元史》无载。文为：

> （至元）十五年正月旦,设会斋僧,大赦。玉泉等五老蒙恩得度。[1]

就目前所阅而言,此条似可补忽必烈时期肆赦八次所缺的一次。《佛祖历代通载》是以佛教为主要内容与线索的史书,故在此条记录之下,仅简单地说了上引得话,没有有关此次大赦的原因及其他相关的材料。

关于忽必烈时期八次大赦的时间、赦名与扼要原因,列简表如下：

忽必烈时期大赦简表

顺序	时间	赦名	赦因	资料来源
第一次	中统元年（1260）五月	赦天下	"阿里不哥反"	《元史》卷4《世祖纪一》；《播芳续集》卷6《中统元年五月赦》
第二次	至元元年（1264）八月,	大赦	战胜阿里不哥,改元	《元史》卷5《世祖纪二》
第三次	至元十三年（1276）九月	大赦	灭宋国	《元史》卷16《世祖纪一三》

---

[1] 《佛祖历代通载》卷21。

续表

顺序	时间	赦名	赦因	资料来源
第四次	至元十五年（1278）正月	大赦	（不明）	《佛祖历代通载》卷21
第五次	至元二十一年（1284）正月初六	赦天下	忽必烈上尊号	《元史》卷13《世祖纪一〇》；《播芳续集》卷6
第六次	至元二十五年（1288）正月二十一日	大赦	征乃颜得胜	《元史》卷15《世祖纪一二》；《播芳续集》卷6
第七次	至元二十七年（1290）九月	大赦	地震	《元史》卷16《世祖纪一三》；《佛祖历代通载》卷21
第八次	至元三十年（1293）十月	赦天下	（不明）	《元史》卷17《世祖纪一四》；《佛祖历代通载》卷21

（二）其他形式的赦免九次：曲赦、释

除了大赦之外，忽必烈时期还有其他的赦免，诸如史料中所称的释、赦、释囚、释减、断遣等不同名目，共有十次之多，这里概括为诏释或者释。另有一次是"曲赦"。

现按时间顺序，分别简要说明如下。

1."曲赦"。中统三年（1262），李璮反叛事件发生。当年事件末尾十二月，忽必烈专门针对益都（今山东青州）的官吏、军民颁布赦免诏书，其内容比较简单：

诏益都府路官吏军民为协从者，并赦其罪。[1]

对这次赦免，《元史·世祖纪》和其他的相关资料中都只言其为"赦"，只有姚燧沿用神道碑材料提供者使用的词汇，称这次对益都的赦免为"曲赦"："命曲赦益都反党及亡入南国者。"[2] 这只是按照此前传统汉人社会的惯例，给这次赦免的称呼。

2. 至元七年（1270），"诏释京师系囚"[3]。史料中只有这样简单的一句话，个中情况未明。

需要提及一点的是，此次释囚还有一段涉宰相的事件："西域人匿赞马丁，用事先朝，资累巨万，为怨家所告，系大都狱。既释之矣，时希宪在告，实不预其事。是秋，车驾还自上都，怨家诉于帝，希宪取堂判补署之，曰：'天威莫测，岂可幸其独不署以苟免耶！'希宪入见，以诏书为言，帝曰：'诏释囚耳，岂有诏释匿赞马丁耶？'对曰：'不释匿赞马丁，臣等亦未闻有此诏。'帝怒曰：'汝等号称读书，临事乃尔，宜得何罪？'对曰：'臣等忝为宰相，有罪当罢退。'帝曰：'但从汝言。'即与左丞相耶律铸同罢。"[4] 廉希宪时任中书省平章政事。此乃在执行忽必烈"诏释京师系囚"中，因为释放匿赞马丁而导致的两位宰相被罢事件。此材料言匿赞马丁，西域人，"用事先朝，资累巨万"。这一说明虽然简要，可谓曲笔中

---

[1]《元史》卷5《世祖纪二》。
[2] 姚燧：《焦德裕神道碑铭》，《全元文》第9册，江苏古籍出版社1998年版，第720页。
[3]《元史》卷6《世祖纪三》。
[4]《元史》卷126《廉希宪传》。另参阅苏天爵编：《元文类》卷45元明善《廉希贤神道碑》，四部丛刊本。

的。所谓"先朝",当指蒙哥时期。蒙哥在位期间,对二弟忽必烈不满,限制他的权力,对他进行所谓的"钩考",对此,忽必烈不会忘记。而匿赞马丁却在蒙哥时期获得重用,这恐怕是忽必烈震怒的主要原因。从上述忽必烈与廉希宪舌枪唇剑般的对话,足见当时忽必烈的恼怒程度,而从事情本身看,廉希宪按忽必烈的诏敕做,并没有错。类似事情,如中统初年,忽必烈下令他任命的燕京行尚书省平章政事王文统等官员与蒙哥时期任职的省官廷辩财政问题,结果是后者被查并被罢职。[1] 可见,对蒙哥的积怨当是这起罢相事件的根本原因。另外,"资累巨万",作为以商贾致富的西域人,匿赞马丁的财富积累恐怕与买卖珠宝有关,可谓由富致贵,富贵兼具。鉴于所阅材料所限,关于此事尚需进一步的分析。

3. 至元十年(1273)五月,忽必烈诏曰:"天下狱囚,除杀人者待报,其余一切疏放,限以八月内自至大都,如期而至者皆赦之。"至八月,"前所释诸路罪囚,自至大都者凡二十二人,并赦之"[2]。

4. 至元二十二年(1285)十一月,"赦囚徒,黥其面,及招宋时贩私盐军习海道者为水工,以征日本"[3]。

5. 至元二十二年(1285)十二月,"赦减天下罪囚"[4]。

6. 至元二十八年(1291)八月,"诏谕思州提省溪洞官杨度要招安叛蛮,悔过来归者,与免本罪"[5]。

---

[1] 参阅王敬松:《元朝的廷辩》,《民族研究》2002年第3期。
[2] 《元史》卷8《世祖纪五》。
[3] 《元史》卷13《世祖纪一〇》。
[4] 《元史》卷13《世祖纪一〇》。
[5] 《元史》卷16《世祖纪一三》。

7. 至元二十八年（1291）十二月，"诏释天下囚非杀人抵罪者"[1]。

8. 至元二十九年（1292）二月，"遣使分行诸路，释死罪以下轻囚"[2]。

9. 至元二十九年（1292）十月，"诏择囚徒罪轻者，释之"[3]。

这些释、赦等赦免，多没有在史料中看到其背景和具体的内容，很难确定这些赦免的原因和实施程度；另外，大体知道或可推测，这些诏释的对象多是轻罪者。还有，在使用词汇方面，除减以外，释、赦等词汇在用于赦免时并没有制度性的明确差别，尤其是到了忽必烈中后期，这种情况更为明显，如仅在至元二十九年（1292），一年之中两次下令释放轻罪犯。

二、一些重要的赦免和对其中一些重要问题的分析

本节所谈的重要赦免，一共涉及忽必烈时期的八件大事。这八件事依次是：1260年5月，阿里不哥、忽必烈分别宣布赦令；对高丽的赦免；因李璮事件而实施的赦免；所谓至元改元实施的赦免；灭宋期间进行的赦免；忽必烈上尊号而进行的赦免；乃颜事件后的赦免；因北京地震而实施的赦免。针对这八件事，忽必烈一共实行了不同类别的赦免十四次，其中有四次是大赦。当然，大赦本身就是大事，而且值得给予大赦的也必然是大事，二者互不可分。这些

---

[1] 《元史》卷16《世祖纪一三》。
[2] 《元史》卷17《世祖纪一四》。
[3] 《元史》卷17《世祖纪一四》。

赦免，从另一个角度反映出忽必烈时期的重大的政治、军事和社会事件和问题，这对于全面认识忽必烈时期的各方面情况，有相当的意义。

现依时间顺序，逐一说明。

（一）1260年五月，阿里不哥、忽必烈分别颁布赦令

在叙述阿里不哥、忽必烈的赦免之前，先谈忽必烈即位前十年的一件事。

公元1242年，当时，在北方颇负盛名的佛徒海云法师（1202—1257）奉召前往和林觐见忽必烈，其徒、时称子聪和尚的刘秉忠受邀随往。通过海云法师的举荐与忽必烈的交谈，刘秉忠获得忽必烈的赏识。特别是对其术数之学，忽必烈见刘秉忠"洒落不凡，及通阴阳天文之书，甚喜"[1]。

1250年，刘秉忠向忽必烈提交了《陈治要》。在这篇陈奏中，刘秉忠全面地分析了中国传统社会自古以来的历史经验教训，特别是指出了当时社会存在的种种问题，同时提出了治理这些问题的办法。有大有小，细致而又全面。如君道，臣道，官僚机构设置，官员爵位与俸禄的升降，差发徭役，法律制定与实施，官民欠负，纳粮远近，仓库损耗，节约金银，劝行农桑，兴举三学，置教授，行科举，止科征，设孤老院，尊孔祭祀，延访名儒，免贫儒杂泛，颁历改元，置更漏以知时，修《金史》，选谏臣，场治归路课税所，罢余言利者，划一笞箠，禁私设牢狱、鞭背刑，等等。即所谓"庚

---

[1] 刘秉忠：《藏春集》卷6《刘秉忠行状》，四部丛刊本。

戍夏,上万言策,所陈数十余条,皆尊主庇民之事"[1]。

《陈治要》实际上是刘秉忠鉴于当时的政治、社会、经济等情况,向忽必烈提出的关于治理、整顿和改革的全面意见。除以上所述之外,也含有赦免方面的内容。可以说,刘秉忠是最早向忽必烈提及赦免问题的人。他说:"今百官自行威福,进退生杀惟意之从,宜从禁治。天下之民未闻教化,见在囚人,宜从赦免,明施教令,使之知畏,则犯者自少也。教令既设,则不宜繁,因大朝旧例,增益民间所宜设者十数条足矣。教令既施,罪不至死者皆提察然后决,犯死刑者覆奏然后听断,不致刑及无辜。"[2]

刘秉忠提到的作威作福的所谓"百官",既包括蒙古人(主要是军人),也包括各地方上的汉人世侯、各级官吏等。而在社会动乱、战争频仍时期,百姓既无生命、生活的保障,也缺乏教育和法律意识。此时被囚禁之人,是否是真正的罪犯?是否需要继续关押?刘秉忠的建议是"见在囚人,宜从赦免"。另外,通过"教化"使其"知畏",以后犯罪的现象自然就会减少。《陈治要》中还多处谈到君民关系问题,赦免在一定程度上可以感化百姓,争取百姓的支持。《元史·刘秉忠传》还记录了刘秉忠关于官民债务的处理办法:"今宜打算官民所欠债负,若实为应当差发所借,宜依合罕皇帝圣旨,一本一利,官司归还。凡赔偿无名,虚契所负,及还过元本者,并行赦免。"[3]

但是,对忽必烈而言,他完全没有这样做的认识和打算;依忽

---

[1] 刘秉忠:《藏春集》卷6《刘秉忠行状》。
[2] 刘秉忠:《藏春集》卷6《刘秉忠行状》。
[3] 《元史》卷157《刘秉忠传》。

必烈当时的地位和处境等状况，忽必烈也不可能在漠南推行如刘秉忠所谈的这些改革，当然也包括赦免在内。而这时为忽必烈所看重的，确是刘秉忠本人的"术数之学"。

回到本题。

《元史·郝经传》有一段记载，是郝经对忽必烈进行的形势分析：

> 阿里不哥已行赦令，令脱里赤为断事官、行尚书省，据燕都，按图籍，号令诸道，行皇帝事矣。虽大王素有人望，且握重兵，独不见金世宗、海陵之事乎！若彼果决，称受遗诏，便正号位，下诏中原，行赦江上，欲归得乎？[1]

这一段话有几点意思：一、"阿里不哥已行赦令"，就是说，阿里不哥已经宣布了赦令。二、而且任命了断事官，"据燕都，按图籍，号令诸道"，俨然在行使皇帝的职责。三、不过此时，阿里不哥还没有即位，如果下一步阿里不哥决策果断，称有蒙哥汗的"遗诏"，当即即位，"下诏中原，行赦江上"，忽必烈还能够回得去吗？从最后一句话看出，此时忽必烈尚在对宋战争的湖北前线。

而忽必烈呢？郝经在向忽必烈的《便宜新政》中说：

> 赦罪戾以去旧汙。自来新君即位，必赦天下。自今西北疑阻，人情反侧，诸路打算，重为纷扰。宜行大赦，并罢打算，

---

[1] 《元史》卷157《郝经传》。

以慰安元元。[1]

从这几句话知道，此时忽必烈已经即位，郝经一方面援引中国传统社会的惯例予以说教，另一方面也提示了当时特殊的政治背景，即建议忽必烈以即位为契机实施大赦，而大赦几是据大位的另一种标志，同时也可以稳定局势，收买人心，特别是稳定西北方面曾经支持过阿里不哥的人心。史料记录郝经这篇《便宜新政》的时间是在公元1260年4月。忽必烈是否受到郝经意见的影响，似没有直接的记录。

另外的一条材料也涉及这个问题。中统元年，忽必烈命董文炳为"宣慰燕南诸道"，董回来后上奏忽必烈说："人久弛纵，一旦遽束以法，危疑者尚多。与之更始，宜赦天下。"制曰："可。"于是，"反侧者遂安"[2]。

《元史》载，五月，以阿里不哥反，赦天下。[3]

《佛祖历代通载》也言：

建元中统，（五月）二十七日，大赦。普度僧尼。[4]

由王鹗撰写的《中统元年五月赦》，即为忽必烈此次赦免的诏书。《诏书》中曰：

---

[1] 郝经：《陵川集》卷32《便宜新政》第九条，乾隆三年凤台王氏刻本。
[2] 《元文类》卷70元明善《藁城董氏家传》。
[3] 《元史》卷4《世祖纪一》。
[4] 《佛祖历代通载》卷21。

我国家列祖肇基，先皇继统，惟图日辟于疆宇，未免岁耀于兵威。事有当为，时艰遽已。朕获承丕祚，已降德音。念士卒暴露者久之，而人民离散者多矣。干戈载戢，田里俾安。不期同气之中，俄有阋墙之侮。顾其冲幼，敢启兹谋，皆被奸谀，相济以恶。彼既阶以祸乱，此当应以师徒。朕惟父母兄弟之亲，宗庙社稷之重，遣使敦谕，至于再三。乱纪执迷，会无少革。以致宗族共怒，兵甲乃兴。重念兵方弥而复征，民甫休而再扰，危疑未释，反侧不安。诖误者至及与无辜，拘囚者或生于不测。非朕本意，尽然伤怀。宜推旷荡之恩，普示哀矜之意。於戏！悛心还启，忍加管蔡之刑；内难既平，迓续成康之治。[1]

上述诸多资料均说明，忽必烈即位时，没有宣布大赦。

由上也可知，阿里不哥是先颁赦，后即位，而忽必烈是先即位，后颁赦。

阿里不哥即位的地点是和林城之西按坦河。其赦令的内容，至今没有看到。从上引郝经的话看出，阿里不哥的赦令当时行于何范围不清楚，可以肯定的是，还没有到达江河流域。而忽必烈赦令也只是施于漠南地区，这一块儿还是之前忽必烈受命经营的范围。不过，即便在忽必烈的赦令中，关于赦免的对象也并不明确。《中统元年五月赦》的撰写者王鹗是金国最后一位状元。这也是忽必烈即

---

[1] 《播芳续集》卷6；又见《元文类》卷9。

位后的第一次赦免。

苏天爵曾说："昔我世祖皇帝即位之初，未尝肆赦。"[1] 其本意是劝说当政者不要数赦。元末史惟良在其"陈政要三十四事"中也说，"昔世祖践阼之初不肆赦"[2]。元明善撰写的《廉希宪神道碑》，叙述了重臣廉希宪在忽必烈即位初受命赴西北接管权力的过程，说忽必烈即位后，因为"关右难作，命王（廉希宪——引者）宣抚陕西四川道。刘太平、霍鲁海闻王当来，急传先入京兆。王迟二日至，宣即位诏，人情稍定。遣使诏六盘，浑都海杀所遣使，驰召成都帅密里霍者、青居帅乞台不花，议刘太平、霍鲁海内应。王得急报，夜集僚属议……乃遣万户刘黑马等掩捕刘、霍。……遣万户刘黑马诛密里霍者，总帅汪惟正诛乞台不花。"[3] 就是说，廉希宪到西北只是宣布忽必烈即位的消息，并不包含宣读大赦诏书之事，因为当时忽必烈还没有发出大赦的诏令。此后，"两军既行……赦至近郊……"。这时，廉希宪"方出迎诏，人心遂安。"后廉希宪派遣使者向忽必烈"自劾停赦行刑、征调诸军、擅以惟良为帅等罪，"忽必烈"深善之"[4]。苏天爵进一步说明："公（廉希宪）系太平等于狱。一日，急报赦至临潼，公曰：'勍寇在迩，太平等岂赦所原。'乃遣人逆止近郊，绞太平等于狱，尸诸通衢，方出迎赦，民心帖然。公遣使自劾停阁赦恩、征调诸军、擅帅良臣等罪，上深善之，曰：'此辈读书所说权字是也，朕委卿以方面之权，

---

[1]　《滋溪文稿》卷26《论不可数赦》。
[2]　黄溍：《金华先生文集》卷26《史惟良神道碑铭》，四部丛刊本。
[3]　《清河集》卷5，藕香零拾本；又《元文类》卷65。
[4]　《元史》卷126《廉希宪传》。

事当从宜，无拘常制，坐失事机。'"[1] 这些均说明，中统元年（1260）的赦免与忽必烈即位没有同时进行。《佛祖历代通载》说的更具体："大元世祖圣德神功文武皇帝即位。"后面又说："五月十九建元中统，二十七日，大赦。普度僧尼。"[2] 即位与宣布大赦相差八天。

最后，还要说几句与本文有关和与本文无关的话。本文讲的是忽必烈时期的赦免问题，而本节提到的阿里不哥的行为，如即位、下赦令等，自然不属于元世祖（忽必烈）领导下的历史的组成，而是大蒙古国历史的章节。这是与本文有关的。

与本文无直接关系的是，研究蒙元历史的学者和著作，凡提及忽必烈之前的蒙古历史，几乎全部是"前四汗"——成吉思汗（太祖）、窝阔台（太宗）、贵由（定宗）、蒙哥（宪宗）如何如何，二者等同。那么，阿里不哥呢？忽必烈即位之前，他"居守朔方，专制有年"，蒙哥去世后，他被推举为继任大汗，当时是得到窝阔台、察哈台后王等黄金家族主要成员承认的。换句话说，在黄金家族里面，阿里不哥是最被认可的大蒙古国的继承者。除了主要与忽必烈作战之外，四年多的时间里，阿里不哥还有一些什么作为？如何公平、客观地看待他在大蒙古国乃至于蒙古历史上的地位？大蒙古国大汗是"4+1"（即除"前四汗"外，再加上阿里不哥），能够成立吗？似乎不应该一味地被忽必烈的所谓"丰功伟绩"所迷惑。关于这个问题，这里仅仅是一点不成熟的思考。

---

[1]《廉希宪家传》，苏天爵编：《元朝名臣事略》卷7《廉希宪神道碑》。
[2]《佛祖历代通载》卷21。

（二）两次赦高丽

忽必烈对高丽国实施赦免一共有两次。

第一次是在中统元年（1260）三月，送世子王倎（原名禃）回高丽即位。

追击逃往高丽的契丹人，是蒙古军队进入高丽的引线。公元1216年，居住在咸平（今辽宁省开原）、东京（今辽宁省辽阳）、澄州（今辽宁省海城）一带的契丹人反蒙自立。翌年即成吉思汗十一年，在蒙古军队的攻击下，这些契丹人到达高丽北部。"契丹人金山、元帅六哥等领众九万余窜入其国（高丽）。"公元1219年即成吉思汗十三年九月，蒙古军队攻入高丽继续追攻契丹人[1]，蒙古军队在高丽军队的配合下击败契丹军队，与此同时，蒙古军队也逐步占领高丽国。在这期间，蒙古军队、高丽军队、契丹军队、女真军队四方面虽然和、战接续，然战事始终不断，高丽方面对于蒙古军队也予以抵抗。但是，"从一二一八年成吉思汗派兵入高丽讨伐契丹开始，到一二五九年高丽以太子出降蒙古止的四十余年"[2]，也就是经过蒙古国成吉思汗、窝阔台、贵由、蒙哥四汗，高丽国王最后被迫宣布投降，高丽国成为蒙古国的附属国。成吉思汗规定的对待投降国的条件有六项："又太祖法制，凡内属之国，纳质、助军、输粮、设驿、编户籍、置长官，已尝明谕之。"[3] 这些条件高丽一

---

[1] 《元史》卷208《高丽传》。

[2] 郝时远：《蒙古东征高丽概述》，《蒙古史研究》1986年第3辑；又见沙日勒岱等主编：《成吉思汗研究文集》，内蒙古人民出版社1991年版，第637—642页。

[3] 《元史》卷208《高丽传》。

一接受。其实早在成吉思汗时期,高丽即向蒙古人纳贡,尽管其后时断时续。窝阔台汗三年(1230),蒙古就派撒礼塔率军入高丽,曾在高丽王京(今开城)北部州县设立了七十二个达鲁花赤。忽必烈为了进一步控制高丽,又把公主忽都鲁揭里迷失嫁高丽国王之子为妻。这样,蒙古帝国与高丽不仅是宗主国与依附国的关系,又有了姻亲关系。高丽臣服后,高丽国王王暾即送其世子王倎到蒙古国为人质。中统元年(1260),高丽国王王暾死,陕西宣抚使廉希宪向忽必烈提议:"高丽国王尝遣其世子倎入觐,会宪宗进背攻宋,倎留三年不遣。今闻其父已死,若立倎,遣归国,彼必怀德于我,是不烦兵而得一国也。"[1] 赵良璧也同时建议:"高丽虽名小国,依阻山海,国家用兵二十余年,尚未臣附。前岁高丽世子王倎来朝,适銮辂西征,留滞者二年矣,供张疏薄,无以怀辑其心,一旦得归,将不复来。宜厚其馆谷,待以藩王之礼。今闻其父已死,诚立之为王,遣送还国,世子必感恩戴德,愿修臣职,是不劳一卒得一国也。"[2]

忽必烈听从廉希宪的建议,中统元年(1260)三月,"改馆倎,以兵卫送之(归国)",同时"仍赦其境内"[3]。也就是忽必烈在送高丽王子归国为国王的同时,对高丽实施赦免。忽必烈在诏书中曰:

> 我太祖皇帝肇开大业,圣圣相承,代有鸿勋,芟夷群雄,

---

[1] 《元史》卷126《廉希宪传》。
[2] 《元朝名臣事略》卷11《枢密赵文正公》引《李谦撰墓碑》。
[3] 《元史》卷4《世祖纪一》。

奄有四海，未尝专嗜杀也。……今也，普天之下未臣服者，惟尔国与宋耳。宋所恃者长江，而长江失险；所藉者川、广，而川、广不支。边戍自彻其藩篱，大军已驻乎心腹，鼎鱼幕燕，亡在旦夕。尔初以世子奉币纳款，束身归朝，含哀请命，良可矜悯，故遣归国，完复旧疆，安尔田畴，保尔室家，弘好生之大德，捐宿构之细故也。用是已尝戒敕边将，敛兵待命，东方既定，则将回戈于钱塘。迨余半载，乃知尔国内乱渝盟，边将复请戒严，此何故也？以谓果内乱耶，权臣何不自立，而立世孙？以谓传闻之误耶，世子何不之国而盘桓于境上也？岂以世子之归愆期，而左右自相猜疑，私忧过计而然耶？重念岛屿残民，久罹涂炭，穷兵极讨，殆非本心。且御失其道，则天下狙诈咸作敌；推赤心置人腹中，则反侧之辈自安矣。悠悠之言，又何足校。申命边阃，断自予衷，无以谮逃间执政，无以飞语乱定盟。惟事推诚，一切勿问。宜施旷荡之恩，一新遐迩之化。自尚书金仁隽以次，中外枝党、官吏、军民，圣旨到日已前，或有首谋内乱，旅拒王师，已降附而还叛，因仇雠而擅杀，无所归而背主亡命，不得已而随众胁从，应据国人但曾犯法，罪无轻重，咸赦除之。[1]

忽必烈这篇制包含的内容很多，既回顾了蒙古国的辉煌历史与实施的政策，又谈了当前的形势，进而针对高丽国内的形势，对新的国王如何施政指出了方向，并表示将撤回在高丽的蒙古军队，恩

---

[1]《元史》卷208《高丽传》；《高丽史》卷25《元宗世家》。

威并有："世子其趣装命驾，归国知政，解仇释憾，布德施恩。缅惟疮痍之民，正在抚绥之日，出彼沧溟，宅于平壤。卖刀剑而买牛犊，舍干戈而操耒耜，凡可援济，毋惮勤劳。苟富庶之有征，冀礼义之可复，亟正疆界，以定民心，我师不得逾限矣。大号一出，朕不食言。复有敢踵乱犯上者，非干尔主，乃乱我典刑，国有常宪，人得诛之。於戏！世子其王矣，往钦哉，恭承丕训，永为东籓，以扬我休命。"[1]忽必烈的"赦高丽"，既是忽必烈赠送给新高丽国王的礼物，也是向高丽民众表达爱心，同时也显示了忽必烈与高丽的君属关系，可以说是对高丽政策的组成部分。说明一点，此前蒙古军队仍然驻扎在高丽，送高丽世子回国之次月，即中统元年（1260）四月，忽必烈没有食言，"诏班师，乃赦其境内。"[2]这个赦免与上个月的赦免当为同一件事。

第二次赦免，是在五年以后。

至元元年（1264）八月，时忽必烈战胜阿里不哥，改元至元，实施大赦。九月，"以改元诏谕高丽国，并赦其境内"，并派"遣郎中路得成持赦令，与禃郎将康允绍颁其国"[3]。

（三）李璮事件过程中三次赦免

李璮是山东军阀李全之子。李全死后，李璮即承袭其职权，成为金末元初山东的军阀。忽必烈即位以前，他已降蒙军。忽必烈即位后，中统元年（1260）六月，忽必烈授李璮为江淮大都督。七

---

[1]《元史》卷208《高丽传》。
[2]《元史》卷208《高丽传》。
[3]《元史》卷208《高丽传》。

月,"赐山东行省大都督李璮金符二十、银符五,俾给所部有功将士"[1]。但他与蒙古人并非没有矛盾,如他多次提出伐宋,皆被忽必烈拒绝。中统三年(1262)二月,李璮在宋国的支持下,并得到其岳父、时任中书省平章政事王文统的暗中协助,发动了反对忽必烈蒙古人统治的战争,"以涟海三城献宋。尽杀蒙古戍军"[2]。"献山东郡县"[3]这是忽必烈即位以后首次发生的汉人公开武装反叛事件。李璮"阴结宋人,以益都叛"[4]。忽必烈即派亲王合必赤、史天泽等率兵征讨,后李璮逃入济南,同年四月被擒,旋在史天泽的"力主"下"被斩于军门",同时"诛同恶者数十余人,悉纵归"。后史天泽见到忽必烈,"乃以擅杀自劾",忽必烈察其"忠诚,亦不之罪"[5]。在此之前的二月,王文统已被捕,经审讯后,与其子荛一起被处死。关于李璮事件,中国学者一般认为是叛乱行为,国外有学者则视此观点为"错误认识",认为李璮倒戈反对忽必烈,是"于中国王朝的忠臣"[6]。

因为李璮事件,忽必烈在事中和事后先后发布三次赦免诏书。

第一次是在李璮起兵后之隔月,即中统三年(1262)四月。诏书曰:

---

[1]《元史》卷4《世祖纪一》。
[2]《元史》卷5《世祖纪二》。
[3]《宋史》卷45《理宗纪五》。
[4] 王恽:《秋涧集》卷84《史天泽家传》。四部丛刊本。
[5]《秋涧集》卷84《史天泽家传》。
[6] 傅海波、崔瑞德编:《剑桥中国辽西夏金元史》,中国社会科学出版社2006年版,第437页。

（山东）博兴、高苑等处军民尝为李璮胁从者，并释其罪。[1]

所谓释"胁从者"之罪，目的显然是为了瓦解李璮的军事实力，争取当地民众和民心，孤立李璮势力。同时，对邻近地区也予以慰藉："诏安辑徐、邳民，禁征戍军士及势官，毋纵畜牧伤其禾稼桑枣。"[2]

第二次赦免在第一次赦免之后，即中统三年（1262）八月。消灭李璮后，忽必烈又对李璮事件所牵扯者下赦书：

岂期逆坛，几陷全齐，遂愚尔众，咸蹈祸机。顾其势之使然，岂吾民之得已。今者天讨既平，人心尚惑。奚暇偏枯之恤，庶令反侧之安。除将逆贼李璮父子并同谋者并正典刑讫外，知情协从诖误及逃移他所流亡外界之人，赦书到日，并皆原免。[3]

"岂期逆坛，几陷全齐"，反映出李璮起兵开始时浩大，锐不可当。"山东李璮叛，据济南，河朔震动。"[4]"李璮反，诸郡素不为兵备，璮引劲卒数万，长驱袭济南，据之。"[5]《宋史》还提到李璮反元后，宋国"诏改涟水为安东州，授璮保位宁武军节度使，督

---

[1]《元史》卷4《世祖纪一》。
[2]《元史》卷5《世祖纪二》。
[3]《滋溪文稿》卷27《论河南协从诖误》。
[4]《墙东类稿》卷14《王显祖行状》，常州先哲遗书本。
[5] 赵孟頫：《松雪斋集》卷8《姜彧墓志铭》。

视京东河北等路军马……"宋国同时对山东的区划名称进行调整，委任李璮担任宋国的军事官职，说明李璮造反事件与宋国密切关系，在山东影响很大，李璮事件波及的人很多。为了在李璮事件后稳定山东局势，收复人心，忽必烈颁布了这一个范围最广的赦免令。

第三次是专赦益都，时在同年十月。

两个月后，忽必烈又专对益都（今山东青州）官吏、军民颁布赦免诏书：

> 诏益都府路官吏军民为协从者，并赦其罪。[1]

之所以颁诏给予益都特别的赦免，原因在于：一方面，益都是李璮起事的基地。在中统二年（1261）年，李璮就修益都城，并以此地为反叛蒙古人的据点[2]，"中统三年春，李璮叛，兵起益都"[3]。另一方面，益都乃王文统的家乡。显然，曲赦益都，对彻底摧毁李璮势力和消除其影响，有重要意义。

参加李璮事件者为数不少。马可波罗在其《行纪》中也谈到李璮事件，并言及赦免参与者："基督诞生后一二六三年（这个时间有误。一二六三年是中统四年，李璮事件发生在中统三年，即一二六二年）时，大汗曾命其男爵一人，名李璮将军，率军约八万骑，戍守此城及此州境。此将守境无几时，遂谋叛，并劝此州绅耆共叛

---

[1] 《元史》卷5《世祖纪二》。
[2] 《元史》卷5《世祖纪五》。
[3] 《元文类》卷50张起岩《张宏行状》。

大汗。于是彼等共推此李璮为主,而举叛旗。大汗闻讯,遣其男爵二人,一名阿朮,一名茫家歹(《元史》作囊家歹),率骑兵十万及步兵甚众往讨。此次叛事极为严重。盖李璮与此州及附近从叛之人,数逾十万骑,且有步兵甚众也。虽然如是,李璮与其党大败,讨叛之二男爵大胜。大汗闻之甚欢,命将诸谋叛首领悉加诛戮,其余胁从者悉加原宥。此二男爵遂将此次乱事之诸重要首领并处极刑,位置低微者皆赦免。"[1] 引文中马可波罗言李璮"率军约八万骑",汉文史料言李璮仅拥有"浙、涟两军,可二万余人,勇而善战"[2]。《行纪》当误。

李璮事件对元代前期政治产生的大影响是,忽必烈对汉人官员特别是掌握军队的汉人官员产生了不信任。"至元三年,上惩李璮,潜弥方镇之横,以公(董文炳)代史氏两万户,为邓州光华行军万户、河南等路统军副使。"[3] 如史天泽,时任中书省右丞相,是汉人中地位最高的军政官员,其族中多人身居要职。李璮事件后,其家族有十七人离开官场和军界,可以说是一个典型。又如另外一个担任要职的汉人世侯董文用,在李璮事件后也主动提出,"新制:诸侯总兵者,其子弟勿复任兵事。今伯兄以经略使总重兵镇山东,我不当行"。虽被忽必烈认为是"潜邸旧臣,不得引此为说",但董文用知道利害,或者说识时务,仍然婉拒称病,辞行。[4]

---

[1] 《马可波罗行纪》,第516页。
[2] 《清河集》卷7《藁城董氏家传》。
[3] 《清河集》卷7《藁城董氏家传》。
[4] 《道园类稿》卷50《董文用行状》,北京图书馆藏元至正五年刻本。

（四）改元大赦质疑

至元元年（1264）八月十六日，忽必烈改中统年号为至元，同时宣布大赦天下。《元典章》所载诏书为：

> 应天者惟以至诚，拯民者莫如实惠。朕以菲德，获承庆基。内难未戢，外兵弗戢。夫岂一日，于今五年。赖天地之畀矜，暨祖宗之垂裕。凡我同气，会于上都。虽此日之小康，敢朕心之少肆。比者星芒示儆，雨泽愆常，皆阙政之所由。顾斯民其何罪？宜布惟新之令，溥施在宥之仁。据不鲁花、忽察、脱满、阿里察、脱火思辈，构祸我家，照依成吉思汗皇帝扎撒，已正典刑讫。可大赦天下，改中统五年为至元元年。自至元元年八月十六日昧爽以前，除杀祖父母、父母不赦外，其余罪无轻重，咸赦除之（开云云）……於戏！否往泰来，迓续亨嘉之会；鼎新革故，正资辅弼之良。咨尔臣民，体予至意！敢以赦前事相告者，以其罪罪之。故兹诏示，想宜知悉。[1]

这篇诏书的内容有四点，依次是：一、先说处死了阿里不哥党羽，即"据不鲁花、忽察、脱满、阿里察、脱火思辈，构祸我家，照依成吉思汗皇帝扎撒，已正典刑讫"；二、紧接着宣布"大赦天

---

[1]《元典章》卷1诏令卷1《至元改元》，中国广播电视出版社1998年版，台湾影印元刻本。《元典章》卷3圣政卷2《霈恩宥》中记录了赦免条款。关于这次大赦的内容，《元史》卷5《世祖纪二》中除缺"敢以赦前事相告者，以其罪罪之"一句外，其余皆与上引《元典章》同。

下";三、然后是改元:"改中统五年为至元元年";四、规定大赦的范围。就是说,忽必烈的这次大赦和改元,根本的原因都是一个:战胜了其弟阿里不哥。前者是因,大赦和改元二者都是为了庆祝这个胜利而实施的政治措施,而不是简单地为改元才进行大赦。因为这场战争的结局,彻底消除了威胁忽必烈权力的最大障碍。虽然在这篇诏书中没有出现阿里不哥的名字,但三者之间的因果关系应该非常明确。《元史·世祖纪》中仅说"改元,大赦"[1],这句话因为过于简单,致使事件本身及其原本的因果关系出现漏洞和偏差。不鲁花、忽察、脱满、阿里察、脱火思辈,即是支持阿里不哥的蒙古诸王。元明善撰写的《安童神道碑》提到忽必烈与安童的几句对话,十分重要:中统四年,忽必烈战胜阿里不哥,同时"执叛党千余人",论之如法。忽必烈问安童:"朕欲悉死此党,何如?"安童是木华黎的后代,时年十六,对曰:"两主争国,彼安知有陛下?且甫定神器,不推旷荡之恩,顾奋私憾,杀无罪人,何以安反侧?"于是,"千人皆生"[2]。

这段话说明,忽必烈虽然在战争中获胜,俘虏了阿里不哥,依照扎撒"正法"了一些支持阿里不哥的蒙古诸王将,但他也不敢肆无忌惮地杀戮所有的反对阵营的参加者。安童回答忽必烈的问话非常值得推敲:"两主争国,彼安知有陛下?且甫定神器,不推旷荡之恩,顾奋私憾,杀无罪人,何以安反侧?"忽必烈与阿里不哥相斗这么多年,这些追随阿里不哥的人,怎么可能不知道效忠的主人

---

[1] 《元史》卷5《世祖纪二》。
[2] 《元文类》卷24元明善《丞相东平忠宪王碑》。

的对手忽必烈是谁？怎么会不知道忽必烈即位一事？不然，兄弟二人为何兵戎相见？安童认为跟随阿里不哥的这些人，是"无罪"之人，你忽必烈如果杀了这些人，怎么维稳？这句话，表面上是在为这些人说情，实际上却是为忽必烈开脱。

这里，似乎可以回顾一点忽必烈兄弟的事情。

公元1260年，忽必烈、阿里不哥二人的长兄、蒙古国大汗蒙哥在攻宋前线四川钓鱼城去世。此前，作为拖雷之幼子、蒙哥汗幼弟的阿里不哥，受命承担着蒙古国本土的管理责任，而忽必烈则在攻宋的中路前线湖北鄂州。得知蒙哥汗死讯后，忽必烈旋从前线赶回。忽必烈在开平，阿里不哥在蒙古都城和林，分别召开忽里台，各自宣布为蒙古国大汗。为争夺大汗位双方兵戎相见达四年有余，后阿里不哥战败，并于至元元年（1264）七月向忽必烈投降，战争以忽必烈的取胜而结束。

忽必烈之即大汗之位，既没有前任大汗、其兄蒙哥的遗命，在黄金家族里面也没有得到窝阔台、察哈台两大势力及一些贵族的支持，忽必烈单方面召开忽里台自立为汗，西道诸王中仅尢赤一系支持，而仅有亲王合丹、阿只吉参加，东道诸王中塔察儿、也先哥、忽剌忽儿、爪都等参加。[1] 与阿里不哥相比，其合法性更不具备，甚至可以说是实行了"抢班"。"依蒙古习惯法，忽必烈在开平召开的忽里台大会，徒具形式，与传统完全不合，他的承继汗位，完全是以实力破坏惯例的行动。"[2] 郝经的建议就是希望忽必烈以即位

---

[1]《元史》卷4《世祖纪一》。
[2] 萧启庆：《忽必烈"潜邸旧侣"考》，《内北国而外中国》上册，中华书局2007年版，第113—143页。

为契机实施大赦，以稳定局势，收买人心。所谓"西北疑阻"，指的就是和林及漠北地区，以六盘山为基地的陕甘川地区，这些地方均是阿里不哥所控制的势力范围，尤其需要取得稳定与支持。忽必烈即汗位时没有实施大赦。但得知阿里不哥即位的消息之后，即宣布实施赦天下，实际上也包括了接受此前郝经的意见。

几乎所有的西方史家关于忽必烈即位的评价，均是负面。如法国史学家雷纳·格鲁塞说："无论在保存形式上怎样用心，也难以掩盖这个突然举行的推选，如果不说是一种骗局，显然具有同盟举兵的性质。并且没有规定一个必要的期间和适当的通知方法让那些周围的兀鲁思的首领——波斯的总督旭烈兀、钦察汗贝儿克——来行使他们的选举权……实际上是把他们置于既成事实之前……因为忽必烈或者连他自己的兄弟旭烈兀能否赞助也不能逆料，无论如何，旭烈兀的一个儿子出木哈儿，是阿里不哥的追随者。"[1]

忽必烈之所以强行即位，与其有强烈的个人野心，和兄弟之间（包括与其兄蒙哥、与其弟阿里不哥，尤其是其兄）的严重不睦分不开。当然，这也离不开忽必烈此时拥有的远远大于其弟的军事实力。1206年，大蒙古国成立。五十四年后，忽必烈的上位成功，迅速地彻底地割裂了其祖成吉思汗创立的中世纪三大帝国之一——蒙古大帝国，破坏了蒙古草原脆弱的民主传统。尽管整个大帝国的消失久有端倪，也早有裂痕，而且也如学者所言，这个大帝国太过庞大。

---

[1] 〔法〕雷纳·格鲁塞:《蒙古帝国史》，龚钺译，翁独健校，商务印书馆2009年版，第293—294页。

另外，在《元史》等汉文史料中，记载了汉人官僚在忽必烈即位过程中的一些言行，虽然记载这些的初衷是显示这些人的政治远见，彰显其政治功绩；但是，如果这些记载比较全面的话，反而恰恰说明这些饱读儒家诗书的汉人官僚，如郝经诸人，成为忽必烈破坏蒙古帝国脆弱民主和草原传统的帮凶，甚或是教唆者、鼓动者。

（五）灭宋前后的四次赦免

1234年，蒙古灭了金国之后，翌年即1235年，在窝阔台汗的领导下，开始了征伐宋国的战争。1251年蒙哥即位之后，实施了新的对宋作战方略。1258年，蒙古军队分三路进攻宋国。翌年因蒙哥汗的突然去世，使得伐宋之战中断，但并不意味着征伐宋国的行动就此结束。忽必烈即位以后，因忙于黄金家族内部的权力斗争，无暇开展对宋国的大举征伐，而是仅派遣郝经赴宋国，进行议和沟通。宋国宰相贾似道误判形势，自以为是，擅自拘留郝经多年，加上中统年间李璮的造反，与宋国暗中勾结，于是，一切准备之后，至至元十二年（1275），忽必烈开始了伐宋之战。经过五年的艰苦战争，至元十七年（1279），元军终于灭掉宋国。

在攻打宋军、灭宋国的过程中，忽必烈先后四次颁布赦令。

第一次是招降并赦免四川嘉定府及其他地方的宋国守将，时在至元十一年（1274）十一月。

至元九年（1272）十二月，嘉定宋军守将昝万寿攻成都，元军签省严忠范出战失利，退保子城，同知王世英等八人弃城遁。忽必烈"诏以边城失守，罪在主将，世英虽遁，与免其罪，惟遣使缚忠范至京师"[1]。

此前，忽必烈命令四川行枢密院也速带儿进攻嘉定府，同时"诏宋嘉定安抚昝万寿，及凡守城将校纳款来降，与避罪及背主叛亡者，悉从原免"[2]。翌年，昝万寿与元军战，元军将领速哥败昝万寿于麻平。[3]五月，嘉定安抚使昝万寿"遣部将李立奉书请降，言累负罪愆，乞加赦免。诏遣使招谕之"。六月，昝万寿以城降，忽必烈予以赦免，并赐名顺。昝万寿的请降有带动意义。此后，宋知辰州吕文兴、黄仙洞行隋州事傅安国、仙人寨行均州事徐鼎、知沅州文用圭、知靖州康玉、知房州李鉴等，皆相继以城降。[4]另外，除了宋军官兵之外，赦免还包括了宋国境内逃亡的罪犯与宋国的背叛者。这种赦免，是战争中常用的手段，即在军事攻击的同时，对敌国将领、官员，以及敌国的敌对力量的政治诱惑与心理策反。目的自然是为了削弱敌方，利用一切力量为自己卖力效劳。

第二次是至元十二年（1275）二月。

是年正月，枢密院臣建议："宋边郡如嘉定、重庆、江陵、鄂州、涟海等处，皆阻兵自守，宜降玺书招谕。"忽必烈同意。于是，在攻宋战争取得节节胜利之时，忽必烈又专门针对宋国首都临安附近的官民发布《谕两淮州郡诏》：

> 去年十二月十四日大破彼军于江上，汉阳、鄂复苏、黄、

---

[1] 《元史》卷7《世祖纪四》。
[2] 《元史》卷8《世祖纪五》。
[3] 《元史》卷131《速哥传》。
[4] 《元史》卷8《世祖纪五》。

江、岳、安庆、寿昌，沿江州郡已皆归附。彼数年之间，最为拒捍，所恃者长江而已。今以驻军发汉鄂，彼所恃者，其谁有哉？自非天之助顺，何以及此？大军乘此水陆并进，直趋临安，想汝等已知之。若不遣使招怀，恐大兵一临，生灵枉被其害。今命金吾卫上将军、淮东宣抚使、左卫亲军都指挥使兼淮东左副都元帅陈岩持诏谕，若能率众举城早降，官吏不失旧职，农不变业，市不易肆，内有叛亡、背主逃去诸色人等，并免本罪，虽有主人，不得失认。[1]

此前忽必烈发布了《兴师征江南行省军官诏》，这是一篇启动大规模征伐宋国的诏书，受诏者是受命出征的元军军官，并不是专门的赦令，但其中仍然包含有劝降、诱惑与赦免的内容。如中说道："古者兵交，使在其间。惟和与战，宜嗣报音，其何与于使哉？而乃执之，卒不复命，至如留此一二行李，于此何损于彼何益？以致师出连年，边境之间，死伤相藉，系累相属，皆彼宋自祸其民也。先有成命，果能出降，许以不死，是既降附之后，朕不食言，悉全其命。冀宋悔过，或启令图。而乃执迷罔有悛心，所以问罪之师有不能已者。今遣尔等水路并进，尔等当布告遐迩，夫以天下为事，爱及干戈，自古有之，无辜之民，初无与焉。若彼界军民官吏人等，去逆效顺，与众来降，或别立奇功者，验等第官资迁擢。"[2] 诏书中体现出来的引诱、恐吓并有，恩威两途并用的语言，

---

[1]《播芳续集》卷5。
[2]《播芳续集》卷5。

与前述至元十一年（1274）十一月对宋国四川地方将领的诱降相同，以期减少抵抗，尽快取得胜利。两淮是指元朝与宋国都城临安之间的地区。

第三次，在至元十三年（1276）二月，忽必烈颁布《平定江南诏书》。需要说明的是，《元史》本纪中没有诏书名称。《元典章》中有这个名字。本文分析，这个名字可能是《元典章》的编纂者加上的，称《归附安民诏》。[1]

至元十三年（1276）正月，元军攻占宋国都城临安（今杭州），宋国皇帝、太皇太后领大臣向元军投降，行中书省右丞相伯颜受降，元军接管临安府，并禀报忽必烈。二月十一日，忽必烈诏谕宋首都临安以次新附府州司县官吏、士民、军卒：

> 间者行中书省右丞相伯颜遣使来奏，宋母后、幼主暨诸大臣百官，已于正月十八日赍玺绶奉表降附。朕惟自古降王必有朝觐之礼，已遣使特往迎致。尔等各守职业，其勿妄生疑畏。凡归附前犯罪，悉从原免；公私逋欠，不得征理。应抗拒王师及逃亡啸聚者，并赦其罪。百官有司、诸王邸第、三学、寺、监、秘省、史馆及禁卫诸司，各宜安居。所在山林河泊，除巨木花果外，余物权免征税。秘书省图书，太常寺祭器、乐器、法服、乐工、卤簿、仪卫，宗正谱牒，天文地理图册，凡典故文字，并户口版籍，尽仰收拾。前代圣贤之后，高尚儒、医、僧、道、卜筮，通晓天文历数，并山林隐逸名士，仰所在官

---

[1] 《元典章》卷2圣政卷1《归附安民诏》。

司，具以名闻。名山大川，寺观庙宇，并前代名人遗迹，不许拆毁。鳏寡孤独不能自存之人，量加赡给。[1]

《元史·世祖本纪》中的这部分赦文，无论从内容，还是从文字、顺序，都是最接近诏赦原文的。相比之下，《佛祖历代通载》只记录为：丙子（即至元十三年——引者），"诏安归附军民"[2]。非常简单，且没有出现赦免之类的字样。而《元典章》则按其编纂通例，分门别类地摘要了《平定江南诏书》的六项条款，分别是：均赋役、需恩宥、举贤才、惠鳏寡、赈饥贫、崇祭祀。

赦免方面为："凡归附已前应犯罪者，无问轻重，悉从原免。官私逋欠，并不征理。……应抗拒王师及逃亡啸聚者，并赦其罪。"[3]可以看出，诏书是将赦免的对象分为两类，一是归附之前犯罪的，也就是在宋时被判处有罪的，一概予以"原免"，即免去原判定的罪。意图很清楚：一方面否定宋国国家地位，否定宋国的司法；另一方面，则是树立大元政府的权威，彰显蒙古人的德政。另一类是在灭宋过程中，予以反抗元军和逃亡聚集的，则赦免其罪，不予追究。特别需要提出的"官私逋欠，并不征理"一款，这样的赦免条文此前如替代就有，有的研究者从法治社会的视角指出，官方下令免除私人之间的诸如逋欠这类的债务关系，是侵犯了

---

[1] 《元史》卷9《世祖纪六》。另《元典章》卷2圣政卷1《归附安民诏》。当作"其勿妄生疑畏。合行事理，区处于后"。参见《元史·世祖纪六》。"见后《圣政》各类"，乃《元典章》的编撰者用以提示的语句。意思是，相关的条款分别列于《元典章》卷2圣政卷。这在以后诸帝的大赦诏书中多见。

[2] 《元史》卷21。

[3] 《元典章》卷3圣政卷2《需恩宥》。

私有财产权，此说很有道理。可另一个角度想，在帝制社会中，真正的私人财产权，存在吗？

其他四项条款目的也是为促进生产，收买人心，稳定形势，而且明显地带有适用于"南人"，特别是适用于原来宋国治下的知识分子的心理和倾向。

举贤才：前代圣贤之后，高尚僧、道、儒、医、卜筮，通晓天文历数并山林隐逸名士，仰所在官司，具实以闻。[1]

惠鳏寡：鳏寡孤独，不能自存之人，仰所在官司量加优赡。[2]

赈饥贫：所在州郡山林、河泊出产除巨木、花果外，虾、鱼、菱、芡、柴、薪等物，权免征税，许令贫民从便采取，货卖赈济。[3]

崇祭祀：名山、大川、寺观、庙宇，并前代名人遗迹，不许毁拆。[4]

第四次为大赦，时在灭宋国之后。

至元十三年（1276）九月十一日。《元史》载：忽必烈"以平宋，赦天下"[5]。遗憾的是，没有看到这次大赦的具体条款。

下面稍微谈谈灭宋后江南地区的形势。[6]

至元十三年二月《平定江南诏书》中，忽必烈的惠政已经包含不少的方面。征服宋国是蒙古军队继消灭金国之后的必然行动与重

---

[1] 《元典章》卷2圣政卷1《举贤才》。
[2] 《元典章》卷3圣政卷2《惠鳏寡》。
[3] 《元典章》卷3圣政卷2《赈饥贫》。
[4] 《元典章》卷3圣政卷2《崇祭祀》。
[5] 《元史》卷9《世祖纪六》。
[6] 《元文类》卷53虞集《张珪墓志铭》。

大胜利。蒙哥汗时期，伐宋成为其接续完成征伐大业的主要目标。在其后期，蒙哥分三路攻宋国。其中派忽必烈率领军队从中路征伐宋国。忽必烈在鄂州（今湖北武昌）与宋军作战之际，闻蒙哥在四川合州钓鱼城死（1260），于是与宋相贾似道达成退兵协定后，急忙北返争夺大汗之位，征伐宋的战事自然中断。十六年之后终于灭宋，无疑是一件空前的大事与喜事。此时大赦，以达天下共庆。另外，元军灭宋之后，原来宋国统治地区的形势仍然十分严峻，这也是政权易主，社会发生重大变化时期的必然现象。"时州郡初附，戍以重兵，民惊惧，往往逃匿山泽间。"[1] 姚燧也说道："[宋]幼主既降，其相陈宜中、文天祥挟益、卫两王逃之闽广，爵人号年，东南大蠹。觊倖之徒相煽以动，大或数万，小或千数，在在为群。"[2] 说明"宋"这个招牌、旗号，仍然有不容忽视的号召力和影响力，甚至还在行使某些权力。《至正金陵新志》记载曰：至元十三年，"李庭芝除右丞相，弃扬州，引兵至海州，阿朮丞相追及，斩之。朱焕以扬州城献，宋都统姜才死之。真州守臣苗再成败死。……宋广王、益王入海，广王立于福州，改元景炎，文天祥拜右丞相，开督南剑。秋，诏书节该：兵革之际，无辜之人陨坠锋镝，宜建道场，崇修佛事。大赦天下，犯死罪者减死流远。"[3] 故这次大赦仍然在于进一步稳定局势，征服民心。

需要说明的是，这次大赦，赦免与布恩的对象仅限于原宋国统

---

[1] 《元史》卷131《奥鲁赤传》。
[2] 《牧庵集》卷19《贾居贞神道碑》，四部丛刊本；《元史》卷152《贾居贞传》。
[3] 《至正金陵新志》卷3下《金陵表七·元》。

治的地域，而不包括其他地方。[1]

（六）上尊号赦天下质疑

这次大赦的时间，是至元二十一年（1284）正月。

早在八年前的至元十三年（1276），已经发生过提出为忽必烈上尊号的动议。是年正月，中书左丞相忽都带儿与内外文武百寮及缁黄耆庶，已经提出为忽必烈上尊号事宜，请上皇帝的尊号是"宪天述道仁文义武大光孝皇帝"，皇后的尊号曰"贞懿顺圣昭天睿文光应皇后"，当时忽必烈没有同意。

那么，这次上尊号忽必烈为什么就同意了，而且还宣布实施大赦呢？这里需要讨论的有两个问题。

第一个问题是，这次大赦是不是仅仅因为忽必烈上尊号？

由王鹗起草的《谕中书省以下大小官吏诸色人等诏赦》，是专门为这次赦免撰写的，看了这篇诏赦，对这个问题就可以有进一步的了解：

> 惟我祖宗创业，垂统区宇之广，众所悉知。其驭下也，为善而有功者必赏，为恶而有罪者必罚，此我祖宗之定制也。兹以地大人众，趋向不同，过误犯禁，良多有之。炎凉岭海，至有草窃啸聚者。有识之人，讵肯为此？谓徇于所事也，覆亡已久；谓恃其兵力也，众寡不侔，二者无名，徒取殄灭。彼亦人耳，孰无良心？宁不知叛逆寇盗之为极恶乎？朕悯其既往之

---

[1] 《元史》卷163《张德辉传》。

恕，开以自新之路。比者，公卿耆老请阙拜章，谓朕寿祉方隆，奉进册宝，请上尊号，属兹大庆，宜布宽条云云。[1]

这篇诏赦一共175个字，前面五分之四的内容，即141个字，讲的只是一件事，就是关于黄华等的造反事件和元朝政府的施恩政策。黄华是福建政和县人，至元十七年（1280）冬天，黄华在政和县率众起义反元，势颓后降元并被授予建宁路管军总管一职。至元二十年（1283）十月，黄华率"众几十万，号头陀军，伪称宋祥兴五年"，再次起兵反元。元廷先后派浙西宣抚使高兴，征东行省左丞刘国杰，江淮参政伯颜及史弼等，统兵进剿。至元二十一年（1284）春，黄华败亡。关于黄华反元事，相关文章已有很多，兹不多述。《诏赦》中虽然没有提及黄华姓名，或不屑于提及，但"炎凉岭海，至有草窃啸聚者""谓徇于所事也，覆亡已久；谓恃其兵力也，众寡不侔"等句，虽然不直接，但已表达地很清楚了。

《诏赦》接着又写道："比者，公卿耆老请阙拜章，谓朕寿祉方隆，奉进册宝，请上尊号。"就是说，这一年正是忽必烈七十大寿之年，一些公卿大臣上疏，请上尊号，以示贺寿。于是，"属兹大庆，宜布宽条"。综上所述，剿黄华胜利，大寿，上尊号，三件事连起来，尤其是后两项，乃是这次大赦的真正原因，而不单是上尊号这一件事。

第二个问题是，这次赦免是不是大赦？

《元史》的记载是：至元二十一年（1284）正月乙卯，"帝御大

---

[1] 《播芳续集》卷6。

明殿，右丞相和礼霍孙率百官奉玉宝，上尊号曰'宪天述道仁文义武大光孝皇帝'，诸王百官朝贺如朔旦仪，赦天下"[1]。上尊号和宣布实施大赦同日举行，似乎顺理成章，没有更多的情节。

《元史·张雄飞传》则披露了一段细节：是时，"册上尊号，议大赦天下，雄飞谏曰：'古人言：无赦之所国，其刑必平。故赦者，不平之政也。圣明在上，岂宜数赦！'帝嘉纳之，语雄飞曰：'大猎而后见善射，集议而后知能言，汝所言者是，朕今从汝。'遂止降轻刑之诏。"[2] 从这条材料上看，在大臣讨论实施赦免问题时，似出现两种意见：一种意见是实施大赦；而时任参知政事的张雄飞从法治公平和数赦之害两个角度，提出了反对意见。从这段材料看出，忽必烈对张雄飞的建议是肯定和采纳的，决定不实施大赦，只是"降轻刑之诏"。

那么，按照《张雄飞传》的记录，这次忽必烈只是实施了"轻刑之诏"，这里的"轻刑之诏"是什么含义呢？

《元典章》收录的这次赦免的部分条文是："至元二十一年正月初六，钦奉诏书节该：应杂犯重典以下，尽从释免。自今以始，各务维新。"[3] 所谓杂犯重典，即指谋反大逆、杀祖父母父母、奴婢杀主、妻妾杀夫之外的犯罪，判处死刑者。释免"杂犯重典以下"即所谓的"轻刑"。如此，则和大赦没有根本的区别。因为一般情况下，大赦也是将重刑犯排除在赦免之外的。惟一的不同之处是，这次赦免没有按照赦免对象的罪行（如大逆、杀祖父母父母等）划

---

[1]《元史》卷13《世祖纪一〇》。
[2]《元史》卷163。
[3]《元典章》卷3圣政卷2《霈恩宥》。

定赦免范围，而是按照罪犯犯罪的类别（杂犯）与判定刑罚（重典）的程度来确定赦免范围。

《诏赦》中没有提及赦免一词，可最后有"属兹大庆，宜布宽条云云"一句，其意即，因为是大寿、上尊号这样的大庆，所以需要宣布包括大赦在内的多方面恩施条款，也就是所谓的"宽条"。不过，这些诸多"宽条"的条文，至今没有看到。另外，《佛祖历代通载》记载："至元二十一年正月六日，大赦。"[1]无疑指的就是这次大赦。附带说明一点，元朝皇帝在诏书中不止一次地使用"宽"这个字，都是表示宽免、示恩之意。

当然，也可以有另外的解释，即在《张雄飞传》中，《元史》编撰者只是反映了张雄飞关于这件事的意见，而没有叙述这次事件最终的决定，就是说，最后忽必烈还是实施了大赦。

（七）征乃颜后的大赦

成吉思汗在世时，命令其诸子西征诸国，将蒙古草原的东部分封给诸弟。大蒙古国建立以后，将怯绿连河以东至哈剌温山（大兴安岭）封给哈撒儿、哈赤温（因早逝，故实际封给其子按只台）、铁木格斡赤斤、别里古吉诸弟。诸弟中，幼弟铁木格斡赤斤最受成吉思汗宠爱，受封民户最多，为东道诸王之首。后斡赤斤后代塔察儿支持忽必烈，成为斡赤斤家族的首领。因其在东道诸王中的特殊地位，塔察儿也被称为东道诸王之长。[2]

---

[1]《佛祖历代通载》卷21，《北京图书馆古籍珍本丛刊》(77)，第426页。
[2] 姚大力：《乃颜之乱杂考》，《元史与北方民族研究集刊》1983年第7辑。

乃颜是斡赤斤的后裔，塔察儿之孙。元朝中央政权与斡赤斤为首的矛盾由来已久，至乃颜时更为尖锐，终于爆发战争。至元二十四年（1287）四月，乃颜联合合撒儿后王势都儿，合赤温（成吉思汗第二弟）系后人诸王哈丹秃鲁干等，在漠北份地举兵反抗忽必烈。"这是成吉思汗弟弟辈于身后反抗成吉思汗的子孙。这些成吉思汗的侄孙们据有满洲及其相毗连的蒙古大部，他们可以下趋到多伦泊和北京，而他们的同盟者海都，可以进兵哈剌和林，因此，对于忽必烈来说形势重新变得十分严重，他可能陷于被包围的境地。"[1] 乃颜叛变忽必烈的队伍，包括有术赤、窝阔台等后人。[2] 就是说，东西方的势力联合了起来。翌月，忽必烈率领博罗欢所领五部军及李庭所领诸卫汉军，由上都经应昌（旧城在今内蒙达来诺尔西南）沿大兴安岭西麓北上，与博尔忽之孙、御史大夫玉昔贴木儿率领的蒙古军主力，分道征伐乃颜。六月初，忽必烈抵达撒儿都鲁之地（当即今呼伦湖东南的沙尔土冷呼都克）。后乃颜被擒，并被处死。处死是用杀死亲王的方法，"不流血"而置之于死地："很紧地被困扎在地毯里，放在地上乱滚和到处击打，然后死去"，就是不允许皇帝宗亲的血洒在地上，或叫太阳或空气看见。"[3] "裹之以毡，用力摇之直至魂魄离体。"即将其闷死。[4] 之后成吉思汗二弟哈赤温后裔合丹等继续与元军作战，忽必烈派皇孙铁穆耳与玉昔帖木儿征讨，后反叛被平息。至此，东道诸王大体上被消除了。

---

[1] 〔法〕雷纳·格鲁塞：《蒙古帝国史》，第304页。
[2] 《史集》卷1第2分册，商务印书馆1983年版，第73页。
[3] 《马可波罗行纪》，第149页。
[4] 〔法〕雷纳·格鲁塞：《蒙古帝国史》，第304页。

征伐乃颜后之翌年，忽必烈实施大赦。与乃颜余党的后续作战，当是忽必烈至此才宣赦的原因。《元史》载：至元二十五年（1288）正月"戊戌，大赦"[1]。

忽必烈宣布的诏赦文是：

> 去岁乃颜等谋为不轨，已就诛夷。近为迭麦儿奏，胁从余党畏惧不安，宜从宽宥。亦既赦以安之，应京师及诸路罪囚，若不肆眚，似为未遍。除云云死罪以下，咸赦除之。[2]

由诏赦看出，此次赦免不仅包括乃颜剩余势力，还覆盖至全国各地，赦免对象为死罪以下的一切囚徒，范围相当广。

在实施赦免的同时，一些在征伐乃颜战斗中表现突出、立有战功的将领，也获得升迁与物质奖励。如钦察台氏乞台，"至元二十四年为钦察卫百户，此土土哈征叛王失烈吉及乃颜有功，赐金符，升千户"[3]。

（八）地震大赦

至元二十七年（1290）九月，因地震，赦天下。

《元史》载：当年八月（10月4日），"地大震，武平尤甚。压死按察司官及总管府官王连等及民七千二百二十人，坏仓库局四百八十间，民居不可胜计"。九月地震再次发生，"戊申，武平地震，

---

[1] 《元史》卷15《世祖纪一二》。
[2] 《播芳续集》卷6《至元二十五年赦》。
[3] 《元史》卷135《乞台传》。

盗贼乘隙剽窃，民愈忧恐。平章政事铁木儿以便宜蠲租赋，罢商税，弛酒禁，斩为盗者，发钞八百四十锭，转海运米万石以赈之"。当月，"赦天下"[1]。武平路原名为北京路，后改为大宁路，至元二十五年（1288）改武平路，后复为大宁路，今为内蒙古赤峰市宁城县。关于这次地震和赦免的提议、赦书的研究讨论、宣赦等过程，史料记载仍存在一些出入。

《赵孟𫖯神道碑》的记载内容为："圻甸地震，北京尤甚。死伤数十万，上忧之。之滦京还，先遣平章阿剌浑撒里至都，召集贤、翰林两院老臣问故，密旨勿令丞相桑哥知之。时桑哥遣忻都、王济等理算天下钱粮，已征数百万，未征犹数千万。名曰理算，其实暴敛无艺。州县置狱株逮，故家破产十九。逃亡入山，吏发兵搜捕，因相挺拒命。两河间，盗有众数万。公顾诸老，无敢诋时政者。素善阿剌浑撒里，密谓之曰：'今理算苛虐，民不堪命，事变且起，地震之由实在于此。宜请于上援贞观故事，大赦天下，蠲除逋负，则和气可回，灾异可弭。'阿剌浑撒里入奏如公言，上大悦，从之。诏草具，会两院诸老都堂，桑哥瞠视诸老，见公进读诏草至蠲除一条，怒，摇手曰：'此事必不可行。汝曹所拟必非上意。'公徐进曰：'今理算钱粮，其不可征者皆死亡之数不及，今放散免之，他日有言中书省累失陷钱粮数千万者，丞相何以自解？'桑哥怃曰：'吾虑不及。'是诏书既下，兆姓举手相庆，始有苏息之望。"[2]

杨载撰写的《赵孟𫖯行状》记载了同样的内容，但更为详细：

---

[1] 《元史》卷16《世祖纪一三》。《佛祖历代通载》仅记为"庚寅九月日大赦"，《佛祖历代通载》卷21，庚寅年即至元二十七年。
[2] 欧阳玄：《圭斋集》卷9《赵孟𫖯神道碑》，四部丛刊本。

"是岁地震，北京尤甚，地陷，黑砂水涌出，死伤者数万人。上深忧之。时驾至龙虎台，遣平章阿剌浑撒里公驰还京师，召问集贤、翰林两院官致灾之由，戒毋令桑哥知。诸公畏桑哥，终不敢言及时事，徒泛引经、传，以为天道幽远、五行灾异之言，多出于附会，唯慎修人事以应之而已。先是，桑哥遣忻都、王济等理算天下钱粮，已征数百万，未征犹数千万。州县别置牢狱，逮捕人昼夜鞭笞，械系者相属于道。大家巨室无虑悉破坏，甚至逼人妻女为娼，风俗为之大变。一时诸使所至，证取尤甚。富人逃入山林，发兵捕之，率众拒捕，则又疑其窃发。两河之间，群盗数万人。名为理算，其实皆无名横敛，强夺之于民，势焰熏灼，无敢沮其事者。公（即赵孟頫——引者）素与阿剌浑撒里公善，密告之曰：'今理算钱粮，民不聊生。地震之变，实繇于此。宜引唐太宗故事，大赦天下，尽与蠲除，庶几天变可弭。'阿剌浑撒里公奏如公言，上悦从之。诏具，桑哥会两院诸公于都堂，举目圜视，诸公辟易，屏息不敢出气。公前读诏书，阿剌浑撒里公为译者。读至除免逋欠，桑哥怒，摇手以为不可，且谓必非上意。公曰：'凡钱粮未征者，皆无用虚数。其人死亡已尽，何所于取？非及是时因诏书除免，他日言事者，倘谓尚书省失陷钱粮数千万，丞相何以自解？讵不为己深累耶？深累耶！'桑哥悟，乃曰：'吾初不知其意如此'。"[1]

而《侨吴集》中有一文则说："是年尚书省以民间逋负系官钱粮，速哥（即桑哥——引者）奏立征理司，设官置吏，使将命者旁午于道，所在贪墨吏并缘为奸，欺民资产破荡不足偿，至榜系犹累

---

[1] 赵孟頫：《松雪斋文集》附录：杨载《赵孟頫行状》，四部丛刊本。

累相属，民间骚然，几无以存活。时彗星见方扫，扫宿指处，山崩地震。上春秋高，权奸方务蔽塞聪明，而其威焰轧天下，人怀私愤无敢为言者。"时为嘉议大夫、知秘书监的岳铉奏言："今天垂象，星耀光芒，地震动，坤道失其常，况皇上圣躬违和，皆大臣欺圣明，虐黎庶所致，非除旧布新洗濯苛秽，则何以回天心释民怨？""于是上即柳林命词臣草诏，大赦天下。北使臣驰至阙，命百官具朝服诣崇文门听德音。桑哥知有赦，乃大惊，驰诣柳林，密令其党与察上近臣敢启沃者。"[1]

分析两方面的材料，有一些不同之处，如何人向忽必烈禀告灾情与请示大赦，阿剌浑撒里的作用，赦书起草地点，关于集贤、翰林两院会议，桑哥的行为，等等。《元史·赵孟頫传》基本上可以说是结合诸材料而成的：

> 二十七年，迁集贤直学士。是岁地震，北京尤甚，地陷，黑沙水涌出，人死伤数十万，帝深忧之。时驻跸龙虎台，遣阿剌浑撒里驰还，召集贤、翰林两院官，询致灾之由。议者畏忌桑哥，但泛引《经》、传及五行灾异之言，以修人事、应天变为对，莫敢语及时政。先是，桑哥遣忻都及王济等理算天下钱粮，已征入数百万，未征者尚数千万，害民特甚，民不聊生，自杀者相属，逃山林者，则发兵捕之，皆莫敢沮其事。孟頫与阿剌浑撒里甚善，劝令奏帝赦天下，尽与蠲除，庶几天变可弭。阿剌浑撒里入奏，如孟頫所言，帝从之。诏草已具，桑哥

---

[1] 郑元佑：《侨吴集》卷12《岳铉第二行状》，北京图书馆藏明弘治九年刻本。

怒谓必非帝意。孟頫曰：'凡钱粮未征者，其人死亡已尽，何所从取？非及是时除免之，他日言事者，倘以失陷钱粮数千万归咎尚书省，岂不为丞相深累耶！'"桑哥悟，民始获苏。[1]

通过以上材料，关于这次地震大赦，有以下几点需要注意：

一、地震发生时，忽必烈尚在龙虎台，即由上都返回大都途中，不在大都。二、大臣向忽必烈报告地震发生的原因，是由于桑哥强力推行理算政策，搞得民不聊生，社会动荡。三、只有制止理算，大赦天下，方可弭灾。忽必烈同意这个建议。四、元朝相当多诏书的起草者都可得知其人，《元文类》《播芳续集》等材料多有所载，而大赦诏书的撰写者是何人，不明。

三、忽必烈时期赦免的特点及影响

忽必烈时期赦免的特点，在赦免范围的确定与表述，南郊祭祀及其与赦免关系，赦免罪因与实施恩惠措施，赦免与官员晋升，赦免的类型等方面都有体现，这些特点并延及或影响到以后的元朝皇帝。本节只谈赦免原因与赦免类型中的三点。

在赦免的原因方面，即祥瑞不赦。

祥瑞也称"符瑞"，其种类、等级很多，如出现彩云，凤凰聚集，天降甘露，禾有多茎、多穗，地出甘泉等，都属于祥瑞。祥瑞被认为是天意表达，是对社会有一定意义的现象，故对祥瑞给予积

---

[1] 《元史》卷172《赵孟頫传》。

极的、正面的回应，是中国古代社会的经常有的情况。尤其是汉、唐、宋时期，对于祥瑞十分重视。在这些时期，因祥瑞出现而改年号、实施大赦的情况屡屡出现。

据记载，元时所谓的祥瑞，种类不一，但主要还是指禾（谷）、麦这类农作物，即在一支谷子或者麦子上长出多个穗子，称之谓嘉禾和瑞麦。《元史·五行一》记载，至元元年（1265）十月，"恩州历亭县进嘉禾，一茎九穗"。至元十一年（1274），兴元凤州进麦，一茎七穗，谷一茎三穗。至元二十年（1283），斡端宣慰司刘恩进嘉禾，同颖九穗、七穗、六穗者各一。至元二十四年（1287）八月，睿州进瑞麦，一茎五穗。也有其他一麦多枝的情况，如至元二十三年（1286）五月，广元路阆中麦秀两歧。[1]

前已述，忽必烈在位期间各种赦免有十七次，但没有一次是因为祥瑞实施的。

《元史》也记载有忽必烈之后的祥瑞出现情况。最受统治者重视的一次发生在至大三年（1310）。是年，"河间路献嘉禾，有异亩同颖及一茎数穗者，敕绘为图"[2]。武宗"命集贤学士赵孟頫绘图，画藏诸秘书。"[3] 其他大多则仅仅是逐级申报而已，有的连申报也没有。

元朝很少有关歌颂祥瑞的记载，见到的乃是在元末明初胡翰的一段记录："至正八年秋，杭之皋亭山厥田有嘉禾焉。里父老言状有司。余闻其事，稽诸故实，有大瑞、有上瑞、有中瑞、有下瑞。

---

[1] 《元史》卷50《五行志一》。
[2] 《元史》卷50《五行志一》。
[3] 《元史》卷24《武宗纪三》。

凡嘉禾芝草木连理皆下瑞，其名物十有四。天人之际，至德感则和气应，和气应则休祥臻诉合，熙育纷纶翕赪恒，因物以著，不期而至，代纪厥美，五行土爰，稼穑万种之命，悬之，虽景星庆云甘露醴泉诸福之物，较其利泽，未有侔者。而以为白狼朱雁赤兔之不若，则唐人议者过矣。"[1]"父老言状有司"，显然没有得到回复。附带说一句，明初编纂《元史》时，《五行志》部分即由胡翰撰稿，估计当与他在这方面有所阐述有关。

蒙古人没有接受儒家的关于祥瑞的学说，元百年间，始终没有为祥瑞的出现而赦免。

对天地等自然现象的崇拜和畏惧，是历史上各个时期都存在的现象。但是，将这些现象与人事联系起来，赋予一定和相应的意义，并且还形成一套理论，构成独特的祥瑞文化，则是汉人传统社会的重要特征。蒙古人并非不迷信自然现象与没有自然崇拜，而是不信奉贯穿儒家观念的这一套。其庞杂的内容和繁缛的程序恐怕是蒙古人对此拒绝的重要原因。

赦免类别中没有德音。

《文苑英华》已把唐朝的德音归结为宣慰德音、放减德音、赈个德音、征伐德音、诛罪德音、杂德音六类[2]，与赦免相关的德音含义是其中之一。德音作为赦免的一种类型，在唐时即多次出现。《唐大诏令集》中，记载有唐太宗李世民《贞观十七年南郊德音》，唐玄宗《开元三年正月德音》，开元二十六年（738）正月唐玄宗

---

[1] 胡翰：《胡仲子集》卷8《嘉禾颂》，《四库全书》本。
[2] 《文苑英华》卷434—441，《四库全书》本。

《亲祀东郊德音》等等。[1] 韩国的禹成旼教授认为，德音作为赦免诏书的一门予以实施，是从唐宪宗以后才开始的。[2]

《宋史》更是将赦免分为三大类，即大赦、曲赦和德音，它们各有不同的赦免范围与层级："恩宥之制，凡大赦及天下，释杂犯死罪以下，甚则常赦所不原罪，皆除之。凡曲赦，惟一路或一州，或别京，或畿内。凡德音，则死及流罪降等，余罪释之，间亦释流罪。所被广狭无常。"[3] 德音甚至被提升到仅次于大赦的地位。

在赦免类型中地位如此之高的德音，忽必烈在位期间，没有这一类别，此后也没有出现过。也就是说，在元朝，德音从未被用于正式的诏书名称，更没有作为赦免的一个门类。这与中国传统社会的唐、宋是完全不同的。

虽然德音没有用于赦免方面，但是，这个汉语词汇在元朝并没有废除，仍然在使用。德音基本上有两个含义。

一是指广义的惠政。

如蒙元时期，高丽是蒙古国的附属国。蒙古人在高丽实行委派达鲁花赤等政策。至元间正值元朝军队攻打南宋之时，"高丽枢密林衍擅废国王王植，立母弟安庆公"。忽必烈立即将赵璧从襄汉召回，并授以资政大夫、中书左丞，行东京等路中书省，对高丽林衍的行为"兴师问罪"。至则"宣布德音，申明号令，不戮一人，亦无秋毫犯，而岛人悉迁"[4]。这里的德音，指忽必烈关于高丽的包

---

[1] 分别见《唐大诏令集》卷68《典礼·南郊三》，卷83《政事·恩宥一》，卷73《典礼·东郊》，中华书局2008年版。
[2]〔韩〕禹成旼：《唐代德音考》，《中国史研究》2006年第2期。
[3]《宋史》卷201《刑法志三》。
[4] 张之翰：《西岩集》卷19《赵璧神道碑》，四库珍本。

括赦免在内多方面的政策,是广义的。

元末至正年间,威顺王依势非为,官民惧怕。湖广行省平章政事星吉赴任拜见之,说:"王,帝室之懿,古之所谓伯父叔父者也。今德音不闻,而骋猎宣淫,贾怨于下,恐非所以自贻多福也。"[1] 星吉话中的德音,指顺帝提出的各方面惠民政策。也是广义的。

二是指某一方面或几方面的惠政。

元成宗元贞初年,孙泽为广西两江道宣慰副使佥都元帅府事,"奏盗息民安五事,内一事:'税粮太重,况值灾荒,宜从优恤'。"得到成宗批准,被称为"德音普免一年"。[2] 这里的德音即单指免除税粮,是狭义的。其他如平反昭雪冤案[3],令地方修建帝师殿,[4] 施惠于鳏寡孤独,选拔人才,赈济救灾,等等均是。

无论是广义的,还是相对狭义的,德音不仅指上述的惠政、好事,而且一定是皇帝所出,包括诏书、指示等。大臣的言论是不能称为德音的。

大赦条文中不再有"十恶不赦"之条。

"十恶"是指谋反、谋大逆、谋叛、恶逆、不道、大不敬、不孝、不睦、不义、内乱十种罪行。一般学者认为,"十恶"起源于北齐,至隋唐时期定型成为最为严重的罪行。它是政治、伦理、道义及犯罪情节等诸方面严重罪行的归纳。在传统社会看来,"十恶"是必须要严惩的。如《唐六典》所言,立"十恶"的目的,就在于

---

[1] 《元史》卷144《星吉传》。
[2] 陆文圭:《墙东类稿》卷12《孙泽墓志铭》,常州先哲遗书本。
[3] 《滋溪文稿》卷9《马祖常墓志铭》。
[4] 柳贯:《待制集》,《温州新建帝师殿碑铭》,四部丛刊本。

"以惩叛逆，禁淫乱，沮不孝，威不道"[1]。隋唐以来，在皇帝大赦条款中，"十恶"不仅一定会出现，而且一直作为不能被赦免的首要条件，"十恶不赦"就是这一说法的简略词，体现了中国古代社会的法律传统。在社会层面，该词也成为指责、抨击某些恶劣行为的常用语。但是，在近一个世纪的蒙古人统治期间，大赦诏书中从未出现过"十恶不赦"一语，而这就是从忽必烈时期开始的。

蒙古统治者有他们自己的与汉人不同的传统、观念、习惯。摈弃"十恶不赦"，并不意味着他们全盘推翻了"十恶不赦"，关于这一点，笔者另有专文谈论[2]，在此不赘述。简言之，忽必烈时期的大赦条文中没有"十恶不赦"，而在忽必烈以后的元朝诸皇帝的大赦诏书中，与"十恶不赦"居于同等位置或者说取代"十恶不赦"的，是另一套表述方式。它始于忽必烈的孙子和继任者成宗铁穆儿，直至元朝覆灭。笔者将在以后的文章中，对此予以讨论。

---

[1] 李林甫等著，陈仲夫点校：《唐六典》尚书刑部卷第六，中华书局1992年版，第186页，有关注释见第207—208页。
[2] 参见王敬松：《论元代法律中没有"十恶"体系》，《民族研究》2013年第5期。

王复事迹钩沉

毛海明（湖南大学）

忽必烈统治时期的中统（1260—1264）、至元（1264—1294）初年，许多汉族士人因缘际会，成为政治舞台上的风云人物，显赫一时。然而因《元史》编纂疏漏，没有传记，致使身名不彰。本文的研究对象王复就属于这种情况。他少年得志，仕途腾达，担任过御史中丞这样的高级职务，身后也有墓志文字留下，但《元史》不为立传。同时，为死者讳，撰写墓志的好友隐略了部分史实。史官和研究者都对他缺乏认识，甚至"张冠李戴"，对他的若干仕宦细节更是毫无所知。事实上，他是著名的"三王"之一，其仕宦沉浮与至元年间的两起政治事件密切相关。本文钩稽史料，首先纠正《元史》中的一条错误记载，然后考察王复至元十九年到至元二十三年（1282—1286）间的仕宦变化，发覆至元中后期政治史中的若干细节问题。本文的探讨，或能使大家重新认识这位历史人物，并对元代前期政治史增添一些新的了解。如有不当，敬请方家指正。

一、《元史·王恽传》"三王"正误

王恽（1227—1304）字仲谋，号秋涧，卫州汲县人，是元代前期著名的文士官僚。曾"五任风宪，三入翰林"[1]。文学、政事，俱有令名。《元史·王恽传》载：

> 恽有材干，操履端方，好学善属文，与东鲁王博文、渤海王旭齐名。[2]

根据这段记载，王恽、王博文、王旭三人"齐名"。后两人《元史》无传。王博文（1223—1288）字子勉，号西溪，山东任城人，也是元代前期著名的士人官僚。1243年左右，徙居彰德。[3] 1255年左右，进入忽必烈幕府，是"潜邸旧侣"之一。[4] 中

---

[1] 王公孺：《秋涧先生大全文集后序》，王恽：《秋涧先生大全集》（以下简称《秋涧集》）附录，《元人文集珍本丛刊》，台北新文丰出版公司1985年版，据明代修补元至治元年刻本影印，第535页下。

[2]《元史》卷167《王恽传》，中华书局1976年版，第3933页。

[3] 王博文诗、刘泰跋：《登琴台诗并跋》，《北京图书馆藏中国历代石刻拓本汇编》第48册《元一》，中州古籍出版社1989年版，第101页；李贤等：《大明一统志》卷28《彰德府·流寓》，三秦出版社1990年版，据明天顺刻本影印，第476页下；胡祗遹：《紫山大全集》卷19《祭王中丞子勉文》，《景印文渊阁四库全书》，第1196册，台湾商务印书馆1983年版，第327页上。《祭王中丞子勉文》云："我年十七，君冠而婚。君来自东，识我先人。"按胡祗遹（彰德人）生于1227年，王博文来居彰德，当在1243年左右。

[4] 王博文：《创建开平府祭告济渎记》，陈垣编，陈智超、曾庆瑛校补：《道家金石略》，文物出版社1988年版，第865页；胡祗遹：《紫山大全集》卷19《祭王中丞子勉文》，第327页上；魏初：《青崖集》卷5《西溪王公真赞并序》，《景印文渊阁四库全书》，第1198册，第782页上。关于"潜邸旧侣"，参见萧启庆：《忽必烈"潜邸旧侣"考》，《元代史新探》，台北新文丰出版公司1983年版，第263—301页。

统建元后，曾任中书省左三部侍郎、燕南河北道提刑按察使、礼部尚书、大名路总管、江南行御史台御史中丞。[1] 与王恽交谊深厚。[2] 时人赞他："宏裕有蕴，中朝号称厚德。其言论风旨，学殖文采，士论归焉。尝五居监司，七至侍从，扬历余卅年。"[3] 王旭字景初，号兰轩，东平人。其生卒年不详，活动于至元、大德（1297—1307）年间，未曾入仕。游历甚广，主要活动于山东和江南一带。王旭以诗文知名于时，有《兰轩集》传世。时人评价他："未展长材辅平世，唯余雄笔冠当时。"[4]

《元史》的这段记载影响较大，后来有关王恽的著作，多沿袭此说，云其"与东鲁王博文、渤海王旭齐名，时称三王"[5]。然而"渤海王旭"以及将王旭与王恽和王博文并称"三王"的记载，是

---

[1] 王博文：《栖真子李尊师墓碑》，陈垣编，陈智超、曾庆瑛校补：《道家金石略》，第582页。胡祗遹：《紫山大全集》卷3《寄王子勉侍郎》，第40页上。王恽：《秋涧集》卷18《筠溪轩诗卷补亡》，第327页下；卷64《御史中丞王公诔文》，第221页下。魏初：《青崖集》卷5《西溪王公真赞并序》，第782页上。李庭：《寓庵集》卷2《贺王按察以陕西都运使就改此职》，缪荃孙编：《藕香零拾》，中华书局1999年版，据清宣统二年刻本缩印，第324页上。姚燧：《牧庵集》卷18《提举太原盐使司徐君神道碑》，《景印文渊阁四库全书》，第1201册，第594页下。张之翰：《西岩集》卷14《送王侍御河北按察使序》，《景印文渊阁四库全书》，第1204册，第478页上—下。卢挚：《西溪赞》，周南瑞编：《天下同文集》卷29罗振玉《雪堂丛刻》，北京图书馆出版社2000年版，叶100a—b。参见蔡春娟：《元儒王博文生平与交游》，《隋唐宋元史论丛》第7辑，上海古籍出版社2017年版，第276—290页。
[2] 王恽：《秋涧集》卷64《御史中丞王公诔文》，第221页下—222页下。
[3] 卢挚：《西溪赞》，周南瑞编：《天下同文集》卷29，叶100a—b。
[4] 王结：《文忠集》卷3《闻王景初讣音》，《景印文渊阁四库全书》，第1206册，第223页上。王旭生平，参见刘磊：《元代齐鲁词人王旭考述》，《词学国际学术研讨会论文集》（2008），第1—5页。
[5] 陈焯编：《宋元诗会》卷70《王恽》，清康熙二十七年刻本，叶16b；邵远平：《元史类编》卷22《侍从二·王恽》，《元明史料丛编》第1辑，台北文海出版社1984年版，据扫叶山房刊本影印，第1149页；魏源：《元史新编》卷32《世祖文臣中·王恽》，《元明史料丛编》第1辑，据慎微堂刊本影印，第1317页。

有疑问的。

首先,《元史·王恽传》称王旭为"渤海"人,于史无据。"渤海"古称,一般指代辽东或河北沧州地区。[1]有关王旭的元明史料,除《王恽传》外,都称他是东平或郓城人。[2]在《上许鲁斋先生书》中,他亦自称东平人。[3]史料中未见有王旭祖籍辽东、沧州的记载。

其次,除《王恽传》外,元明时期提及王旭的史料,都未把他与王恽、王博文并列称"三王"。相反,却多将其与同籍的王构以及徙居东平的王磐并称"三王"。[4]

《元史·王恽传》中的这段记载是否正确?一般来说,我们首要想到的是核查史源,也即有关王恽的行状、墓志、神道碑资料。存世文献,《秋涧先生大全集》中附录一篇王公孺皇庆元年(1312)

---

[1] 参见《元史》卷59《地理志二》,第1395、1399页。马端临:《文献通考》卷317《舆地考三》,第13册,中华书局2011年版,第8620页;卷326《四裔考三》,第14册,第8986—8989页。

[2] 李贤等:《大明一统志》卷23《兖州府·人物》,第387页上;陆釴等纂:嘉靖《山东通志》卷30《人物三·兖州府》,《天一阁藏明代方志选刊续编》,第52册,上海书店出版社1990年版,据明嘉靖十二年刻本影印,第482页;孙能传:《内阁藏书目录》卷3《集部》,《续修四库全书》,第917册,上海古籍出版社2002年版,据国家图书馆藏清迟云楼抄本影印,叶31a—b,钱大昕:《元史艺文志》卷4《别集类》;陈文和编:《嘉定钱大昕全集(增订本)》,第5册,凤凰出版社2016年版,第184页。

[3] 王旭:《上许鲁斋先生书》,苏天爵编:《国朝文类》卷37,《四部丛刊初编》,上海商务印书馆1922年版,据元至正二年杭州路西湖书院刊本影印,叶16b。

[4] 李贤等:《大明一统志》卷23《兖州府·人物》,第387页上;陆釴等纂:嘉靖《山东通志》卷30《人物三·兖州府》,第482页;王圻:《续文献通考》卷213《氏族考》,明万历三十年松江府刻本,叶19a。

为其父王恽撰写的神道碑文。[1]有关本文讨论的内容,《神道碑》如是记载:

> [王恽]少与西溪、春山友善,时目曰"淇上三王"。[2]

王博文号西溪。"春山"是谁?如果《神道碑》是《王恽传》的史源,"淇上三王"对应王恽、王博文、王旭三人,春山指代的应就是王旭。樱井智美、周清澍先生显然都注意到了这一点,称王旭号春山,为"淇上三王"之一。[3]然而还有不同的意见。宋福利先生认为春山是王复字号,依据是数条关于"春山"的记载。[4]蔡春娟先生考察王博文的文章中赞同这一观点。[5]宋文在周文之前,蔡文最后出。或许宋文的具体论证并不很充分[6],周先生没有采纳其说。蔡文未对樱井和周先生的观点表达意见。蔡文中两说并存,既在正文中沿袭《王恽传》的记载,称王博文与"卫州王恽、渤海王旭齐名",又在注文中称《王恽神道碑》中"淇上三王":"并非

---

[1] 王公孺:《大元故翰林学士中奉大夫知制诰同修国史赠学士承旨资善大夫追封太原郡公谥文定王公神道碑铭并序》(以下简称《王恽神道碑》),王恽:《秋涧集》前附,第122页上—125页下。
[2] 王公孺:《王恽神道碑》,王恽:《秋涧集》前附,第124页下。
[3] 〔日〕樱井智美:《〈创建开平府祭告济渎记〉考释》,《元史论丛》第10辑,中国广播电视出版社2005年版,第368页;周清澍:《〈元朝名臣事略〉史源探讨》,《元史及民族与边疆研究集刊》第29辑,上海古籍出版社2015年版,第29、43页。
[4] 宋福利:《王恽年谱》,河南大学硕士学位论文,2013年,第49页。
[5] 蔡春娟:《元儒王博文生平与交游》,第276页注2。
[6] 宋氏的论据共有五条,都是有关"春山"的记载。然而除了《秋涧集》卷30《己丑五月十五日过王氏祠堂》两首七绝全文引用外,其余都只列其目,并没有展开论述。

指王恽、王博文、王旭,而是指王恽、王博文、王复。"[1] 上述学者都没有对《元史·王恽传》中的相关记载提出质疑。

这里出现两个问题。其一是《元史·王恽传》里的"三王"与《王恽神道碑》中"淇上三王"的关系——二者一致,还是各有所指?《元史》的编纂者会不会别出心裁,在"淇上三王"之外另搞一套"三王"组合?应不可能。王慎荣先生《元史探源》论及《王恽传》,云:"此传为约取《神道碑》的记载,文字方面也有相应的修改。"[2] 仔细比较传记与《神道碑》文字,王先生的观点并不十分正确。相对《神道碑》的记载,传记既有约取,也有相当部分的补充。传记并非直接取材于《神道碑》,但二者应有共同的史源。这个史源,很可能是王恽的行状,或许也出于王公孺之手。[3] 行状现已不存。既然传、碑同源,二者记事上虽各有详略,但应该不存在彼此互异、矛盾的现象。"三王"与"淇上三王"应是一致的。

我们再来看时人和王恽本人关于"三王""淇上三王"的论述。元贞二年(1296),王恽七十寿诞,翰林院同僚作诗祝贺。王构云:

> 文衡始自文康公,敬斋鹿庵声望隆。共城三王稍后出,秋涧早直蓬莱宫。[4]

---

[1] 蔡春娟:《元儒王博文生平与交游》,第276页。
[2] 王慎荣:《元史探源》第五章《〈元史·列传〉的史源》,吉林文史出版社1991年版,第229页。
[3] 参见毛海明:《〈元史·王恽传〉行年订误》,《元代文献与文化研究》第2辑,中华书局2014年版,第67页。
[4] 王恽:《秋涧集》前附,第119页上。"王"字《四部丛刊初编》本中间一横稍缺,《元人文集珍本丛刊》本误描作"五"。

大德八年（1304），王恽卒，当时知名的文士官僚纷纷撰文哀挽。陈俨云：

> 曩自幼挹公盛名，知卫有三王，与吾鲁有四杰，并尝求其所为文讽诵之，爱其气格雄拔不窘。[1]

刘赓云：

> 畴昔闻淇上，三王藉有声。共推天下士，独擅斗南名。[2]

张养浩云：

> 先朝十老今余几，当代三王独数君。[3]

共城古地名，遗址在卫辉路下辖辉县，此处也是指代卫州。从当时人的言论看，卫辉有三位杰出王姓士人，王恽是其中之一。这三人有很高的文学声望，是"畴昔""先朝"，也即忽必烈时代著名的士人官僚。

王恽自己也多次提及"三王"。《秋涧集》卷19《王尚书子勉挽辞三首》，是王恽哀悼王博文的诗作。其中一首云：

---

[1] 王恽：《秋涧集》前附，第119页下。
[2] 王恽：《秋涧集》前附，第121页上。
[3] 王恽：《秋涧集》前附，第121页下。

婉娈英姿自妙年，奎光空照玉堂仙。办教一世龙门重，谁遣三王鼎足偏。旷度包荒无徽略，秋涛翻海失鲸鳣。百觚未醉螺台酒，重为斯文一泫然。[1]

王博文是"三王"之一，卒于至元二十五年八月，此诗当作于此后不久。[2] 卷31《题王明村老黄店壁八绝壬辰岁三月廿五日葬曲山回作》，第二、八首云：

荒荒野日店东西，路入苏门草树低。记得鹿庵传授日，餽瓜亭上识西溪。

筠林同业忆当初，几醉黄翁旧酒垆。邻笛声中何限恨，不堪零落晓星孤。

后有小注：

三王今独予在，当时同门者十三四人，止有李士观、傅士开。[3]

壬辰岁，即至元二十九年。参加挚友葬礼，返回途中，诗人追

---

[1] 王恽：《秋涧集》卷19，第335页上。
[2] 王恽：《秋涧集》卷64《御史中丞王公诔文》，第221页下。
[3] 王恽：《秋涧集》卷31，第456页上—下。按"三王"二字略有漫漶，《景印文渊阁四库全书》本（第1200册，第398页下）误作"五丑"，《文津阁四库全书》本（商务印书馆2006年版，第1204册，第509页上）误作"丁丑"。

忆往昔同学,周贞、王博文"二王"等十余人皆已亡故,不胜惆怅。

王公孺、王公仪后来分别撰文,叙及其父王恽的这些"当时同门者"。王公孺道:

> 初壬子(1252)岁,故至元内相鹿庵王公、颐轩徒单公相继教授于内。二公道崇学博,负经济器业,乐诲人,善持论,凡经启迪,化若时雨。当时文风大兴,人材辈出,若王博文、雷膺、王复、傅爽、王持胜、周贞、李仪、周锴、季武、陶师渊、程文远、先父讳恽,兹尤其魁杰者也。[1]

王公仪云:

> 苏门山水明秀,甲于天下,自昔名公贤士多来卜居,如姚雪斋、许鲁斋、王鹿庵三大儒相继教授于斯。其受业者户外之履恒满,若王西溪、雷苦斋、王春山、白素庵、先考秋涧公,尤其特达者也。[2]

这些同学有王博文、王复、周贞、雷膺(号苦斋)、李仪(字士观)、傅爽(字士开)等人。

---

[1] 王公孺:《卫辉路庙学兴建记》,徐汝瓒纂:乾隆《汲县志》卷13《艺文志中》,清乾隆二十年刻本,叶6b。
[2] 王公仪:《辉县重建宣圣庙外门记》,佚名修:万历《卫辉府志》卷14《艺文志上》,中州古籍出版社2010年版,第292页。

综合以上材料可知，时人和王恽所称的"三王"与"淇上三王"同义，都是指居于卫辉、曾经同学、知名于时的三位王姓士人官僚。如果没有充分的理由，《元史》编纂者不会，也没有必要另搞一个不同于《神道碑》和元人观点的"三王"组合。与王恽相关的"三王"，应该包括王恽、王博文，和一字号春山的人，这位春山当卒于至元二十九年之前。

第二个问题就是"春山"究竟是谁？在这个问题上，虽然宋福利的论证单薄，但其看法无误，"春山"确系王复。首先，王旭与"春山"的身份不符。淇水"源出彰德府林县西大号山，流经淇县西北三十里，合清水，入卫河"[1]，"淇上"代指彰德、卫辉地区。王恽"世家于卫"[2]。王旭行实中，从无寓居彰德、卫州的记录，也没有曾经受业于姚枢、许衡、王磐等人的经历。王恽、王旭虽有共同的交往对象[3]，但二人似乎并无交集，《秋涧集》《兰轩集》中没有任何显示二人来往的诗文。所谓"少与友善"，无从谈起。

王恽与西溪、春山相友善，除王公孺在《神道碑》中描述外，王恽自己还亲笔叙及。《秋涧集》卷76收录两首词作，题《玉漏迟·答南乐令周干臣来篇》，中有自注，后有说明。为方便讨论，全文迻录如下：

> 竹林幽思杳。栖迟自叹，离群孤鸟。万里云翔，海树去相

---

[1] 李贤等：《大明一统志》卷28《卫辉府·山川》，第480页下。
[2] 王公孺：《王恽神道碑》，王恽：《秋涧集》前附，第122页上。
[3] 如王构、阎复，参见王旭：《兰轩集》卷3《寄王肯堂参议》，《景印文渊阁四库全书》，第1202册，第766页下；卷7《寄阎学士》，第796页下。王、阎二人，于王恽为同僚。

依绕。邻笛一声唤起，忆共听，朱丝雅调。还自笑。当年已愧，孙登清啸。

情扰。回首分飞，怅落落相期，望高松少。会鲜离多，经世又谁曾了。二子况成陈迹，落月满，[屋][1]梁空照。庭户晓，得意眼中人少。（自注：二子谓西溪、春山）

越山征路杳。东南澹澹，长空飞鸟。俪影同翻，明月一枝乌绕。共道有心避事，甚未若，从渠相调。君莫笑。南楼苦要，胡床舒啸。

空扰。画里江山，总输与风流，眼中年少。也学痴儿，官事几时能了。一曲骊歌未动，还梦到，三山晴照。江月晓，莫为赏音稀少。

前一篇怀旧有感，曰邻吹者，为见寄乐府也。朱丝雅调者，为鹿庵先生也。孙登者，为足下与诸君也。二子者，为西溪、春山两忘年友也。后一阕将行即事，曰三山者，福城中山也。几梦者，为不肖拜命前后凡梦三至其处。曰赏音不少者，为彼中宋吏部、陈菊圃者甚众。故云二篇，自觉语硬意凡，固非乐府正体。望吾子取其直书可也。[2]

周贞，字干臣，号曲山。王恽挚友，曾任南乐令。[3] 由说明文

---

[1] 据《秋涧乐府》卷3补，朱孝臧辑编：《彊村丛书》第7册，上海古籍出版社1989年版，第5997页。
[2] 王恽：《秋涧集》卷76《玉漏迟·答南乐令周干臣来篇》，第324页上。
[3] 参见宋福利：《王恽年谱》，第111页。按，周贞晚年居卫州，与王恽为邻。参见《秋涧集》卷31《喜周宰来居》，第451页下。

字中"将行即事""三山者福城中山也""不肖拜命前后"等语,可知这两首词撰于至元二十六年八月王恽授任福建闽海道提刑按察使前后。[1]第一首词云"二子况成陈迹",自注:"二子谓西溪、春山。"表明西溪(王博文)、春山两位"忘年友"此时已经故去。王博文卒于至元二十五年八月。[2]王旭卒年虽不详,但《兰轩集》中诸多诗文显示,至元二十九年到大德五年冬,一直健在。如《送康仁叔序》云:"至元壬辰夏,余过济宁。"《泰山诗会序》云:"元贞元年春,余自砀徙奉高。"《送杜子荣之官济南并序》云:"大德五年冬,杜君子荣自太府少监出为济南治中,过鲸川,留数月,因得接光仪、奉谈笑。"[3]

无论籍贯、与王恽的关系,还是亡故时间,王旭与"春山"的身份都存在较大差异。"淇上三王"之一的"春山",应该不是王旭。

其次,"春山"与王复的身份高度符合。"春山"的身份应当有以下特点:被人称为"三王"之一,"好学善属文";居于卫辉,与王恽"少与友善",曾经同学;死于至元二十六年八月前。这位春山究竟是谁?提供我们线索和答案的,仍然是王恽。《秋涧集》卷19《哀挽亡友中丞王兄五首》,其中三首云:

嘤嘤求友幼同声,五十年来好弟兄。零落山丘有今日,笑

---

[1] 王恽:《秋涧集》卷64《授少中大夫福建闽海道提刑按察使告祖宗文(己丑秋八月三日)》,第223页上。
[2] 王恽:《秋涧集》卷64《御史中丞王公诔文》,第221页下。
[3] 分别参见王旭:《兰轩集》卷2《送杜子荣之官济南并序》,第757页上;卷11《泰山诗会序》《送康仁叔序》,第839页上、846页下。

谈樽俎忆平生。酒垆不隔河山断,阴霸其如骨蕞征(用韩文公临终事)。寂寞逍遥堂后木,对床风雨最关情。

故人牢落晓星疏,此日三王独在予。泉壤冷埋和氏璧,牙签空见邺侯书。问谁久视嗟同尽?老失知音惨自余。从此故祠钟鼓地(谓去岁冬,用三献礼祔母夫人于室,此礼久废,君首行之,良可嘉尚),过庭趋处半蘼芜(参议公在时,宾客与君相接者,未尝坐正堂上,其谨敬如此)。

病臻留饭作终天,示我新文已恻然。奇疾变常才四日,佳城埋恨便千年。嘱遗不及私门事,燕翼全规诫子篇。惆怅西山埋恨处,定应大鸟泪如泉(用后汉杨震事)。[1]

王恽没有明说"中丞王兄"的名字和诗作撰写时间。由第二首注文中的"参议公",第三首"病臻留饭作终天,示我新文已恻然"一语,对照王复父王昌龄曾任真定五路万户府参议,王恽撰《祭王参议文》[2],以及至元二十六年二月初八日王恽《中丞王公祭文》悼念两天前病逝的王复:"临终永诀,投我腹稿。语何琅琅,秋空日杲。泪洒行间,茂陵遗草。"[3]"亡友中丞王兄"应就是王复,挽诗当撰写于至元二十六年二月左右。诗云"五十年来好弟兄""此日三王独在予",王复分明就是王恽"少与友善"的"三王"之一。

王复(1226—1289)初名趾,字麟伯,后改名复,字子初。其

---

[1] 王恽:《秋涧集》卷19《哀挽亡友中丞王兄五首》,第335页下—336页上。
[2] 王恽:《秋涧集》卷47《故真定五路万户府参议兼领卫州事王公行状》(以下简称《王昌龄行状》),第70页上—72页上;卷62《祭王参议文》,第210页上—下。
[3] 王恽:《秋涧集》卷64《中丞王公祭文》,第221页下。

父王昌龄（1197—1259）是世侯史天泽的重要幕僚，长期居守卫州，终任真定五路万户府参议兼领卫州事。昌龄死，王复继领父职，历任卫辉路同总管事、彰德路同知、中书两司郎中、大名路治中、归德知府、河南道宣慰副使、陕西四川道提刑按察使、江南行台御史中丞、河东山西道按察使等职。至元二十六年二月初六日病卒。王氏父子行实，具见王恽分别于中统三年、至元二十六年撰写的《故真定五路万户府参议兼领卫州事王公行状》《故正议大夫前御史中丞王公墓志铭并序》。[1]

　　王恽与王复交谊匪浅。二人曾经同学，"爰自垂髫，以及于冠。授业苏门，各伸志愿""从师于共。走也何幸，而与点同"，为"佳友""金兰交契"[2]。《秋涧集》中有多首反映二人早年交游的诗作，如《壬子夏六月陪萧征君饮方丈南荣同会者乌大使正卿董端卿经历学士徒单云甫张提点几道王秀才子初洎家府小子恽隅侍席末云》《西溪始泛同王子初访王柔克》。[3] 二人保持了终生友谊，《秋涧集》中收录有不同时期王恽写给王复的诗文。王恽曾赞王复："近世佳公子，诗书看起家。……信厚歌麟趾，文章粲剑华。""之子风云士，慕蔺如长卿。飘飘四方志，早以文章鸣。""十年书史董生帷""忘尽南窗引书睡"[4]，王复看来也是"好学善属文"，很早

---

[1] 王恽：《秋涧集》卷47，第70页上—72页上；卷49，第101页下—103页上。
[2] 分别参见王恽：《秋涧集》卷2《西溪始泛同王子初访王柔克》，第182页上；卷62《祭王参议文》，第210页上；卷64《中丞王公祭文》，第221页上；卷75《感皇恩八·送子初中丞赴燕时予在真定宪司坐间作劝子初酒》，第322页上。
[3] 王恽：《秋涧集》卷2，第182页上；卷14，第288页下。
[4] 分别参见王恽：《秋涧集》卷6《长剑行·为王子初赋》，第215页上；卷12《寿王子初》，第275页下；卷14《寿王子初》，第290页下；卷75《感皇恩八·送子初中丞赴燕时予在真定宪司坐间作劝子初酒》，第322页上。

就以文学知名于时。

王复至元二十六年二月死后,"葬汲县亲仁乡王尚里"[1]。《秋涧集》卷30收有两首七绝,题《己丑五月十五日过王氏祠堂》,云:

两轩梅竹足兴哀,亲见春山手自栽。前日问安人不见,翻翻风叶送愁来。

两世规模有远图,转头庭树影扶疏。顾瞻阿大中郎辈,信觉嵇公德未孤。[2]

卷75收一首词作,词牌《感皇恩》,题注"辛卯年秋八月与周宰游王氏祠堂"。词云:

日日午餐余,即须幽讨。拄杖长行觅周老。三杯两盏,不致玉山倾倒。与君何处去,乾冈好。

松影闲庭,长吟藉草。白发多来故人少。春山何在?两树寒梅枯槁。一声邻笛起,催归早。[3]

周宰即周贞。己丑、辛卯,分别是至元二十六、二十八年。这两个时间段,王恽都家居在卫。二十六年五月,离王复之死不过三

---

[1] 王恽:《秋涧集》卷49《故正议大夫前御史中丞王公墓志铭并序》(以下简称《王复墓志铭》),第102页下。
[2] 王恽:《秋涧集》卷30,第439页下。
[3] 王恽:《秋涧集》卷75,第323页上。

个月。二十八年八月，距王恽从福建任回不到一年。[1] 王恽两次来王氏祠堂，缅怀"故人"，触景生情，"两轩梅竹足兴哀，亲见春山手自栽""春山何在？两树寒梅枯槁"。王恽念念于兹的"春山"是谁？根据以上探讨，我们可以得出结论，此人就是王复。春山应是其号。

金末战乱，人多流徙。自父昌龄治理卫州，王复一家始定居于卫。其祖籍在沧州。《王昌龄行状》《王卫州挽章》载其"沧州人"[2]。《王复墓志铭》亦云其祖"世家沧州"[3]。唐、宋、金时，沧州为横海军节度治所。故王恽也称王复"横海王君"[4]。提及王复籍贯，王恽还采用渤海郡古地名来指称沧州。[5] 如至元四年撰《殷太师庙重建外门记》云："维皇朝至元元年，郡侯渤海王复命汲县令葛祐作新太师之祠。"[6]《谢王中丞惠柏栽》云："若问物从来，渤海王氏出。"[7]

行文至此，再回头看《元史·王恽传》所载："恽有材干，操履端方，好学善属文，与东鲁王博文、渤海王旭齐名。"我们可以判断，"渤海王旭"应当是"渤海王复"之误。类似错误在《元史》中并不罕见。比如《世祖纪十》《卢世荣传》都将至元二十一年十

---

[1] 《和渊明归田图》："庚寅冬，余自闽中北归。"见王恽：《秋涧集》卷5，第203页上。
[2] 王恽：《秋涧集》卷16，第312页下；卷47，第70页上。
[3] 王恽：《秋涧集》卷49《王复墓志铭》，第101页下。
[4] 同上。
[5] 沧州，汉高祖时设渤海郡。见马端临：《文献通考》卷317《舆地考三》，第13册，第8620页。
[6] 王恽：《秋涧集》卷36，第499页上。
[7] 王恽：《秋涧集》卷4，第194页下。

一月新任命的中书左丞史彬,误记为史枢。[1]《王恽传》的致误原因,很可能是明初《元史》编纂者根据王恽行状等资料修传时,由于不熟悉王复,不慎将其与王旭相混淆。

"三王"齐名,王博文号西溪,王复号春山,王恽号秋涧,似非偶然。西溪、秋涧都是依卫州地理取号,春山当也如此。[2] 三人中王博文年最长,而王复入仕似为最早,1255年左右,同知卫州节度使事。[3] 其后任职内外,仕途顺遂,至元十五年,王复出任刚成立不久的江南行御史台御史中丞,在三人中最为显达。当时著名的文士官僚王磐,还曾推荐他出任宰执一职。[4] 作为"三王"之一,王复本不该被人如此遗忘。世事沧桑,令人感慨!

二、王复去职与至元十九年的政治风波

王复死后,作为好友的王恽撰写《墓志铭》,叙述了他一生行实。关于他的仕宦生涯,记载如下:

> 己未(1259)冬,自齐经中起君袭父职,仍领州务。明年中统建元,真授卫辉二府同知。又明年,由州而路,就升贰总

---

[1] 参见毛海明、张帆:《史彬事迹钩沉》,《中国史研究》2014年第1期,第131—134页。
[2] 按据王恽:《秋涧集》卷2《西溪始泛同王子初访王柔克》(第182页上),西溪当是卫州一处水流。又据卷39《秋涧记》(第526页上—下),秋涧在"郡西五十里而近"。
[3] 参见王恽:《秋涧集》卷47《王昌龄行状》,第71页上。
[4] 王恽:《秋涧集》卷49《王复墓志铭》,第102页下。

尹。……至元甲子，转官制行，授朝请大夫，改倅彰德路。无几，以德望入为中书两司郎中，调议密勿。……魏河朔巨镇，吏重而俗嚣，号难理，特辍君以少尹来治。……八年辛未春，自中书舍人出知归德府。……继丁母夫人忧去职，未期，诏起君充河南道宣慰副使。国家方有事襄、汉，……明年，超擢陕西四川道提刑按察使，寻进拜嘉议大夫、行台御史中丞，用赝才选。

既署事，有告苏州应草窃以城叛者，或议调急兵径讨，公曰："维扬去吴才三百里，……"已而果如料，……淮甸沃壤千里，公于上前论奏："宜设农司，募游食者，开耕屯以尽遗利。若尔非惟实内地，且威剿退陬，坐销外侮。"韪其议，付有司施行。俄加正议大夫，徙按河东山西道。以事免归，居三年，竟以疾酬之，遂至于斯。哀哉！享年六十有四。前后宠锡，凡十有一命，官极通贵，……[1]

除个别外，大多数任职时间都没有明确写出。但总的来说，王复一生仕途迁转有序，比较清晰。铭文也多是歌颂褒扬之辞。依这些记载，似乎没有什么特别之处。然而，除了这个《墓志铭》，王恽还屡屡撰文哀悼故友，透露出一些不同寻常的信息。王复死后两天，王恽撰《中丞王公祭文》，其中有云：

其经纶国业，固足以见君之器宇。彼或无知，奚我龃龉。

---

[1] 王恽：《秋涧集》卷49《王复墓志铭》，第101页下—102页下。

淮海归来，道在心小。角巾私第，日事坟讨。周防有余，蛇虺结缴。谗火烧城，甚于原燎。伊郁积中，不无热恼。尝切谂予，忧世心悄。觏闵何多，受侮不少。每见慰宽，外物一扫。扩量冲融，致养强矫。死非所惮，此何足扰。如金在镕，百炼不挠。白首穷涂，亦足枯槁。留使咨谋，为世仪表。此天下之公论，非一已之私祷。云何不淑，不憖遗此一老。吾乃知苍苍报施，于焉有未晓者。……钟鼎一事，古人谁了？呜呼！事至盖棺，夫复何［道］？尚精爽不昧，而来者是保。……[1]

十多天后，王恽又作《路祭中丞王兄永诀文》，云：

维君丰度凝远，内明而外闷。以予交游之久，颇仿佛其一二。其所以斯疾而至于斯者，而皆命之所致耶？岂用有余而啬于行耶？物或犯而隐不校耶？欲求合而反得乖耶？剪所爱而笃老怀耶？不然，何气运丧谢，丛一躬而萃耶？

方谤之兴，予适在燕，尝表里乎西溪，致一言于诸公之间。力虽微而莫辩，庶几友义，尽予心之拳拳。用是生有以书慰之，殁有以文诔之。又罔以不敏，复铭而责之。辞固斐然，思馨亶无愧而已。

今者执绋徒送，永隔泉路。然古人神交，罔间存殁，临岐赠言，故不惮其再渎。伏惟明灵鉴兹微悃。尚享！[2]

---

[1] 王恽：《秋涧集》卷64，第221页上—下。"［道］"据《影印文渊阁四库全书》本补，第826页下。
[2] 王恽：《秋涧集》卷64，第221页下。

大约一年之后，至元二十六年左右，王恽撰《哀挽亡友中丞王兄五首》，其中两首云：

百蛇堕地一能龙，知己相须不易逢。僧孺固应知杜舍，臧洪初不负张公。扶摇羽翮翻溟海，作养功名上景钟。自笑涧松居不巧，半生清露到虚蒙。

众响漂山不易安，势张那复涨狂澜。一时附会真堪畏，此际支持诚独难。贝锦斐文哀巷伯，瑶琴幽愤变猗兰。一言曾拟桓侯辩，醉里哀筝为谢弹。[1]

"周防有余，蛇虺结缴。逸火烧城，甚于原燎。伊郁积中，不无热恼""方谤之兴""众响漂山不易安，势张那复涨狂澜"，王恽悼念亡友时，反覆喋喋于此，颇有些令人意外。由"逸火""谤"，以及"贝锦斐文哀巷伯"这个《诗经》中巷伯孟子因谗蒙冤的典故[2]，可以清楚一个事实，就是王复曾经遭受谗言诽谤攻讦。这对王复的影响应该非常大，让他抑郁煎熬，难以释怀，以致王恽在他死后还不断提及。王复究竟是什么时候，又为什么受到攻讦呢？

要揭示其中玄奥，须先厘清王复的若干任职时间。《墓志铭》

---

[1] 王恽：《秋涧集》卷19，第335页下—336页上。
[2] 参见《毛诗正义》卷12《小雅·巷伯》，《十三经注疏》，第2册，台北艺文印书馆2013年版，据嘉庆二十年江西南昌府学刻本影印，第428页上—430页上。朱熹：《诗集传》卷12："时有遭谗而被宫刑为巷伯者，作此诗，言因萋斐之形而文致之以成贝锦，以比谗人者。因人之小过，而饰成大罪也。彼为是者，亦已（大）太甚矣。"《四部丛刊三编》，据宋本影印，叶17b。

载至元八年春任归德知府后,"继丁母夫人忧去职,未期,诏起君充河南道宣慰副使"。王复任河南道宣慰副使的时间,是在其母死后不到一年。至元十二年二月初二日,时任平阳路总管府判官的王恽祭奠王复之母,追忆往事,云:

> 调官南归,四月惟夏。升拜北堂,德容甚暇。亲哺之食,手饮以斝。驾言西行,辞拜床下。中心恻然,诲言洒洒。日薄西山,众鹍飞翻。云别几何,遽弃荣养。闻讣惊怛,怒焉如丧。英英白云,太行之上。有泪盈睫,怅然东望。……恽以官守有限,罔获骏奔。……[1]

也就是说,王恽在"调官南归"的四月,曾拜见王复之母。"云别几何,遽弃荣养",拜别之后不久,王母去世。由于任官异地,故而未能奔丧致哀。如果熟悉王恽行实,即可得知,王恽至元九年御史台监察御史任满,改授平阳路总管府判官。这年三月,王恽回到卫州,四月离家赴任平阳。[2] 正是在这次归乡期间,他才得以拜见王母。王母去世应在至元九年下半年。王复起复任职当是至元十

---

[1] 王恽:《秋涧集》卷62《祭王府君夫人陈氏文》,第210页下。
[2] 王恽:《秋涧集》卷16《唐山道中早发》"时至元九年三月初九日,自燕达淇上",第307页下;卷44《鱼叹》"至元九季春三月,余自燕南还,前次淇右",第35页上;卷59《故将仕郎潞州襄垣县尹李公墓碣铭》"九年夏,予调官晋府,过家上冢",第186页上;卷63《辞墓祭文》"维大元国至元九年岁次壬申四月乙未朔……至九年春,用前资翰林修撰,由监察御史改授承直郎、平阳总管府判官。已择此月十九日赴任所",第212页下—213页上。

年。[1]祭奠时，王恽云"致祭于河南路宣慰副使王君太夫人陈氏之灵"。表明王复至元十二年二月前后，还在河南道宣慰副使任上。

《墓志铭》又云："明年，超擢陕西四川道提刑按察使，寻进拜嘉议大夫、行台御史中丞。"由其后"既署事""苏州""维扬"等语，可知此行台为江南行御史台。检《至正金陵新志》江南行台御史中丞题名，有"王某，□□，至元十五年上"[2]。此王某应即王复，所缺当为"嘉议"二字。王复升任行台御史中丞，王恽《寄子初提刑自陕西改授行台中丞（治扬州）》诗云："监司西去无三月，建节东还路八千。"[3]看来王复任陕西四川道提刑按察使的时间不长，即进拜行台中丞。任职陕西的时间，当在至元十四年左右。

王复至元十五年任江南行台御史中丞，《墓志铭》未载卸任时间。据《南台备要》，至元十四年七月江南行台成立时，设御史大夫一员，御史中丞两员。蒙古勋贵相威任大夫。[4]《至正金陵新志》载，至元十四年，汉人焦友直、契丹人耶律老哥被任为御史中丞。十五年王复任中丞，当是接任二者之一。到至元十九年，出现了一员唐兀人中丞也儿撒合，一员汉人中丞姜某。[5]姜某应是取代了王复的位置。王复生前最后一个职务是河东山西道提刑按察使，

---

[1]《秋涧集》卷7有《鹧鸪词甲戌夏六月宿李将军林馆闻之有感而作寄友生王宣慰子初》（第223页下）。甲戌，至元十一年。王复任宣慰一职，当在十一年之前。

[2] 张铉：《至正金陵新志》卷6《官守志·题名》《中国方志丛书》第436册，台北成文出版社1983年版，据元至正四年刊本影印，第1820页下。

[3] 王恽：《秋涧集》卷17，第320页上。

[4] 刘孟琛等：《南台备要》"立行御史台命相威为御史大夫制""行御史台官吏品秩等"，《宪台通纪（外三种）》，《元代史料丛刊》，浙江古籍出版社2002年版，第149、157页。

[5] 张铉：《至正金陵新志》卷6《官守志·题名》，第1820页上下。按也儿撒合应即唐兀人亦力撒合，参见《元史》卷120《亦力撒合传》，第2957页。姜某当即姜彧，参见《元史》卷167《姜彧传》，第3928页。

被"免归"后三年，至元二十六年初去世，可知免职在至元二十三年左右。

我们稍微梳理一下王复这一段的任职经历：至元八年春，任归德知府。九年下半年，因母亲亡故，去职。十年，起复，任河南道宣慰副使。十四年，擢陕西四川道提刑按察使。十五年，任南台御史中丞。十九年，卸职。后任河东山西道提刑按察使，二十三年左右，免归。

在《中丞王公祭文》里，王恽系"蛇虺结缴，谗火烧城"等语于"淮海归来"之后。归德、河南道、扬州（当时行台所在地），都在淮海地区。河东山西道治所在太原，与"淮海"悬隔无涉。"淮海归来"究竟于何时？细究王复任官迁转，至元十九年之前仕途顺利，职务节节攀升，不像遭遇过诽谤打击。揆之情理，令王复、王恽耿耿于心的攻讦事不当发生于十多年前，应该离他去世不会太久。至元十九年卸任南台御史中丞，后任河东山西道提刑按察使的职务变化，在王复的履历里显得有些不同寻常。御史中丞"非勋旧德望不轻授之"[1]，是从二品的内任官，提刑按察使为正三品的外任官。[2] 这两个职务，无论从品级，还是名望上，都有一些差距。王复从陕西四川道提刑按察使升任行台御史中丞时，王恽就曾吹捧他："仕宦得君（无）[当]重地，澄清有路是瞻天。"[3] 王复

---

[1] 苏天爵：《滋溪文稿》卷12《元故荣禄大夫御史中丞赠推诚佐治济美功臣河南行省平章政事冀国董忠肃公墓志铭》，中华书局1997年版，第194页。

[2] 参见陈高华、张帆等点校：《元典章》卷7《吏部一·官制一·职品·内外文武职品》，中华书局、天津古籍出版社2011年版，第193—194页。

[3] 王恽：《秋涧集》卷17《寄子初提刑自陕西改授行台中丞》，第320页上。括号内容据《影印文渊阁四库全书》本改，第211页下。

从行台御史中丞卸任,后来出任河东山西道提刑按察使,其间似有某种不得已的缘由。所谓"淮海归来",很可能在至元十九年左右。

攻讦事的发生时间,还有一条线索。王恽在《路祭中丞王兄永诀文》中云:"方谤之兴,予适在燕,尝表里乎西溪,致一言于诸公之间。"也就是说,诽谤发生时,王恽正在大都,并与王博文设法为王复说项。考察王恽的行实,至元十五年,任河北河南道提刑按察副使。[1] 十六年秋,改任燕南河北道提刑按察副使。[2] 十九年三月,授江南行台治书侍御史,不赴。二十年六月,改山东东西道提刑按察副使。二十一年五月后卸任,"以疾还卫"[3]。此后家居于卫,一直到至元二十六年八月,出任福建闽海道提刑按察使。[4] 这十余年间,只有一个时间段,王恽"适在燕"。至元十九年三月授任行台治书侍御史后,他并没有赴任,而是活动于真定、顺德一带,当年秋到达大都。[5] 这年岁末,他在诗中感叹:"来住京师已半年,欲行还止果谁然。"[6] 直到二十年三月,他仍在大都。四月初,离开大都,来到真定。[7] "方谤之兴"应该发生在至元十九年到二十年上半年这段时间内。其时王博文卸任提刑按察使,来到大

---

[1] 王公孺:《王恽神道碑》,王恽:《秋涧集》前附,第123页上;王恽:《秋涧集》卷59《长乐阡表》,第184页上。
[2] 王公孺:《王恽神道碑》,王恽:《秋涧集》前附,第123页上;王恽:《秋涧集》卷44《僮喻》"汝翁且自己卯秋移官燕南",第38页上。
[3] 参见毛海明:《〈元史·王恽传〉行年订误》,第62—66页。
[4] 王恽:《秋涧集》卷64《授少中大夫福建闽海道提刑按察使告祖宗文》,第223页上。
[5] 王恽:《秋涧集》卷38《御史箴后记》"壬午秋,予至京师",第517页上。
[6] 王恽:《秋涧集》卷34《壬午除夜杂诗》,第481页下。
[7] 参见毛海明:《〈元史·王恽传〉行年订误》,第63—64页。

都，担任礼部尚书一职。[1]

至元十九年左右，王复为什么会受到攻讦？如对元代前期政治史有所了解，就会怀疑与这年三月发生的阿合马遇刺事件有关。这是当时政治生活中的一件大事。事件发生后，参与刺杀的千户王著、高和尚，以及卷入其中的枢密副使张易，都被处死。不久，转而清算阿合马及其理财集团的罪恶。阿合马遭剖棺戮尸，"子侄皆伏诛，没入其家属财产"[2]，党羽被问罪、处死、罢黜。这些都是治元史者所熟知的史实，无庸赘述。[3]

元廷政坛随之陷入剧烈的动荡之中。政治清算开始蔓延，朝向扩大化的趋势发展。时间上，清算从至元十九年四月，一直延续到至元二十一年正月，达两年之久。程度上，清算几乎涉及政府的各个部门，中央、地方都有波及。至元十九年七月左右，已是"凡阿合马所用之人皆革去""穷治党与，纤悉无遗"，甚至还有"守门卒隶，亦不可留"的提议。[4] 作为监察机构的御史台被认为失职，遭遇严厉整肃。阿合马权势鼎盛时，"益肆贪横""内通货贿，外示威刑，廷中相视，无敢论列"[5]。"沮抑台察"，残酷打压检举弹劾他的御史台官员，致使"台官以下，察院之属，闭口吞声，见如不见，宴居高坐，闻若不闻"[6]。性格圆融、原则性不强、在中央御史台

---

[1] 王恽：《秋涧集》卷1《鹤媒赋》"至元壬午冬，与礼部王兄子冕因话及此，慨然有感"，第176页上。参见蔡春娟：《元儒王博文生平与交游》，第282—283页。
[2] 《元史》卷205《阿合马传》，第4564页。
[3] 参见李治安：《忽必烈传》，人民出版社2004年版，第202—209页。
[4] 《元史》卷173《崔彧传》，第4039页。
[5] 《元史》卷205《阿合马传》，第4562页。
[6] 《元史》卷205《阿合马传》，第4561页；赵天麟：《太平金镜策》卷2《峻乌台》，日本宫内厅藏明刊本，叶11b。

任御史中丞长达六年的史彬，大约就是因为这样"闭口吞声，见如不见，宴居高坐，闻若不闻"，才会被阿合马容忍，与其和平共处。[1]御史台对阿合马的专权基本上没有起到牵制作用。至元二十年正月，时任刑部尚书的崔彧上言《时政十八事》，第二条曰：

> 当阿合马擅权，台臣莫敢纠其非，迨其事败，然后接踵随声，徒取讥笑。宜别加选用，其旧人除蒙古人取圣断外，余皆当问罪。[2]

问罪的结果，就是"台臣皆罢去""台臣以失言并逐"，中台除了治书侍御史杜思敬被忽必烈特旨留任外，包括御史中丞史彬在内的台臣悉被革职。[3]

身在中央的御史台受到如此处分，地处江淮的行御史台恐怕也难免追责。阿合马专权时，着力培植长子忽辛在江淮的势力，"任智自私，欲其子忽辛行省兼兵柄"[4]。江淮行省几乎就是忽辛的势力范围。史载他"恃势贪秽""罪重于父"[5]。阿合马死后不到一月，时任江淮行省平章政事的忽辛就受到严厉清算。至元十九年十月，"诛阿合马长子忽辛、第二子抹速忽于扬州，皆醢之"。江淮行

---

[1] 参见毛海明、张帆：《史彬事迹钩沉》，第138页。
[2] 《元史》卷173《崔彧传》，第4039页。
[3] 《元史》卷151《杜思敬传》，第3575页；柳贯：《柳待制文集》卷8《谥议·杜思敬谥文定》，《四部丛刊初编》，据明成化刊本影印，叶21b。按，首脑之一、担任御史中丞的史彬，应是被率先问责，至元十九年底就被崔彧取代。
[4] 《元史》卷205《卢世荣传》，第4567页。
[5] 《元史》卷12《世祖纪九》至元十九年四月乙巳，第241页；卷120《亦力撒合传》，第2957页。

省参知政事马璘被定为忽辛党羽，遭到罢黜。[1]同年，也而撒合、姜彧任为御史中丞，王复被取代，应该是行台被问责整顿的结果。

忽辛专权江淮，自至元十五年起担任行台御史中丞的王复，不会没有责任。元代御史中丞一般两员，一员蒙古或色目人，一员汉人。至元十四年江南行台刚成立时，焦友直、耶律老哥任中丞，无蒙古或色目中丞，汉人中丞两员。焦友直这年七月就改任秘书监。[2]耶律老哥担任中丞的时间也应较短，即改调他职。[3]王复很可能相当长一段时间内独任御史中丞一职。他大约也是"闭口吞声""莫敢纠其非"，甚或与忽辛有某种默契，相安无事。不然，忽辛父子很难容忍他安居中丞之位。张雄飞就是一个很好的例证。《元史·张雄飞传》载：

> ［至元］十六年，拜御史中丞，行御史台事。阿合马以子忽辛为中书右丞，行省江淮，恐不为所容，奏留雄飞不遣，改陕西汉中道提刑按察使。[4]

王复大概性格上也如史彬，为人圆融，不以讥刺弹查为能，缺乏刚直敢言的斗争精神。[5]王恽赞他"识变通"，品德"信厚""扬

---

[1] 《元史》卷12《世祖纪九》至元十九年九月癸西、十月乙卯，第246、247—248页。
[2] 据王士点、商企翁编：《秘书监志》卷3《印章》、卷9《题名》（《元代史料丛刊》，浙江古籍出版社1992年版，第51、165页），焦友直"至元十四年七月初二日，以通奉大夫复任"秘书监。
[3] 据《元史》150《耶律阿海传》载，"老哥，历提刑按察使，入为中书左丞"（第3550页）。耶律老哥任南台中丞的时间应很短。
[4] 《元史》卷163《张雄飞传》，第3821页。
[5] 充满斗争精神的崔彧就以"刚直敢言"著称，见《元史》卷173《崔彧传》，第4038页。

历中外厚自持,柔嘉维则非公谁"[1],就说明了他这方面的性格特征。正因如此,他才能为忽辛父子"所容",长期担任行台御史中丞一职。

在长期与忽辛的共事过程中,王复或许不仅仅是明哲保身,没有负起"官守言责"。《张雄飞传》又载:

> 阿合马死,朝臣皆以罪去。拜参知政事。阿合马用事日久,卖官鬻狱,纪纲大坏,……忽辛有罪,敕中贵人及中书杂问,忽辛历指宰执曰:"汝曾使我家钱物,何得问我!"雄飞曰:"我曾受汝家钱物否?"曰:"惟公独否。"雄飞曰:"如是,则我当问汝矣。"忽辛遂伏辜。[2]

在"纪纲大坏"的环境下,王复即使不同流合污,恐怕也很难独善其身。他或许收受过忽辛的"钱物"贿赂。阿合马倒台后,开始清算其理财集团,追究忽辛在江淮的罪行,在严峻的政治氛围下,作为江南行台御史中丞的王复,很可能被认定负有主要责任,遭到舆论的严厉抨击,受到免职处分。这应该就是他遭遇"谗火"攻讦的根本原因。只不过站在同情王复的立场,王恽把这些舆论抨击,都当作诽谤谗言罢了。

王恽在诗文中云"尝表里乎西溪,致一言于诸公之间""一言

---

[1] 王恽:《秋涧集》卷12《寿王子初》,第275页下;卷49《王复墓志铭》,第102页下—103页上。
[2] 《元史》卷163《张雄飞传》,第3821—3822页。

曾拟桓侯辩",[1] 意思是曾帮王复辩护。此举应没有奏效，故而他又说"力虽微而莫辩，庶几友义，尽予心之拳拳"。王恽的"友义"似不止于"一言"。《秋涧集》卷92收有一份事状，题《牒司为中丞王通议病愈状》，全文如下：

> 窃见前行台中丞王通议，去岁春自扬州赴阙奏事回，(备)〔偶〕患病疾，百日作阙。今过期年，已是平复。即目居家读书，以教子为事。其于己私，似为安便。若以方今选用人材之切，如王通议者才术德望，理当起复，未宜投置散地。若不举明，伏虑宪台未知，久遗录问。[2]

文中未具明上书时间和"行台中丞王通议"的名字。有学者认为是王博文，事状上于至元二十五年。[3] 实属误解。散官正三品阶依次为嘉议、通议、正议大夫。[4] 早在至元十四年，王博文散官已是通议大夫。[5] 二十三年出任江南行台御史中丞，他的散阶是正议大夫。[6] 二十四年春，为白朴《天籁集》作序自署，及二十五年五月胡祗遹为婿王伯潜撰《墓志铭》，王博文的散阶都是正议大

---

[1] "一言曾拟桓侯辩"，运用了东晋桓伊为谢安辩护的典故。见《晋书》卷81《桓伊传》，中华书局1974年版，第2118—2119页。
[2] 王恽：《秋涧集》卷92，第477页下。括号内容依《四部丛刊初编》本改，叶2b。
[3] 蔡春娟：《元儒王博文生平与交游》，第284页。
[4] 参见陈高华、张帆等点校：《元典章》卷7《吏部一·官制一·资品》，第189页。
[5] 见张之翰：《西岩集》卷14《送王侍御河北按察使序》，第478页上。
[6] 王博文诗、刘泰跋：《登琴台诗并跋》，第101页。

夫。[1] 此外，王恽自至元二十一年"以疾还卫"辞职后，到二十六年七月前，一直赋闲家居[2]，不可能于二十五年以职官身份，上此表章建白。事状中的"王通议"应该不是王博文，时间也不当在二十五年。

据王恽自称事状"系监司时建白"[3]，他一生"五持宪节"[4]，最后一次是至元二十六年七月授任福建闽海道提刑按察使，此时曾任行台中丞的王复、王博文均已亡故。这份建言只能出自二十一年王恽辞任山东东西道提刑按察副使之前。至元十五年王复上任行台中丞时，散阶"嘉议大夫"，二十三年左右，出任河东山西道提刑按察使，才"加正议大夫"[5]。依时间和迁转顺序，这份事状中的"行台中丞王通议"应是王复。结合王复至元十九年卸任中丞的史实，这份建白当在二十年六月左右，王恽停留于真定，赴任山东之前。当时政局混乱，不时有"罪黜之人"被"又复奏用"[6]。所谓"偶患病疾，百日作阙"，不过是句托辞。从文中看，王复去职一年多，赋闲在家。王恽上书建言，意欲当时的和礼霍孙政府能够重新起用他。"一时附会真堪畏，此际支持诚独难"，在持续的政治清算和舆论压力下，单凭王恽的努力很难发挥作用。

---

[1] 王博文：《天籁集序》，白朴：《天籁集》卷首，《影印文渊阁四库全书》，第1488册，第632页；胡祗遹：《紫山大全集》卷18《奉训大夫知泗州事王伯潜墓志铭》，第315页下。

[2] 《元史》卷167《王恽传》，第3934页；王恽：《秋涧集》卷42《编年纪事序》，第12页下。参见毛海明：《〈元史·王恽传〉行年订误》，第63—66页。

[3] 王恽：《秋涧集》卷90，第458页上。

[4] 王恽：《秋涧集》前附《制辞·封谥》，第117页上。

[5] 王恽：《秋涧集》卷49《王复墓志铭》，第102页上—下。

[6] 《元史》卷13《世祖纪十》至元二十一年正月甲戌，第264页。

据事状，王复"去岁春自扬州赴阙奏事"，这当是在至元十九年三月阿合马遇刺后不久。《秋涧集》卷75收有一首词作，题《送子初中丞赴燕时予在真定宪司坐间作劝子初酒》，云：

> 灯火夜阑珊，故人相对。忘尽南窗引书睡。情谈亹亹，时带少年风味。门前霜月炯，停吟辔。　湖海相望，金兰交契。白发中年能几会。明朝赵北，又是摇摇风斾。一杯还到手，休辞醉。[1]

真定是燕南河北道提刑按察司治所。这首词很可能撰于至元十九年春，王复从扬州到大都，途经真定之际。其时风云突变，前途未卜，虽不免忐忑，但还能道旧叙情，举杯劝醉。等到达大都，王复被问责免职，归卫家居。这年底前后，随着清算深入，形势愈发紧张，王复面临的，不止是失职、不作为的责难，"众呴漂山不易安，势张那复涨狂澜"，更有舆论方面对他依违权臣、名节有亏的道德批判。王恽所谓"淮海归来，道在心小。角巾私第，日事坟讨。周防有余，蛇虺结缴。谗火烧城，甚于原燎。伊郁积中，不无热恼"，正是王复这一段经历的真实写照。

三、王复的短暂复出与卢世荣理财

至元十九年，由于追究御史台对阿合马父子的失察责任，王复

---

[1] 王恽：《秋涧集》卷75，第322页上。

被免去江南行台御史中丞一职。但这并不是他的仕宦终结,前文已经提及,其后他还曾任河东山西道提刑按察使,直到二十三年免归。他是如何被重新起用的,于何时被任命这一职务,又为何被免职呢?相关资料都没有明确说明。首先来确定任职时间。在此需要重复引用《墓志铭》中的一段记载:

> 淮甸沃壤千里,公于上前论奏:"宜设农司,募游食者,开耕屯以尽遗利。若尔非惟实内地,且威剔遏陬,坐销外侮。"韪其议,付有司施行。俄加正议大夫,徙按河东山西道。

这应该是王复生前的一个突出政绩,故而王恽把它写入《墓志铭》。王复在忽必烈面前提议在江淮开垦屯田,获得同意,并付诸实施。"俄",随即授予了他新的职任。《元史·世祖纪十》载:

> [至元二十一年十一月癸卯]以江淮间自襄阳至于东海多荒田,命司农司立屯田法,募人开耕,免其六年租税并一切杂役。[1]

至元二十一年十一月元廷关于江淮屯田的这一举措,应就是王复建言后,忽必烈"韪其议,付有司施行"的结果。王复授任新职的时间,当就在二十一年十一月左右。

至元十九年阿合马事件之后,"谗火烧城,甚于原燎",被罢去

---

[1] 《元史》卷13《世祖纪十》,第270页。

职务、受到舆论攻击的王复之所以能够在三年后重新崛起，原因主要有两个。一是元廷对阿合马余党及有过错官僚的政治清算力度减弱。经过近两年急风暴雨式的整肃，忽必烈对清算的态度有所转变。《元史·世祖纪十》载：

> （至元二十一年正月甲戌）御史台臣言："罪黜之人，久忘其名又复奏用，乞戒约。"帝曰："卿等所言固是，然其间岂无罪轻可录用者。"御史大夫玉速帖木儿对曰："以各人所犯罪状明白敷奏，用否当取圣裁。"从之。[1]

"罪黜之人"，应该包括众多卷入阿合马事件而被罢职的官僚。忽必烈显然注意到政治斗争中党同伐异、扩大化的一面，不愿意清算的牵连、打击范围太过广泛。同时，"阿合马死，朝廷之臣讳言财利事，皆无以副世祖裕国足民之意"[2]。阿合马遇刺后中书右丞相和礼霍孙两年多的柄政，没有缓解元廷因军事扩张与巨额赏赐带来的财政压力，不能令忽必烈满意。忽必烈需要起用具有理财才能的官僚。至元二十一年十一月，中书省再次遭遇重大调整，和礼霍孙等宰执悉被罢黜，与阿合马有瓜葛、曾遭罢职的卢世荣被委以理财重任。[3] 被任命的第二天，卢世荣与挂名中书右丞相的安童就上言：

---

[1] 《元史》卷13《世祖纪十》，第264页。
[2] 《元史》卷205《卢世荣传》，第4564页。
[3] 《元史》卷13《世祖纪十》至元二十一年十一月辛丑，第270页。

"阿合马专政时所用大小官员，例皆奏罢，其间岂无通才？宜择可用者仍用之。"诏依所言汰选，毋徇私情。[1]

正是在这样的背景下，受到牵连、被"奏罢"的王复才又获得任用机会。

他能够重新崛起的另一个主要原因，就在于史彬再度获得重用，出任新领导班子的中书左丞。史彬出自蒙元著名汉人世侯真定史氏家族，是曾任中书右丞相、"出入将相近五十年"[2]的勋臣史天泽幼子。关于史彬及其与阿合马、卢世荣的关系，已有文章论述。[3]在此需对王复与史彬的关系略作讨论。王、史两家颇有渊源。1225年前后，王昌龄受史天泽提携，参议幕府，随从左右，"感同风云，合若符契"[4]。1251年，蒙哥汗即位，以汲、胙、共、获、新乡、山阳六县为史天泽封地，天泽任昌龄领卫州事。1259年，王昌龄死，王恽描述：

丞相（按指史天泽）墓祭而哭之，曰："昔公勤劳我家三十余年，事无巨细，咸仰决焉。岂其天夺之速，而至于斯。俾予茕茕然在疚。"至有失目折肱之喻，哀号之声，感动左右。其为贤主人所惜如此，不可谓不遇也，不可谓不达也。[5]

---

[1] 《元史》卷13《世祖纪十》至元二十一年十一月辛丑，第270页。
[2] 王恽：《秋涧集》卷48《开府仪同三司中书左丞相忠武史公家传》，第87页下。
[3] 参见毛海明、张帆：《史彬事迹钩沉》，第125—147页。
[4] 王恽：《秋涧集》卷47《王昌龄行状》，第70页上。
[5] 王恽：《秋涧集》卷47《王昌龄行状》，第71页下。

史天泽让王复袭父职，继领卫州。从某种角度讲，王复父子就是"贤主人"世侯史天泽的私人、"家臣"。至元十三年左右，三十余岁的史彬即已出任中台御史中丞。十九年，受阿合马事件牵连去职。二十一年十一月，经卢世荣推荐，出任中书左丞。卢世荣出身低微，"素无文艺，亦无武功"[1]，极需拉拢一批有"根脚"[2]的勋贵子弟、知名官僚与自己共事，支持理财措施。在这样的情况下，史彬被拉入他的执政班子。[3]史彬在新领导班子中的地位，除了虚拥其位的蒙古勋贵安童以外，仅次于掌握实权的右丞卢世荣。[4]在人事推荐和任命上，史彬无疑有着相当大的话语权。

史天泽与王昌龄的私人关系应该延续到了下一代史彬和王复身上。王复"良有父风"，史彬"贵游子弟，用即显官"。[5]渊源深厚的两人在政治上应是同盟关系，一荣俱荣，一损俱损。至元十五年左右，王复能够接连超擢，出任陕西四川道提刑按察使、南台御史中丞，当得益于在中台担任中丞史彬的提拔和推荐。[6]而十九年，当史彬受到问责，不安于位，王复也难逃攻讦，随之去职。到了二十一年底，史彬受到任用，而且地位更高，家居课子的王复自然也获得了再度出仕的机会。

---

[1] 陈天祥：《论卢世荣奸邪状》，《国朝文类》卷14，叶18a。
[2] "根脚"是元朝俗语，意谓出身。"元朝之法，取士用人，唯论根脚。"见权衡著、任崇岳笺证：《庚申外史》，中州古籍出版社1991年版，第154页。
[3] 参见毛海明、张帆：《史彬事迹钩沉》，第136页。
[4] 时人评价卢世荣，"身当要路，手握重权，虽其位在丞相之下，朝省大政实得专之"。陈天祥：《论卢世荣奸邪状》，《国朝文类》卷14，叶18b。
[5] 《元史》卷173《崔彧传》，第4040页；王恽：《秋涧集》卷47《王昌龄行状》，第72页上。
[6] 至元十五年之前，"三王"中王博文的仕宦明显优于王复。王复能迅速超越，应该得益于与史氏家族的人脉关系。

王复本人应该也有东山再起的强烈意愿。作为北方汉族士人官僚中曾经声誉卓著的佼佼者，至元十九年前仕途一帆风顺，仅仅由于失察便被罢职，遭受舆论的严厉抨击，王复一定心有不甘，期待能有机会重新翻身，洗脱和证明自己。面对世交史彬的邀请，情感上也难以拒绝。另一方面，王复能够久居行台中丞之位，与阿合马父子相安无事，从侧面表明他对理财政治，很可能持某种支持态度，至少并不强烈反对。对待卢世荣理财，他可能抱有同样的心理。在以上这些因素的共同作用下，当卢世荣、史彬发出邀请，王恽铭词中云"又复当用行不疑"[1]，清楚地表明了王复此时决心重新出仕。

　　王复毕竟不是史彬，"根脚"、人脉和影响上，都相差很多。这让他在遭遇风波时更易受到攻讦，重新起用时面临更大阻力。虽然不是阿合马死党，属于失职被罢，但毕竟负有主要责任，受到过舆论的严厉指责。很可能由于这些，再加上卢世荣正拟废罢行御史台[2]，所以王复未能复任江南，或任职中央，而是被安排到河东山西道提刑按察使一职。这当是为进一步升用他而作出的权宜之计。

　　王复"行不疑"选择重新出仕，实际上冒着巨大的政治风险。卢世荣理财，同样遭到众多官僚的强烈反对，卢本人曾对忽必烈说："臣之行事，多为人所怨。"[3] 太子真金斥其为"国之大蠹"。[4]

---

[1] 王恽：《秋涧集》卷49《王复墓志铭》，第103页上。
[2] 《元史》卷13《世祖纪十》至元二十二年正月乙未，第272页。
[3] 《元史》卷205《卢世荣传》，第4566页。
[4] 《元史》卷115《裕宗传》，第2892页。

一些勋贵，如不忽木、都尔弥势，都拒绝与他合作。[1]至元二十二年正月，居家养病的王恽被征召充任中书省左司郎中，"不旬时而被旌招者三"。这很可能来自史彬的援引，或许王复也有推荐。王恽"屡趣不应"，有人问他原因，他评价卢世荣："力小任重，剥众利己，未见能久者。可近乎？"[2]他还撰文，采用客主问答的方式，表示："今吾子坚欲推挽，扶之使前，是茫洋径涉，趣入于无涯之渊。"[3]王恽显然对卢世荣执政前景并不看好。

王恽还劝说过王复不要加入卢世荣集团。《秋涧集》卷11收有一首《题耆英图奉呈子初中丞》，王恽借图中所绘北宋富弼等人因政争失败而赋闲家居的故事，[4]讽谕王复。最后几句云：

> 以人为鉴古所取，安得献此与论治道之污隆？愿君深藏勿轻出，世代虽远多青虫。[5]

王恽劝王复谨防谗言，"深藏勿轻出"。诗当作于至元二十一年王复再次出仕之前。在哀挽诗中，王恽云"僧孺固应知杜舍"，运用唐朝牛僧孺结交藩镇，受攻评被贬的典故[6]，同样是说王复本应

---

[1] 姚燧：《不忽木神道碑》，苏天爵编：《元朝名臣事略》卷4《平章鲁国文贞公》，中华书局1996年版，第62页；欧阳玄：《圭斋文集》卷11《高昌偰氏家传》，《四部丛刊初编》，据明成化刊本影印，叶9a。
[2] 王公孺：《王恽神道碑》，王恽：《秋涧集》前附，第123页下。
[3] 王恽：《秋涧集》卷45《答客问》，第53页上。
[4] 参见司马光：《温国文正司马公文集》卷65《洛阳耆英会序》，《四部丛刊初编》，据宋绍兴本影印，叶9b—10b；沈括：《梦溪笔谈》卷9《人事一》，上海古籍出版社2015年版，第62—63页。
[5] 王恽：《秋涧集》卷11，第256页上。
[6] 参见《新唐书》卷174《牛僧孺传》，中华书局1975年版，第5232页。

谨小慎微，不宜结交、投入卢世荣集团。

为什么在至元二十年，王恽还上书力荐王复"理当起复，未宜投置散地"，此时却劝他"深藏勿轻出"呢？原因就在于形势变化了，以前是深受汉文化影响、倾向汉法的和礼霍孙执政，现在是"以利自任""多为人所怨"的卢世荣用权。[1] 王复没有听从王恽的意见，而是选择追随史彬，这既有他与史氏家族渊源的因素，也与他希图改变自己政治境遇的强烈愿望有关。至元十九年的仕宦挫折，让他面对卢世荣抛来的诱惑，无法像王恽那样保持清醒头脑和冷静态度。史彬加入卢氏执政集团，本身也是一个巨大的冒险。史、王二人在至元十九年有共同的经历，相近的体验，都遭遇罢免和舆论抨击。史彬援引王复，王复追随他，希望相互支持，抱团取暖，改变彼此的政治境遇。对两人来说，此时重新入仕是一次冒险和赌博。

卢世荣理财不过半年，在反对派的攻讦下，就宣告失败了。元廷政坛随即开始了新一轮的政治清算。卢世荣被关押半年后遭到诛杀，"刲其肉以食禽獭"[2]。在理财集团中实属二号人物的史彬，遭到相比清算阿合马时更为严厉的攻讦，以致"忧悸而殒越"，甚至在死后，还有"云云者"[3]。我们相信，正是在这样的清算过程中，刚任河东山西道按察使不久的王复，再次被罢免职务。王复的冒险和赌博遭遇惨败。旧侮未平，又添新辱。

这轮政治清算的主要对象是卢世荣和史彬，攻讦的矛头也主要

---

[1]《元史》卷205《卢世荣传》，第4566、4568页。
[2]《元史》卷205《卢世荣传》，第4570页。
[3] 王恽：《秋涧集》卷19《左丞史公哀辞并序》，第337页下。

指向他们。任职不过数月，没有担任主要职务的王复，受到的攻评应该比较小，只是受牵连，"以事免归"。虽然如此，相比好友王恽由于拒绝征召，"众服其识先而有守"[1]，时人给予高度赞扬，再次遭遇罢黜的王复，"靓闵何多，受侮不少"[2]，精神、心理上的创伤和压力恐不会小。实际上，这轮政治清算的力度要低于至元十九年。卢世荣被罢职后，忽必烈下令："安童与诸老臣议世荣所行，当罢者罢之，更者更之。其所用人实无罪者，朕自裁决。"[3]卢世荣虽然被诛，但理财集团的很多成员并未受到严惩，有的在至元二十五年左右，迁调改派，继续担任重要职务。[4]相比之下，王复免职后再未得到任用，很可能还是与他在至元十九年左右被问责，受到舆论严厉抨击有关。王复一生遭际的重要关节点，就是这次仕宦挫折。这个挫折让他背负沉重压力，有着强烈的失败感，方寸大乱，进退失据，导致他两年后做出错误决择，再次遭遇挫折，以致三年后抑郁而终。好友王恽当然了解这一点，故而在他死后屡屡提及，吊慰亡灵，并申明自己曾"致一言"相助，无愧故交。

四、余论

"三王"都是元代前期著名的士人官僚，不仅政事可观，显宦当时，文学也颇负盛名，翰林官僚陈俨自称年轻时"尝求其所为文

---

[1] 王公孺：《王恽神道碑》，王恽《秋涧集》前附，第123页下。
[2] 王恽：《秋涧集》卷64《中丞王公祭文》，第221页上。
[3] 《元史》卷13《世祖纪十》至元二十二年四月壬戌，第276页。亦见于卷205《卢世荣传》，第4570页。
[4] 参见毛海明、张帆：《史彬事迹钩沉》，第141页。

讽诵之，爱其气格雄拔不窘"[1]。王恽"博学能文""雄文逸气"，曾"三入词林"[2]。王博文"才德兼备，一时名公鲜有出其右者。至于书翰，尤得其名""文有波澜字有源"，文章"不事雕饰，平易温雅，简而有式"，诗作"圆熟"[3]。与二人齐名的王复，文学方面应该也有很高的成就。元末孔齐《至正直记》载：

> 大元国朝文典，有《和林志》《至元新格》《国朝典章》……赵松雪、元复初、邓素履、杨通微、姚牧庵、卢疏斋、徐容斋、王肯堂、王汲郡等三王、袁伯长、虞伯生、揭曼硕、欧阳圭斋、马伯庸、黄晋卿诸公文集；……皆为异日史馆之用，不可阙也。中间惟《和林》《交信》二书，世不多见。……[4]

"王汲郡等三王"，应即王恽、王博文、王复三人。可见在元代，"三王"都有文集流传，直到元末还多见于世。遗憾的是，除王恽一百卷《秋涧集》保存下来外，王博文、王复两人的文集，于今都不可得。文集的名称、卷帙、篇目，均是不知其详。王博文的作品大多散佚，赖方志、碑刻和族谱保留下若干文字。《全元文》

---

[1] 王恽：《秋涧集》前附，第119页下。
[2] 王恽：《秋涧集》前附《制辞·授翰林修撰》《封谥》，第117页上。
[3] 王博文诗、刘泰跋：《登琴台诗并跋》，《北京图书馆藏中国历代石刻拓本汇编》第48册《元一》，第101页。张之翰：《西岩集》卷10《题季山所藏西溪帖二绝》，第446页下；卷18《书吴帝弼饯行诗册后》，第506页下。王恽：《秋涧集》卷64《御史中丞王公诔文》，第222页上。
[4] 孔齐：《至正直记》卷1《国朝文典》，《宋元笔记丛刊》，上海古籍出版社1987年版，第26页。

仅收文八篇，《全元诗》收诗三首。[1]

王复的作品史料中罕有收录。目今所见，仅有元人吴弘道编纂的《中州启札》收有他的三封信札，分别写给元代前期著名的士人官僚郝经、吕逊、张斯立。[2]据文意，前两封当作于大蒙古国时期，后一封应撰于至元十五年至十九年任职江南行台期间。在写给张斯立的信中，王复抄录了自己的一首五言古诗。信札内容如下：

> 某顿首：古人有真率会，前日农圃之饮，可以当之。用漳束韵，呈同座诸老一笑云。
>
> 凤驾从近郊，草露凄已白。鸡鸣达京阙，寒月照行色。瀛州蔼佳士，此际来挈榼。相逢金闺彦，野饮信酣适。农家场圃宽，缨弁俄云集。争持无算爵，宁辨不速客。肴馐杂市酤，讵假烹悬特。欢哗破寒律，和气回黍龠。醉倒忘登车，真游本无迹。
>
> 自爱，不宣。[3]

这可能是他存世的唯一一首诗作。这三封信札和诗，未见他处收录。清顾嗣立《元诗选》、今人编《全元文》《全元诗》，均失收王复的这些作品。

---

[1] 见李修生主编：《全元文（5）》卷140，凤凰出版社2005年版，第91—109页；杨镰主编：《全元诗（4）》，中华书局2013年版，第163—164页。

[2] 王复：《与郝伯常》《与吕子谦》《与张可与》，吴弘道编：《中州启札》卷3，《四库全书存目丛书补编》，第79册，齐鲁书社2001年版，据南京图书馆藏清张金吾爱日精庐钞本影印，第356页下。

[3] 王复：《与张可与》，吴弘道编：《中州启札》卷3，第356页下。

关于王复一生的事迹，可发覆者大致就是这些。其子嗣情况，《墓志铭》中没有交待仕宦，不知是未曾入仕，还是也受牵连，一并免职。《秘书监志》中有一著作佐郎王庸，"大德五年四月二十日上"[1]，与其一子同名，不知是否同一人。

最后重申一下本文的研究结论：王复是元初著名的"三王"之一，与王恽、王博文齐名。《元史·王恽传》中的"渤海王旭"应为"渤海王复"之误。至元十五年，王复担任江南行台御史中丞。十九年，因受阿合马、忽辛父子牵连，遭到政治攻讦，被罢官。二十一年底，经卢世荣、史彬援引，出任河东山西道按察使。二十二年卢世荣倒台后，再被免职。二十六年二月，病故。

---

[1] 王士点、商企翁编：《秘书监志》卷10《题名·著作佐郎》，第195页。

《元史·刘整传》笺证

翟禹（内蒙古社会科学院）

刘整字武仲，先世京兆樊川人，徙邓州穰城。［一］整沉毅有智谋，善骑射。［二］金乱，入宋，隶荆湖制置使孟珙麾下。［三］珙攻金信阳，整为前锋，夜纵骁勇十二人，渡堑登城，袭擒其守，还报。珙大惊，以为唐李存孝率十八骑拔洛阳，今整所将更寡，而取信阳，乃书其旗曰赛存孝。［四］累迁潼川十五军州安抚使，知泸州军州事。［五］

［一］樊川，今西安市长安区少陵原、神禾原一带。西汉初年，刘邦将此地封为樊哙的食邑，故称"樊川"。邓州，今河南省邓县。柯维骐《宋史新编》卷189《叛臣·刘整传》记载简略："刘整，邓州人"，明嘉靖四十三年杜晴江刻本。穰城，柯劭忞《新元史》卷177《刘整传》改"穰城"为"穰县"，《元史二种》影印本，中华书局2012年版。

［二］屠寄《蒙兀儿史记》改"沉毅"为"沈勇"，《元史二种》影印本，第538页。《新元史》所记与《元史》同。

［三］《新元史》卷177《刘整传》《蒙兀儿史记》卷82

《刘整传》均作"制置使赵方",且《新元史》未提"荆湖"。此处《蒙兀儿史记》《新元史》新增且不见于《元史》的内容,《蒙兀儿史记》与《新元史》表述稍有差异,前者曰:"方临卒,谓其子葵曰:'刘整才气,非汝曹所能驭,宜杀之,勿留为后日患。'葵心未然之。"(第538页);后者曰:"方临卒,谓其子葵曰:'整才气,汝辈不能用,宜杀之,勿留为异日患。'葵不听。"(第727页)此条记载当源于揭傒斯《题昔刺使宋图后》,见《揭文安公集》卷14,四部丛刊集部初编本。宋将赵方去世于南宋宁宗嘉定十四年(1221),据刘整卒年上推,当生于1213年,则赵方去世时刘整仅九岁,故此事不可信。《宋史新编》直接记载刘整"自金避乱入宋,得隶荆湖制置使孟珙麾下"。

[四] 信阳,《新元史》写作"金信阳州"。金信阳城,《元史》卷59《地理志二》载:"信阳州,下。唐初为申州,又改义阳郡。宋改信阳军,端平间,兵乱地荒,凡四十余年。"(第1407页)信阳为今河南省信阳市一带,金朝末年为宋金对峙的前沿地带。刘整攻信阳城时,信阳还在金朝控制之下,但随后不久就为南宋所占领。金信阳城被南宋攻占的时间应该在蒙宋联盟共同灭金时期,即1234年金国灭亡前后这段时间。赛存孝,钱大昕《十驾斋养新录·余录下》写道"刘整,号赛仁孝,见《元史》"之语显然不确。钱大昕《恒言录》卷2有"赛本祭名。今世乡社赛神,以丰俭较胜负,因以赛为争胜之义。赛与胜声亦相近也。宋末张惠称'赛张飞',刘整称'赛存孝',则已见于正史矣"。据新出土《刘黑马墓志铭》载:

"关河响动，怀赴如归，宋将赛存孝者，闻公之仁，引兵来归。"见陕西省考古研究院编著：《元代刘黑马家族墓发掘报告》，文物出版社2018年版。据此可知，当为"赛存孝"。

[五]《宋史》卷45《理宗本纪五》第873页："（景定元年）四月戊申，以刘整知泸州，兼潼川安抚副使。"中华书局1981年新1版。《宋史》卷89《地理志三》第2218页："泸州，上，泸川郡，泸川军节度。本军事州。宣和元年，赐军额。乾道六年，升本路安抚使。嘉熙三年，筑合江之榕山，再筑江安之三江碛，四年，又筑合江之安乐山为城。淳祐三年，又城神臂崖以守。景定二年，刘整以城归大元，后复取之，改江安州。崇宁户四万四千六百一十一，口九万五千四百一十。贡葛。"

《宋史》卷89《地理志五》第2216—2218页："潼川府路。府二：潼川，遂宁。州九：果，资，普，昌，叙，泸，合，荣，渠。军三：长宁，怀安，广安。监一：富顺。……泸州，景定二年，刘整以城归大元，后复取之，改江安州。"

刘整在南宋期间的事迹，其传记记载较略，但从其他文献史料中仍可搜寻一鳞半爪，如：《元史》卷129《纽璘传》："丁巳岁（1257，宋宝祐五年），宪宗命将兵万人略地，自利州下白水，过大获山，出梁山军直抵夔门。戊午，还钓鱼山，引军欲会都元帅阿答胡等于成都。宋制置使蒲择之，遣安抚刘整、都统制段元鉴等，率众据遂宁江箭滩渡以断东路。纽璘军至不能渡，自旦至暮大战，斩首二千七百余级，遂长驱至成都。"（第3144页）文中称"安抚刘整"，是其担任潼川安抚使时期。

此事亦见《元史》卷131《速哥传》："（速哥）又从都元帅纽璘败宋将刘整，破云顶山城。"（第3181页）《速哥传》未载时间，但据其内容可知，速哥为纽璘部属，参与了与时为南宋将领的刘整等人的作战，时间根据《纽璘传》是为丁巳岁（1257）。此事亦见《元史》卷132《步鲁合答传》："父车里，袭职。从都元帅纽璘攻成都，宋将刘整以重兵守云顶山，车里击败之，进围其城，整遣裨校出战，败走，追至简州斩之，杀三百余人，遂拔其城。"（第3207页）可知，这次战斗中，纽璘率领的蒙古军中有速哥、车里参加，且与刘整直接对战。《元史》卷131《速哥传》："己未（1259），宋兵攻涪州浮桥，部将火尼赤战陷，速哥破围出之。又以白事诸王穆哥所，复败宋军于三曹山，还至石羊，与刘整遇，复击败之。"（第3182页）此事则为"断桥之役"。贾似道曾说："断桥之役，曹世雄功第一，整次之。"见《宋史全文》卷36《宋理宗》，中华书局2016年版，汪圣铎点校。

整以北方人，扞西边有功，南方诸将皆出其下，吕文德忌之，所画策辄摈沮，有功辄掩而不白，以俞兴与整有隙，使之制置四川以图整。[一] 兴以军事召整，不行，遂诬构之[二]，整遣使诉临安，又不得达。及向士璧、曹世雄二将见杀，整益危不自保，乃谋款附。[三]

[一] 周密《癸辛杂识》别集卷下："先是蜀将刘整号为骁勇，庚申保蜀，整之功居多。吕文德为策应大使，武臣俞兴为

蜀帅，朱禩孙为蜀帅，既第其功，则以整为第一。整恃才桀傲，两阃皆不喜之，乃降为下等定功。整不平，遂诘问禩孙其故，朱云：'自所目击，岂敢高下其手？但扣之制密房，索本司元申一观，则可知矣。'整如其说，始知为制策二司降而下之，意大不平，大出怨詈之语。"（中华书局1988年版，吴企明点校，第305—306页）《宋史新编》卷189《叛臣·刘整传》此处增："元兵以内难解鄂州围，督帅贾似道用整计，杀殿兵以肃清。闻整与南方诸将多不相能，制置使吕文德、俞兴尤忌之。会似道托会计以陷诸阃，整遂为兴所按。"

［二］"诬构之"，《蒙兀儿史记》改作"攗摭其罪"，并在此作注："《元史新编》云：会贾似道托会计边费以陷诸阃帅，整遂为兴所按。"（第538页）

［三］郑思肖《心史》："吕文德私意既杀良将曹世雄，又抑刘整功，复谮整有跋扈意，似道欲杀之。"

刘一清《钱塘遗事》卷4《刘整叛北》记载，在四川"［俞］兴遣吏打算军前钱粮，整赂以金瓶，兴不受。复至江陵，求兴母书嘱之，亦不纳，整惧。又［贾］似道杀［吴］潜、杀［向］士璧，整益不安"。

佚名《宋史全文》卷60记载："断桥之役，曹世雄功第一，整次之。大将吕文德忌二人，据世雄罪逼以死，整惧祸及己遂叛归北。"《蒙兀儿史记》在"整遣使走诉临安不得"之前夹注："《元史新编》云：会贾似道托计边费以陷诸阃帅，整遂为兴所按。"按，此句亦见于《宋史新编》。刘整叛宋降元详情，亦见刘一清《钱塘遗事》卷4《杀向士璧》《刘整叛北》。

贾似道执政，始在军队中实施"打算法"，以清查将领钱粮贪污情况，引起守边将领一片恐慌，刘整惧怕。南宋晚期政治生态恶劣，贾似道专权，文臣武将相互倾轧，刘整有功却不赏，因而心生叛意。

中统二年（1261，辛酉，南宋景定二年）夏［一］，整籍泸州十五郡、户三十万入附。［二］世祖嘉其来，授夔府行省，兼安抚使，赐金虎符，仍赐金银符以给其将校之有功者。［三］俞兴攻泸州［四］，整出宝器分士卒，激使战，战数十合，败之。［五］复遣使以宋所赐金字牙符及佩印入献，请教屯兵、厚储积为图宋计。［六］

［一］《宋史·理宗本纪》载为"景定二年秋七月甲子"，即蒙古中统二年（辛酉年）七月初四，公历为1261年8月1日。《元史·世祖本纪》载"（中统二年）六月庚申，宋泸州安抚使刘整举城降"，时间为1261年六月三十日，公历为7月28日。两者相差4天。西安碑林博物馆藏《大元故奉议大夫耀州知州冯公墓志铭》（简称《冯时泰墓志铭》）载："（中统）二年夏六月，宋泸州安抚使刘整遣使持书诣西台请降，章上未报，行省商公议欲先人尝其信否，就为抚谕，而难其选。"可知，刘整向陕西行省求援请降信息发于中统二年夏六月。《元史》卷149《刘元振传》《刘元振墓志铭》均载，南宋制置使俞兴攻泸州的时间为中统二年"自正月至五月"，可知早在蒙古方面受到刘整"举城降"的消息之前，南宋就已经开始围攻泸

州了。

[二]《宋史新编》:"整惧,乃藉州之十五郡,户二十万降于元。"《元史》《蒙兀儿史记》《新元史》均载户数为"三十万"。《宋史·地理志》载:泸州"崇宁户四万四千六百一十一,口九万五千四百一十。"崇宁,即北宋徽宗时期(1102—1106),到1261年的南宋时期泸州城的人口不可能增加到三十万,所谓"户三十万"应当不是仅仅指泸州城的人口数。所谓"泸州十五郡",指梓州(今三台县潼川镇)、遂州(今遂宁市)、果州(今南充市北)、资州(今资中县重龙镇)、荣州(今荣县城关镇)、昌州(今大足县龙岗镇)、普州(今安岳县岳阳镇)、渠州(今渠县渠江镇)、合州(今重庆市合川)、叙州(今宜宾市)、泸州(今泸州市)、怀安军(今金堂县淮口镇)、广安军(今广安县浓洄镇)、富顺监(今富顺县富世镇)、长宁军(今长宁县长宁镇)。实际上在刘整降蒙以前,部分军州或迁治,或已归附蒙古,因此刘整降附时,已不足"十五郡"之数。

卷121《按竺迩传》:"(按竺迩之子)彻理袭职为元帅。丁巳(宪宗七年,1257年),从父攻泸州,降宋将刘整。"(第2985页)《元史》校勘记曰:丁巳从父攻泸州降宋将刘整蒙史云:"按整本传及世祖纪,整以中统二年辛酉降,而云丁巳者必误也。"

卷126《廉希宪传》:"宋将刘整以泸州降,尽系前归宋者数百人待报。希宪奏释之,且致书宰臣,待整以恩,当得其死力。整后首建取襄阳之策,果立勋效。"(第3088页)陶宗仪

《南村辍耕录》"待士"，所记廉希宪慢待刘整事，与《廉希宪传》所载内容相悖，疑传记曲笔。

卷129《纽璘传》："（中统）三年，宋将刘整以泸州降，〔三〕吕文焕围之，诏以兵往援，文焕败走，遂徙泸州民于成都、潼川。"（第3145页）《元史》校勘记："〔三〕三年宋将刘整以泸州降 按本书卷四世祖纪中统二年六月庚申条、卷一五九商挺传、卷一六一刘整传，'三年'皆作'二年'。元书改'三'为'二'，是。"

刘整降元与刘黑马、刘元振父子关系密切。《元史》卷149《刘元振传》："中统元年（1260），世祖即位，廉希宪、商挺奏以为成都经略使总管万户。"（第3518页）不久刘整投降，"宋泸州守将刘整密送款求降，黑马遣元振往受之。诸将皆曰：'刘整无故而降，不可信也。'元振曰：'宋权臣当国，赏罚无章，有功者往往以计除之，是以将士离心；且整本非南人，而居泸南重地，事势与李全何异，整此举无可疑者。'遂行。黑马戒之曰：'刘整，宋之名将，泸乃蜀之冲要，今整遽以泸降，情伪不可知，汝无为一身虑，事成则为国家之利，不成则当效死，乃其分也。'元振至泸，整开门出迎，元振弃众而先下马，与整相见，示以不疑。明日，请入城，元振释戎服，从数骑，与整联辔而入，饮燕至醉，整心服焉。献金六千两、男女五百人，元振以金分赐将士，而归还其男女。"（第3518—3519页）新出土《大朝故宣差都总管万户成都路经略使刘公墓志铭》（简称《刘黑马墓志铭》）《大元故成都路经略使怀远大将军行军副万户刘公墓志铭》（简称《刘元振墓志铭》）对接收刘整降元之过程多有记述，可补史阙。

刘整降元时，纽璘曾经派遣刘恩招谕刘整，此条史料目前仅见于《元史》卷166《刘恩传》："宋刘整将兵守泸州，中统三年都元帅纽璘遣恩谕整降，以功易赐金符。"（第3895—3896页）史料称"谕整降"时间为"中统三年"不妥，或指刘整降后，纽璘派遣刘恩与刘整联系往来沟通，并非指中统二年接收刘整之事。

刘整降元时的部将，《元史》中有传的人物为沙全（抄儿赤）："中统二年，整以泸州来归，全与之同行，宋军追之，全力战得脱，授管军百户。"（第3218页）《元史》卷132为《沙全传》："（至元）五年，命整领都元帅事，出师围襄樊，以全为镇抚。整遣全率军攻仙人山、陈家洞诸寨，破之，升千户，赐银符。败宋将张贵，拔樊城，与刘整军会。修正阳城，引兵渡淮，与宋将陈安抚战，败之。"（第3218页）据此可知，刘整自从中统二年降元以来，沙全始终作为他的部将跟随，参与了刘整全部军事活动，直至刘整去世。

［三］《元史》卷4《世祖本纪一》："（中统二年）六月庚申（三十日），宋泸州安抚使刘整举城降，以整行夔府路中书省兼安抚使，佩虎符。仍谕都元帅纽璘等使存恤其民。……八月甲寅（二十四日），命刘整招怀夔府、嘉定等处民户。"（第71、74页）

《元史》卷159《商挺传》："（中统）二年，进参知政事。宋将刘整以泸州降，系前降宋者数百人来归，军吏请诛以戒，挺尽奏而释之。"（第3740页）

王恽《秋涧先生大全集》卷82《赐刘元帅手诏》："（中统二年八月）十四日甲辰赐刘元帅手诏，兼宣谕夔府路新附军民人等，其词曰：且土地定其疆，固有朔、南之异；而父母爱其子，曾何彼此之分！朕尝以四海为家，万方在己，凡有来宾之俗，敢忘同视之仁。近因宋国之末臣，遂致蜀川之重扰。彼军旅焉，老淹于屯戍；彼民人焉，力尽于转输。况值凶荒，举皆转徙。保聚山麓者，延生于岁月；潜匿泽薮者，横死于风霜。彼君有昧于天时，在朕心亦有其惭德。今兹刘整慕我国朝，既能顺德而来，当副徯苏之望，市肆勿异，田里俾安。尔有货财，毋令劫掠；尔有禾稼，罔使践伤。诸回回通事人等，逃在彼军者，许令自还为良，不属旧主。除已行下陕西行省常加存恤、不使侵攘外，今降金牌五、银牌十，以旌有功者。当续具姓名，颁降宣命。凡在军民，各宁处所。故兹诏示，想宜知悉。"《元史·世祖本纪》载授予刘整"行夔府路中书兼安抚使"的时间是中统二年六月（三十日），此时，刘整向陕西行省密送降款，而后又由行省转送朝廷，忽必烈下令授予刘整此职。六月份，俞兴围攻泸州，当时刘整尚未解围，直至八月围方解。所谓"夔府行省"，即后来归属元朝的夔路（夔州路），治今重庆市奉节县。

[四]《蒙兀儿史记》："俞兴间整以泸叛，发兵自重庆来攻。整与巎子总管元振合力拒守。"（第538页）巎，即刘黑马。"攻泸州"指泸州神臂城，时泸州治所已迁至神臂城。宋理宗淳祐三年（1243），四川制置使余玠创制山城防御体系，委派曹致大在泸州下游六十里的神臂山创制新城作为泸州治所。

[五]《蒙兀儿史记》:"自三年正月至于五月,大战数十合,会成都经略司援军至,兴始败去。"(第538页)《元史》卷149《刘元振传》:"宋泸州主帅俞兴,率兵围泸州,昼夜急攻,自正月至五月,城几陷,左右劝元振曰:'事势如此,宜思变通,整本非吾人,与俱死,无益也。'元振曰:'人以诚归我,既受其降,岂可以急而弃之。且泸之得失,关国家利害,吾有死而已。'食将尽,杀所乘马犒将士,募善游者赍蜡书至成都求援,又权造金银牌,分赏有功。未几,援兵至,元振与整出城合击兴兵,大败之,斩其都统一人,兴退走。捷闻,且自陈擅造金银牌罪,帝嘉其通于权变,赐锦衣一袭、白金五百两。入朝,又赐黄金五十两、弓矢、鞍辔。"(第3519页)在泸州城被围至解围前后的情形,《刘元振墓志铭》载:"左右或劝公:事势危迫,宜有变通,且刘整非吾本人,今与具死,何益?不若突围而去。公曰:人以诚款归我,我来应接,是已受其降矣,岂可以小有艰阻,辄为改图?食将尽,乃杀所乘马以犒将士,募善水者赍蜡书索援兵于成都,主帅昔力觯令侍郎张威将兵三千赴援,夜举三烽与城中相应。犁明,公与整分道而出,直冲宋壁,与援军内外合势,宋军腹背受敌。斩老水张于阵前,俞兴遁还,自相蹈藉,弃甲山积,遂以刘整迁泸州归。初,城围未解,公虑整手下将校艰危之际,或生反侧,乃擅造金银符二十余,择有功者与之,僚佐谏止,以为不可,公曰:春秋之义,大夫出疆有可以利国家、安社稷者,则专之。若以为罪,吾自当之,必不以累诸君也。及此,自陈其事。朝廷嘉其知权,不以为罪,仍赐锦衣一袭、黄金五十两、白金一千

两，诸将赐与亦各有差。"

[六]《元史》卷4《世祖本纪一》："（中统二年）冬十月甲辰，宋兵攻泸州，刘整击败之。诏赏整银五千两、币帛二千匹。失里答、刘元振守御有功，各赏银五百两，将士银万两、币帛千匹。"（第75页）

三年（1262，壬戌，南宋景定三年），入朝，授行中书省于成都、潼川两路，赐银万两，分给军士之失业者，仍兼都元帅，立寨诸山，以扼宋兵。[一]同列嫉整功，将谋陷之，整惧，请分帅潼川。[二]七月，改潼川都元帅，宣课茶盐以饷军。[三]四年（1263，癸亥，宋景定四年）五月，宋安抚高达、温和，进逼成都，整驰援之。[四]宋兵闻赛存孝至，遁去，将捣潼川，又与整遇于锦江而败。[五]至元三年（1266，丙寅，南宋咸淳二年）六月，迁昭武大将军、南京路宣抚使。[六]

[一]《元史》卷5《世祖本纪二》："（中统三年）秋七月戊寅，以夔府行省刘整行中书省于成都、潼川两路，仍赐银万两，分给军士之失业者。"（第86页）

[二]《蒙兀儿史记》载为"蒙兀都元帅纽璘以整新附，一旦骤与同列，恩宠且出己上，害其功，谋陷之"，夹注曰："旧传所谓同列，指纽璘也。"（第538页）此事《元史》卷129《纽璘传》载为："（中统）四年，为刘整所谮，征至上都，验问无状，诏释之。"（第3145页）故，所谓"同列"指纽璘，刘整在仕宋期间曾与其交战：

《元史》卷129《纽璘传》，第3144页："宋制置使蒲择之，遣安抚刘整、都统制段元鉴等，率众据遂宁江箭滩渡以断东路。……进围云顶山城，扼宋军归路。其主将仓卒失计，遂以其众降。城中食尽，亦杀其守将以降。"卷132《步鲁合答传》，第3207页："（步鲁合答）从都元帅纽璘攻成都，宋将刘整以重兵守云顶山，车里击败之，进围其城，整遣裨校出战，败走，追至简州斩之，杀三百余人，遂拔其城。"卷131《速哥传》，第3181页："又从都元帅纽璘败宋将刘整，破云顶山城。"故此，刘整与纽璘始终关系交恶。《大元故奉议大夫耀州知州冯公墓志铭》（收录于西安碑林博物馆编：《西安碑林博物馆新藏墓志汇编》，线装书局2007年版，第997—999页）载冯时泰主动请缨处置接收刘整降附之事。他来到成都请求救援时，成都"主将谩之不省，方饮酒为娱"，于是冯时泰"为之明陈利害，廓宣忠义"。这里所说的"谩之不省，方饮酒为娱"的成都主将应为纽璘。

［三］"潼川"，《蒙兀儿史记》多一个"路"，即"潼川路"。（第538页）"宣课茶盐以饷军"，《蒙兀儿史记》载为"许自宣课茶盐以饷军"。（第538页）

［四］《元史》卷5《世祖本纪二》于此"五月"之前记载："（中统四年）春正月，敕总帅汪忠臣、都元帅帖的及刘整等益兵付都元帅钦察，戍青居山。"（第90页）"宋安抚高达"，《新元史》写作"高建"（第727页），误。五月高达、温和进攻成都之战，或与夏贵率军进驻川蜀展开的一系列战斗有关。详见刘岳申《大元开府仪同三司行中书省左丞夏公（贵）神道

碑铭》载："明年（至元元年，1264）命公帅兵入蜀，克复成都，开蜀闸，为重庆前闉。……明年（至元二年，1265），公潜师从资江而上，舟行无人之境。出刘整不意，杀其兵将数千余人，夺其所胁驱老幼万余人，整以伤归。"见刘岳申：《申斋刘先生文集》卷8，台北"国立中央图书馆"藏清抄本。

[五]《宋史新编》增补："四川都统张桂及统制金文德、曹赣俱战死，赣阖门死。"此条史料乃刘整在泸州反宋降蒙时，与俞兴作战时的史事，《宋史新编》误植于此。

《元史》卷5《世祖本纪二》增补中统四年八月事："甲寅（初五），命成都路运米万石饷潼川。给钞付刘整市牛屯田。分刘元礼等军戍潼川，命按敦将之。戊午（初九），以阿脱、商挺行枢密院于成都，凡成都、顺庆、潼川都元帅府并听节制。癸亥（十四），敕京兆路给赐刘整第一区、田二十顷。"（第94页）

《元史》卷5《世祖本纪二》增补至元元年（1264）十一月事："十一月丁酉，以元帅按敦、刘整、刘元礼、钦察等将士获功，赏赉有差。"（第100页）此次受封赏，是因刘整在泸州紫云城作战有功，见《刘垓神道碑》碑文："（刘垓）从武敏（即刘整，作者注）战泸州紫云城，有功。"紫云城，现位于四川犍为县东南。紫云城的南宋守军于至元十一年（1274）由昝万寿招降，至元元年的这次攻城作战并未攻破紫云城。见《元史》卷129《也速答儿传》（第3145页）："至元十一年（1274）……昝万寿寻遣部将李立以嘉定、三龟、九顶、紫云诸城寨降。"

[六]《蒙兀儿史记》载为"改拜南京路宣抚使。"（第538页）《元史》卷6《世祖本纪三》："（至元三年）六月壬申，赐刘整畿内地五十顷。"（第111页）

　　至元三年战事，传记未载，在其他史料中可见，如：《元史》卷132《沙全传》："至元三年，整出兵云顶山，与宋将夏贵兵遇，全击杀甚众。"（第3218页）

　　四年（1267，丁卯，宋咸淳三年）十一月，入朝，进言："宋主弱臣悖，立国一隅，今天启混一之机。臣愿效犬马劳，先攻襄阳，撤其扞蔽。"[一]廷议沮之。整又曰："自古帝王，非四海一家，不为正统。圣朝有天下十七八，何置一隅不问，而自弃正统邪！"[二]世祖曰："朕意决矣。"[三]五年（1268，戊辰，宋咸淳四年）七月，迁镇国上将军、都元帅。[四]九月，偕都元帅阿朮督诸军，围襄阳，城鹿门堡及白河口，为攻取计，率兵五万，钞略沿江诸郡，皆婴城避其锐，俘人民八万。[五]六年（1269，己巳，宋咸淳五年）六月，擒都统唐永坚。[六]七年（1270，庚午，宋咸淳六年）[七]三月，筑实心台于汉水中流，上置弩砲，下为石囤五，以扼敌船。[八]且与阿朮计曰："我精兵突骑，所当者破，惟水战不如宋耳。夺彼所长，造战舰，习水军，则事济矣。"乘驿以闻，制可。[九]既还，造船五千艘，日练水军[十]，虽雨不能出，亦画地为船而习之，得练卒七万。八月，复筑外围，以遏敌援。[十一]

　　[一]《蒙兀儿史记》在"撤其扞蔽"一语之后多出"且襄

阳吾故物，往者弃而弗戍，使宋得窃筑为强藩。若复襄阳，浮汉入江，则宋可平也"。（第538页）"襄阳吾故物"的意思是蒙古曾经攻占过襄樊地区，但是由于没有重视，未对其进行有效驻守，后终为南宋收复，加强了防御。苏天爵《湖广行省左丞相神道碑》载："又明年（至元五年，1268），故中书左丞刘武敏公拯为策：'襄阳，吾故物，由弃弗戍，使宋得筑为强藩。复此，浮汉入江，则宋可平。'"见《元朝名臣事略》卷2。

《元史》卷6《世祖本纪二》："十一月乙巳，南京宣慰刘整赴阙，奏攻宋方略，宜先从事襄阳。"（第116页）《元史》校勘记曰："南京宣慰刘整按本书卷一六一刘整传，"宣慰"当作"宣抚"。本证已校。"

[二]"整又言"，《蒙兀儿史记》载为"整激昂复言"（第538页），表明刘整性情激烈，又急于立功，所以在此极力争取。苏天爵《湖广行省左丞相神道碑》加注的《刘武敏公碑》载："始上书策宋必平，时庭臣哗然异之，以为虚国病民，未见收其成功可岁月计者，不谋一喙。而天聪独沃然，曰：惟汝予同。为大兴兵如所策，围襄阳，而宋宿援师十万于郢，讫不可前。"

[三]"世祖曰"，《蒙兀儿史记》记为"忽必烈汗闻之，矍然曰……"。（第538页）《蒙兀儿史记》在此处增加"命陕西五路、四川行省各造战舰五百艘，付整"。（第538页）

[四]《元史》卷6《世祖本纪三》所载至元五年（1268）正月史事："春正月辛丑，敕陕西五路四川行省造战舰五百艘付刘整。"（第117页）

［五］《元史》卷6《世祖本纪三》："（至元五年）六月甲申，阿术言：'所领者蒙古军，若遇山水、寨栅，非汉军不可。宜令史枢率汉军协力征进。'从之。……秋七月丙子，立东西二川统军司，以刘整为都元帅，与都元帅阿术同议军事。整至军中，议筑白河口、鹿门山，遣使以闻，许之。"（第118—119页）《元史》校勘记曰："议筑白河口鹿门山按本书卷一六一刘整传，'筑'下当有'城'字。"（第125页）《元史》卷128《阿里海牙传》："（至元）五年，命与元帅阿术、刘整取襄阳，又加参知政事。"（第3124页）

［六］《蒙兀儿史记》载为"麾下千户邢德立、张志与宋都统唐永坚战，禽而降之。"（第538页）卷6《世祖本纪三》，第122页："七月庚申，水军千户邢德立、张志等生擒宋荆鄂都统唐永坚，赏银币有差。"《本纪》和《传》所载时间不同，前者记载"七月庚申（十六日）"，后者笼统地记载"六年六月"。此次唐永坚被擒之后降元，至元十年曾受命前往襄阳招降吕文焕。见《元史》卷8《世祖本纪五》，第147页。

［七］至元七年（1270），刘整再一次入朝，见《元史》卷151《赵贲亨传》："（至元）七年，（赵天锡之子赵贲亨）偕元帅刘整朝京师，命为征行千户，赐金符，及衣带鞍马。攻樊城，冒矢石，拥盾先登，破之。"（第3584页）三月戊午，阿术与刘整言："围守襄阳，必当以教水军、造战舰为先务。"（卷7《世祖本纪四》，第128页）从后文所载"诏许之"一语可知，这应当是阿术与刘整在进围襄阳的几年中，意识到了水军的重要性，因此二人一同上疏朝廷，请求朝廷支持训练水

军。阿朮与刘整进言加强水军训练，有"诏许之"（第128页）之语，则这次阿朮与刘整的进言应当也是在回京入朝，当面向忽必烈所言，因此《赵贲亨传》所载"偕刘整朝京师"的时间应当是至元七年三月戊午（十九日），这次回京入朝，可能是阿朮、刘整和赵贲亨三人同行。

[八]"下为石囤五"之后，《蒙兀儿史记》于此增"与两岸堡垒相应"（第538页）一语。

[九]《元史》卷7《世祖本纪四》："（至元七年）三月丁巳，阿朮与刘整言：'围守襄阳，必当以教水军、造战舰为先务。'诏许之。教水军七万余人，造战舰五千艘。"（第128页）

[十]《蒙兀儿史记》此句改为"简著翼汉军健捷者，日教以水战之法"。（第538页）

[十一]《蒙兀儿史记》将"外围"改为"长围"。（第538页）《蒙兀儿史记》载为"遏绝襄阳内外声援"。（第538页）。《新元史》改为"复筑长围以遏外缘"。（第727页）。《元史》卷7《世祖本纪四》所载至元七年（1270）九月史事："九月丙寅，宋将范文虎以兵船二千艘来援襄阳，阿朮、合答、刘整率兵逆战于灌子滩，杀掠千余人，获船三十艘，文虎引退。"（第131页）

八年（1271，辛未，宋咸淳七年）五月，宋帅范文虎遣都统张顺、张贵，驾轮船，馈襄阳衣甲，邀击，斩顺，独贵得入城。[一]九月，升参知河南行中书省事。[二]九年（1272年，壬申，南宋咸淳八年）正月，加诸翼汉军都元帅。[三]襄阳帅吕文焕登城观敌，整跃马前曰："君昧于天命，害及生灵，岂仁者之事！而又龌龊不能战，取羞于勇者，请与君决胜负。"文焕不答，伏弩中整。[四]三月，破樊城外郭，斩首二千级，擒裨将十六人。[五]谍知文焕将遣张贵出城求援[六]，乃分部战舰，缚草如牛状，傍汉水，绵亘参错，众莫测所用，九月，贵果夜出，乘轮船，顺流下走，军士觇知之，傍岸爇草牛如昼，整与阿朮麾战舰[七]，转战五十里，擒贵于柜门关[八]，余众尽杀之。[九]

[一]《蒙兀儿史记》记载至元八年九月之前的战事与《元史》不同，其详情如下："八年，朝廷益签东道新军至，城围遂合。襄阳安抚使吕文焕被困，间使告急，宋廷遣殿前副指挥范文虎率苏刘义、夏松等以舟师十万来援，北军水陆迎击，败诸湍滩，捷闻。"（第538页）

[二]《元史》卷7《世祖本纪四》："八年九月壬戌朔，敕都元帅阿朮以所部兵略地汉南。……甲子，赐刘整钞五百锭、邓州田五百顷，整辞，改赐民田三百户，科调如故。"（第137页）

[三]此处《元史》原载为"三月"，中华书局点校本校勘记曰："九年（三）〔正〕月加诸翼汉军都元帅。下文复有'三月'与此处重。本书卷七《世祖纪》至元九年正月辛巳条有'命刘整总汉军'，据改。"（第3789页）《元史》卷7《世祖本纪四》："（至元九年）春正月辛巳，命刘整总汉军。……二月甲午，命阿朮典蒙古军，刘整、阿里海牙典汉军。"（第140页）《元史》卷98《兵志一》："（至元）九年二月，命阿朮典

行省蒙古军,刘整、阿里海牙典汉军。"(第2514页)

[四]《蒙兀儿史记》在"伏弩中整"后面增加"臂,以甲坚未深入"。(第538页),《新元史》仅增一"臂"字。

[五]《蒙兀儿史记》将"外郭"改为"土郭"。(第538页)《蒙兀儿史记》于此处增"然樊城仍坚守不下"。(第538页)

[六]《蒙兀儿史记》增加内容:"时襄阳受围久,以储粮足,得不饥困,唯乏盐布,乞济于郢。五月,荆湖制置李庭芝遣兵部钤辖张顺即矮张都统、张贵即竹园张,皆民兵都统。造舟汉水上游,冒重围载饷之,中道为汉军千户崔松要击,顺堕水死,贵得突入城。月从《宋史·张顺传》。"(第538页)

[七]《蒙兀儿史记》于此处增"先据龙尾洲"。(第538页)

[八]《蒙兀儿史记》于此处加注:"一作鬼门关。"(第538页)

[九]《蒙兀儿史记》此处记为"贵伤重就禽,强之降,不屈,遂杀之。命降卒四人舁其尸至城下,示守者。顺、贵,皆骁将也,及是皆死,宋军夺气"。(第538页)《元史》卷128《阿术传》:"(至元)九年三月,破樊城外郭,增筑重围以逼之。宋裨将张顺、张贵装军衣百船,自上流入襄阳,阿术攻之,顺死,贵仅得入城。俄乘轮船顺流东走,阿术与元帅刘整分泊战船以待,燃薪照江,两岸如昼,阿术追战至柜门关,擒贵,余众尽死。"(第3120页)

《元史·刘整传》笺证 239

十一月，诏统水军四万户。［一］宋荆湖制置李庭芝以金印牙符，授整汉军都元帅［二］、卢龙军节度使，封燕郡王，为书，使永宁僧持送整所，期以间整。永宁令得之，驿以闻于朝，敕张易、姚枢杂问，适整至自军，言宋怒臣画策攻襄阳，故设此以杀臣，臣实不知。诏令整复书谓："整受命以来，惟知督厉戎兵，举垂亡孤城耳。宋若果以生灵为念，当重遣信使，请命朝廷，顾为此小数，何益于事！"［三］

时围襄阳已五年，整计樊、襄唇齿也，宜先攻樊城。樊城人以栅蔽城，斩木列置江中，贯以铁索。整言于丞相伯颜［四］，令善水者断木沉索，督战舰趋城下，以回回砲击之，而焚其栅。［五］十年（1273，癸酉，宋咸淳九年）正月，遂破樊城，屠之。［六］遣唐永坚入襄阳，谕吕文焕，乃以城降。［七］上功，赐整田宅、金币。［八］

整入朝，奏曰："襄阳破，则临安摇矣。若将所练水军，乘胜长驱，长江必皆非宋所有。"遂改行淮西枢密院事，驻正阳，夹淮而城，南逼江，断其东西冲。［九］十一年（1274，甲戌，南宋咸淳十年），升骠骑卫上将军、行中书左丞［十］，宋夏贵悉水军来攻，破之于大人洲。［十一］十二年（1275，乙亥，南宋德祐元年）正月，诏整别将兵出淮南［十二］，整锐欲渡江，首将止之，不果行。［十三］丞相伯颜入鄂，捷至，整失声曰："首帅［十四］止我，顾使我成功后人，善作者不必善成，果然！"其夕，愤惋而卒［十五］，年六十三。［十六］赠龙虎卫上将军、中书右丞，谥武敏。［十七］

[一]《蒙兀儿史记》未载"水军"二字。(第538页)"水军四万户"可能有解汝楫(卷165《解诚传》,第3870—3871页)、帖木儿不花(卷132《帖木儿不花传》,第3219页)、张荣实(卷166《张荣实传》,第3905页)。此外,卷127《伯颜传》有"阿里海牙继遣张荣实、解汝楫等四翼军,舳舻相衔,直抵夏贵"(第3102页)的记载,其中的"张荣实、解汝楫等四翼军"或为"水军四万户"。

[二]《蒙兀儿史记》在此处加注:"旧传'都元帅'上有'汉军'二字,宋官制无所谓'汉军'也。"(第539页)《新元史》从《元史》,未删。

[三]《元史》卷7《世祖本纪四》:"(至元九年)十一月己卯,宋(荆)〔京〕湖制置李庭芝为书,遣永宁僧赍金印、牙符,来授刘整卢龙军节度使,封燕郡王。僧至永宁,事觉,上闻,敕张易、姚枢杂问。适整至自军中,言:'宋患臣用兵襄阳,欲以是杀臣,臣实不知。'敕令整为书复之,赏整,使还军中,诛永宁僧及其党友。"(第143—144页)校勘记曰:宋(荆)〔京〕湖制置李庭芝据宋史卷四六度宗纪咸淳六年正月壬寅条改。《刘武敏公碑》亦载有此事:"乃遣间怀伪燕郡王昌化军节度使告身、金印、牙符,声致之公,以幸吾元假手以甘心也。公奔走,待罪阙下。诏磔死间,俾中书移书让其谋国臣曰:'汝礼义邦,乃今出盗贼计,诬我大臣。'大赉加公,还之于军。"

[四]《蒙兀儿史记》将"伯颜"改为"阿朮",并注曰:"阿朮,旧传作丞相伯颜。按,是年伯颜尚未至襄阳。"(第539

《元史·刘整传》笺证　241

页)《新元史》从《元史》,未改。《蒙兀儿史记》所改为是。

[五]《蒙兀儿史记》于此处增"浮桥亦燔,襄阳隔水相望弗能救。"(第539页)《元史》卷166《隋世昌传》:"(至元)九年,败宋兵于鹿门山。元帅刘整筑新门,使世昌总其役,樊城出兵来争,且拒且筑,不终夜而就。整授军二百,令世昌立砲帘于樊城栏马墙外,夜大雪,城中矢石如雨,军校多死伤,达旦而砲帘立。宋人列舰江上,世昌乘风纵火,烧其船百余。樊城出兵鏖战栏马墙下,世昌流血满甲,勇气愈壮,而樊城竟破,襄阳亦下,迁武略将军。"(第3893页)

[六]《宋史新编》载:"樊守将范天顺、牛富俱战死,整屠其城。"

[七]《蒙兀儿史记》增"即移攻具向襄阳。整欲立碎其城,执文焕以快意,同列参政阿里海牙不可,乃遣降将唐永坚偕济南万户张宏入城招谕文焕。二月丁未,文焕以城降。时整先已移戍淮西矣。"(第539页)《元史》卷128《阿里海牙传》:"阿里海牙既破樊,移其攻具以向襄阳。一砲中其谯楼,声如雷霆,震城中。城中汹汹,诸将多踰城降者。刘整欲立碎其城,执文焕以快其意。阿里海牙独不欲攻,乃身至城下,与文焕语曰:'君以孤军城守者数年,今飞鸟路绝,主上深嘉汝忠。若降,则尊官厚禄可必得,决不杀汝也。'文焕狐疑未决。又折矢与之誓,如是者数四,文焕感而出降。"(第3125页)《元史》校勘记:"执文焕以快其意。"《本证》云:"案即吕文焕。此《传》数见,俱失书姓。"

[八]《蒙兀儿史记》记为"论首谋功"。(第539页)

[九]《蒙兀儿史记》此处新增较多内容："四月，朝议罢河南等路行中书省，改置行枢密院二，以整与阿里海牙不相能故，分汉军为二，各统其一。命阿里海牙与伯颜、史天泽、阿术、忙兀台等行荆湖等路枢密院事于襄阳。整与阿塔海、塔出、董文炳等行淮西等路枢密院事于正阳。"（第539页）

《元史》卷151《赵贲亨传》载"（至元）十一年，（赵贲亨）修东、西正阳城。三月，败夏贵于淮，益以济南、汴梁二路新军"。（第3584页）可见，刘整与赵贲亨此时均在正阳戍守，两人始终为同僚，但有关赵贲亨事迹，其他地方记载极少。

卷8《世祖本纪五》："（至元）十年三月辛未，刘整请教练水军五六万及于兴元金、洋州、汴梁等处造船二千艘，从之。……夏四月癸未朔，诏罢河南等路行中书省，以平章军国重事史天泽、平章政事阿术、参知政事阿里海牙行荆湖等路枢密院事，镇襄阳；左丞相合丹，参知行中书省事刘整，山东都元帅塔出、董文炳行淮西等路枢密院事，守正阳。"（第148—149页）

[十]《蒙兀儿史记》载为"十一年二月，改二行院仍为行中书省，加整骠骑卫上将军、中书左丞，仍与阿塔海等戍正阳"。（第539页）《元史》卷8《世祖本纪五》："三月辛卯，改荆湖、淮西二行枢密院为二行中书省：伯颜、史天泽并为左丞相，阿术为平章政事，阿里海牙为右丞，吕文焕为参知政事，行中书省于荆湖；合答为左丞相，刘整为左丞，塔出、董文炳为参知政事，行中书省于淮西。"（第154页）

[十一]《蒙兀儿史记》增夏贵职衔"淮西制置使"。（第

539页)"悉水军来攻",《蒙兀儿史记》载为"自庐州率水师来争"。(第539页)《蒙兀儿史记》增"整请益甲杖及水弩手,命所司给之"。(第539页)《蒙兀儿史记》新增内容见于《元史》卷8《世祖本纪五》:"(至元十一年)六月丙午朔,刘整乞益甲仗及水弩手,给之。"(第155页)《元史》卷165《贾文备传》:"(至元)十一年,复授万户、汉军都元帅,领刘整军,驻亳州。"(第3869页)可知,至元十一年,刘整所属军队归属汉军万户贾文备管领。

[十二]《蒙兀儿史记》在此句前增加:"时议大举南伐,史天泽言:大军方兴,荆湖、淮西各置行省,势位相等,号令不一,将败事。七月,乃改淮西行中书省仍为行枢密院,诏整依前行院事,而阿塔海为长。"(第539页)

[十三]《蒙兀儿史记》记为:"有诏命整别将一军出淮南,整锐欲渡江,曰:'大军自襄樊东下,宋人悉力西拒,东方虚弱,迳造临安,可一鼓而捷也。'阿塔海不可,曰:'吾受诏缀东兵,使无西自,渡江非所闻也。'整不得已,帅骑兵出淮南。"(第539页)

[十四]《蒙兀儿史记》将"首帅"改为"阿塔海",并注曰:"旧传称阿塔海,首帅隐之也。"(第539页)

[十五]《蒙兀儿史记》在此增加:"大军之南下也,本议以整与吕文焕并为乡道,临时整不得行,而文焕与入鄂之功,整故云然。"(第539页)姚燧在《阿里海牙神道碑》中记述阿里海牙事迹之时,顺便评价了他的同僚刘整:

"燧尝读望诸君书,善作者不必善成,善始者不必善终,未尝不兴慨叹于武敏,开用兵端,视南国为奇货,思图形丹青,垂誉竹帛,于今与后者,如取诸怀。及襄阳下,方戍淮西,功已不出乎己。大师南伐,复分兵淮东,渡江捷闻,一失声而死。岂先福始祸者,诚如道家所忌耶!"(苏天爵撰,姚景安点校:《国朝名臣事略》卷2《楚国武定公》,中华书局1996年版,第36页)

卷8《世祖本纪五》:"(至元)十二年春正月戊寅,刘整卒。"(第159页)关于刘整病卒时间,陈桱《通鉴续编》卷24:"1275年(元至元十二年,宋德祐元年)春正月,大元中书左丞刘整死于无为军",其后夹注:"遂发愤死于无为城下,正月癸酉也。"(元至正刻本)正月癸酉(初一日),即1275年1月29日。《钱塘遗事》记载"正月初七日",为己卯(初七)日,较《元史·世祖本纪》戊寅(初六)日晚一天。刘敏中《平宋录》卷上载:至元十二年"二月丙午,大兵至安庆。丁未,丞相令行枢密院军马过江相合,行院官刘整卒"。(清抄本)此处所载病卒时间为至元十二年二月丁未日(初六),即公元1275年3月4日。

[十六]《蒙兀儿史记》于此增加:"时十二年正月戊寅也",并注曰:"上距鄂州之下凡十有五日。"(第539页)"戊寅"为正月初六,即公元1275年2月3日,元军占领鄂州事在至元十一年(1274)十二月己未(十七日),与刘整病卒时间相差18天,大体一致。故刘整病卒于正月某天较符合史实。

刘整去世以后,归葬邓州老家,《明一统志》记载:"刘整墓,在邓州城外西南三里,元世祖时将也。"(卷30《陵墓》,

清文渊阁《四库全书》本）

[十七]刘整有《刘武敏公神道碑》，现亡佚。姚燧《阿里海牙神道碑》中曾引《刘武敏公神道碑》片段，所引文字与其他文献记载大体一致，前已多处引注，此不赘述。（苏天爵辑撰，姚景安点校：《国朝名臣事略》卷2《楚国武定公》，中华书局1996年版，第36页）周清澍《〈元朝名臣事略〉史源探讨》说："〈牧庵集〉没有这篇〈刘武敏公碑〉，〈全元文〉未收，也不见于〈金石志〉等书。"（刊于《元史及民族与边疆研究集刊》第29辑，上海古籍出版社2015年版）。

《蒙兀儿史记》于此增加："初贾似道畏整，不敢自出督师，及闻其死，喜曰：'吾得天助矣。'乃拜表出师芜湖焉。"（第539页）此事亦见于《宋史》卷474《贾似道传》（第13784—13785页），以及《钱塘遗事》卷7《贾相出师》，第227页。元世祖忽必烈在刘整去世的第二年，曾在对李庭施以封赏的时候提及刘整："（至元）十三年春，（李庭）至临安，宋主降，伯颜命庭等护其内城，收集符印珍宝，仍令庭与唐兀台等防护宋主赴燕。世祖嘉其劳，大宴，命坐于左手诸王之下、百官之上，赐金百锭，金、珠衣各一袭，仍谕之曰：'刘整在时，不曾令坐于此，为汝有功，故加以殊礼，汝子孙宜谨志之勿忘。'"（第3797页）

子垣，尝从父战败昝万寿于通泉[一]；埏，管军万户；均，权茶提举；垓，都元帅。[二]孙九人，克仁，知房州。[三]

[一]《蒙兀儿史记》于此增加"早卒"二字，第539页。

[二]《蒙兀儿史记》记载"次子垓最知名"，第539页。《新元史》卷177《刘整传》附刘垓传；《蒙兀儿史记》卷82《刘整传》附刘垓传。刘垓事迹，有虞集撰《大元故奉国上将军行中书省参知政事广东道宣慰使都元帅刘公神道碑铭》（简称《刘垓神道碑》），《蒙兀儿史记》《新元史》刘垓传记均本于神道碑。

《刘垓神道碑》载："故骠骑卫上将军、中书左丞、淮西等路行中书省事、赠龙虎卫上将军、中书右丞武敏刘公整之第五子也。"神道碑所载应当是真实可信的，故《刘整传》所列"垣、挺、均、垓"的顺序不妥。《刘垓神道碑》载："元帅讳垓，字仲宽。"据"仲宽"推测刘垓为次子，《蒙兀儿史记》可能是根据"仲宽"二字增加了"次子"二字在"垓最知名"之前。但是，《刘垓神道碑》为当时人记当时事，乃刘垓之子刘威亲自邀请虞集为其父撰写神道碑，应当不会写错，故仍以"刘公整之第五子"可信。程钜夫《雪楼集》卷30《题刘武敏公整子墿学臣字说后》："衣冠仪羽立丹宸，百辟师师学荩臣，独羡世家家训在，清风千载镇如新。"此处所提刘整之子"墿"，未见于其他史籍，其齿序、事迹均不详。"垓"的字义有"一方广大处"，其字"仲宽"，正与此对应。

[三]《蒙兀儿史记》未记刘整之孙的情况。《刘垓神道碑》所载刘整之孙有乃麻台和刘威。

《蒙兀儿史记》在刘整及其子刘垓、部将沙全传记末尾，附录有一段议论，写道：

论曰：蒙兀谋蜀，东川用兵劳而降服后，何哉？东院诸将专利剽掠，民不得有其子女，惧而不来。如李德辉所云：自杨大渊父子攻城野战之功，不为不多，然梁山夔路，不降于文安，而降于李德辉、刘佥院，则知残民以逞之罪，非蒙兀将合丹、阔里吉思辈所独任矣。刘整才勇过人，在宋以北人见忌，入元又以新附遭疑，开设兵端视南朝为奇货，如取诸怀，思追阿龙衔刀渡江之功，擒虎轻舟采石之烈，及襄阳下，方戍淮西，功已不出乎己。北师大举，复分兵淮南，鄂州捷闻，一失声而死，岂曰数奇，政犯道家福始祸先之戒者欤。数语略本姚燧撰阿里海涯神道碑意。（第540页）

《宋史新编》末尾写道："整乘蒙古方张之势，而效其知能以图富贵，宋之亡皆整为之，忍矣哉！"

任仁发治水与元中期浙西基层社会

向册（湖南大学）

中唐至两宋，随着经济及文化重心的南移，江南在国家财政中的地位日益重要，并逐渐成长为天下财赋之渊薮。[1] 对于定都北方的元帝国而言，江南财赋所代表的"中华经济力"，更是被学者誉为元朝国家的三大支柱之一。[2] 而江南三行省中，又以浙西九郡的财力最为雄厚。浙西户口众多，钱粮浩繁，富甲天下，"岁征官粮数百万石，夏税丝绵、租钞，茶盐酒醋诸色课程，为数不少"，再加上"民间所收田米，每岁何啻百千万石"[3]。这些钱粮，大多经

---

[1] 李正明：《大隐集》卷3《宋辉直龙图阁发运副使制》："惟江淮六路，财赋之渊薮"，《景印文渊阁四库全书》第1133册，台北商务印书馆1986年版，第31页上。元代所谓的"江南"，一般指江浙、江西和湖广三行省，浙西的范围为杭州、湖州、嘉兴、平江、常州、镇江、建德八路及松江府和江阴州。王晓欣：《也谈元江南三行省的划疆》，《中国史研究》2009年第3期。

[2] 杉山正明有一个著名的论断："忽必烈新国家的基本构想，融合了草原军事力、中华经济力以及穆斯林商业力这三个连贯欧亚的历史传统基础。"〔日〕杉山正明：《忽必烈的挑战：蒙古帝国与世界历史的大转向》，周俊宇译，社会科学文献出版社2013年版，第136—137页。

[3] 任仁发：《水利集》卷8"大德二年十二月庸田司讲究设置撩清军夫事"，《四库全书存目丛书》影印上海师范大学图书馆藏明抄本，史部第221册，齐鲁书社1996年版，第164页上。

由海漕或四方船贩运往大都等地，所谓"百司庶府之繁，卫士编民之众，无不仰给于江南"[1]。

浙西之于元朝的重要性，不言而喻。而水利之于农业，更是命脉所在，但元代浙西的水利状况并不容乐观。据史料记载及前人研究，至世祖末、成宗初，元廷开始拯治太湖水患之时，浙西水利已呈"大坏"之势。如练湖、淀山湖等处湖泊多为权豪侵占，围田之害，较之于南宋愈演愈烈；又如吴淞江通海港浦，淤塞不通；整个浙西，围岸不修，闸坝崩坏，水患频仍。[2]

水利环境的变迁和恶化，给浙西地区带来了无尽的灾难。然而这又为身怀治水技能的士人提供了学以致道的机会。本文拟在前人研究基础之上，从元代江南著名水利专家任仁发的治水经历入手，结合《水利集》等相关资料，再现元朝官方在浙西的水利建设中所遭遇的阻力，力图通过细节的展示，来重现元中期浙西基层社会的诸种情态。[3]

---

[1]《元史》卷93《食货志一》"海运"，中华书局1976年版，第2364页。
[2]《元史》卷65《河渠志二》"练湖""吴松江""淀山湖"，第1633、1635、1638页。《水利集》卷1"大德二年立都水庸田司""浙西都水庸田使司条画"，卷3"至元二十八年任略言八项事内一项""至元二十八年潘应武决放湖水"，第72、73上、91页下、92页。陈秋速：《元代太湖流域水利研究》，中国社会科学院硕士学位论文，2008年，第5、7页。武会丽：《元代浙西水利问题研究》，河北师范大学硕士学位论文，2010年，第9—12页。两篇硕士论文均根据《元史》等史料制作了元代浙西地区灾害情况表。潘清：《元代太湖流域水利治理述论》，《中国农史》2010年第4期。
[3] 有关任仁发在水利方面的介绍、研究成果，除前揭陈秋速、武会丽学位论文外，还有施一揆：《元代水利家任仁发》，《江海学刊》1962年第10期；金意民：《元代著名水利家——任仁发》，《上海水务》1985年第3期；何继英：《志丹苑元代水闸遗址与元水利专家任仁发》，《上海博物馆集刊》2012年；吴志伟：《志丹苑元代水闸遗址为赵浦南闸——兼谈任仁发〈水利集〉》，《都会遗踪》2016年第3期；傅林祥、丁佳荣：《宋元时期吴淞江水系变迁与任仁发治水——以赵浦间、乌泥泾闸的置废为中心》，《历史地理研究》2019年第2期。

一、任仁发及其治水实践

任仁发，又名霆发，字子明，号月山。世居嘉禾青龙镇（今上海青浦）。生于宋理宗宝祐三年（1255）七月，卒于元泰定四年十二月。[1]年十八，第乡试。宋元鼎革，见浙西道宣慰使游显，被辟为宣慰司掾。后任青龙镇巡逻官。至元二十五年（1288），擢海道副千户，升正千户。元朝征交趾时，改海船上千户。此后，任仁发多次参与和主持太湖、运河、黄河、海塘等水利工程的兴修，累迁至浙东道宣慰副使。任仁发还善画，其《熙春》《天马》二图，被仁宗诏藏秘监。流传至今的画作有北京故宫博物院和上海博物馆藏《张果见明皇图》《二骏图》《出圉图》《春水凫鹥图》《五马图》等。[2]

任仁发曾自述其修习水利的经过：

---

[1] 关于任仁发的生年，宗典和《新中国出土墓志》的录文及部分介绍性读物均将其断为"宝祐二年"。实际上泰定四年十二月，对应的公元纪年应是1328年，任仁发享年七十三，故其生年应在宝祐三年（1255），天秀已撰文更正。宗典：《元任仁发墓志的发现》，《文物》1959年第11期。《新中国出土墓志·上海天津卷》（下册），文物出版社2009年版，第19页。陈高华：《元代画家史料汇编》，杭州出版社2004年版（初版于1980年），第226页。天秀：《任仁发的生年应当改正》，《文物》1982年第7期。

[2] 王逢：《梧溪集》卷6《谒浙东宣慰副使致仕任公及其子台州判官墓有后序》，《北京图书馆古籍珍本丛刊》影印元至正明洪武间刻景泰七年陈敏政重修本，书目文献出版社1999年版，第559页下。柯劭忞：《新元史》卷194《任仁发传》，开明书店1935年版，第6986页。关于任仁发及其家族事迹，拙文《新出墓志所见任仁发及其家族》有详细探讨，此不赘述。见《江南社会历史评论》第13期，商务印书馆2018年版，第49—76页。

当职华亭人也，正居水田、旱田交接之际。幼而从父兄学稼，知见农务水旱之事、河港深浅之系，谙历非一日。长而从士大夫游，凡治水之良策、行水之要法，无不参请而讲明之。仍考览水图、经营、造方、各郡志书、亡宋会要，并范文正公、苏文忠公、欧阳文忠公、胡安定公、单锷、郏亶父子诸贤水利之遗文。遂乘舟经由太湖百渎及湖泖荡漾，又出吴松江、扬子江、钱塘江、沿海三沙诸浦河港等处，相视地形，以望平地，平测其势之高下；询访故老，搜求古迹；募工修浚，顺潮性，辨土色。首尾十七八年，讲究备极详尽。知无不为，为无不力，才得一二，试验可行。自至元二十八年至大德八年，屡次陈言，得蒙江浙行省咨保，赴都省计禀。[1]

如此看来，祖居青龙镇的任仁发，对稼穑之事并不陌生，后又习儒术，关注治水、行水之法，博览与水利相关的一切书籍，研读前贤范仲淹、苏轼等人的论水之文。研习水利，更讲究知行合一，任氏在专注于纸上遗文的同时，还遍历浙西江湖港浦，考察地形地势、潮性土色，搜寻古迹，并募工修浚，实践治水理论。任氏深入钻研水利，前后长达十七八年，积累了丰富的理论和实践经验。

世祖末年，浙西淫潦为灾，任仁发于至元二十八年（1291）上书呈治水之策，江浙行省官长不从，水患日甚。成宗大德中，任仁发再度陈利弊、疏浚之法于中书省，江浙行省平章政事彻里委其疏

---

[1] 任仁发：《水利集》卷5"大德十一年六月初三日为开河置闸等事牒行监呈省"，第121页下。

浚。工竣入觐，进都水监丞。武宗至大元年（1308），除嘉兴府同知。次年迁中尚院判官。修复大都通惠河坏闸，疏通会通河僵沙。升都水少监。至大二年（1309），河决归德及汴梁之封丘，受命董役治河。延祐三年（1316），出知崇明州。调筑盐官州海岸，又疏镇江练湖淤积。泰定元年（1324），诏赐银币，与江浙行省左丞朵儿只班疏吴淞二道，大盈、乌泥二河。以年七十乞致仕，帝不听，特授都水庸田使司副使。凡创石闸六，筑塍围八千，浚沟汊千有奇。[1]

任仁发以拯治浙西水利起家，而对太湖流域的治理亦是他一生最辉煌的成就。任仁发将其治水理论保存于水利著作《水利集》中，为我们了解其水利思想和元代浙西的治水实践提供了极大的便利。[2]

二、治水遭遇的阻力

任何一项大型工程的展开，都大抵会遭受来自各方面的阻力，任仁发的治水活动也不例外。具体说来，主要有如下四个方面：

（一）治水理念的分歧

任仁发继承了北宋学者及水利家如范仲淹、赵霖等人的水学观

---

[1] 王逢：《梧溪集》卷6《谒浙东宣慰副使致仕任公及其子台州判官墓有后序》，第559页下。
[2] 刘春燕：《元代水利专家任仁发及其〈水利集〉》，《上海师范大学学报》2001年第2期。

点，主张浚河、筑围、置闸三者兼行，并设撩清军夫时常挑洗维护。时人以沧海变桑田之说为借口，反对逆天而为。任氏解释："开挑河道，所以泄水；修筑围岸，所以障水；置立闸窦，所以限水。"[1] 从长远来说，围湖造田当然会破坏自然生态。在没有常设撩清军夫的保障之下，闸坝虽可防止浑潮进入闸门内的河道，却无法阻止闸门外近段河道的迅速沉积。[2] 然而，在浙西水患频发的情况之下，开河、置闸、筑围三合一的理论，已是当时最先进的水利思想。且反对方并非主张退田还湖以彻底治愈水患，而是放任自流，故任仁发只是在有限的条件之下，择取了最为可行的权宜之计。

即使在主张治水的专家之间，也存在着分歧。关于元代浙西各家水学的理论，前人已有梳理，此不赘述。[3] 但抛开治水理论的具体差异，仅看治理之后的维护环节，各家无疑有相同的诉求，即依前朝旧例，设置撩清军夫，时时撩洗。

遗憾的是，任仁发等人屡次建言设立撩清军夫的请求未被批准。这项据说经吴越国和南宋实践证明有效的措施，曾被朝廷中枢纳入考虑范围，但由于涉及调配军队，"事干枢密院"，最终未能实现。

---

[1] 任仁发：《水利集》卷2《水利问答》，第85页下。
[2] 王颋：《元代的吴淞江治理及干流"改道"问题》，《中国历史地理论丛》2003年第4期。
[3] 陈秋速：《元代太湖流域水利研究》，中国社会科学院硕士学位论文，2008年。武会丽：《元代浙西水利问题研究》，河北师范大学硕士学位论文，2010年。谢湜：《太湖以东的水利、水学与社会（12—14世纪）》，《中国历史地理论丛》2011年第1期。收入氏著《高乡与低乡：11—16世纪江南区域历史地理研究》，生活·读书·新知三联书店2015年版，第118—135页。

至元三十年（1293），行省、行院和行台针对设立撩清军夫展开讨论，其结果是：百姓人数充足，无需动用军队，只让朱清、张瑄的水军"做伴当"，协助修理。[1]考虑到同时兴工，人数众多，为防不虞之变，元廷遂遣不怜吉歹调军镇遏。最后的确出动了军队，但仅仅是为了防止兴工的民夫动乱，与撩洗河道全然无关。次年，范文虎建议"交五千军屯守，设立一个万户，不离元管"，由他本人提调。江浙行省和枢密院均同意此建议，甚至为该万户拟定了"都水巡防万户府"的名号，隶属于行枢密院，希望其担起"收捕海贼、除刮淤沙"的重任。但元成宗最后批示："如今一遍除刮的军每与者，到大都时分交了也者"，仅同意在这一次的撩洗活动中拨付军队，仍未形成常设组织。[2]

在此问题上，元廷对浙西水域的重视程度，远不及腹里"止通舟楫"的会通、通惠二河。前者"自安山至临清，三百余里，开挑之后，尚蒙就拨车站户三千名，另设衙门管领"，后者开挑"六十余里，亦拨车站户一千五百名，及正军一千名，专一常川修理"，这恰与元廷独重漕运的指导思想密不可分。[3]

（二）对水利机构——行都水监合理性的质疑

从成宗朝开始，鉴于地方有司主持治水存在"彼疆此界之分"、

---

[1] 任仁发：《水利集》卷3"至元三十年八月初十日行省准都省咨文该"，第105页下。
[2] 任仁发：《水利集》卷8"至元三十一年江浙行省为已开河道合设刮除河道人夫事"，第162页下—163页上。《元史》卷65《河渠志二》"淀山湖"，第1638—1639页。
[3] 任仁发：《水利集》卷8"大德二年十二月庸田司讲究设置撩清军夫事"第163页下—164页上。

人力不齐的现象，专设都水庸田使司或行都水监通行管领，一体整治，成为当务之急。任仁发等水利家希图行都水监成为一个专管水利的常设机构。无奈终元一朝，不仅建制不全，甚至废置无常，沦为一个主持水利工程的的临时性机构。

时循以陇西唐、汉二渠之例，认为治水之事责付有司即可，无需专设行监。且以行监官吏泛滥，扰民害众，又与行省及路府州县官吏不和，应该废罢。任仁发引前代经验及范仲淹、苏轼、王安石、朱熹等宋儒观点为己张目，重申浙西水利与他处不同，治理难度更高，需要专门的机构统筹规划。对"官吏泛滥、扰民害众"之议，任仁发指出，行监"设官六员，下至首领官、令史、奏差、壕寨，总三十余人"，并不算多。而与路府州县官吏不和，必是因为"其所行不当"。至于"扰民害众"，不过是在派役督劝过程中侵害了为富不仁之家的利益。这些富户交结官府，不吝财货，当他们违期失误之时，"必加谴责，于是买使断罢，永不叙用"，甚至可以左右行监机构的废罢。[1]

客观说来，行都水监之所以激起众怒，利益冲突虽然是内核，但行监官员自身的素质，也成为反对者弹劾的把柄，此一点后文详述。

（三）对治水效果的诘难

以结果来推测事实的合理性，看似有理。反对者认为，江南归附以来，浙西水利屡有兴修，且劳师动众，但治理效果不过尔尔。

---

[1] 任仁发：《水利集》卷2《水利问答》，第83页下、84页、86页下、87页上。

甚至在吴淞江开浚之后,还迎来了大德末年的特大水灾。任仁发辩称,水利之事,切忌急功近利,"归附以来二三十年所积之病,岂半年工役之所能尽去哉"。大德十年的水害实系天灾,"自济州以南直至浙右,水害䆒甚",而"此年浙西所收子粒分数,比之淮北几数十倍",相比于吴淞江未开之前的大德七年,损失甚小。[1] 如此看来,治水效果还是很明显的,行监并非无功。想通过短期水利工程彻底根治浙西水患,一劳永逸,实为不近情理之论。可惜的是,任何上级官司都更期待立竿见影的效果。

(四)兴工中的阻挠

元代浙西水利虽屡有兴修,但由于触及当地权豪利益,每次大型工程,无不是"工作未兴,横议先起"[2],从立议到修浚及至完工,堪称步履维艰。

大德年间开挑堙塞河道,至平江路福山、许浦河道,"有司妄构饰说,春云农作将兴,夏云农事正殷,秋云收成在迩,冬云天寒地冻",一直拖到都水庸田使司衙门革罢,"前后七年,竟未兴工"[3]。松江知府周惟惠不按规定提调人夫,"前后兴工,跨越三年,累经勾唤,恬然不顾,竟不前来供给。所起人夫,或违限七十余日,或违限三个月余。闪下工程,其余路分往往与之均分开挑"。

---

[1] 任仁发:《水利集》卷2《水利问答》,第83页下。
[2] 任仁发:《水利集》卷5"大德十一年十一月行都水监照到元料先合拯治江湖河闸等工程未了缘故乞添力"(下文简称"大德十一年十一月行都水监乞添力"),第129页下。
[3] 任仁发:《水利集》卷4"大德十年二月行都水监呈中书省为开挑吴松江乞添力成就",第112页下。

又吴江州知州高庆仁，违例差委老病不堪之人，只遣州判时亨部夫董役，行监指定高氏部督，居然"百般推调，却指以行省左右司勾唤，委令前去嘉定州取问别事为由，不肯前来"[1]。原本奏准大德十年（1306）在常州、镇江、江阴所兴工役，却因人夫召集不齐，只好推到下年农隙"再行修治"。适遇霖雨，江阴州妄言是"开河作坝，淹死菜麦"，引来行省官员督治，将州官取招断罪，自然也无董役之人了。[2]

而最著名的案例，当属大德八年（1304）末由彻里[3]主持的治水工程。

大德七年，彻里任江浙行省平章，在任仁发的建议之下，他慨然上疏，条陈吴淞江利弊及疏导之法，并亲自董役开浚吴淞江故道。[4]此事在其神道碑等传记资料中都占有重要一席，而《水利集》的记载则更为丰富和生动：

> 大德八年十一月内，跟随提调官彻里平章，与行都水监官、军民官到吴松江淤塞去处。此时皆曰潮沙溃陷不可施工，

---

[1] 任仁发：《水利集》卷5"大德十一年十一月行都水监乞添力"，第125页上。
[2] 任仁发：《水利集》卷5"大德十一年十一月行都水监乞添力"，第127页。
[3] 彻里（Cherig），又译为阇里，蒙古燕只吉台氏，居徐州。至元十八年入觐，授利用监。曾向世祖弹劾桑哥不法事，后者伏诛后，拜御史中丞，除福建行省平章。大德二年拜南台大夫，七年改江浙平章。九年入为中书平章，次年卒，年四十七。谥忠肃，改谥正宪。姚燧：《牧庵集》卷14《平章政事徐国公神道碑》，《四部丛刊初编》影印上海涵芬楼藏武英殿聚珍本，第10页B—15页B。彻里事迹详见魏曙光：《元代蒙古人太赤家族事迹探析》，《赤峰学院学报（哲学社会科学版）》2020年第6期。
[4] 姚燧：《牧庵集》卷14《平章政事徐国公神道碑》，第14页A。苏天爵辑撰，姚景安点校：《元朝名臣事略》卷4《平章武宁正宪王》，中华书局1996年版，第70页。

或曰江水已高，不能流泄。如此百端阻惑，幸遇彻里平章力排浮议，听从当职与行都水监官商议指分，于当月初八日兴工，至大德九年三月初三日，将吴松江故道开通，置闸放水，注江达海。[1]

面对浮议沸腾的局面，彻里展现出一位名臣的风范和魄力。他力主开江，又"省谕各路府州县官，若功成，在众；不然，我当其责"。在施工现场，还有人利用河沙汇沙泥大做文章。此种沙泥俗称"浆沙粉"，如"浆粉之聚而不坚"，随挑随涨，势若陷阱，难以施工。彻里遣监吏前去查探，"有上户买使御马者，给引监吏马过沙陷之处"。此吏不知土性，"几致人马不救"。此事一出，众谤沸腾。反对者想借此散众罢役。幸赖任仁发以良法治之，方才安全过渡。[2] 工毕置闸放水，"横议犹且纷纭，谓江身已高，水安得下？纵然得下，不能过闸"。及至开坝启闸，"湍流东下，势若建瓴"。彻里又亲诣闸上，并要求几乎所有的部夫官吏前去参观，方为此次兴役划上了句号。[3]

总之，兴工途中，原本按规定应该全力配合的地方有司，或借故拖延，不肯兴工，或应集人夫，召集不全。地方上户甚至还在工程之中故意制造事故，无所不用其极。

---

[1] 任仁发：《水利集》卷5 "大德十一年六月初三日为开河置闸等事牒行监呈省"，第121—122页。

[2] 任仁发：《水利集》卷10《营造法式》"开江挑沙法"，第184页下。

[3] 任仁发：《水利集》卷5 "至大二年十一月浙东道宣慰使都元帅李中奉言吴松江利病"，第131页上。

三、反对势力的构成

任仁发曾在《水利集》中，总结出反对设置行都水监[1]的"六等不爱之人"：

路府州县官吏，部夫董役于荒野之中，一两月间亲任其劳，倘工程迟慢，人夫在逃，或签夫放富差贫，或检田以熟为荒。行监钦依已降条画，板招断罪，彼谓又添一监临纠治上司，此一不爱也。

都省元行每地五顷，发夫一名。腹里官员拨赐田地，俱是江南苟图之人干置管领。凡当夫者，用钞一两，彼则虚破十两。不说行监诈扰，则难花破帐目。腹里官司，闻其蠹干之言，亦难体问虚实，不知治水乃是田地之利，但见顾夫先有钞米之费，从而毁说于省台，以为不便，此二不爱也。

行监直隶都省，非行省所属，情分已不相接。又路府州县虑恐连及，又被路府州县官吏，日与豪强设计，构词谮毁沮坏，此三不爱也。

富户交结官府，不吝货财。此等之人言不可信，人亦信之。其或工役之间，倚恃势力，不伏号令，及违期失误，必加谴责。于是买使断罢，永不叙用。并泼皮歹人，诬告禁忌不

---

[1] 前人研究已表明，行都水监与都水庸田使司名异而实同，元人也不对其做区分。王培华：《元朝水利机构的建制及其成就评价》，《史学集刊》2001年第1期。

利，驾饰大恶，凡可以加害者，靡所不至，此四不爱也。

僧道有田，不曾纳税当差，今寺观僧道，五顷当夫一名，寺观刱生顾夫供役，痛入骨髓。僧道之徒，布满朝野，陈之当途，所说可知，此五不爱也。

江湖技术之士，挟书游于豪富及郡守之门，受其馈赆之私。不知水利乃农桑之所先，四民衣食之根本，经由四方，听其所嘱，不阅古书，不问损益，从而播说行监扰民害事，此六不爱也。[1]

简而言之，此六类不爱行监及水利工程之人，分别为府县基层官吏、有大都背景的权豪势要、行省及各级官府、地方富户、僧道和江湖技术之士六类，其中"路府州县官吏"和"行省"大体可视为一体，即两级地方官府。由于行都水监为元中后期主管治水的专门性机构，以上"不爱行监之人"，大致可等同于反对治水之人。

关于元朝在浙西的官方治水，前人评价分歧颇大。潘清认为"元代太湖流域的水利治理相对达到了新的高度"，王颋则认为元朝在吴淞江的几次水利兴修，都不是"有效"的水利工程，谢湜则通过长时段的考察，进一步完善了王颋的判断，并分析了其间"官府与富户之间的利益妥协"。陈秋速也总结出四条"元代太湖流域水利建设未能成就的原因"[2]；但均未能结合相关史料展开说明。

---

[1] 任仁发：《水利集》卷2《水利问答》，第87页。
[2] 潘清：《元代太湖流域水利治理述论》，《中国农史》2010年第4期。王颋：《元代的吴淞江治理及干流"改道"问题》，《中国历史地理论丛》2003年第4期。陈秋速：《元代太湖流域水利研究》，中国社会科学院硕士学位论文，2008年。谢湜：《太湖以东的水利、水学与社会（12—14世纪）》，《中国历史地理论丛》2011年第1期。

不论治水效果如何，任仁发等人在水利工程中遭遇阻力，却是不争的事实。任氏身为浙西土著，对水学有深入研究，并两度参与大型水利工程，他的经历和经验总结，对我们了解当时浙西基层社会矛盾十分重要。那么，任仁发所言的"六等不爱之人"，究竟是客观存在，还是其主观臆断呢？下文将一一分析。

（一）地方官府

首先看以路府州县官吏为主的基层官员，与之相连的还有各地乡胥里正人等。

路府州县官员是水利工程推进的具体组织者和实践者，肩负"董役部夫"的职责。兴工过程中，难免有工程迟慢和民夫逃亡之事，一旦被发现，必将领罚。本着"多一事不如少一事"的态度，这些基层官吏显然是不愿意兴工的。而他们在兴役中常有违规之举，如佥夫过程中放富差贫，踏灾活动中以熟作荒，徇私舞弊。大德二年（1298）颁布的《都水庸田司条画》给予行监依法究治怠慢公事者的权力[1]，如此一来，行监恰是在廉访司之外的又一"监临纠治上司"，当然是不受欢迎的。

路府州县官在兴役之时迁延逗留、放富差贫，此种情状在第四部分详述。此处仅举数例，以观他们在灾后的应对之策。

大德十年（1306）夏，浙西淫雨，各处潦水泛溢，堪称七十年

---

[1] 任仁发：《水利集》卷1《大德二年都水庸田司条画》，第73页下。

来特大水灾[1]。行监身为治水机构，也担负救灾之责。而这次灾害中，各州县官吏及乡胥里正人等的所作所为，却让人大开眼界。

首先，松江府所告受损田围，至六月终，"被淹不堪车救三百二十六围，该官、民田一千六百二十顷一十八亩二分，粮三万三千三百二石六斗六合六勺"，不旬日间，续据申人户陈告，"水灾系朱张财赋田，共六千九百二十八顷八十五亩一分一厘七毫，该粮二十万八千六百八十五石六斗六升"，损额猛增十七万余石[2]。且受灾的别无民产，俱系官田。奏差刘荣等前去查验，才发现松江府所报水淹田围，"或系熟田，或系住屋基地，或系风秕，或系往年积荒"，甚至还临时堆砌围岸，放水入围，伪造受灾现场，或"以稀薄可征粮内，增批损数"。

又如上海县四十九保主蒋千五等，"将熟田五顷三十一亩，该粮二百九十八石，捏合灾伤，将别项田移易指引，冒破官粮"。七十保主首储万十二等，指要佃户告灾，除钱粮中统钞三百四十五定八钱"。最为夸张的是，其子储富一目无法纪，居然用萝卜伪造检田官花押，擅批分数。

州县官吏也与乡胥里正人等通同作弊。如上海县吏康子华，与各保主首商议许下"康令史每石三两、主簿三两、主案二两，通同捏合风灾"，赃款由康子华妻代为收受。

此外，踏灾官吏的腐败作弊也很突出。如平江路吴县检踏官林

---

[1] 当地耆宿藏宝等人认为，此次大水比至元二十四年、二十七年和大德七年更大，"各人年及七十，不曾见此大水"。《水利集》卷5"大德十一年十一月行都水监乞添力"，第127页下。

[2] 原文作"陡增一十六万有畸"。

某等下乡检灾,"每亩或二两五钱,或四两五钱,取受钞二百余定,尽将得熟晚禾,俱作灾伤"。昆山检踏司吏,通同里正增批风水灾伤,冒破官粮一万三千余石。常州路武进县栖鸾乡里正、主首,通同其县正官、首领官,"于各保虚检踏出,移易都保,以熟为荒",冒除官粮九百余石。[1]而实际上,除了以熟作荒冒除官粮,踏灾官员不分实际详情,以荒作熟不予救治之事也屡见不鲜。[2]

据任仁发统计,仅大德十年一年,有司以熟作荒,冒除官粮就高达四十余万石,官吏赃贿以千万计。中书省委官与行省共同追究,却遇赦释免。[3]

以上奸弊,当然不是大德十年的独有现象。如至元末平江路吴江等县正官"虚报灾伤田粮",皇庆间湖州路德清县虚踏"灾田二顷八十三亩二分五厘,除破官粮三石六升一合七勺九抄"。元廷规定:"官吏检踏灾伤不实,冒破官粮,受财者以枉法论,不曾受财、检踏不实者,验虚报田粮多寡,临时斟酌定罪相应。"[4]

从州县官吏的角度出发,灾伤之年,他们眼下最关注的,既非国家财赋钱粮,也非治下生民安危,而是元帝国分配给他们的办课任务能否善了。遭逢水灾,便可通过告灾等途径获得相应的课程蠲免。因此之故,与办课直接相关的官吏及乡胥里正人等,遂敢于铤

---

[1] 任仁发:《水利集》卷5"大德十一年十一月行都水监乞添力",第127页下。
[2] 松江掾袁介曾记载一个佃种官田的老农,受灾后其田地没有被检田吏认定为荒田,反而因没有积极配合,都批为熟田。老农为偿还官粮,被迫卖儿鬻女,最后沦为乞丐。陶宗仪:《南村辍耕录》卷23"检田吏",中华书局1959年版,第280页。
[3] 任仁发:《水利集》卷2《水利问答》,第89页上。
[4] 陈高华等点校:《元典章》卷54《刑部卷十六·虚妄》"虚报灾伤田粮官吏断罪""官吏检踏灾伤不实",中华书局、天津古籍出版社2011年版,第1850、1851页。

而走险，乐于参与虚报灾伤等舞弊行为。兼有监察职能的行都水监若秉公执法，将会成为他们利益的绊脚石，双方矛盾尖锐也在情理之中。

此外，客观地说，浙西佃户（尤其是租种官田者）的负担也的确很重，有良吏为民请命，争取官粮蠲免也无可厚非。如至元二十九年（1292）至元贞二年（1296）任松江知府的张之翰，有感于"民苦荒租"，遂力劝达鲁花赤麻合马一同赴省陈情，最后终于争取到减免租米十万石。[1] 张之翰由翰林侍讲学士改任松江，加上言之有理，故能有此成就。并非任何一位地方官都能够说服元廷减租，在正途无法通行之时，邪门歪道也便应运而出。

赈灾之中，行省和宣慰司的权力更大，经手的钱粮更多，贪腐舞弊也是常有之事。大德十一年（1307）和至大元年（1308），浙东大饥。浙东道宣慰同知脱欢察议行赈荒之令，聚敛到"富人钱一百五十万"。脱欢察将其中二十五万交给时任台州路宁海县主簿的胡长孺，托其代为私藏。[2] 此案虽发生于浙东，与之同时，浙西也是连岁大侵，民死枕藉。在贪污观念松弛的元朝[3]，官员贪腐现象俯拾即是，浙西治下当不乏脱欢察之类的官员。虽然行监的监察职能并不及行省，但身为路府州县官司的上级机构，行省同样要为漕粮负责，且行省官员的不法行为，与基层官吏有千丝万缕的联系，

---

[1] 陈威等修，顾清纂：正德《松江府志》卷23《宦迹上》，《天一阁藏明代方志选刊续编》影印明正德七年刻本，上海书店出版社1990年版，第372页。张之翰撰，邓瑞全、孟祥静点校：《张之翰集》卷21《检荒租二首》，吉林文史出版社2009年版，第223页。

[2] 《元史》卷190《胡长孺传》，第4332页。

[3] 李治安：《论元代的官吏贪赃》，《南开学报（哲学社会科学版）》2004年第5期。

为其提供庇护也实属正常。

巧合的是，大德十年秋，行都水监揪出了如此可观的州县官吏之奸弊，在经历了次年的连环饥馑之后，到至大元年大年初六，武宗便"从江浙行省请，罢行都水监，以其事隶有司"[1]。按理说，行监在纠治府县官吏舞弊方面不可谓不卖力，却在"政绩斐然"的情况之下被行省弹劾废罢，此中联系，不禁让人浮想联翩。

任仁发认为行都水监直隶中书省，与地方行政系统"情分"疏远，故难以获得支持。官僚系统统属不同导致嫌隙，当然有一定的道理，但机构性质的差异，恐怕也是更深层次的原因。行监是专管治水的职能部门，其目标明确，而行省和府县有司，作为一个事务混杂的政府，需要考虑各方利益的平衡与调和。在行监与总体政务产生冲突之时，行省必然会做出顾全大局的选择。

（二）有大都背景的权豪势要

浙西为元代官田最为集中之处。[2]除服务于海道漕运的各种财赋田，还有大量赐予诸王、公主、官员、寺观和学校的官田。元朝每年从江南北运的数百万石漕粮，率多取自官田。但任仁发指出，腹里官员的赐田，"俱是江南苟图之人干置管领"。说"俱是"，或许有夸张的成分，但从成本考虑，他们的确不愿因治水增加雇夫的费用，且"主家田土淹没未至一分，彼则花破太半，反益于己"。官田受灾，可申请蠲免。宋时县有登记籍册，田地承佃之后有详细

---

[1]《元史》卷22《武宗纪一》"至大元年正月丙寅"，第494页。
[2] 高荣盛：《元代江南官田》，《元史浅识》，凤凰出版社2010年版，第379页。

记录，不至挪换和荒芜。入元后，田产拨赐投下、官员及寺观，"供报数目图籍，既无稽考，奸人从而作弊，移东换西，以熟作荒"。在此种制度漏洞之下，遭逢灾年，贫难佃户往往逃亡，豪势之家则可将田地挪移，转嫁到受灾的官田之上，这也是告灾官田特多而民田少的原因之一。[1]

既然如此，这些"腹里官员"及各财赋府的主人，自然没有治水的动力。而他们多与大都政治中心或宫廷关系密切，甚至可直接左右元廷对行监机构的废罢，最后影响治水工程。

（三）地方富户

地方富户，是被任仁发指摘最多的一类。富户影响治水的案例，以曹梦炎最为典型。据《水利集》记载：

> 当时（至元末——引者注）大兴工役之际，所委官员，止议创开新河，仍修旧港，将诸人占湖田荡，尽数拘收入官，不曾放水为湖。是致元贞二年曹梦炎、王晔夤缘，不曾明白题说，朦胧回付为主。况诸人占湖为田，不下百有余户。官租主户该纳米粮，至今征纳，唯独曹梦炎、王晔回付上项湖田，免纳官粮，为数不少。前庸田司尝言：曹梦炎一户，每年免粮一万一千三百八十五石四斗五升。以此较之，自大德元年回付，于今前后九年，计其不纳官粮入己之数，不下十万余石。[2]

---

[1] 任仁发：《水利集》卷2《水利问答》，第84页下、88页下。谢湜：《太湖以东的水利、水学与社会（12—14世纪）》，《中国历史地理论丛》2011年第1期。

[2] 任仁发：《水利集》卷5"大德十一年十一月行都水监乞添力"，第126—127页。

如此看来，至元末年，曹氏湖田曾被拘收，但元贞二年（1296）又设法回付，直到大德九年彻里开江之时，曹氏湖田仍享免纳之利。以每年一万一千余石计，前后九年免粮之数不下十万余石。坐享如此厚利，曹氏等富户当然不愿开浚河浦，退田还湖。但在彻里的坚持之下，大德九年，曹氏及其子曹日迟等，"情知请托不行"，方同意将"本户元占淀山湖田合开挑为湖顷亩，情愿自备口粮，顿募佃夫，管得日近开挑完备，不致阻碍水利"。用夫数百，不数日间，复还水面六百七十余顷。[1]

由此可见，只要曹梦炎们积极配合，治水工程还是能够推进的。但此类富户势力极大，即使一时让步，风声过后，一切复旧。

除此之外，富户地多田广，以"有田百顷，岁以收米万石为率，纵使一半无收，此年必荒歉"，他们趁机"深藏闭粜，米价决增一倍"，如此则增亏相补，甚至因米价腾贵而获利。[2] 如大德十年，江浙的大饥荒甚至影响到了江西行省。往年饥馑，犹有江浙米粮贩运赈济，此时浙省自身难保。南丰州"常年米硕价止中统钞一十两，粮户犹曰艰难，今则价值日增，倍而又倍，且又夹杂水湿、沙糠。舂簸之余，一斗仅得七升而已。以此展计，每硕乃成三十两之上"。[3] 可见，大灾之年，米价腾贵，比任仁发估计的"决增一倍"甚至更为严重。此时囤有米粮的富户，确能坐收厚利。

---

[1] 任仁发：《水利集》卷4"大德九年三月提调官江浙省平章政事彻里荣禄开浚淀山湖"，卷5"大德十一年十一月行都水监乞添力"，第111页下、127页上。

[2] 任仁发：《水利集》卷2《水利问答》，第84页下。

[3] 刘埙：《水云村稿》卷14《公牍》"呈州转申廉访分司救荒状"，《景印文渊阁四库全书》第1195册，台北商务印书馆1986年版，第498页下。

（四）僧道

与前朝一样，佛寺、道观等往往为当地上户，且在很多情况下享有免税免役的特权。而浙西水利的几次兴工，都要求僧道人等一体当差，当然使之利益大损，甚至"痛入骨髓"。僧道寺观反对开河，除免供役之繁外，亦可如富户一般，坐享湖田之利。而僧人、道士遍布朝野，在元时期气焰尤甚，可以左右行省及宫廷决策。即使在大德九年彻里主事之时，也有为数尚多的僧寺田围"未蒙明降"，未曾开浚。[1] 其势比曹氏更甚。

（五）江湖技术之士

江湖技术之士除了受人恩馈鼓吹开河之弊，损毁行监声名外，还会散播禁忌不利。如至治三年，在水患相仍的情况下，嘉兴路治中高某等前去踏视，已"讲议到合开挑河道处所、工物"，却因"癸亥岁禁止动土"的传言，不得不请示上峰，意欲延迟开工。[2] 其中当然有江湖术士及富户中"泼皮歹人"的功劳。

需要补充的是，依附于权豪及富户的文人门客，受人之恩，站在自己的立场，为富户、官僚及僧寺书写赞颂文字，也是屡见不鲜的。此类文人所起的作用与江湖术士类似。如任士林曾为"乡人苦其豪横"[3] 的曹梦炎作《曹氏舍田记》云，"曹氏父子以积善闻其

---

[1] 任仁发：《水利集》卷5 "大德十一年十一月行都水监乞添力"，第127页上。

[2] 任仁发：《水利集》卷1 "泰定元年十月中书省札付奏准开挑吴松江"，第76页下。

[3] 长谷真逸：《农田余话》上，《四库全书存目丛书》影印宝颜堂秘籍本，子部第239册，齐鲁书社1997年版，第326页。

乡邦",曹梦炎"俭而有度,富而有守",给松江府超果寺舍田八百亩,实与佛菩萨心心相印。[1] 元人文集中的很多富户,都呈现出"义士"或"长者"的形象,全无一丝"豪横"的影子,这当然是由史料的书写者所塑造的。

任仁发曾痛心疾首地指出:"今州县官吏,惧其部夫督役之劳,又有迟误不职之罪;豪富上户,各于供给当夫之费,又有科差不均之冤,所以诳言扇惑朝廷。妄诉大逆不道者有之,或言开江禁忌不利者有之,夤缘谮毁,靡所不至。"[2] 结合上述实例,此言不虚。

四、治水中的利益角逐

前文铺陈的史料,使我们清楚地看到任仁发治水实践的对立面,及各个阶段所面临的阻力。任仁发从自己的立场出发,将不配合治水的人们分为六类,自然有其道理,但基层社会的运作实态,远比史料所呈现出的更为生动、复杂。

仅以富户为例,任仁发将主动修围、浚河的富户称为"近理上户",不配合其治水行动的,则为"为富不仁之家"。[3] 实际情况甚为复杂。不仅"治与不治"体现利益冲突,"如何治理"也大有学问。水政的制定者和参与者,可以决定和影响工程的行进路线。

如至元二十四年(1287)水灾过后,太仓的朱清劝谕上户开浚

---

[1] 任士林:《松乡先生文集》卷2《曹氏舍田记》,哈佛燕京图书馆藏明永乐三年任勉刊本,第13页B。
[2] 任仁发:《水利集》卷5"大德十一年十一月行都水监乞添力",第130页。
[3] 任仁发:《水利集》卷2《水利问答》,第84页下。

自娄门外至刘家港一带的河道。效果较为明显。至元二十七年（1290）大水中，"此处仅免湮没"[1]。又如淀山湖北有道褐浦等四处水道，"取江颇近，水势顺便，宋时有当地上户卫家年年修浚"，卫家荡废之后，此处的港浦亦堙塞浅狭。[2] 自宋代以来，浙西水利的总体弊病，主要表现为围田之害屡禁不止，反而愈演愈烈，通海港浦"中游积潦、下游淤淀"已成定局，加上宋元鼎革时期的军事考虑，中游积水不泄、下游浑潮淤浦的问题，至元代更为严重。[3] 朱清和卫家疏浚河道，在小范围内缓解了潦水淤积的问题，不待官方倡议，他们即动用自己在地方的影响力，组织相关上户或自行疏浚。

任仁发是青龙镇艾祁浦土人。众所周知，青龙镇曾为上海地区最早的海港。北宋时，青龙镇不仅是华亭县的贸易港，也是整个太湖流域的海上贸易港，远洋而来的舶货，大多通过青龙镇港转运当时的经济中心苏州。至南宋初年，青龙镇已上升为东南对外贸易港口之首。遗憾的是，青龙镇从兴起到繁荣只持续了一百多年，随着吴淞江及其汊流青龙江的淤积，青龙港的海外贸易至南宋末年已明显衰落。[4]

青龙镇在宋时的辉煌，全赖吴淞江达海通道所赐。在吴淞江河道淤积的同时，东北的浏河和东南的黄浦日益壮大，任仁发也清楚这样的排水格局[5]。即使无力回天，也仍旧力求疏通吴淞江。从任

---

[1] 任仁发：《水利集》卷3"至元二十八年潘应武决放湖水"，第92页下。
[2] 任仁发：《水利集》卷3"至元二十八年潘应武决放湖水"，第93页上。
[3] 谢湜：《高乡与低乡：11—16世纪江南区域历史地理研究》，第120—121页。
[4] 邹逸麟、张修桂：《上海港的历史地理》，《自然杂志》1993年第2期。
[5] 任仁发：《水利集》卷2《水利问答》，第81页下。

仁发主持的工程来看,虽然最终的效果与他的目标差距甚远,远不能再造青龙镇的繁华,但如果考虑到任氏的乡土背景,就不难理解他为何比吴执中、周文英等人更执著于恢复三江泄水之势了。[1]

前述曹梦炎,因其占有的淀山湖围田,太湖之水无法注江达海。开河疏浚,必定牺牲田利。长谷真逸称曹梦炎"积粟百万,豪横甲一方,郡邑官又为之驱使",据谢湜推算,"曹氏在淀山湖的占田数目,几乎是昆山一县田地数的十分之一"[2]。上文已指出,仅仅是至元末至大德九年,前后九年的免粮数额,就不下十余万石。湖田之利,实难想象。故曹氏成为淀山湖水利工程的坚定反对者,也是任仁发所言"为富不仁"的典型。曹氏的淀山湖围田,已被定性为水灾之源,故每次大规模的兴工,都不免与之冲突。

至元二十五年(1288),曹梦炎的人生轨迹发生了一些变化,起因是与江淮行省丞相忙兀台发生了利益斗争:

> 时有人以谋反不法事告于江淮省蒙古台某丞相。相受其赂黄金二十锭,坐其人为诬告。丞相家奴二人来索酒钱于曹。曹曰:"我以金廿锭与丞相了,更有何物与尔辈?"家奴归告丞相,丞相大怒,出所赂金于堂上,凡曹氏主仆即收捕之。曹有一子,号十提举。独单骑北走,至燕都投右丞相聂某。聂某为之计,约以婚姻结之。乃入奏江淮丞相某,取要臣姻家金锭二

---

[1] 至元二十四年(1287),元朝开浚太仓境内的通海港浦,刘家港取代吴淞江成为元时期太湖地区出海的第一港口。吴执中和周文英是元末较有影响力的水利专家,他们主张打破恢复三江之势的空想,转而从东北方向的刘家港泄水。

[2] 长谷真逸:《农田余话》上,第326页。谢湜:《高乡与低乡:11—16世纪江南区域历史地理研究》,第134页。

十。上怒，命下系丞相赴京取问，遂服罪。曹氏粮万石宣投，遥授浙东道宣慰副使。[1]

"蒙古台"在《水利集》中作"忙古台"，即忙兀台，时任江淮行省左丞相。[2] 此前有人向忙兀台告曹梦炎不法事，曹氏通过行贿，反坐其人为诬告。事情结束之后，因与忙兀台家奴沟通不畅，曹梦炎与丞相反目成仇，险些引来牢狱之灾。最后还是曹氏子弟单骑赴北，结托中书省官员，方逃过一劫。据《元史》记载，至元二十五年，"淞江民曹梦炎愿岁以米万石输官，乞免他徭，且求官职。桑哥以为请，遥授浙东道宣慰副使"。时桑哥为尚书省右丞相，故引文中的右丞相"聂某"实为"桑某"之误。[3] 此时桑哥权倾朝野，曹梦炎能与之攀上姻亲，定然风光无限。

忙兀台之跋扈，还体现在其他方面。至元二十五年，刘宣任南台御史中丞。"时江浙行省丞相忙古台，悍戾纵恣，常虑台臣纠言其罪，而尤忌宣"。后刘宣等人在建康城点视军船之时，发现行省官"以军船载苇草"，由此惹怒忙兀台。忙兀台罗织刘宣父子罪名，诬告行台沮坏钱粮，最终导致刘宣自杀。[4] 忙兀台在浙省为所欲为，"诬告"是其惯用伎俩。曹梦炎面对如此劲敌，尚能斗争胜利，实属不易。

---

[1] "授"字原文作"拄"。长谷真逸：《农田余话》上，第326页。
[2] 《水利集》中忙古台收受曹梦炎金为十九定，似乎并非同一件事。任仁发：《水利集》卷3"元三十年八月初十日行省准都省咨文该"，第104页上。
[3] 《元史》卷15《世祖纪十二》"至元二十五年三月戊子"，第310页。
[4] 《元史》卷168《刘宣传》，第3953页。

然而，好景不长。至元二十八年（1291）七月，桑哥伏诛[1]，曹氏作为其党羽[2]，即使不受牵连，也或多或少会有冲击。恰逢此时元廷开始对淀山湖区进行疏浚。据潘应武汇报，此次水利兴修，效果仍旧有限："开浚港浦三百余处，并无一处通彻""仅有曹家门首百来丈挑开深阔，余外并不开挑，水路浅涩仍复如旧"。[3] 这样的结果已经很令人沮丧，殊不知这唯一的"硕果"，还是地方权豪利益斗争的产物。

《农田余话》记载：

> 张参政尝夜过曹宣慰所居，里中相恶争斗。张氏遂于曹氏宅前疏凿河道以报之，毁其外门，事闻于朝。旨下，赐楮币二千五百贯，命本郡官营办筵宴，以平二家宿怨，复其外门。[4]

张参政即张瑄之子张文虎，是至元末淀山湖水利工程的参与者[5]，曹宣慰即曹梦炎。由于此前张文虎夜过曹梦炎居所时二人结怨，张氏便借治理淀山湖之机报复，将工程路线直接规划到曹家门首，在曹氏宅前疏凿河道，长度达"百来丈"，且"开挑深阔"。两家的矛盾甚至惊动了皇帝，后赐钱并托地方官打圆场，方平息两家

---

[1]《元史》卷16《世祖纪十三》"至元二十八年七月丁巳"；卷205《桑哥传》，第349、4576页。
[2] 即使《农田余话》所载曹氏子与桑哥约以婚姻之事不实，曹氏入粟补官由桑哥引荐，也足证明其党羽身份。
[3] 任仁发：《水利集》卷3"至元三十年八月初十日行省准都省咨文该"，第102页。
[4] 长谷真逸：《农田余话》上，第327页。
[5] 任仁发：《水利集》卷3"至元三十年八月初十日行省准都省咨文该"，第104页。

宿怨，且没有忘记将开挖的河道恢复。

　　张瑄居乌泥泾，与淀山湖相距较远，按理说并无瓜葛，却因私怨促成了曹家门首的河道疏浚。值得注意的是，桑哥倒台之后，曹梦炎居然仍旧保持平稳发展态势。即使在至元末湖田被拘收，也能在元贞二年"朦胧回付"。直到大德九年，彻里兴工之时，才略有让步。元廷没有处罚曹梦炎，或许与他"岁以米万石输官"有关。曹梦炎以"粮万石宣投"，换来了与行省官员斗争的胜利，并遥授浙东道宣慰副使。他付出的代价惨重，"有司以文字上增'岁献'字"，"以是岁岁趣之"，"子孙贫且行乞，有司仍岁征，弗足则杂置松江田赋中，令乡民包纳"[1]，真是"得官而家废"[2]。元后期，曹氏湖田"额重租耗，民多闭偿，中产之家，岁一当徭，即破荡无几"[3]。

小结

　　任仁发曾在其画作《二马图》上自题曰：

　　　　予吏事之余，偶图肥瘠二马。肥者骨骼权奇，萦一索而立峻坡，虽有厌饫刍豆之荣，宁无羊肠踣蹶之患；瘠者皮毛剥落，啮枯草而立霜风，虽有终身摈弃之状，而无晨驰夜秣之

---

[1] "子孙为之家"或为"子孙为之累"。长谷真逸：《农田余话》卷上，第326页。
[2] 贡师泰：《玩斋集·拾遗》"游干山记"，《景印文渊阁四库全书》第1215册，台北商务印书馆1986年版，第733页下。
[3] 贡师泰：《玩斋集》卷10《奉训大夫绍兴路余姚州知州刘君墓志铭》，第690页上。

劳。甚矣哉！物情之不类也如此。世之士大夫，廉滥不同，而肥瘠系焉。能瘠一身而肥一国，不失其为廉；苟肥一己而瘠万民，岂不贻污滥之耻欤？按图索骥，得不愧于心乎？

看完前述治水活动中各方势力的多方阻挠，我们对他所言"廉滥不同"的士大夫，或有更深刻的认识。不爱行监的六等人中，有多少是他认为的"肥一己而瘠万民"者呢？

从前文的分析可以看出，任仁发指出的沮坏水政的"六不爱"之人，从情理和实践，都被证明是切实存在的。其中地方官府（尤其是路府州县基层官吏）和富户的反对意愿最为激烈，破坏手段也是花样百出，而财赋府权豪及僧道人等，无疑是最有实力的反对者，江湖技术之士可视为这些核心势力的外围"帮闲之人"，其间亦不乏文人的影子。这些反对势力，无不向我们展示出元代浙西的显著特点，即官田多、富户多、课税多。这些特点在治水和救灾活动中得到生动的体现，最终的交集都是供给国家的海运漕粮。不论是地方大员，还是贫难佃户，都被纳入元帝国的漕粮体系之中，为其三大支柱之一的"中华经济力"服务。

任仁发自称反对水利有"六不爱"，而支持者只有"小百姓也"。概以行监督促浚河、修围，可以缓解水旱灾情，疏通水道交通，也有利于商贾往来粜籴粮米，似乎很受民众拥戴。[1]但事实上，任仁发也意识到情况并非如此，"彼愚民无知，但见一时工役

---

[1] 任仁发：《水利集》卷2《水利问答》，第87页下。

之繁"[1]，此中"愚民"当然是指与"豪民"相区分的普通百姓。元朝的劳役制度，主体并非雇役。虽然兴役的理想状态是"田主出粮，佃户庸力"，但有司惯于放富差贫，征集到的多为老病不堪之人，反而给百姓带来沉重的劳役负担。[2]

以往的经验，但凡官方治水，尤其是在地广人稀的北方，一般都颇有成效。而太湖流域水网密布，与北方平原之地形地势差异巨大，局部利益错综复杂，地方有力之家往往具有很强的自救能力，与邻为壑乃常有之事，官方力量反而难以介入。我们可将其视为南方"小河治水"与北方"大河治水"之显著区别。任仁发曾治理过大都通惠、会通二河及汴梁黄河，他在北方治水的经历，也可能影响到了他后来的南方治水活动。[3]

元朝设立行都水监，给予节制地方官吏、豪强之权，主要是为了官田水利及漕粮的顺利办集，故任仁发的基本立场，大抵不过官田、漕运尔，在具体的政务运作中，可兼顾其居地青龙镇的利益。即使是同为官府，代表朝廷利益的行都水监，与地方官府也必然相互抵牾。

泰定二年（1325），元廷革罢松江府，立庸田司"专管所管勾当"，原因是海漕征输的任务可经由行监接管完成。此前，任仁发退居青龙镇时，松江府官"有不礼之者"，任仁发憾曰："吾欲罢府官其中。"[4] 至此果成现实。可见，任氏与地方官府的冲突，已上

---

[1] 任仁发：《水利集》卷2《水利问答》，第83页下。
[2] 陈秋速：《元代太湖流域水利研究》，第22—23页。
[3] 此观点受南开大学王晓欣教授启发，谨致谢忱！
[4] 正德《松江府志》卷3《水下》"立司"，第180页。

升为个人恩怨。但此时的庸田司，由于过分专注漕粮，反而不问百姓水旱之情，导致"吴越之人咻然相哗"[1]，治水工作也难以展开。

任仁发多次提及"豪强贪利"。其实，贪利者何止豪强，元廷亦贪湖田之利，所以才会出现仅将"占田湖荡拘收入官，不曾放水为湖"的状况。由于元朝一切以漕粮为先，国家权力对社会财富并没有针对性的打击。即使是曹梦炎之类的桑哥党羽，只要能为国家提供丰厚的钱粮资源，也能在波谲云诡的斗争中屹立不倒。当然，付出的代价也很惨重。

总而言之，水利兴修，牵一发而动全身，若无国家全力支持，万难成功。何况，在元廷漕粮至上的宗旨下，行监不得不以钱粮为先，不但治水难达预期，到后来，机构职能也逐渐偏离了专治水利的本务。更兼地方豪强为既得利益抱拢成团，为一己之私而使钱、借势、取巧，行省和基层官府为总体利益平衡考虑，让本就薄弱的国家意志逐渐消解，这恐怕才是治水失败的根本原因。

---

[1] 余阙：《青阳集》卷4《送樊时中赴都水庸田使序》，《四部丛刊续编》影印常熟瞿氏铁琴铜剑楼藏明刊本，第5页A。

元大都豫顺坊寺观与达官府邸考

林梅村（北京联合大学）

1969年以来，为了配合北京地铁工程，中国科学院考古研究所、北京市文物管理处元大都考古队对北京二环路沿线遗址进行大规模考古调查发掘。值得注意的是，在西直门城楼东北的明北城墙下出土了三方元大都豫顺坊寺观碑记，以及一批元代龙凤纹石雕构件和琉璃建材。今称"桦皮厂遗址"。然而，发掘者将出土元碑提到的福寿兴元观、兴隆寺置于明北城墙下桦皮厂遗址，是不正确的。据我们调查，三方元碑所言福寿兴元观、兴隆寺实际上在元大都西皇城根（今地安门西大街）路北豫顺坊。元代诗人马祖常曾在豫顺坊兴隆寺南买下一处宅院，东邻元大都驸马府（今西城区东官房胡同）。明北城墙下出土龙凤纹石雕构件和琉璃建材，颇具元朝皇家艺术风格，当来自大都驸马府。草拟此文，见教于海内外研究者。

一、福寿兴元观与元大都豫顺坊

1969年以来，元大都考古队为了配合北京地铁工程，对二环路沿线遗址进行调查发掘。许多元代遗址和珍贵文物在明北城墙下重见天日。例如：在拆除西直门箭楼时，发现大都和义门瓮城城门遗址，在西城区后英房、西绦胡同、后桃园和桦皮厂明北城墙下还发现四个元代居住遗址。据我们调查，后英房胡同实乃西太乙宫遗址，西绦胡同为元代商铺遗址。不过，后桃园和桦皮厂遗址无任何房屋地基，实乃建筑垃圾填埋场。[1]

值得注意的是，西直门东北的明北城墙下还出土了三方元碑，分别为：延祐四年（1317）《福寿兴元观白话圣旨碑》（图版一）；至顺二年（1331）《大元福寿兴元观碑》；至正二十四年（1364）《大都兴隆寺置地记碑》。据发掘者介绍，"福寿兴元观遗址位于桦皮厂北口稍东的明代北城基下，发现了大殿前的夹干石、'圣旨白话'碑及福寿兴元观碑记等石刻；大量的琉璃建筑饰件和雕刻精致的青石锦地双凤石刻宝相莲花石柱础等，都反映了福寿兴元观的建筑规模。福寿兴元观是道教中全真教派的一座寺观，建于延祐三年，在元大都西北隅豫顺坊之内。延祐四年，元朝皇帝颁布"圣旨"来保护该观的财产。[2] 殊不知，福寿兴元观和豫顺坊根本不在考古简报所言"桦皮厂北口稍东的明代北城基下"。

《大元福寿兴元观记碑》，现存北京法源寺；通高 2.52 米，宽约 0.83 米。元文宗至顺二年（1331）刊刻立石，儒学提举郝义□撰文，中书省左司员外郎于□书丹，国子司业杨宗瑞篆额。碑额篆书"大元福寿兴元观记"，碑阳为正文，凡 24 行；碑阴记功德主及本观道士姓名。碑文记载第一代主持阎道文师承、学道经历、主持本

---

[1] 林梅村：《元大都西太乙宫考》，《博物馆》2018 年第 6 期，第 6—21 页。
[2] 中国科学院考古研究所、北京市文物管理处元大都考古队：《元大都的勘查和发掘》，《考古》1972 年第 1 期，第 25 页。

观等事实。[1]

碑文曰:"延祐丙辰(1316),梁国冯公之子徽政院使识列门,慕老子而创福寿兴元观于都城西北隅豫顺坊,殿堂廊庑庖福一次具备,栋宇雄伟,丹垩一新,甲于诸观。"[2]徽政院本属东宫(隆福宫),名曰詹事院,负责宫内后勤工作。至元三十年(1294),太子真金去世,詹事院改属皇太后中宫(兴圣宫),更名"徽政院"[3]。元成宗即位,改詹事院改为徽政院,张九思任副使。[4]凡此表明,福寿兴元观是延祐三年(1316),徽政院使识列门于"都城西北隅豫顺坊"创立的。[5]《元一统志》大都路条提到豫顺坊,可惜未说明此坊的具体位置,只是笼统地说:"豫顺坊,按《周易》豫卦豫顺以动,利建侯行师,取此义以名。"[6]我们认为碑文所谓"创福寿兴元观于都城西北隅豫顺坊",意思说:这所道寺观创立于大都皇城西北隅。从大都里坊分布看,豫顺坊当在西皇城根(今地安门西大街)路北集庆坊、发祥坊、永锡坊之间。

明初徐达将元大都北城墙南移五里,在坝河南岸构筑明北城墙,

---

[1] 孙勐:《北京地区道教考古发现与初步研究》,《北京联合大学学报》2009年第3期,第89—93页。

[2] 觉真:《〈法源寺贞石录〉元碑补录》,《北京文物与考古》第6辑,民族出版社2004年版,第251页。

[3] 《元史·百官志五》记载:"(至元)三十一年,太子裕宗既薨,乃以院之钱粮选法工役,悉归太后位下,改为徽政院以掌之。大德九年,复立詹事院,寻罢。十一年,更置詹事院,秩从一品,设官十二员。至大四年罢,延祐四年复立,七年罢。泰定元年,罢徽政院,改立詹事如前。"(中华书局1976年版,第2243页)

[4] 《元史·张九思传》记载:"至元三十年,进拜中书左丞,兼詹事丞。明年,世祖崩,成宗嗣位,改詹事院为徽政,以九思为副使。"(第3981页)

[5] 《元史·英宗纪一》记载:延祐七年(1320)二月戊寅,"徽政院使失列门,以太后命请更朝官"(第599页)。

[6] 孛兰肸等撰、赵万里校辑:《元一统志》上册,中华书局1966年版,第8页。

更名"北平",永乐十八年更名"北京"。明北京城不仅面积缩小,而且城内一些元代旧坊亦合二为一。故大都五十坊到明代只剩二十三坊。明蒋一葵《长安客话》卷2记载:"永乐中,以北平为行在所,改府曰顺天。附郭二县,东县曰大兴,西县曰宛平。"[1] 大都豫顺坊在北京西城,明代隶属宛平县,与集庆坊合二为一,改名积庆坊。明宛平县衙署就设在积庆坊,清代废弃,故址名曰东官房、中官房、西官房。[2] 民国初年,西官房改名五福里,中官房改名福寿里,并沿用至今。我们认为,福寿里之名很可能源于大都福寿兴元观,那么这座元代道观当在清代中官房,今北京西城区福寿里胡同。

二、大都兴隆寺与马祖常故居

元大都考古队先后发现两方大都兴隆寺碑。一方出自西城区新街口南正觉胡同,名曰《大都兴隆寺岁数碑》,现藏北京石刻艺术博物馆。发掘者刊布了此碑拓片,并介绍说:"岁数碑铭1块,出土于新街口南正觉寺胡同。该碑被砌于居民房基下,故推知位置可能早被移动。碑呈长方形,高73厘米、宽44厘米。碑首抹角,上刻莲花荷叶纹。其右下角残缺。从行文内容上看,主要是记载了大都城内豫顺坊大兴隆寺,每岁供佛的情况,对研究了解当时大都宗教信仰具有一定参考价值。"[3] 另一方出自西直门东北的明北城墙

---

[1] 蒋一葵:《长安客话》,北京古籍出版社1994年版,第21页。
[2] 赵其昌:《平安大道觅古》,《京华集》,文物出版社2008年版,第278—279页。
[3] 张宁:《记元大都出土文物》,《考古》1972年第6期,第29页。

下，名曰《大都兴隆寺置地记碑》，现藏北京石刻艺术博物馆库房（图版二）。此碑立于惠帝至正二十四年（1364）四月，原立于大都豫顺坊兴隆寺。方首方座，通高137厘米，宽79厘米，厚15厘米，共16行凡50字。碑额题"兴隆寺创建施产碑铭记"，首题"大都兴隆寺置地记"。洞下凤山长老撰碑，燕山耆儒李元用书丹，大兴教寺僧定吉祥镌刻。为便于讨论和今后的研究，据北京石刻艺术博物馆库房所藏原碑，录文于下：

皇元易都，编甿分土而规居，阡陌互通。其豫顺坊一隅，有寺曰兴隆也，风土幽僻，置屋庐故匪轩昂，贵而固焉，容淄流数十辈而已。迩岁有耆宿摩云长老大禅师卓锡于本寺，舒广长舌，谈无碍法，信口所说，无非佛事。白衣授戒之徒，车马盈门，未分朝夕。长老一日谓住持源泉、僧众议曰："昔本寺数年之间，普颜忽都皇后（按，元惠宗皇后）施《大藏经》壹藏，时常为国祝赞看读。奈寺之恒产□矣。侧问南邻马达都有故宅地约肆亩，欲贷与他人。或有门徒施物置于本寺，供佛饭僧可乎？"泉曰："善也。"遽命授戒资太监兰寿金公并妻惠海任氏，师长老为说六波罗蜜法，至布施波罗蜜，乃六度之一法也，在家菩萨之当为耶。寿、海二人曰："若地主诚欲弃粥，愿施白米壹伯石，以充市价选。"曰与地主马达都，同议贸价成，备永为寺业。随地边畔各开于上。东邻驸马，南邻官道，西邻晃忽儿大舍，北至寺。是所兴工营立三门，周围墙堵修饰完备，斋廊深奥，殿宇森严，诚哉美矣。逐日僧众，授戒门徒，老幼云臻，幢橦□□余，推乃笫亦造。长老乃备斋。卒焚香谓余曰："寺欲竖石，命公为文。"余徐曰："如来垂迹，西现迦维，东渐震旦，创塔庙不可胜计矣。我隆之刹良哉！金水注于西北，支荷泛九夏之香风，琼岛耸于东南，松竹□□冬之瑞雪，观光□丽叵以尽述。"[1]

碑文所言"晃忽儿"为元宪宗蒙哥时期和林留守，位高权重，故有资格在大都皇城外豫顺坊置办府邸"晃忽儿大舍"[2]。明初豫顺坊与集庆坊合并，改称积庆坊，坊内有诸多寺庙。明沈榜《宛署杂记》卷19记载："小福祥寺，嘉靖三十二年建。义利寺，元至正十一年建，隆庆二年重修。兴化寺，元至正十三年敕建，元学士欧阳玄奉敕撰，隆庆四年重修。嘉兴寺，弘治十六年建。以上俱在中城积庆坊。"[3] 积庆坊兴化寺建于元至正十三年，寺名与元故都豫顺坊兴隆寺仅一字之差，似为兴隆寺别称。积庆坊义利寺建于元至正十一年，即今西城区保安寺。[4] 据此，晃忽儿大舍四至为：北邻福寿兴元观（今西城区福寿里胡同），西邻义利寺（今保安寺），东邻马达都宅，南邻大都西皇城根（今地安门西大街）（图版三）。

从名称看，晃忽儿的芳邻马达都系色目人，与西突厥汗国第二

---

[1] 承蒙北京石刻艺术博物馆馆长郭豹先生热情帮助调查库房所藏原碑，谨致谢忱！
[2] 《新元史·宪宗纪》记载：宪宗元年（1251）"夏六月，帝即位于斡难河……帝遂更改庶政，命皇弟忽必烈总治漠南诸路军民。开府于金莲川，以忙哥撒儿为断事官；以字尔该为大必阇赤，掌宣发号令、朝觐贡献及内外闻奏诸事；以晃忽儿留守和林，阿兰答儿副之；以牙剌瓦赤、卜只儿、斡鲁不、睹答儿等充燕京等处行尚书省事，赛典赤、匿昝马丁佐之……"（上海古籍出版社2017年版，第65—66页）。
[3] 沈榜：《宛署杂记》，北京古籍出版社1983年版，第224页。
[4] 赵其昌：《平安大道觅古》，《京华集》，文物出版社2008年版，第289—290页。

代首领达头可汗同名,《弥南德希腊残卷》称作Tardou。[1]我们认为,马达都当即元代色目诗人马祖常之子,所售"故宅地约肆亩"实乃马祖常故居。《元史·马祖常传》记载:"马祖常,字伯庸,世为雍古部,居净州天山(今内蒙古四子王旗北)。有锡里吉思者,于祖常为高祖,金季为凤翔兵马判官,以节死赠恒州刺史,子孙因其官,以马为氏。"[2]据考证,马祖常的祖先本为信仰景教的回鹘人,后融入阴山汪古部(今内蒙古达尔罕茂明安联合旗阿伦斯木),操突厥语,高祖锡里吉思之名就译自突厥语Sergis。[3]

元大都豫顺坊位于金水河畔,风光秀丽。马祖常《徽政院公退》有诗曰:"早春天气半晴阴,坐隔宫墙望上林。御水有波皆浴凤,官桥无柳不拖金。相风竿直青云近,井干楼高绿雾深。朝路暮归尘更合,五方调马出骎骎。"[4]据邓辉考证,"金水河流出玉泉山以后,与长河大致平行东南流,在今万寿寺一带转东,经今三虎桥,一直向东,从今西直门南120米处的和义门水关进城,然后经过今护国寺以北地区,再转至今护国寺以东、什刹海西岸一带,自北而南,流入皇城太液池"[5]。

什刹海西岸金水河故道在羊坊胡同、柳荫街、龙头井街。柳荫街有月牙河,夹在恭王府、涛贝勒府中央,别称"李广桥南街"。

---

[1] 〔法〕沙畹:《西突厥史料》冯承钧译,商务印书馆1934年版,第172—173页。
[2] 《元史·马祖常传》,第3412页。
[3] 周清澍:《汪古部的族源》,《元蒙史札》,内蒙古大学出版社2002年版,第114—119页;李言:《马祖常家世考》,《民族文学研究》2006年第2期。第71—75页。
[4] 马祖常著、李叔毅点校:《石田先生文集》,中州古籍出版社1991年版,第60页。
[5] 邓辉:《元大都内部河湖水系的空间分布特点》,《中国历史地理论丛》2012年第3期,第34—37页。

李广是明孝宗朝大太监，在柳荫街建有府邸。清朝大学士和珅进驻李广府邸后，大兴土木，所建官邸即今恭王府的前身。《明史·宦官一》记载："李广，孝宗时太监也。以符箓祷祀蛊帝，因为奸弊，矫旨授传奉官，如成化间故事，四方争纳贿赂。又擅夺畿内民田，专盐利巨万。起大第，引玉泉山水，前后绕之。给事叶绅、御史张缙等交章论劾，帝不问。"[1] 可知，什刹海西岸柳荫街月牙河就是从玉泉山引水入大都的金水河，而元大都兴隆寺位于金水河故道（今西城区柳荫街月牙河）与琼岛（今北海公园白塔山）之间。

延祐二年（1315），恢复科举，马祖常会试及第，授应奉翰林文字，拜监察御史。此后，历任翰林直学士、礼部尚书、参议中书省事、江南行台中丞，又历同知徽政院事，遂拜御史中丞、枢密副使等职。至元四年（1338）三月卒，赠河南行省右丞，魏郡公，谥文贞。工诗文，有《石田集》十五卷。[2] 在京师生活不易，经过多年努力，马祖常终于在大都城内买下一处豪宅。友人许有壬《次伯庸同年迁居韵》描述说："五亩数仞堂，一朝群美并。堂后满姬妾，堂前罗圣经。"[3] 据肖超宇考证，新的宅院除却住房外，尚有一大片空地，这块地原本是旧主人的马厩所在，如今马祖常将它改作田圃种植蔬果。这个田圃面积不小，"余环堵中治方一畛地，横纵为小畦者二十一塍"，黑人仆役引水灌溉田亩："昆仑奴颇善汲，昼日水十余石。井新浚，土厚泉美，灌注四通"，田圃四周立有木栅栏，

---

[1] 张廷玉等编：《明史·宦官一》，中华书局1974年版，第7784页。
[2] 《元史·马祖常传》，第3412页。
[3] 杨镰编：《全元诗》第34册，中华书局2013年版，第199页。

以"限狗马越入蹂躏"[1]。

据发掘者报道，明北城墙下桦皮厂遗址还出土了两件元代影青瓷文具（图版四）：一件为影青瓷笔山，通高11厘米、宽18厘米。釉色清新，造型精巧。器形由五个山峰组成，山崖饰枝藤攀蔓纹，山角下饰波涛纹，波涛中浮游行龙；另一件为影青瓷炉，通高14厘米、口径9.5厘米。直口微侈，圆腹三足，腹部饰草叶纹。此外，桦皮厂遗址还发现一件"石碾轮，呈圆磨盘形，直径80厘米、厚13厘米。轮心穿轴眼，眼四周镶铁活。轮一面阴刻'至正十四年六月初一日'楷书；另一面雕莲瓣纹"[2]。我们怀疑，这三件文物皆为豫顺坊马祖常故居之物，那么马祖常购买的豪宅大院始建于元世祖至正十四年（1277）。

元大都城以中轴线为界，城东半部属大兴县，衙署在旧城施仁门外一里（今陶然亭湖南岸）；城西半部归宛平县，衙署在大都平则门（今阜成门）外五里。[3] 明初在马祖常故居及周边地区大兴土木，兴建明宛平县衙署。明沈榜《宛署杂记》卷2记载："县署设北安门（今北京地安门）之西，中为节爱堂。堂东为幕厅，西为库，后为见日堂，各三楹。循两阶而前为六房，东曰吏房，曰户房，曰粮科，曰礼房，曰匠科，曰马科，曰工南科；西曰兵北科，曰兵南科，曰刑北科，曰刑南科，曰工北科，曰铺长司，曰架阁库，曰承发司。制比外州县，分科稍烦，盖有宫府之事在焉。堂前

---

[1] 肖超宇：《马祖常京都生活》，《寻根》2015年第5期，第93页。
[2] 张宁：《记元大都出土文物》，《考古》1972年第6期，第25页；张柏主编：《中国出土瓷器全集·北京》卷1，科学出版社2008年版，第87、95页。
[3] 孛兰肹等撰、赵万里校辑：《元一统志》上册，第9页；李丙鑫：《档案图说大兴县署址的变迁》，《北京档案》2016年第9期，第46页。

为露台，为甬道，为戒石亭，为仪门（本注：万历十八年知县沈榜重修）。其外，东为土地祠，西为狱，又前为大门，以其面皇城而治也，故不敢树塞云。见日堂后为知县廨，又后为官仓，三堂。东为粮马县丞廨，迤南为典史廨，堂西为军匠县丞廨，稍前为管屯主簿廨。吏廨无定所，时补各官廨之空地云。"[1]

元大都居民占地，一般不超过八亩。[2] 据徐苹芳考证，这八亩地南北长度不得超过两条胡同之间的距离，即不超过五十步（约合78米）。而元大都王府、衙署、皇家寺观往往突破两条胡同的限制。例如：太史院面积为南北二百步（相当于四条胡同），东西一百五十步（相当于三条胡同）。太史院令为正二品，枢密院使为从一品，故枢密院占地面积要比太史院高一等。枢密院的面积南北要占五条胡同，即二百五十步（约合393.75米），东西占四条胡同，即二百步（约合315米）。[3]

从出土元碑和许有壬记载看，马达都所售"故宅地约肆亩"，只是马家的园圃，马祖常故居尚有一亩宅院未出售。明沈榜《宛署杂记》卷2记载："古墨斋，县廨之西，旧有隙地方丈，万历六年，河南李荫来尹宛平，即其地为小斋。偶得础石，有唐李邕所书《云麾将军碑》墨，因辇至斋中，甃之壁间，而以古墨名其斋。"[4] 据

---

[1] 沈榜：《宛署杂记》，第15页。
[2] 《元史·世祖纪》记载：至元二十二年（1285）二月壬戌"诏旧城居民之迁京城者，以资高及居职者为先，仍定制以地八亩为一分，其地过八亩及力不能作室者，皆不得冒据，听民作室"（第274页）。
[3] 徐苹芳：《元大都枢密院址考》，《中国城市考古学论集》，上海古籍出版社2015年版，第144页。
[4] 沈榜：《宛署杂记》，第17页。

赵其昌调查，唐代著名书法家李邕《云麾将军碑》出自北京良乡县学舍，共发现六块残碑，宛平知县李荫将其运至京师，砌在家中古墨斋墙壁上，以供观赏。其中四块残碑后被顺天府尹李惟俭劫往开封，下落不明。清康熙年间，其余两块残碑被运到府学胡同文丞相祠，一直保存至今。[1] 看来，明宛平县衙署面积相当大，几乎覆盖了元大都豫顺坊驸马府和马祖常故居。古墨斋似由马达都未出售的一亩马家老宅改建而成。

三、明北城墙下元故都驸马府龙凤纹石雕构件和琉璃建材

关于元大都驸马府的位置，《大都兴隆寺碑》曰："其豫顺坊一隅，有寺曰兴隆也。……南邻马达都有故宅地约肆亩（今东官房胡同西南），欲贷与他人。……东邻驸马（今东官房胡同东南），南邻官道（今地安门西大街），西邻晃忽儿大舍（今保安寺东），北至寺（今兴化寺胡同东段）。"由此可见，元大都豫顺坊居民皆非等闲之辈，马祖常故居东邻驸马府。正如《析津志辑佚·风俗》所言，"西宫后北街（今地安门西大街），系内家公廨，率是中贵人居止。每家有阉人，非老即小，自朝至暮司职，就收过马之遗"。[2]

元朝驸马主要来自蒙古弘吉剌·特薛禅家族，成吉思汗的皇后孛儿帖就出自弘吉剌部。在成吉思汗统一蒙古高原过程中，弘吉剌部是坚定的支持者，故成吉思汗颁旨："弘吉剌氏生女世以为后，

---

[1] 赵其昌：《平安大道觅古》，《京华集》，文物出版社2008年版，第278—279页。
[2] 熊梦祥：《析津志辑佚·风俗》，北京古籍出版社1983年版，第209页。

生男世尚公主。"[1]《新元史·宪宗纪六》记载:"七年春,帝幸忽兰也儿吉之地,诏诸王出师伐宋。……九月,以驸马纳陈之子乞䚟为达鲁花赤,镇守斡罗斯,仍赐马三百匹、羊五千匹。回鹘献水精盆、珍珠伞等物,值三万余锭"[2]。此后,弘吉剌部王子与蒙元公主通婚,史不绝书。《元史·特薛禅传》记载:"(按陈)子斡陈,……尚睿宗女也速不花公主。……(斡陈弟纳陈之子)斡罗陈,……尚完泽公主。完泽公主薨,继尚囊加真公主。……(斡罗陈)弟蛮子台亦尚囊加真公主。……囊加真公主薨,继尚裕宗女喃哥不剌公主。……(斡罗陈弟帖木儿)长子琱阿不剌,……尚祥哥剌吉公主。"[3]

至元七年(1270),弘吉剌部首领斡罗陈在答儿海子(今内蒙古克什克腾旗达里诺尔)建应昌城。元初还在诸王投下分地单独建置路府,以便集中管理。例如:蒙哥子玉龙答失在分地设卫州总管府,旭烈兀在分地设彰德总管府,弘吉剌部驸马按陈那颜也于至元十六年在分地济州建济宁总管府。[4]

元成宗即位后,弘吉剌部万户被封为鲁王。据法国汉学家韩百诗(Louis Hambis)考证,元朝第一位鲁王是蛮子台驸马,由济宁

---

[1]《元史·特薛禅传》记载:太宗九年(1237),"丁酉,赐钱二十万缗,有旨:弘吉剌氏生女世以为后,生男世尚公主,每岁四时孟月,听读所赐旨,世世不绝"(第2915页)。

[2]《新元史·宪宗纪六》,第72页。

[3]《元史·特薛禅传》,第2915—2919页。张岱玉:《元代漠南弘吉剌氏驸马家族首领考论——特薛禅、按陈、纳陈及其诸子》,《内蒙古社会科学》2006年第6期,第55—59页。

[4] 张金铣:《元代路总管府的建立及其制度》,《中国史研究》2001年第3期,第146页;沈䥽:《苏公式墓志铭考与平阳路输送岁赐的驿站交通》,《考古与文物》2015年第4期,第92—100页。

王晋封。[1] 胡祖广《相哥八剌世德碑》记载："元贞二年（1296），遣使于朝，请立济宁、大都、池州、安西投下总管府蒙古不加恩，遂分赐汀州、永平、济宁等路以为属郡。"[2] 胡祖广将此事列于帖木儿名下，事出有因。[3] 正如康建国指出的，元贞二年（1295）派使者入京朝觐的弘吉剌部万户必为蛮子台无疑。这位驸马爷在京城所建"大都投下总管府"，俗称"驸马府"。《大都兴隆寺碑》首次揭示，这座驸马府建于元大都豫顺坊，西邻马祖常故居（今东官房胡同西南）。

据发掘者介绍，"福寿兴元观遗址位于桦皮厂北口稍东的明代北城基下，发现了大殿前的夹干石、'圣旨白话'碑及福寿兴元观碑记等石刻；大量的琉璃建筑饰件和雕刻精致的青石锦地双凤石刻、宝相莲花石柱础等，都反映了福寿兴元观的建筑规模"[4]。

中国古代石雕纹样来自纺织品。殊不知，元朝不断颁布法令，禁止民间采用龙凤纹。元世祖至元七年（1270）闰十一月"戊辰，禁缯段织日、月、龙、虎及以龙、犀饰马鞍"[5]。泰定二年二月

---

[1] 〔法〕韩百诗：《元史·诸王表笺证》，张国骥译，湖南大学出版社2005年版，第36页。

[2] 胡祖广：《大元加封洪吉烈氏相哥八剌鲁王元勋世德碑》，《钜野县志》卷20《金石》，国家图书馆藏道光二十年（1840）刻本，第53—53页。

[3] 据康建国考证，元贞元年（1295）春正月，元成宗就封皇姑囊家真公主为鲁国大长公主，驸马蛮子台为济宁王，那么元贞二年派使者入京朝觐的弘吉剌部万户必为蛮子台无疑。胡祖广在碑文中刻意编造，当是桑哥不剌为回避其母继嫁蛮子台一事（康建国：《道光〈钜野县志·金石〉所载蒙元弘吉剌部史事考》，《元史及民族与边疆研究集刊》第36辑，上海古籍出版社2019年版，第49页）。

[4] 中国科学院考古研究所、北京市文物管理处元大都考古队：《元大都的勘查和发掘》，《考古》1972年第1期，第25页。桦皮厂遗址出土琉璃建材，参见郭小凌、崔国民主编：《古都北京——城建篇》，北京出版社2005年版，第36—37页。

[5] 《元史·世祖纪四》，第131页。

"乙卯，申禁民间金龙纹织币"[1]。至元二年四月"丁亥，禁服麒麟、鸾凤、白兔、灵芝、双角无爪龙、八龙、九龙、万寿、福寿字、赭黄等服"[2]。明北城墙下元代石雕构件和琉璃建材采用蒙元贵族艺术独有的龙凤纹样（图版五、六），绝非福寿兴元观之物。

我们认为，这些龙凤纹石雕构件和琉璃建材来自1295年驸马蛮子台在京师所建驸马府。1368年，明军攻陷大都城，大将徐达命华云龙整修大都西垣和北垣[3]，并在大都北垣以南五里构筑了一道城垣，作为抵御元军的第二道防线。[4] 于是大都驸马府及其周边建筑被明军拆毁，而建筑垃圾则运往和义门（今西直门）东北，填入明北城墙。[5]

据考古简报，元大都考古队在桦皮厂东部发现"石雕狮2件（图版七右）。一件为青石雕狮，通高29厘米，狮呈卧式，下置方形座，座34厘米见方。狮头部雕刻的毛发卷曲，面部纹路细密，形象生动。一件为汉白玉雕狮，其下亦置方形座，座46厘米见方，通高30厘米。头部毛发为披发状，面部纹路较疏。"此外，元大都考古队在桦皮厂西部还发现"陶制龙纹云冠1件。青灰色，筒下部浮雕缠枝纹一周，中部及上部雕蟠龙和卷云纹。高4.9厘米、直径

---

[1] 《元史·泰定纪二》，第668页。

[2] 《元史·顺帝纪二》，第834页。

[3] 《明太祖实录》卷31记载："洪武元年八月己卯，大将军徐达……督工修故元都西、北垣。"（《明太祖实录》卷34，书同文影印国家图书馆红格本，叶9背。）

[4] 王灿识：《谈元大都的城墙和城门》，《故宫博物院院刊》1984年第4期，第55页。

[5] 据研究者分析，明代初期因缩建元大都北部城垣，因施工仓促，时间紧迫，除就地取土外，砖石尚不够用，故拆毁元大都城廓附近庙宇、墓地等建筑以筑城基。因此在拆除明清城墙时不断发现城墙内埋有辽、金元代石碑，墓志等石刻。（黄秀纯：《辽代张俭墓志考》，《考古》1980年第5期，第465页）

23厘米。从其造型上看，此器似为牌楼上的构件——云冠的一部分（图版七左）。圆瓦当按纹饰可分凤纹、兽面纹和莲花纹三种。凤纹和兽面纹瓦当与桦皮厂东部出土的相类似"[1]。

我们认为，这个陶云冠采用龙纹当为大都驸马府门楼构件，而非普通牌楼构件。《析津志辑佚·风俗》记载："都中显宦税硕之家，解库门首，多以生铁铸狮子。左右门外连座，或以白石凿成，亦如上放顿。若公府月台上，两南角亦上制。"[2] 据此，桦皮厂遗址出土月台石雕角狮和凤纹瓦当亦为大都驸马府之物。

鲁国大长公主祥哥剌吉受中原传统文化感染，酷爱中原传统书画艺术，收藏了前代和元代书家和画家大量作品。祥哥剌吉藏品，钤有"皇姊珍玩""皇姊图书"印，有些一直流传至今。至大三年（1310），丈夫死后守节不嫁。此后，祥哥剌吉主要生活在京师驸马府，谈笑有鸿儒，与虞集、柳贯、朱德润等汉族文士交往。英宗至治三年（1323）三月，"鲁国大长公主集中书议事执政官，翰林、集贤、成均之在位者，悉会于南城之天庆寺。……酒阑，出图画若干卷，命随其所能，俾识于后。礼成，复命能文词者，叙其岁月，以昭示来世"。这是一次以女性作主人的文人雅集，参与者大多是元朝有名的学者、诗人。其女卜答失里立为元文宗皇后，于是加封徽文懿福贞寿大长公主，兼有皇亲和国戚的双重身份，地位更加显赫。[3]

---

[1] 张宁：《记元大都出土文物》，《考古》1972年第6期，第25—26页。
[2] 熊梦祥：《析津志辑佚·风俗》，北京古籍出版社1983年版，第207页。
[3] 陈高华：《元朝的后妃与公主》，《文史知识》2009年第11期，第23—30页；傅申：《元代皇室书画收藏史略》，台北故宫博物院1981年版，第11页。

值得注意的是，桦皮厂东部四百米处城墙基下元代文化层中，还出土了三件稀世文物，现藏首都博物馆（图版八）。一件为唐代十一面观音青铜像，通高26厘米，袒胸飘带，高法髻，四周为十一面观音头像，正面为一菩萨像，像下置莲花座须弥座；另外两件为一对元青花瓠，通高15厘米、口径7.5厘米。颈饰蕉叶和环钱纹，下部饰宝相莲瓣。[1]我们认为，这三件稀世珍宝很可能是鲁国大长公主祥哥剌吉的藏品。

---

[1] 张宁：《记元大都出土文物》，《考古》1972年第6期，第25页；张柏主编：《中国出土瓷器全集·北京》卷1，科学出版社2008年版，第74—75页。

文献获取与学术生成：钱大昕元史著述写作过程探研[*]

刘砚月（深圳大学）

钱大昕（1728—1804）是乾嘉学派的领军式人物，在元史领域有《元史氏族表》三卷、《元史艺文志》四卷、《元进士考》不分卷、《廿二史考异·元史》《三史拾遗·元史》《潜研堂金石文跋尾》元代部分、《潜研堂文集》及《十驾斋养新录》之元史部分、《宋辽金元四史朔闰考》二卷等著述。钱氏一生著述丰厚，后人对他的学术思想、治学方法、史学成就的研究也可谓汗牛充栋；而关于钱氏著述写作过程的问题，因钱氏有较为完备的年谱传世[1]，多本著述的成书时间也可与年谱互证，故学界对这一问题少有深究。笔者在校注《元史氏族表》（以下简称"《氏族表》"）的过程中，发现钱氏著述的写作进展与史源文献的获取之间有重要联系，其多部元史著述不仅在内容上有互见性，在写作过程上也存在共时性。《氏

---

[*] 本文系教育部人文社会科学研究青年基金项目"《元史氏族表》整理与研究"（20YJC770022）的阶段性成果。
[1] 钱大昕编，钱庆曾校注：《钱辛楣先生年谱》，陈文和编：《嘉定钱大昕全集》（增订本）第1册，凤凰出版社2016年版。

族表》是钱大昕补《元史》的重要作品，是首部从整体上梳理元代蒙古、色目氏族系谱的文献，全书共三卷，分别为"蒙古氏族""色目氏族"和"部族无考者"，是钱氏元史著作中耗时最长、引用史料最多的一部。关于《氏族表》的史源考订的基本途径、方法和部分结论，笔者已有相关论文发表[1]，这里不再赘述；在此前研究的基础上，笔者尝试理清钱氏元史著述的写作时间脉络，为窥探钱氏治史门径提供一管之见。事实上，钱大昕在多个领域的研究是齐头并进的，故文献获取与学术进展之间的这种关系不只存在于其元史著述中，也广泛存在于其他著述中；囿于学识，笔者仅就元史领域展开，抛砖引玉求教于方家。

一、钱大昕所用元史文献的获取时间线考述及治学进展之探讨

聚群书以治学，于古人而言实属不易；文献的收藏、流传与阅读，又是考据治学得以施展的重要基础。钱大昕倾毕生之力治学，其寻书访碑的历程自贯穿其间，文献的获取进程与钱氏写作的实际推进不一定完全同步，但可以反映出当时历史情境下钱氏学术进展的时间性和阶段性。陈鸿森先生曾注意到这种时间性，在其《钱大昕〈养新余录〉考辨》中用《竹汀日记钞》《尧圃藏书题识》等书跋考证出虽然钱氏在《十驾斋养新录》自序中题编定于"嘉庆四

---

[1] 参见拙文《钱大昕〈元史氏族表〉成书时间新探》，《暨南史学》2017年02期；《钱大昕〈元史氏族表〉卷1〈蒙古〉史源详考》，《清华元史》第4辑，2018年12月。

年",但"《养新录》所记,实有显然成于四年以后者"[1]。下文将从书目题跋、日记、年谱、《廿二史考异》为代表的钱氏生前已刊著述等途径入手,力求勾勒出钱氏获取元史相关文献的时间线。虽然钱氏著述中也使用了金石文献和方志,但与其他文献相比,这两类对研究进展的整体推动较为薄弱,且获取时间极难确定,故本文暂不讨论。

(一)以书目题跋为线索

钱大昕凡见珍本文献,均有撰写题跋的习惯,因此这类文献对追溯钱氏学术历程极有价值。这类题跋散见于《竹汀先生日记钞》《十驾斋养新录》《潜研堂金石文跋尾》等钱氏本人著述,以及《黄丕烈藏书题跋集》[2]《铁琴铜剑楼藏书题跋集录》[3]等清人书目题跋集中,近年来又有若干辑佚题跋陆续刊布,但只有部分题跋中有明确的时间信息。又,《竹汀先生日记钞》由钱氏弟子何元锡编次,全书共三卷,为"所见古书""所见金石"与"策问";虽名"日记"实为读书札记,仅记钱氏曾阅得某书某碑,但不载年月,从何元锡所作跋文得知,《日记钞》的时间范围"自乾隆戊申迄嘉庆甲子"[4],即1788—1804年。兹将书目题跋所见、以及以书跋为线索

---

[1] 陈鸿森:《钱大昕〈养新余录〉考辨》,《"中研院"历史语言研究所集刊》第59本第4分,1988年,第914—917页。
[2] 黄丕烈撰,余鸣鸿、占旭东点校:《黄丕烈藏书题跋集》,上海古籍出版社2013年版。
[3] 瞿良士:《铁琴铜剑楼藏书题跋集录》,《中国历代书目题跋丛书》,上海古籍出版社2005年版。
[4] 钱大昕著,程远芬点校:《潜研堂序跋 竹汀先生日记钞 十驾斋养新录摘抄》,收入杜泽逊主编《中国历代书目题跋丛书》第3辑,上海古籍出版社2010年版,第264页。

考证出的《氏族表》史源文献按时间顺序罗列如下：

约乾隆二十七年（1762），《元典章》，长洲吴企晋家藏钞本。钱氏有《跋〈元圣政典章〉》[1]，陈鸿森考证此跋文疑作于乾隆二十七年。[2]

乾隆三十五年（1770）前[3]，苏天爵《元文类》、陶宗仪《南村辍耕录》。见于《跋〈元氏略〉》[4]。

约乾隆三十八年（1773）[5]，《元朝秘史》。钱氏有《跋〈元秘史〉》[6]。

乾隆四十一年（1776）六月前，邓文原《巴西邓先生文集》，朱文游家藏汲古阁旧藏明钞本。据黄丕烈《荛圃藏书题识》卷九，"嘉庆乙丑六月，从嘉定瞿木夫借得伊外舅钱辛楣先生所钞朱文游家藏毛汲古藏明人钞本"，故钱氏于是年六月前即拥有此书。[7]

乾隆四十二年（1777）[8]，程钜夫《雪楼集》，明洪武乙亥与耕书堂刊行本。钱氏有《跋〈雪楼集〉》[9]。

约乾隆四十九年（1784）后，柳贯《待制集》。黄丕烈有《跋

---

[1] 钱大昕著，吕友仁点校：《潜研堂集》卷28，上海古籍出版社2009年版，第503页。
[2] 陈鸿森：《〈钱大昕年谱〉别记》，收入蒋秋华主编《乾嘉学者的治经方法》，台湾"中研院"中国文哲研究所，2000年10月，第875—876页。
[3] 具体考证参见拙文《钱大昕〈元史氏族表〉成书时间新探》。
[4] 《潜研堂集》卷28，第504页。
[5] 拙文《钱大昕〈元史氏族表〉成书时间新探》。
[6] 《潜研堂集》卷28，第501—503页。
[7] 黄丕烈著，余鸣鸿、占旭东点校：《黄丕烈藏书题跋集》之《荛圃藏书题识》卷9，"《巴西邓先生文集》不分卷 钞本"条，上海古籍出版社2013年版，第523—524页。
[8] 拙文《钱大昕〈元史氏族表〉成书时间新探》。
[9] 《潜研堂集》卷31，第557页。

〈柳待制文集〉》[1]，载"甲辰冬尽，绣水竹垞先生门下客周姓者持《柳文肃公集》来售"，又"乙巳春腊，得彭城钱氏收藏明初翻本"，则乾隆四十九年（1784）、乾隆五十年（1785）黄丕烈分别得到过两种《待制集》，笔者仅从钱、黄二人的关系推测，钱氏所用可能来自黄氏收藏，故以乾隆四十九年（1784）为阅得该书的时间上限。

乾隆五十三年（1788）至嘉庆元年（1796）间，马祖常《石田先生文集》，元刻本。《竹汀先生日记钞》载"观黄荛圃所藏元板《石田先生文集》十五卷"[2]，又有《十驾斋养新录·石田集》载"《石田先生文集》十五卷，元椠本"[3]，则钱大昕所用《石田集》来自黄丕烈的收藏。据黄兆强的研究，《元史考异·月合乃传》曾引马祖常《礼部尚书马公神道碑》（见《石田集》卷十三、《元文类》卷六十七），《考异·伯颜传》曾引马祖常《太师秦王佐命元勋碑》（见《石田集》卷十四）[4]，故钱氏阅见《石田集》的时间范围，上限据《日记钞》为乾隆五十三年（1788），下限据《元史考异》刊行时间为嘉庆元年（1796）。

乾隆五十三年（1788）至嘉庆元年（1796）间，元明善《东平王世家》，旧钞本。[5]《考异·太祖纪》曾引"元明善所撰《木华黎世家》"。

---

[1] 《荛圃藏书题识》卷9，第537—538页。
[2] 《竹汀先生日记钞》卷1，第231页。
[3] 《十驾斋养新录摘抄》卷4，第401页。
[4] 黄兆强：《清人元史学探研——清初至清中叶》，台湾稻乡出版社2000年版，第176页。
[5] 《竹汀先生日记钞》卷1，第241页；《十驾斋养新录摘抄》卷3，第368页。

乾隆五十八年（1793）[1]，黄溍《金华黄先生文集》，黄丕烈藏元刊残本。钱氏有《跋〈金华黄先生集〉》。[2]

乾隆六十年（1795）[3]，《元统元年进士题名录》，钞本。钱氏有《跋〈元统元年进士题名录〉》。[4]

嘉庆元年（1796）前，虞集《道园类稿》。钱氏有《跋〈道园类稿〉》[5]。《元史考异》曾引虞集《高昌王世勋碑》《曹南王世勋碑》等篇目，但这些篇目同时收入《元文类》；又《元史考异·王善传》曾引虞集撰《太原郡伯王公墓碑铭》，该篇目仅见《道园类稿》卷四十四，故可以用《考异》刊刻的年代作为钱氏阅见该书的时间下限。

嘉庆元年（1796）前，苏天爵《元名臣事略》。钱氏有《跋〈元名臣事略〉》[6]，该书也被《考异》所用。

嘉庆元年（1796）前，叶盛《水东日记》。钱氏有《跋〈水东日记〉》[7]，《考异·忠义传三》曾引。

嘉庆元年（1796）前，元好问《遗山集》。钱氏有《跋〈遗山集〉》[8]，《考异·月乃合传》曾引《恒州刺史马君神道碑》，收入《遗山集》卷二十七。[9] 据黄丕烈《荛圃藏书题识》卷九《元遗山

---

[1] 参见拙文《钱大昕〈元史氏族表〉成书时间新探》。
[2] 《潜研堂集》卷31，第559—560页。
[3] 黄兆强：《清人元史学探研——清初至清中叶》，第176页。
[4] 《潜研堂集》卷28，第511页。
[5] 《潜研堂集》卷31，第558—559页。
[6] 《潜研堂集》卷28，第501页。
[7] 《潜研堂集》卷30，第544—545页。
[8] 《潜研堂集》卷31，第556—557页。
[9] 黄兆强：《清人元史学探研——清初至清中叶》，第176页。

集三十卷明钞本》"《遗山集》元刻仅见五砚楼曾藏十余卷，昔年借校家传钞本"[1]，五砚楼即藏书家袁廷梼的藏书楼，可知袁氏与黄氏均曾收藏过《遗山集》，疑钱氏所见来自二人所藏。

嘉庆元年（1796）前，欧阳玄《圭斋文集》。《考异·顺帝纪四》曾引《天马颂》，收入《圭斋文集》卷一；《考异·岳璘帖穆尔传》又引《高昌偰氏家传》，收入《圭斋文集》卷十一。[2] 另，黄丕烈有作于嘉庆二年（1797）的《跋〈圭斋文集〉》[3]，载"此《欧阳圭斋文集》，余向得诸顾公八愚家，盖明初刻也，已什袭藏之久矣"，可知黄丕烈在较早的时候已拥有此书，推测钱氏所用来自黄氏所藏，时间仍依《考异》为下限。

嘉庆二年（1797），《圣武亲征录》。《十驾斋养新录》有《圣武亲征录》跋文，但不言阅读年月、何人所借及何种版本；另据贾敬颜先生在《〈圣武亲征录〉校本》中提及史梦蛟借树山房旧藏明钞说郛本"有晓征氏眉批，及借观款识，云欲取《太祖纪》对看，署丁巳年重九日。丁巳乃嘉庆二年"[4]。

嘉庆三年（1798），虞集《道园学古录》，明景泰刊本。钱氏有《跋〈道园学古录〉》[5]，又有题记曰"嘉庆戊午七月廿日嘉定钱大昕借读毕，时年七十有一"[6]。

---

[1] 《荛圃藏书题识》卷9，第517页。
[2] 黄兆强：《清人元史学探研——清初至清中叶》，第169、174页。
[3] 《荛圃藏书题识》卷9，第536—537页。
[4] 贾敬颜校注，陈晓伟整理：《圣武亲征录》（新校本），中华书局2020年版，第7页。
[5] 《潜研堂序跋 竹汀先生日记钞 十驾斋养新录摘抄》之《潜研堂序跋补遗》卷1，第203页。
[6] 《潜研堂序跋补遗》卷2，第207页。

约嘉庆三年（1798），郑元祐《侨吴集》。黄丕烈于嘉庆三年购得此书，《荛圃藏书题识》卷九载"郑元祐《侨吴集》十二卷，乃弘治中张习重刊本也"，又言"数年前观书朱丈文游家，见此书张刊者，其时不喜购文集，因忽之，后往踪之，而已散去矣"[1]。钱大昕于《十驾斋养新录》中也有"读郑元祐《侨吴集》"语句，可知钱氏确实阅过此书，《氏族表》卷二畏兀儿氏普达实立家族世系的史源之一即为郑元祐撰《江西行中书省左右司郎中高昌普达实立公墓志铭》，收入《侨吴集》卷十二。推测钱氏所用来自黄氏所藏，故将阅得该书的时间下限定在嘉庆三年。

嘉庆四年（1799）前后，朱德润《存复斋文集》。上海图书馆藏明成化十一年项璁刻本《存复斋文集》中有嘉庆己未年黄丕烈跋[2]，台北"中央图书馆"藏有另一册黄丕烈己未年跋明刻本[3]，从这几则跋文中可知黄氏曾阅过五种《存复斋文集》，分别是购自萃古斋的刻本，借自五砚楼藏朱文游旧藏刻本，购自书船的宋宾王抄本，借自五柳居明刻本（即今上图藏本），借自周锡瓒的明刻本（即今台湾"中央图书馆"藏本）。《氏族表》卷二于阗人买述丁家族世系史源之一为朱德润撰《资善大夫中政院使买公世德之碑铭》，收入《存复斋文集》卷一。同前述《侨吴集》，笔者仅推测钱氏阅得该书的时间下限约在嘉庆四年。

嘉庆六年（1801）前，陈旅《陈众仲文集》，残元本七卷，明刻本十卷。目前结集出版的钱大昕著述中并无《陈众仲文集》的题

---

[1] 《荛圃藏书题识》卷9，第551页。
[2] 李开升：《黄丕烈题跋补遗》，《文津学志》2013年，第37页。
[3] 跋文收入《荛圃藏书题识·补遗》，第675页。

跋信息，查黄丕烈《荛圃藏书题识》卷九有两则题跋，节录如下：一是"《陈众仲文集》七卷，残元本：此元刻《陈众仲文集》七卷，潜研堂藏书也。辛楣先生于辛酉岁（引者按：即1801年）与明翻元刻本同以遗余，虫伤水湿，不可触手，顷付装池，仅取元刻列诸《所见古书录》甲编中……海宁陈仲鱼来访，有同邑吴槎客所藏残元本《陈众仲文集》携在行箧……遂假归，补此本缺失糊涂处"[1]。二是"《陈众仲文集》十卷，明刻本：此《陈众仲文集》明翻元本，嘉定钱少詹与元刻七卷本同以遗余者也。少詹有夹片在此本第十卷首，记云'自此而下皆予家本所无。《安雅堂集》凡十四卷，予家所藏乃元板，止有前七卷。此本周书昌所遗，则明初人翻刻，亦多曼漶。予家本有第六、第七，此本有第十至第十三，今合两本录之，尚阙第八、第九、第十四。'"[2]从这两则题跋可知，钱大昕对《陈众仲文集》并非没有批注，而是因批注纸片随书赠与了黄丕烈，故未能收入钱氏的著作集中。

阅读年代未定，袁桷《清容居士集》。钱氏有《跋〈清容居士集〉》。[3]

（二）以年谱为线索

钱大昕有自编年谱一卷，其曾孙钱庆曾校注，为《钱辛楣先生年谱》，记事起于雍正六年（1728），讫于乾隆五十七年（1792）；又有钱庆曾所补《竹汀居士年谱续编》，起于乾隆五十八年

---

[1] 《荛圃藏书题识》卷9，第543页。
[2] 《荛圃藏书题识》卷9，第545页。
[3] 《潜研堂集》卷31，第558页。

（1793），讫于嘉庆九年（1804）。[1] 此二谱为研究钱大昕行年最成体系、最可靠的史料，后世学者多以此为纲。台湾陈鸿森、司仲敖两位学者曾利用清人文集等史料对钱大昕年谱作过增补，对细致了解钱氏生平事迹和交游情况大有裨益。陈鸿森先生所作《〈钱大昕年谱〉别记》[2] 的特色在于利用大量辑佚所得文献来"增补《年谱》之所未备，或订正钱庆曾附记之讹误"[3]，同时以钱氏诗作、友朋酬唱考其行踪；司仲敖先生所作《钱大昕之生平及其经学》中有《年谱长编》一章[4]，多采《清史稿》《吴县志》《嘉定县志》《汉学师承记》等史料，兼及钱氏师承、学侣及弟子的文集，将钱氏生平与其重要师友弟子的生平相联系，形成共时参照。近来又有李经国《钱大昕年谱长编》[5]，网罗史料更为宏富。兹将通过年谱考订出的史源文献列如下：

乾隆十八年（1753）前，《元史》。据钱氏年谱，乾隆十年（1745），时年十八岁的钱大昕在坞城顾氏家中读到"不全二十一史""始有尚论千古之志"[6]；乾隆十八年，钱氏在中书任，《氏族表》始编于是年。[7] 由于《氏族表》框架脱胎于《元史》，故笔者将乾隆十八年作为钱氏利用《元史》开始写作的大致年代下限；

---

[1] 收入陈文和主编：《嘉定钱大昕全集》（增订本）第1册，江苏古籍出版社2016年版。
[2] 收入蒋秋华主编《乾嘉学者的治经方法》，第865—988页。
[3] 陈鸿森：《〈钱大昕年谱〉别记》，第865页。
[4] 司仲敖：《钱大昕之生平及其经学》（上），花木兰文化出版社2010年版，第119—171页。
[5] 李经国：《钱大昕年谱长编》，中华书局2020年版。
[6] 《嘉定钱大昕全集》（增订本）第1册，《钱辛楣先生年谱》，第9页。
[7] 《嘉定钱大昕全集》（增订本）第1册，《钱辛楣先生年谱》，第13页。

《金史》《宋史》[1]等正史，当与《元史》见于同一时期。

又，关于《元史》的版本，钱大昕生于雍正六年（1728），逝于嘉庆九年（1804），以此为参照，理论上钱氏能看到《元史》的版本有五种：一是洪武本，洪武三年十月（1370）刻成；二是南监本，嘉靖十一年（1532）刊成；三是北监本，万历三十年（1602）刻成；四是武英殿本，清乾隆四年（1739）仿北监本重刻而成；五是乾隆四十六年（1781）通过挖改武英殿本的译名而成的版本，通称"乾隆四十六年本"[2]。其中，"乾隆四十六年本"《元史》对少数民族人名地名等进行挖改的做法，对史家而言不可取；且此本成书时《廿二史考异》等作品也于前一年即乾隆四十五年（1780）写就序文[3]，故钱大昕应不会参考这一版本。

南、北监本之别，顾炎武有言北监本"其板视南稍工，而士大夫遂家有其书"说明北监本质量较高、流传较广，但也有"校勘不精，讹舛弥甚，且有不知而妄改者"的缺点。[4]钱大昕在其《十驾斋养新录》中也提到"北监本……《廿一史》则开雕于万历廿四年，至卅四年竣事，板式与《十三经》同"[5]，可见钱大昕应亲眼见过北监本。在《廿二史考异·元史七》中，钱氏对《元史·宰相表二》有两条校订，"参知政事卜颜，'卜颜'下当有'帖木儿'三

---

[1] 钱氏有《跋〈宋史〉》，见《潜研堂集》卷28，第494—496页。
[2] 陈得芝：《蒙元史研究导论》，南京大学出版社2012年版，第13页。
[3] 《嘉定钱大昕全集》（增订本）第1册，《钱辛楣先生年谱》，第29页。
[4] 顾炎武著，陈垣校注：《〈日知录〉校注》卷18，安徽大学出版社2007年版，第998页。
[5] 钱大昕著，杨勇军整理：《十驾斋养新录》"监本二十一史"条，上海书店出版社2011年版，第108页。

字，监本脱去""右丞完者帖木儿，监本脱'帖'字。次行答失帖木儿，监本只有'木儿'二字"——通过比对南、北监本可知，只有南监本《宰相表》[1]有此脱漏，此处"监本"当指南监本，故可推知南北监本均过钱氏之眼。至于钱氏是否得见洪武本《元史》，则有待进一步探讨。武英殿本也应当被钱氏所用。《廿二史考异·特薛禅传》云"监本《公主表》云：'囊加真适纳陈子帖木儿，再适帖木儿弟蛮子台。'新刊本改帖木儿为斡罗陈，盖欲合于本传。"[2]经对比，武英殿本《元史·公主表》为"鲁国大长公主囊家真，世祖女，适纳陈子斡罗陈，再适帖木儿弟蛮子台"，故《考异》所言"新刊本"当为武英殿本。

乾隆五十九年（1794）前后，《秘书监志》，黄丕烈家藏钞本。[3]

乾隆五十九年（1794），李志常《长春真人西游记》，《道藏》本。[4]

---

[1] 南监本《元史》存世稀少，笔者未能亲自翻阅。幸中国国家数字图书馆网站中的"哈佛大学善本特藏"专栏有南京国子监递修本，是书于洪武三年（1370）内府刊本的基础上，分别于嘉靖九、十年（1530、1531），万历二十六年（1598）、三十七年（1609）、四十四年（1616）以及天启三年（1623）递修，历次递修年份刊刻于黑口两侧。上引《宰相表二》的版片为天启三年所刻。笔者尚无证据证明钱大昕所见为此递修本，但根据校勘学原理，造成"卜颜帖木儿"脱为"卜颜""完者帖木儿"脱为"完者帖木儿""答失帖木儿"脱为"木儿"之误的缘由，当是其所据母本即如此。因此，该版本与钱氏所见"监本"存在同源关系，故能证明钱氏曾阅见某一"南监本"。
[2] 《嘉定钱大昕全集》（增订本）第3册，《廿二史考异》卷93，第1531页。
[3] 具体考证参见拙文《钱大昕〈元史氏族表〉成书时间新探》。
[4] 《嘉定钱大昕全集》（增订本）第1册，《钱辛楣先生年谱》，第37页。

（三）以《元史考异》等钱氏生前已刊著述为线索

《竹汀居士年谱续编》载，钱大昕于嘉庆元年（1796）"夏，手校《元史考异》付刊。"则《考异》所用文献中既不见于年谱、日记，又不见于书目题跋者，阅得的时间下限即为嘉庆元年（1796）。台湾学者罗炳绵《〈廿二史考异〉及〈拾遗〉二种的引用书目》一文[1]、黄兆强《清人元史学探研——清初至清中叶》中《〈元史考异〉引用文献一览表》[2]对《考异》的史源进行了梳理，但其中有不少文献如姚燧《牧庵集》、阎复《静轩集》等文献钱氏实际上无缘得见，故不能视为史源，详见本文第五小节；笔者在此基础上将不见于年谱、日记、书跋的文献整理如下：

陈桱《通鉴续编》。《考异》引用约十余处。

王祎《王忠文公集》。《考异·宪宗纪》曾引王祎撰《日月山祀天颂》，收入《王忠文公集》卷十五。[3]

许有壬《圭塘小稿》。《考异·镇海传》曾引许有壬撰《神道碑》[4]，今存四库本《圭塘小稿》作《元故右丞相克呼神道碑铭（并序）》，"克呼"即"怯烈"。

王恽《秋涧集》。《考异·昔里钤部传》曾引王恽撰《大名路宣差李公神道碑》，收入《秋涧集》卷五十一。[5]

---

[1] 罗炳绵：《清代学术论集》，食货出版社1978年版，第184—202页。
[2] 黄兆强：《清人元史学探研——清初至清中叶》，第167—181页。
[3] 黄兆强：《清人元史学探研——清初至清中叶》，第169页。
[4] 黄兆强：《清人元史学探研——清初至清中叶》，第173页。
[5] 黄兆强：《清人元史学探研——清初至清中叶》，第175页。

王恽《玉堂嘉话》。《考异·曷思麦里传》曾引。[1]

郑玉《师山集》。《考异·吾也而传》曾引郑玉撰《珊竹公遗爱碑》，收入《师山集》卷六；《考异·纯只海传》也有引用。[2]

赵孟頫《松雪斋集》。《考异·阿鲁浑萨理传》曾引《赵国文定公碑》，收入《松雪斋集》卷七；《考异·囊加歹传》曾引《殊祥院使执礼和台封赠三代制》，收入《松雪斋集》卷十[3]等。黄丕烈有藏《松雪斋集》元刊本，但该版本仅有"行状十二叶"[4]，钱大昕所用《赵孟頫集》中的篇目分布于卷七、卷十中，已超出"十二叶"的范围，故钱氏所用应另有他书。

危素《说学斋稿》。中国国家图书馆收藏一部知圣道斋抄本《说学斋稿》（善本书号02115），第一册有彭元瑞作于乾隆四十八年（1783）处暑的跋文，记"辛楣宫詹寄予《说学斋集》，云是归熙甫手钞本，惓惓以表章为言。予以校旧所藏本，多其半"。危素文集流传状况较为复杂，《四库全书总目提要·说学斋稿》称"殆旧无刊版，好事者递相传录，故篇数参差，不能画一，实则一本也"[5]。危素手稿自入明以来，叶盛、归有光分别抄录了不同部分，叶盛所抄多为碑传、墓铭等，存八十九篇；归有光所抄多为赋赞、序文等，存一百三十七篇，常以《说学斋稿》之名见诸于世，又有题名《说学斋集》《危太朴集》《危太朴文集》者，钱氏藏本出

---

[1] 黄兆强：《清人元史学探研——清初至清中叶》，第174页。
[2] 黄兆强：《清人元史学探研——清初至清中叶》，第174、175页。
[3] 黄兆强：《清人元史学探研——清初至清中叶》，第173、175、177页。
[4] 《荛圃藏书题识》卷2，第85页。
[5] 永瑢等：《四库全书总目提要》集部二十二，别集类二十二，《说学斋稿》四卷，清乾隆武英殿刻本。

自归抄本系统；明清时所传各种危素文集篇卷不一，总体而言，归抄本系统流传更广，知圣道斋抄本则将叶抄本、归抄本的内容合而为一。[1]

危素之文，笔者所见钱氏著述中直接征引的有五篇：一是《送彭公权序》，《考异·博尔朮传》《考异·伯颜传》《氏族表》曾引；二是《程钜夫神道碑》，《考异·程钜夫传》曾引；三是《合鲁公家传》，《考异·哈剌䚟传》及《氏族表》曾引；四是《月鲁帖木儿公行状》，《氏族表》卷一月鲁帖木儿家族世系曾引；五是《古速鲁公墓志铭》，《氏族表》卷二耶尔脱忽璘家族曾引。《送彭公权序》多见于归抄本系统，《程钜夫神道碑》出自《雪楼集》；后三篇则多见于叶抄本系统，钱氏从何处所见还有待进一步考证。

吴澄《吴文正公集》。《考异·李恒传》曾引《李世安墓志铭》，收入《吴文正集》卷八十五；《考异·元明善传》曾引《清河郡元孝靖公神道碑》，收入《吴文正集》卷六十四。[2]

吴海《闻过斋集》。《考异·镇海传》曾引《王氏家谱序》，收入《闻过斋集》卷一。[3]

余阙《青阳集》。《考异·余阙传》曾引程国儒撰《青阳集序》。

苏天爵《滋溪文稿》。《考异·齐履谦传》曾引《履谦神道碑》，收入《滋溪文稿》卷九；《考异·谢端传》曾引《国子祭酒谥文安谢公神道碑》，收入《滋溪文稿》卷十三。[4]

---

[1]　王若明：《危素著作考述》，《关东学刊》2017年第7期，第120—131页。
[2]　黄兆强：《清人元史学探研——清初至清中叶》，第174、180页。
[3]　黄兆强：《清人元史学探研——清初至清中叶》，第174页。
[4]　黄兆强：《清人元史学探研——清初至清中叶》，第179、180页。

宋濂《宋文宪公集》。《考异·余阙传》曾引《余左丞传》，收入《文宪集》卷一。[1]

宋濂《宋学士文集》。《考异·汪泽民传》曾引《泽民神道碑》，收入《宋学士集·銮坡前集》卷三。[2]

（四）获取时间和途径尚不可考的书籍

除了书目题跋、年谱、日记所见与被《考异》所引之书外，还有五部书籍被《氏族表》所用，笔者力有不逮，目前尚无法确定获取时间、途径和版本，故罗列于下：

赵珙《蒙鞑备录》。《氏族表》卷一札剌儿氏小序部分有引用，钱氏原作"孟珙"。

刘昌《中州名贤文表》。《氏族表》卷一博尔忽家族史源之一为《河南淮北蒙古军都万户府增修公廨碑》，《氏族表》卷二乃蛮氏末赤家族的史源为《皇元故武略将军济南冠州万户府千夫长监末赤公神道碑铭》，这两篇文章均见于《中州名贤文表》卷十三。

杨维桢《西湖竹枝词》。《氏族表》卷二别罗沙家族史源之一为《西湖竹枝词》，哈散与其孙掌机沙同。

顾嗣立《元诗选》。《氏族表》卷三塔海、迺贤父子史源为《元诗选》。

另外，刘基《诚意伯文集》，《氏族表》卷三忽剌歹与其侄马剌，笔者怀疑史源为刘基撰《前江淮都转运盐使宋公政绩记》，收

---

[1] 黄兆强：《清人元史学探研——清初至清中叶》，第177页。
[2] 黄兆强：《清人元史学探研——清初至清中叶》，第180页。

入《诚意伯文集》卷六，但暂未找到更确凿的证据，故存疑。

（五）钱大昕生前无缘得见的元史文献举隅

还有部分元代文献，钱大昕生前无缘得见，比较有代表性的是姚燧《牧庵集》、许有壬《至正集》、元明善《清河集》、孛朮鲁翀《菊潭集》、阎复《静轩集》与刘敏中《中庵集》等。

关于姚燧《牧庵集》，《氏族表》所用姚燧撰《故提刑赵公夫人杨君新阡碣铭》《湖广行省左丞相神道碑》《平章政事忙兀公神道碑》《平章政事徐国公神道碑》《中书左丞姚文献公神道碑》等五篇碑文，《牧庵集》《元文类》与《中州名贤文表》均有收录。黄兆强在考订《元史考异》的史源时，将《牧庵集》和《元文类》作为《考异》所用姚燧之文的共同出处[1]，《〈元史〉探源》也将《牧庵集》中的多篇碑传列为《氏族表》的史源。按，笔者认为钱大昕的著作中所用姚燧之文，出自《元文类》而非《牧庵集》——《元文类》早在1770年前便为钱大昕所得，也是钱氏撰写《考异》与《氏族表》的重要参考资料，钱氏所引姚燧之文，并未超过《元文类》的范围。

黄丕烈曾于乾隆乙卯（1795）得"《姚牧庵集》，□卷，旧钞本"，那么钱大昕晚年在苏州是否能够从黄丕烈处阅得《牧庵集》呢？为解答这一疑问，兹将黄氏题跋全文录如下，原文小字用括号表示，标点略有改动：

---

[1] 黄兆强：《清人元史学探研——清初至清中叶》，第169、170、173、174、175、177、178、179页。按，是书中将《清河集》《菊潭集》也列为《考异》之史源，误。

乾隆乙卯三月二日，往访周芗严，路过洞泾桥，于芸芬堂书肆小憩焉。主人以钞本《姚牧庵集》示余，余曰："牧庵文曾梓入《中州文表》，兹册无卷第，得无与《文表》相类乎？"假归对勘，比《文表》增多碑一（《襄阳庙学碑》），行状一（《中书左丞李忠宣公行状》），序二（《送姚嗣辉序》《李平章画像序》），墓志铭六（《南京路总管张公墓志铭》《广州知州杨君墓志铭》[1]《浏阳县尉阎君墓志铭》《蓟州甲局提举刘府君墓志铭》《广州怀集令刘君墓志铭》《故民钟五六君墓志铭》），神道碑半截（《平章政事徐国公神道碑》脱"赞右丞相"以下），传一（《金同知沁南军节度使事杨公传》）。脱铭三（《简仪铭》《仰仪铭》《漏刻钟铭》）。可知此从旧本传录，非录自《文表》者也。因思《牧庵文集》五十卷今不可得见，即刘钦谟所辑之《文表》今亦不可得见，而余所见之《文表》重梓本与旧钞时有增损，则此时不得不以旧钞为据矣。越六日，书贾来索书，爰问其直，如数与之，亦以见旧本之可贵类如斯也，岂可以世有选本而遂忽视哉！

棘人黄丕烈识。[2]

从题识中可知，黄丕烈所购得的《牧庵集》实为不全本。《中州文表》即明人刘昌《中州名贤文表》，该版本《牧庵集》较《文

---

[1] 按，"广州"当为"唐州"之误。
[2] 《荛圃藏书题识》卷9，第527页。

表》多出的篇目，均见于《元文类》。倘若钱氏晚年有幸阅得黄氏所藏《牧庵集》，也并不会对钱氏著作产生影响。可以确认，钱氏著作中姚燧之文来自《元文类》。

许有壬《至正集》的情况与《牧庵集》较为相似。首先，《至正集》与《圭塘小稿》有多篇碑传重复收录，被《氏族表》引用的有《曹南忠宣王神道碑铭》与《有元功臣曹南忠宣王祠堂碑》，仅凭这条线索并不能断定钱氏所用为何书；其次，从《氏族表》卷二偰氏家族的史源来看，《至正集》卷五十四有《尚书合剌普华公墓志铭》，但是《碑》所载人物不出《元史·合剌普华传》，则也不能断定《至正集》是否为钱氏所用；再次，《氏族表》卷一札剌儿氏奥鲁赤家族中普答剌吉、察罕铁穆尔二人，不独见于《至正集》卷四十七《有元札拉尔氏三世功臣碑铭》，孛尤鲁翀撰《河南淮北蒙古军都万户府增修公廨碑》（《中州明贤文表》与《菊潭集》均有收录）也有记载，且《中州明贤文表》是钱氏所拥有的书籍；最后，陈得芝先生在《元代回回人史事杂识》之《"于阗人"泛指中亚人》中指出，《至正集》卷五一《于阗公碑铭》所载勘马剌丁之祖斡儿别亦思八撒剌不见于《氏族表》[1]，笔者又查到《至正集》卷五一《云中郡成毅公神道碑铭》所载朵鲁伯觩氏叶谛弥实家族、卷五六《太常礼仪院事蓦克笃公神道碑》与卷五七《故通议大夫万公神道碑铭》所载"蒙古酎温台家族"、卷六一《淮西廉访使普颜公碑》所载卫吾氏普颜家族等均不见于《氏族表》。故笔者认为，

---

[1] 陈得芝：《元代回回人史事杂识（四则）》，收入氏著《蒙元史研究丛稿》，人民出版社2005年版，第454页。

钱氏生前并未见过《至正集》，《氏族表》所引许有壬文来自《圭塘小稿》。

《清河集》《菊潭集》与《静轩集》原书久佚，现存版本为清人缪荃孙辑佚所得，编入《藕香零拾》丛书中；《氏族表》所用元明善、李𠘧鲁翀与阎复之文，出自《元文类》与《元名臣事略》。《中庵集》元刊二十五卷本为怡亲王乐善堂所藏，修《四库全书》时未进；《四库全书》所收二十卷本系《永乐大典》辑佚所得。《氏族表》所引刘敏中文均出自《元文类》。

综上，除碑刻文献外，以《氏族表》和《考异》为主体，梳理出钱氏元史著述所用主要文献的大致获取时间、来源途径及版本等信息汇总如下（表1）。约二十部文献仅能通过《考异》刊刻时间反推阅读下限，以及六部阅读时间未定的文献，囿于学识尚不能一一考实；钱氏所读过的书线索纷繁，本表也难免挂一漏万。为更加直观地展示钱氏学术进展的阶段性，笔者将获取某文献时钱氏的年龄（虚岁）也一并列入：

表1　钱氏元史著述所用主要文献信息汇总表

	时间	年龄	作者及文献名称	来源途径及版本
1	乾隆十八年（1753）前	26岁前	《元史》《金史》《宋史》等	监本
2	约乾隆二十七年（1762）	约35岁	《元典章》	长洲吴企晋家藏钞本
3	乾隆三十五年（1770）前	43岁前	苏天爵《元文类》	
4	乾隆三十五年（1770）前	43岁前	陶宗仪《南村辍耕录》	

续表

	时间	年龄	作者及文献名称	来源途径及版本
5	约乾隆三十八年（1773）	约46岁	《元朝秘史》	
6	乾隆四十一年（1776）六月前	49岁前	邓文原《巴西邓先生文集》	朱文游家藏汲古阁旧藏明钞本
7	乾隆四十二年（1777）	50岁	程钜夫《雪楼集》	明洪武乙亥与耕书堂刊行本
8	约乾隆四十九年（1784）后	约57岁	柳贯《待制集》	疑来自黄丕烈
9	乾隆五十三年（1788）至嘉庆元年（1796）间	61—69岁间	马祖常《石田先生文集》	黄丕烈藏元刻本
10	乾隆五十三年（1788）至嘉庆元年（1796）间	61—69岁间	元明善《东平王世家》	旧钞本
11	乾隆五十八年（1793）	66岁	黄溍《金华黄先生文集》	黄丕烈藏元刊残本
12	乾隆五十九年（1794）前后	67岁前后	《秘书监志》	黄丕烈家藏钞本
13	乾隆五十九年（1794）	67岁	李志常《长春真人西游记》	《道藏》本
14	乾隆六十年（1795）	68岁	《元统元年进士题名录》	黄丕烈所购钞本
15	嘉庆元年（1796）前	69岁前	陈桱《通鉴续编》	
16	嘉庆元年（1796）前	69岁前	欧阳玄《圭斋文集》	疑来自黄丕烈

续表

	时间	年龄	作者及文献名称	来源途径及版本
17	嘉庆元年（1796）前	69岁前	宋濂《宋文宪公集》	
18	嘉庆元年（1796）前	69岁前	宋濂《宋学士文集》	
19	嘉庆元年（1796）前	69岁前	苏天爵《元名臣事略》	
20	嘉庆元年（1796）前	69岁前	苏天爵《滋溪文稿》	
21	嘉庆元年（1796）前	69岁前	王祎《王忠文公集》	
22	嘉庆元年（1796）前	69岁前	王恽《秋涧集》	
23	嘉庆元年（1796）前	69岁前	王恽《玉堂嘉话》	
24	嘉庆元年（1796）前	69岁前	危素《说学斋稿》	
25	嘉庆元年（1796）前	69岁前	吴澄《吴文正公集》	
26	嘉庆元年（1796）前	69岁前	吴海《闻过斋集》	
27	嘉庆元年（1796）前	69岁前	许有壬《圭塘小稿》	
28	嘉庆元年（1796）前	69岁前	叶盛《水东日记》	
29	嘉庆元年（1796）前	69岁前	虞集《道园类稿》	
30	嘉庆元年（1796）前	69岁前	余阙《青阳集》	

续表

	时间	年龄	作者及文献名称	来源途径及版本
31	嘉庆元年（1796）前	69岁前	元好问《遗山集》	疑来自黄丕烈或袁廷梼
32	嘉庆元年（1796）前	69岁前	赵孟頫《松雪斋集》	
33	嘉庆元年（1796）前	69岁前	郑玉《师山集》	
34	嘉庆二年（1797）	70岁	《圣武亲征录》	史梦蛟借树山房旧藏明钞说郛本
35	嘉庆三年（1798）	71岁	虞集《道园学古录》	明景泰刊本
36	约嘉庆三年（1798）前	约71岁前	郑元祐《侨吴集》	疑来自黄丕烈
37	嘉庆四年（1799）前后	72岁前后	朱德润《存复斋文集》	疑来自黄丕烈
38	嘉庆六年（1801）前	74岁前	陈旅《陈众仲文集》	残元本七卷，明刻本十卷
39	时间未定		顾嗣立《元诗选》	
40	时间未定		刘昌《中州名贤文表》	
41	时间未定		刘基《诚意伯文集》（存疑）	
42	时间未定		杨维桢《西湖竹枝词》	
43	时间未定		袁桷《清容居士集》	
44	时间未定		赵珙《蒙鞑备录》	

钱大昕自十八岁"始有尚论千古之志"[1]起，直至去世前仍笔

---

[1]《嘉定钱大昕全集》（增订本）第1册，《钱辛楣先生年谱》，第9页。

耕不辍。钱氏于乾隆四十年（1775）六月归田之后，拥有更多闲暇从事学术研究；乾隆五十四年（1789）移居苏州，虽其时年事已高，但其晚年在苏州的文献收获和学术进展确实是壮年时无法企及的。从与黄丕烈等藏书家们的交往中，钱氏获得了如《石田集》《金华集》《元统元年进士题名录》等于元史大有裨益的书籍；今日学界视为基础史料的《圣武亲征录》《道园学古录》等，钱氏在古稀之年才有缘得见——《道园学古录》上题记曰"嘉庆戊午七月廿日嘉定钱大昕借读毕，时年七十有一"[1]，读来颇令人感慨。

钱氏穷其一生所能见和无缘见到的元史史料大致可以摸底，而这些史料在今日除元明善《东平王世家》和极少量碑刻外，均存世完好且容易获得。对于考据之学而言，新文献获取的重要性不言而喻，虽然钱氏在获得一部新文献后不一定立刻吸收其全部价值，但上表所展示的文献获取的大致时间线索，基本勾勒出了钱氏学术研究系统、动态、可视化的进程，也能窥见影响钱氏学术面貌的种种机缘。这样的时间线索在钱氏其他领域的学术写作中同样存在，倘若加以爬梳，则不失为订补钱氏"学术年谱"的一种新的可能。

二、钱大昕诸元史著述关联性之考察

与今日常见的围绕某一专题而力求穷尽材料的研究路径不同，钱大昕每得一书一碑，随读随写题跋、札记，日后若有新见相关史料，则再行考异、补阙，久之成册。其著述多在晚年付刻，还有部

---

[1]《潜研堂序跋补遗》卷2，第207页。

分在其身后由家人弟子整理刊刻；它们除了写作上具有共时性之外，内容上也有较强的关联性，主要表现在两个方面：一是同一家族史事考订在不同作品中详略互见，如《廿二史考异》《十驾斋养新录》《潜研堂金石文跋尾》等所收对蒙古、色目家族人物世系的考订札记，经删削之后被纳入《氏族表》对应部分。此类互见数量极多。

二是记录《氏族表》研究所用的史源文献——限于体例，《氏族表》中部分世系未注明史源，这并不意味着钱氏有意隐藏，而是将其放在了《考异》《跋尾》等札记体作品中；其余未注明史源、又不见于札记的世系，史源基本上出自《元史》，且钱氏当时尚无其他史料可增订。如《氏族表》卷一瓮吉剌氏"竹温台家族"，该家族不见于《元史》，钱氏在该世系小序中自注"有碑刻"，笔者查《跋尾》即有《中顺大夫竹温台碑》，云"竹温台者，蒙古人，为鲁国大长公主媵臣。冒姓瓮吉剌氏，事鲁王，为管领随路打捕鹰房诸色人匠等户钱粮都总管府副达鲁花赤，迁达鲁花赤"，又云"有子曰撒而吉思鉴，事文宗，为宫相总管府副总管，入宿卫"[1]，世系载野㳺、竹温台、撒而吉思鉴三人均出于是碑。

另外，《氏族表》中还有少量世系注明了史源，且附有小段考订文字，其成因也有迹可循——据钱氏《年谱》，《廿二史考异》于乾隆四十七年（1782）撰成百卷，其中《元史考异》于嘉庆元年（1796）付刊，此后钱大昕对《氏族表》的增补，自然只能直接批注于对应的世系之中。如《氏族表》卷二"土土哈家族"，钱氏在世系最末有一小段按语，其内容、体例与《考异》相仿：

---

[1]《嘉定钱大昕全集》（增订本）第6册，《潜研堂金石文跋尾》卷20，第477页。

案，文宗天历元年，燕帖木儿辞知枢密院事，命其叔父东路蒙古元帅不花帖木儿代之。至顺元年封不花帖木儿武平郡王。考虞集《句容郡王世绩碑》，土土哈子八人，无不花帖木儿，而有帖木儿不花，亦不言为东路元帅，似非一人。

虞集《句容郡王世绩碑》收入《道园学古录》卷二十三，并见于《元文类》卷二十六；从前文的考证可知，钱大昕中年时便已读过《元文类》，而读到《道园学古录》已是垂暮，即使是同一篇史料，钱氏对其价值的汲取也是长期和反复的。

下面笔者以两张表格分别将《氏族表》卷一、卷二与其他作品的互见关系进行总结；卷三"部族无考者"目前仅发现两处，一为塔出世系与《考异》卷九十六《塔出传》互见，二为别不花世系与《潜研堂集》卷三十一《跋雪楼集》互见，下文不再列表。两表左起第一栏所列家族，均按《氏族表》中的顺序排列。

表2 《氏族表》卷一与钱氏其他元史著述的互见[1]

	《氏族表》卷一	《考异》	《养新录》	《跋尾》	《目录》	《文集》
1	卷一起首"蒙古之先曰……此皆元同姓之氏也"		卷九《元初世系》			

---

[1] 为便于制表，现将"《廿二史考异》"略作"《考异》"，"《十驾斋养新录》"略作"《养新录》"，"《潜研堂金石文跋尾》"略作"《跋尾》"，"《潜研堂金石文字目录》"略作"《目录》"，"《潜研堂文集》"略作"《文集》"。表3同。

续表

	《氏族表》卷一	《考异》	《养新录》	《跋尾》	《目录》	《文集》
2	木华黎家族	卷九十三《木华黎传》卷九十六《拜住传》	卷十三《圣武亲征录》卷十三《东平王世家》			
3	阿剌罕家族	卷九十五《阿剌罕传》				
4	忙哥撒儿家族	卷九十四《忙哥撒儿传》				
5	八邻氏，伯颜家族	卷九十五《伯颜传》				
6	召烈台氏，抄兀儿家族	卷九十四《召烈台抄兀儿传》				
7	博尔朮家族	卷九十三《博尔朮传》				
8	吾也而家族	卷九十四《吾也而传》		卷十八《江东宣慰使珊竹公碑》		
9	纽璘家族	卷九十五《纽璘传》				
10	纯只海家族	卷九十四《纯只海传》				
11	朮赤台家族	卷九十三《朮赤台传》				

续表

	《氏族表》卷一	《考异》	《养新录》	《跋尾》	《目录》	《文集》
12	畏答儿-博罗欢家族	卷九十四《博罗欢传》		卷十九《长明灯记》		
13	哈剌哈孙家族	卷九十六《哈剌哈孙传》				
14	抄儿家族	卷九十四《抄儿传》				
15	特薛禅家族	卷九十三《特薛禅传》				
16	孛兰奚家族	卷九十五《孛兰奚传》				
17	竹温台家族			卷二十《中顺大夫竹温台碑》		
18	孛秃家族	卷九十三《孛秃传》				
19	忽都合别乞家族	卷九十一《公主表》				
20	博尔忽家族	卷九十三《博尔忽传》				
21	赤老温家族	卷九十六《月鲁不花传》				
22	逊都思氏，拜住			卷二十《山东乡试题名碑记》		

续表

	《氏族表》卷一	《考异》	《养新录》	《跋尾》	《目录》	《文集》
23	镇海家族	卷九十四《镇海传》				
24	昂实带家族			卷十九《勅赐伊川书院碑》		
25	合赤温家族	卷九十二《宰相年表》卷九十四《速不台传》卷九十五《阿朮传》				
26	燕只吉台氏,彻里家族	卷九十五《彻里传》				
27	阿忽台家族	卷九十六《自当传》				
28	达达儿氏,塔思家族	卷九十五《忙兀台传》				
29	蔑儿吉鲫氏,伯颜家族	卷九十六《伯颜传》		卷二十《济南郡公张宓神道碑》		
30	土别燕氏,完泽家族	卷九十五《完泽传》				
31	度礼班氏				卷七《濮州学记》	

续表

	《氏族表》卷一	《考异》	《养新录》	《跋尾》	《目录》	《文集》
32	束吕紤氏，塔不已儿家族	卷九十四《雪不台传》				
33	忽鲁不花父子					卷三十一《跋〈雪楼集〉》
34	直脱儿家族	卷九十四《雪不台传》				

表3 《氏族表》卷二与钱氏其他元史著述的互见

	《氏族表》卷二	《考异》	《养新录》	《跋尾》
1	巴而尤阿而特的斤家族	卷九十四《巴而尤阿而特的斤传》 卷一百《忠义传三》		
2	孟速思家族	卷九十四《孟速思传》		
3	小云石脱忽怜家族	卷九十六《小云石脱忽怜传》		
4	偰氏家族	卷九十四《岳璘帖穆尔传》 卷九十四《撒吉思传》 卷一百《忠义传一》		
5	廉氏家族	卷九十四《廉希宪传》		卷十八《松江宝云寺记》
6	全氏家族	卷九十五《阿鲁浑萨理传》		
7	鲁氏家族	卷九十五《迦鲁纳答思传》		

续表

	《氏族表》卷二	《考异》	《养新录》	《跋尾》
8	铁哥尤家族	卷九十六《铁哥尤传》		
9	唐兀氏，李惟忠家族	卷九十五《李恒传》		
10	乌密氏，卜颜铁木儿	卷九十六《卜颜铁木儿传》		
11	昔里钤部家族	卷九十四《昔里钤部传》		
12	也蒲甘卜家族	卷九十五《昂吉儿传》		
13	星吉家族	卷九十六《星吉传》		
14	高智耀家族			卷二十《中书平章政事高公勋德碑》
15	杨朵儿只家族	卷九十九《杨朵儿只传》	卷九《赵世延、杨朵儿只皆色目》	
16	余阙家族	卷九十六《余阙传》		卷二十《安庆城隍显忠灵祐王碑》
17	阿沙不花家族	卷九十二《宰相年表二》 卷九十六《阿沙不花传》		
18	海蓝伯	卷九十五《不忽木传》 卷九十六《巙巙传》		
19	乃蛮，囊加歹家族	卷九十五《囊加歹传》		
20	按竺迩家族	卷九十五《步鲁合答传》		

续表

	《氏族表》卷二	《考异》	《养新录》	《跋尾》
21	雍古赵氏		卷九《赵世延、杨朵儿只皆色目》	
22	雍古马氏	卷九十五《月乃合传》		
23	土土哈家族	卷九十五《土土哈传》		
24	伯牙吾氏，泰不花家族	卷九十六《泰不华传》		卷二十《松江府重建庙学记》
25	钦察氏，完者都家族	卷九十五《完者都传》		
26	杭忽思家族	卷九十六《阿答赤传》		
27	赛典赤家族	卷九十四《赛典赤赡思丁传》	卷九《祖孙同号》	卷二十《济渎重建灵异碑记》
28	爱薛家族	卷九十五《爱薛传》		
29	曲枢家族	卷九十六《曲枢传》		
30	合鲁氏，哈剌䚟家族	卷九十五《哈剌䚟传》		

综上，《氏族表》所列蒙古、色目大小家族世系近三百个，有六十四个家族世系与《廿二史考异》《十驾斋养新录》《潜研堂金石文跋尾》《潜研堂金石文字目录》《潜研堂文集》等"札记体"作品均存在不同程度的关联，尤与《考异》的关联最为明显。其余没有互见的世系主要有以下几种情况：一是有一百一十余个世系史源只来自《元史》，当时尚无他书可证；二是近四十个世系史源来自

《元统元年进士题名录》，钱氏于《氏族表》中有注明出处；三是数十个世系只见于文集方志等传世史料，不见于《元史》又无金石可证，故钱氏没有撰写相关札记，只将其世系列于《氏族表》中。

钱大昕在《廿二史考异·序》中提到自弱冠时起的读书治学历程：

> 予弱冠时好读乙部书，通籍以后，尤专斯业。自《史》《汉》讫《金》《元》，作者廿有二家，反覆校勘，虽寒暑疾疢，未尝少辍。偶有所得，写于别纸。丁亥岁，乞似假归里，稍编次之。岁有增益，卷帙滋多。[1]

我们今天所见到的钱氏诸多著述各有主题、独立成书的面貌，是其写作结果的静态呈现，但它们在实际写作过程中，史源文献获取与否对学术进展至关重要。除了少数从一开始就有明确问题意识的《艺文志》《氏族表》《元进士考》外，今天我们能看到的钱氏其余的元史著述，几乎都陆续脱胎于多线并进的庞杂文稿——不同著述事实上存在写作上的共时性以及内容上的关联性，即"偶有所得，写于别纸"；由于体例和研究主旨的差异，"稍有编次""卷帙滋多"，便形成了不同单行本，故不能仅凭出版形态就将它们的内容割裂开来。

---

[1] 《嘉定钱大昕全集》（增订本）第2册，《廿二史考异序》，第3页。

余　论

最后，笔者想谈谈对钱氏"元史稿"的一管之见。[1]黄兆强曾指出，最早语出黄丕烈"钱竹汀先生熟于元代事，且有元史稿"中的"元史稿"，"盖指对《元史》作重编改订的一份文稿而言，恐怕不是一本书的专有名词"，且应是"未及就绪"的初步成果，而今人用书名号括之，变其性质成了一部书，进而衍生出卷数的讨论。[2]笔者赞同这一观点。暂且抛开钱氏身后围绕"元史稿"扑朔迷离的传闻，让我们回到黄丕烈写下"元史稿"出处的《跋〈元统元年进士题名录〉》的乾隆六十年（1795）——这一年前后，钱大昕手中元史研究文稿的大致面貌究竟如何？

在此之前的乾隆五十六年（1791），钱氏"目力稍差，以考证纠缪诸条次入《考异》，而《氏族》《艺文》二书，缮成清本"[3]，可知是年钱氏手中文稿的大致状态，在"偶有所得，写于别纸"的札记中挑选考证纠缪为主题者编入《考异》，一直以来有明确问题意识的《艺文志》和《氏族表》则在原手稿基础上誊写为清本——结合前文所示钱氏所用文献获取的大致时间线索，这些作品的内容在刊刻前仍有不同程度的变化；其余的诸多札记体作品，此时离单

---

[1] 1949年以来至本世纪初，两岸学界围绕此稿下落和种种传闻有过一番讨论，近年来有李鸣飞《钱大昕〈元史稿〉故实考辨》（《中国史研究》2020年第3期），是文除了梳理围绕《元史稿》的传闻及其衍成外，还用到国家图书馆所藏道光间学人毛岳生批注明刻本《元史》来讨论钱氏遗稿的面貌。

[2] 黄兆强：《清人元史学探研——清初至清中叶》，第187—188页。

[3]《嘉定钱大昕全集》（增订本）第1册，《钱竹汀先生行述》，第56页。

独成书还有很大距离。到了乾隆六十年（1795），钱氏在读到《题名录》后，除了黄氏所言"据之校正《元史》数条"外，还在已是"清本"的《氏族表》中补入近四十个世系，更着手进行元代进士的研究，有一部未完成的《元进士考》存于世；在读到《题名录》前，钱氏元史研究文稿的面貌，是黄丕烈言及"元史稿"的基本语境。作为最了解钱氏晚年学术写作状态的人，他应当没有误认为一部名为《元史稿》的著作已经完成——"元史稿"言语所指，应是他眼中钱氏为完成"重纂一书"这一宏大目标的阶段性文稿，而钱氏的实际写作的动态变化情况前文已述。

又，关于国家图书馆所藏毛岳生批注本《元史》，该文献过去少有学者利用，近年来在国图"中华古籍资源库"网站可供线上浏览。其最主要的价值是毛岳生借读"钱先生辛楣删改本"时所过录的钱氏删改《元史》的痕迹及相关批语。[1] 笔者同意这些批语在一定程度上呈现了钱大昕治学思绪落笔之初的草拟状态，将"钱先生辛楣删改本"《元史》视为钱氏的"工作底本"大体不误。但笔者进一步认为，该"底本"的使用并未贯穿钱氏前后数十年的治学历程，钱氏很有可能只是在写作的某些场景下用到了它——若该"底本"是钱氏长期连贯使用的工作本，其中的内容应当较为全面地呈现《考异》《养新录》《跋尾》等札记体文字的初始面目才对，实际上这些批注并不能覆盖相关内容；就钱氏的写作习惯而言，《考异序》中所述"偶有所得，写于别纸"的方式可能更为常用。如果今天能见到的毛岳生所过录的内容能够真实反映"钱先生辛楣删改本

---

[1] 李鸣飞文中对这些删改痕迹和批语内容有较为详细的分析，在此不赘述。

《元史》"面貌的话，似可帮助我们进一步理解钱氏刚去世时遗稿的状态以及《钱竹汀先生行述》相关记载的语境。

钱大昕弟钱大昭在《〈潜研堂诗续集〉序》中写道，"先生没，遗书满家，同学诸君子谋分任剞劂事"[1]，钱大昕子东壁、东塾在《行述》中也对遗稿作了仔细盘点，分"已刻者""未刻者""未成者""所校者"四类。其中"未刻者"有《三史拾遗》《元史氏族表》《潜研堂金史文字目录》等，"未成者"有"《元史》若干卷"——可知"未刻者"所指大致是体例较为清晰、核心内容大致完备的文稿，或虽然内容较零散但仍可归并为同一主题的文稿，稍加整理均可付刻；而关于"未成者《元史》若干卷"，结合《行述》中的另一处被广泛征引的表述，或可进一步理解"未成"的含义：

> 府君少读诸史，见《元史》陋略舛讹，欲重纂一书，博稽载籍，暨金石文字，正其谬戾，补其缺佚。又以元人氏族最难考索，创为一表。而后人所撰《元史艺文》，亦多未尽，更搜辑补缀之。其余纪、传、志、表皆已脱稿，惜尚未编定。是年目力少差，以考证纠缪诸条次入《考异》，而《氏族》《艺文》二书，缮成清本。[2]

这段文字的完整主旨在于记述钱氏从"欲重纂一书"的年少立

---

[1] 《嘉定钱大昕全集》（增订本）第10册，《〈潜研堂诗续集〉序》，第239页。
[2] 《嘉定钱大昕全集》（增订本）第1册，《钱竹汀先生行述》，第56页。

志，到为了实现志向所做的种种学术规划和努力，再到乾隆五十六年（1791）因"目力少差"、将文稿中可独立成书的部分予以整理的过程。东壁、东塾二人应是知晓钱氏写作习惯的，"其余纪、传、志、表皆已脱稿"所指，应是钱氏手中多线并进的庞杂文稿，其中的"考证纠缪诸条"在乾隆五十六年时被编入《考异》——我们今天所看到《元史考异》的内容，确实就是对《元史》"纪、传、志、表"的考订，只是其札记形态让我们一时间难以和"重纂一书"的宏大感挂钩；"惜尚未编定"所指，联系后文，理解为"欲重纂一书"未成、而所成者实为《考异》《氏族》与《艺文》，可能更为妥当。钱氏身故，其子整理遗稿时所见"未成者《元史》若干卷"，则极有可能是包含了毛岳生借"钱先生辛楣删改本《元史》"，以及少量完成度不一、"写于别纸"的散乱随笔[1]在内的文稿。

故无论是黄丕烈所言"元史稿"，还是钱东壁、东塾所记"其余纪、传、志、表皆已脱稿，惜尚未编定"，本质上都指的是不同时间节点上钱氏手中多线并进的元史研究文稿。写作是一种具有很强"私人性""动态性"的活动，作者通常不会时刻详细自述进展，其弟子、学友们所知晓的信息与写作文稿状态的实际变化之间存在差异、延迟与夸大，是极易发生的事情；后人对"元史稿"相关信息的辗转误传，寄托的无不是对钱氏学问的缅怀和"遗稿失散"的

---

[1] 由于钱氏有"偶有所得，写于别纸"的习惯，前文提及钱氏赠与黄丕烈的《陈仲众文集》明翻元本中有"夹片"，又结合陈鸿森《钱大昕〈养新余录〉考辨》一文中所揭钱氏编纂《养新录》时有不少删弃的札记，故不排除元史主题的遗稿中含有少量完成度不一的散乱随笔的可能性。

抱憾。钱氏治学生涯长达五十余年，涉猎领域又遍及经史。"改修《元史》"非一时之功，年轻时的"欲重纂一书"的学术志向与终其一生实际写作进展存在差异，也应予以充分理解。

史海撼实：巨舶与五屿新探*

金国平（暨南大学）

一、小引

研究郑和逾百年[1]，中外学界努力不懈，成绩斐然，但仍疑云重重。最大疑问为大号宝船。[2] 这些均为郑和研究中热议不绝的中心议题。对此，中外学者前赴后继，研究繁多。数十年来，求其佳

---

* 本文写作过程中，作者从同慕尼黑大学汉学系葡萄鬼（Roderich Ptak）、刘义杰、万明和时平教授频繁学术互动中获益良多，特此致谢！
[1] 参见王天有、万明编：《郑和研究百年论文选》，北京大学出版社2004年版。
[2] 有关研究述评，可见陈晓珊：《20世纪以来史学史视野中的郑和宝船技术史研究》，中国科学院自然科学史研究所编：《科学技术史研究六十年：中国科学院自然科学史研究所论文选》第3卷《技术史》，中国科学技术出版社2018年版，第360—370页。近来，宝船尺寸的讨论又起。2022年7月10日《扬子晚报》刊文《郑和大号宝船到底多大？南京一研究者宣称六百年"疑案"已破，原来此"丈"非彼"丈"》，报道赵志刚从陈存仁所著《被误读的远行》中得到启发，将明尺折合成约1.7米。关于明尺仅等于近世半尺的叙述，见陈存仁：《被误读的远行——郑和下西洋与马哥孛罗来华考》，广西师范大学出版社2008年版，第60—61页；吴兴勇：《郑和传》，中国海洋大学出版社2014年版，第41页，注释1；魏生：《可能明朝的尺比今天的短》，《七下西洋的和平使者——郑和的故事》，武汉大学出版社2017年版，第107—108页。胡晓伟也推导出1"丈"≈1.6米，但他认为"明代为何存在"1丈≈1.6米"这一尺度，有待度量衡史学者深入探索"。参见胡晓伟：《郑和宝船尺度新考——从泉州东西塔的尺度谈起》，《海交史研究》2018年第2期，第107—116页。

解，终不可得。本文在前人研究的基础上，拟对这个研究题目及最近注意到的五屿问题略陈管见，以正方家。

二、巨舶

到底有没有长四十四丈、宽十八丈的大号宝船？这是郑和研究最基本的问题之一。对此，长期以来，争论不绝。但囿于汉语文献的匮乏，很难得到完满解决。

在金秋鹏发现的《天妃经》卷首插图描绘的郑和下西洋船队图像[1]中也未见有长四十四丈、宽十八丈的大号宝船。

我们于2006年以葡萄牙文发表了一篇文章[2]，提出郑和的大号宝船实际上为联舫的观点，而《天妃经》卷首的插图有力地支持了我们的看法。

联舫的历史很悠久。早在晋武帝泰始后期（约273—274年），"武帝谋伐吴，诏濬修舟舰。濬乃作大船连舫，方百二十步，受二千余人。以木为城，起楼橹，开四出门，其上皆得驰马来往。又画鹢首怪兽于船首，以慑江神。舟楫之盛，自古未有"[3]。

王濬被晋武帝任命为益州刺史、监益州诸军事，密令其在成都大规模打造战船，准备讨伐吴国。这种"自古未有"的巨舰不具备动力，靠风势和水流顺长江而下，起到大量运兵和震慑的作用。

---

[1] 金秋鹏：《迄今发现最早的郑和下西洋船队图像资料——〈天妃经〉卷首插图》，《郑和研究》2002年第2期，第57—58页。
[2] Jin Guoping, Zheng He e a África Oriental (Zheng He and East Africa), *Oriente: Revista quadrimestral da Fundação Oriente*, N.º14, 2006, pp. 34—49.
[3] 《晋书》卷42，列传第十二《王濬》，中华书局1974年版，第1208页。

至嘉靖年间，即还"造巨舰联舫"。

《筹海图编》之《大捷考·擒获王直》先说："嘉靖十九年，时海禁尚弛，直与叶宗满等至广东，造巨舰，将带硝黄、丝绵等违禁物抵日本、暹罗、西洋等国，往来互市者五六年，致富不赀，夷人大信服之，称为五峰船主。"[1]

同文又说："（王）直又尝以扁舟泊列表岸，参将俞大猷驱舟师数千围之，直以火箭突围去，怨中国益深，且渺官军易与也。乃更造巨舰联舫，方一百二十步，容二千人，木为城为楼橹[2]，四门其上，可骑马往来。据居萨摩洲之松浦津，僭号曰京，自称徽王，部署官属，咸有名号。控制要害，而三十六岛之夷，皆其指使，时时遣夷汉兵十余道，流劫滨海郡县，延袤数千里，咸遭荼毒。"[3]

"造巨舰联舫"的意思是"造巨舰用于联舫"。此词义在《南雷文定》之《蒋氏三世传》中很明显："（王）直，歙人，母汪妪，梦弧矢星入怀而生。长而与其徒入海，连巨舶，载硝磺丝绵违禁诸器物，往来互市于日本、暹罗、西洋各国，赀累巨万，各君长以下，并信服之，称为五峰舶主。"[4]

"联舫""铺"即"场""连巨舶"。

在中国史料中，郑和船队中的大号宝船有"宝舟""巨舰""巨舶"等多种称谓，而"巨舶"正是其中常用的一种。尽管洪保的寿

---

[1] 《中国兵书集成》编委会编：《筹海图编》第2册《大捷考·擒获王直》，《中国兵书集成》第16册，解放军出版社、辽沈书社1990年版，第741页。
[2] 引者注：古代供守兵瞭望敌军动静的无顶盖高台。
[3] 中国兵书集成编委会：《筹海图编》第2册《大捷考·擒获王直》，《中国兵书集成》第16册，第742—743页。
[4] 王云五编：《南雷文定》，台湾商务印书馆1971年版，第157—158页。

藏铭[1]中，有"五千料巨舶"一语，因"料"尚未有共识，故仍不知五千料的具体尺度。实际上，"五千料巨舶"早在南宋便有。吴自牧的《梦粱录》卷12《江海船舰》称："且如海商之舰，大小不等，大者五千料，可载五六百人；中等二千料至一千料，亦可载二三百人。"[2]可见，郑和船队的"五千料巨舶"有着历史传承，绝不是明代横空出世！

再来看如何相连：

> 舫（fǎng）也叫"方""方舟"或"双帮船"。古时将两船并列相连为一体的船。两艘以上的船并列相连在一起者叫做"连舫"。这种船是古人根据木筏和竹筏的编排原理造出来的。连接方法最初是用皮条、藤蔓、绳索等将两船的船舷捆连起来；后来则采用更为高级的"加板于上"的连接方法，这就是用木板、连接杆或梁木之类硬性构件横跨两船为"桥"，然后用钉子将它牢牢地钉接起来，成为一个整体。
>
> 与单体船相比，由于舫有两个船身，采用"加板于上"连

---

[1] 杨斌：《略论洪保〈寿藏铭〉中"五千料巨舶"尺度及其他》，《郑和研究》2011年第1期，第51—52页；郑明、赵志刚：《再议明代宝船尺度：洪保墓寿藏铭记五千料巨舶的思考》，《郑和研究》2011年第2期，第13—15页；祁海宁：《论洪保寿藏铭的出土与大号宝船研究的几个基本问题》，《郑和研究》2012年第1期，第32—41页；胡正宁、范金民：《郑和下西洋研究二题——基于洪保〈寿藏铭〉的考察》，《江苏社会科学》2015年版第5期，第231—235页。胡晓伟认为："综上所述，洪保等人下西洋所乘坐的'五千料巨舶'笔者认为决非长度超百米的郑和宝船。'五千料巨舶'的尺度与长'四十四丈'为70.4米、宽'十八丈'为28.8米的郑和宝船更接近。"参见胡晓伟：《郑和宝船尺度新考——从泉州东西塔的尺度谈起》，《海交史研究》2018年第2期，第116页。

[2] 吴自牧：《梦粱录》第2册，中华书局1985年版，第108页。

接的，中间还有"桥"，这样，船的总宽度比单体船大大增加，船身愈宽，稳定性愈好。在同样吃水情况下，载货量也增大；甲板面积也增大，便于堆货和载人。[1]

且此种"巨舶"上还可以开设店铺。《捐题修造城垣记》载："何者？浦绅庶以铢积成家，节衣缩食不异下户，非若富商大贾，连巨舶列广肆，居奇乘急，网罗四之财于伸缩中者可比。"[2]

除了商业性的货物囤积和展销之外，还可作居所。《祖述〈沧桑纪略〉》载："时从堂兄辅臣、汉臣等亦买大船三只，载眷口并仆役与余入淀联舫而居。"[3]

综上所述，大号宝船可能是多艘[4]巨舶，采用"加板于上"方式并连而成的舫。

从技术上来分析，"巨舰联舫"应该失去了自行力，犹如一座海上浮动城堡。一为震慑日人，二为作海上基地。兼有政治和经济意义。在别人的土地上，"以舟为家"不失为最安全的生存法。其上的大型城楼式建筑应该是临时性的。在发挥了仓储功能之后，便拆除，以便于航海。应该说，这种"联舫"虽构成"巨舰"，但技

---

[1] 杨榷主编：《绘图交通工具辞典》，上海辞书出版社1993年版，第122—123页。
[2] 云霄县人大常委会主办，张耀堂、吴鼎文编：《云霄历代诗文稿存》上，漳州市桥南印刷有限公司2009年版，第305—306页。
[3] 马文清主编：《回族谱序与宗源考略》，吉林文史出版社2011年版，第1070页。
[4] "在我国奴隶社会，采用'加板于上'方式连接的舫已经出现，甚至连舫上并连的单体船多少，也成了奴隶主炫耀自己地位高低的象征：地位愈高，并连的单体船愈多。周朝规定，庶民乘筏子（木筏或竹筏），士人乘单体船，大夫乘两艘船并连的舫，诸侯乘4艘船并连的舫，而天子乘的舫并连的船更多。"参见杨榷主编：《绘图交通工具辞典》，第123页。

术含量并不高。

从王濬的"大船连舫"到王直的"巨舰联舫",文字几乎相同。由此可见它们之间的历史传承性。应该说"连舫/联舫"是一种传统的船型。二王的楼船虽然相差千余年,但在船型数据上完全一样。很可能是王直刻意模仿王濬的制式。

下面我们来看它们的尺寸问题。"方百二十步"和"方一百二十步"中的"方"如何理解?"方"为一古代计量面积用语。"方"字后加表示长度的数量词,即表示纵横若干长度的意思。[1] "方百二十步"和"方一百二十步",就是四周各"一百二十步",而不是周长"一百二十步"。

按明制一步为五尺,工部尺折今0.32米,那么王濬和王直的"连舫/联舫"应该是一个总长宽接近六十丈(192米)的船体。这个尺寸比起郑和一号大号宝船(长四十四丈,宽十八丈)还要大!二王的联舫,毫不逊色于郑和的大号宝船!

让我们再来看马欢的描写:"中国宝船到彼,则立排栅,城垣设四门更鼓楼,夜则提铃巡警。内又立重栅小城,盖造库藏仓廒,一应钱粮顿放在内。"从"为城"和"四门"等语来看,不是与王濬的"大船连舫"和王直的"巨舰联舫"有着惊人的相似性吗?我们想,这恐怕不是一种偶然,而是一种历史传承。就此意义而言,马欢描写的应该是设立在"大船连舫"或"巨舰联舫"之上的仓库。此种联舫而成的大号宝船具有三个作用。从政治意义而言,做

---

[1] 关于"方"的词义,请见方文一:《还是释为"纵横"有据——"方"的一个义项》,《辞书研究》1995年第6期,第140—142页。

举行仪式之用：一是在刘家港进行出海仪式；二是到达某地后，颁诏宣威。从经济意义来分析，则是可以作为从各地搜买来的"宝物"的临时海上浮仓。在这种情况下，就船而储，比登陆或上岛更安全，且免去了卸装。从海上生活来看，可供主帅等人暂时起居。鉴于上述，我们认为，马欢的这段文字实际上描写的是郑和设在海上的一艘硕大的趸船。随郑和下西洋的几个人的著作均未有对应该引以为豪的大号宝船的任何详尽描写，就连长四十四丈，宽十八丈这句在明嘉靖以前马欢的《瀛涯胜览》的本子中也没有。万明指出："经过对《瀛涯胜览》抄本和刻本的全面梳理，可以证明关于宝船尺度的记载，应不是马欢原稿中就有的，而是嘉靖以后的后人所加入的。"[1]这岂非咄咄怪事？因为是传统形制，故不值得大书特书。这恰恰说明，长四十四丈、宽十八丈的大号宝船确实存在过，但它不过是一种临时的连体趸船，不具有可航性。此论或许可为一个能得到诉讼不绝的两派接受的方案吧？而且从郑和地图虽标出了五屿，但未标名来分析，我们似乎可以大胆判断，这个岛屿普通又普通，停泊在它那里的由联舫而成的"储宝船"是一种常制。

三、"重栅小城"筑于五屿

1. "重栅小城"

对此城，马欢描述说："中国宝船到彼，则立排栅，城垣设四门更鼓楼，夜则提铃巡警。内又立重栅小城，盖造库藏仓廒，一应

---

[1] 万明：《明代马欢〈瀛涯胜览〉版本考（代前言）》，马欢著，万明校注：《明本〈瀛涯胜览〉校注》，广东人民出版社2018年版，第58—59页。

钱粮顿放在内。去各国船只俱回到此取齐，打整番货，装载停当，等候南风正顺于五月中旬开洋回还。其国王亦自采办方物，挈其妻子，带领头目，驾船跟随回船赴阙进献。"[1]

巩珍的描写更详细："中国下西洋舡以此为外府，立摆栅墙垣，设四门更鼓楼。内又立重城，盖造库藏完备。大䑸宝舡已往占城、爪哇等国，并先踪暹罗等国回还舡只，俱于此国海滨驻泊，一应钱粮皆入库内□贮。各舡併聚，又分䑸次前后诸番买卖以后，忽鲁谟厮等各国事毕回时，其小邦去而回者，先后迟早不过五七日俱各到齐。将各国诸色钱粮通行打点，装封仓橱，停候五月中风信已顺，结䑸回还。"[2]

《西洋朝贡典录》称："论曰：传云，海岛邈绝，不可践量。信然矣，况夷心渊险不测，握重货以深往，自非多区略之臣，鲜不败事也。予观马欢所记载满剌加云，郑和至此，乃为城栅鼓角，立府藏仓廪，停贮百物，然后分使通于列夷，归䑸则仍荟萃焉。智哉其区略也。满剌加昔无名号，素苦暹罗。永乐初始建碑封城，诏为王焉。其内羡柔服，至率妻子来朝，实若藩宗之亲矣，则和之贮百物于此也，曷有他虑哉！智哉其区略也！"[3]

这几段文字学术界并不陌生，不仅有引用，还有解读，但似乎还有新的解读途径和阐释空间。

首先，中国文献中称五屿者即马六甲。这种解释给人的印象是五屿和马六甲为一地，但实际情况是，五屿为马六甲之别名。除了

---

[1] 马欢著，万明校注：《明本〈瀛涯胜览〉校注》，第38页。
[2] 巩珍著，向达校注：《西洋番国志》，中华书局1961年版，第16—17页。
[3] 黄省曾著、谢方校注：《西洋朝贡典录校注》，中华书局2000年版，第43页。

作马六甲的代称外，它本身是指马六甲港外的岛群，其中最大者便称五屿。五屿可代指马六甲，但地理意义上的五屿并不是马六甲。先有五屿，后有马六甲。换言之，自有了马六甲，才成为了马六甲的代名。于是乎，"三佛齐过临五屿"是指马六甲外的五屿。

其次，从"俱于此国海滨驻泊"这句话可以得到印证。在郑和时代，还不停靠马六甲大陆。明确了郑和船队的泊点后，我们便可以用另外一种视角来分析郑和船队的驻地问题。这样，马欢的"其国东南是大海，西北是老岸连山，沙卤之地。气候朝热暮寒，田瘦谷薄，人少耕种。有一大溪，河水下流从王居前过，东入海。王于溪上建立木桥，上造桥亭二十余间，诸物买卖皆从其上"[1]一语和巩珍的"其地东南是海，西北是老岸连山，大概沙卤之地，田瘦谷薄，气候朝寒暮热。有一大溪□红王居前过□入海，王于溪上建立木桥，桥上造亭二十余间，诸货买卖皆集于此"[2]二语正是说明交易地在大陆，但驻扎存货点并不一定在同地。

既然贸易点可以判断在马六甲陆上，那么反过来再看上述的描写的仓储基地应该不是建在陆地，而是设在岛上。在岛上相对陆地而言，安全系数高。加上再有众多船只的护卫，安全性就更高。马六甲海峡盗匪为患。史载："今其国为佛郎机所据，讹称马六甲，或云即古哥罗富沙。往满剌加入龙牙门，盖山门相对若龙，中通船，南有凉伞礁。俗以掳掠为豪，遇番舶多拥小舟迎劫，非顺风，罕有脱者。"[3]需要设立一个绝对自行护卫的环境。这个环境只有

---

[1] 马欢著，万明校注：《明本〈瀛涯胜览〉校注》，第35页。
[2] 巩珍著，向达校注：《西洋番国志》，第15页。
[3] 陈仁锡著，吴相湘主编：《皇明世法录》第4册，学生书局1965年版，第2167页。

在岛上才能够比较容易地获得。条件是岛上要有水源。五屿满足了这个要求，因此不失为一个理想的地点。

2. 五屿

（1）文考

五屿，今称五屿岛，距马六甲码头东南约15公里。

唐时称"无枝拔""半支跋""羊支跋""千枝"[1]等。《新唐书》称"千支在西南海中，本南天竺属国，亦曰半支跋，若唐言五山也，北距多摩苌"[2]。据前人考证，前述名字为梵文"五屿"的音译。因此，均指同一地，即现马六甲海峡内的五屿岛。

此岛以"亚洲最神秘的岛"而闻名，其历史悠久，可追溯至15世纪初的苏丹时代。自唐以来，便是东西交通的必经之地，因此，阿拉伯、印度、中国和葡萄牙文献中均有涉及。

郑和下西洋期间，随行的翻译人员马欢信奉伊斯兰教，通晓阿拉伯语。他于永乐七年（1409）九月及永乐十一年（1413），追随郑和第三次和第四次下西洋。第四次出访时间较长，经历国最多，为此马欢写下了一首记事长诗。《瀛涯胜览》卷首"纪行诗"云："阇婆又往西洋去，三佛齐过临五屿。苏门答剌峙中流，海舶番商经此聚。自此分艅往锡兰，柯枝古里连诸番。"[3]

罗懋登《西洋记通俗演义》第一百回亦有引用此诗，惟文字稍有异而已。此长诗记录郑和下西洋之航程，最重要的是，此诗说明

---

[1] 汪大渊著，苏继庼校释：《岛夷志略校释》，中华书局1981年版，第39—41页，注释①。亦见陈佳荣：《古代南海地名汇释》，中华书局1986年版，第186页。上"无枝拔"条及第299页。上"半支跋"条。
[2] 《新唐书》，中华书局1975年版，第6304页。
[3] 马欢著，万明校注：《明本〈瀛涯胜览〉校注》，第3页。

了郑和船队曾"三佛齐过临五屿"。

葡萄牙人从马六甲来中国也是从此开洋,详见后引用的针路。

马六甲地处东西洋交通要冲,为当时重要国际贸易中心,同明朝保持着十分密切的政经关系。马六甲与和明朝之间使者往来频繁。在郑和的下西洋中,马六甲为必经之地,成了中国与印度、西亚及中东之间贸易往来的中间站。明代载籍中关于马六甲的记述颇多,我们比对外文,尤其是葡萄牙文史料,做一番"文字考古"。研究中,我们深深感到,如同汉籍一样,葡文资料为研究马六甲历史不可缺少的史料,且二者可以互为补阙。

首先是汉语中的五屿。我们先来看有关郑和下西洋文字中所提及处。

A 马欢

> 马六甲国自占城向正南,好风船行八日到龙牙门,入门往西南行二日可到。此处旧不称国,因海有五屿之名。[1]

张礼千的《马六甲史》云:"马六甲沿岸,计有十余小岛。其中最显者,面积较大,互成毗邻,而于航行中最易令人触目者,其数有五:一曰 Pulau Besar,意为大岛,岛上产花岗岩石。二曰 p. Dodol,意为糕饼屿。三曰 p. Hanyut 义为浮屿。四曰 p. Nangka 义为波罗密屿。五曰 p. Undan 义为延长屿,屿上有一灯塔。凡此五岛,殆即《瀛涯胜览》中之五屿。"[2]

---

[1] 马欢著,万明校注:《明本〈瀛涯胜览〉校注》,第34页。
[2] 张礼千:《马六甲史》,河南人民出版社,2016年版,第6—7页。

B 巩珍

满剌加国，自占城开船向西南行，好风八日到龙牙门。入门西行二日可到。此处旧名五屿，无国王，只有地主，受暹罗节制，岁输金四十两，否则加兵。永乐七年己丑岁，钦奉上命遣使往谕诸番，到于本处，宣布诏旨。特恩赐其地主以双台银印冠带袍服，主国封王，建城竖碑。遂与诸番为敌体，而暹罗莫敢侵犯。[1]

C 黄省曾

满剌加国第五，其地在占城南可二千里，大海在其东南，老岸连山在其西北。由旧港而往，针位：十更过官屿之左，又五更至长腰之屿，见三佛之屿、鳌鱼之屿。又五更至甘巴门之水。其溜迅急，右曰仁义之礁，左曰牛尾之礁，前曰鬼屿。又五更平披宋之屿。又五更取射箭之山。又五更至五屿。循山而至其国。或曰入由龙牙山门，门之状如龙角，是多寇钞。以国有五屿也，旧名五屿。尝羁事暹罗，而岁输黄金焉。（永乐初，诏赐头目双台银印冠带袍服，名满剌加国。暹罗遂不复扰云。）[2]

---

[1] 巩珍著，向达校注：《西洋番国志》，第14—15页。
[2] 黄省曾著，谢方校注：《西洋朝贡典录》，中华书局1982年版，第36—37页。

其次是外语中五屿。

1553年，葡萄牙海外发现编年史家巴罗斯（João de Barros）记录说："他[1]带着这支舰队于（1）511年7月1日全体停在了马六甲港：在一个粤人的牛头大番船（náos dos Chijs）登陆点（pouso）的小岛（jlheta）附近，他发现了他们的三艘中式帆船（juncos）。"[2] 此处的"小岛"，无疑是指五屿。它是中国人航海到达马六甲的登陆地。

1514年，在被葡萄牙人占领的马六甲，意大利佛罗伦萨人恩波利（Giovanni da Empoli）在于同年6月27日给其父发出的一封信中，报告说："然而，我未泄气，以至仍未承诺要走到在天涯海角的粤（China）地去；但是，只有天主和您愿意时，征得了您的许可和意见后，我才决定开始旅途。还碇泊在了上述粤人屿（isola di Cini）……"[3]

关于粤人屿（isola di Cini）有更详细的描写："于是我们在那个港口的一个小岛上碇泊了几天、它在马六甲的对面，被称为粤人屿（isola de' Cini）。它有此名是因为当粤船（giunchi de' Cini）来时停岛，上岸与岛民杂居……"[4] "因此，我们登上了岛。在那里我们发现了两艘粤式帆船（giunchi da Cina）。我们保持了安全，

---

[1] 译者注：指阿丰索·德·阿尔布克尔克（Afonso de Albuquerque）。
[2] João de Barros, *Asia de Joam de Barros, dos fectos que os Portugueses fizeram no descobrimento & conquista dos mares & terras do Oriente. Segunda decada da Asia*, Em Lixboa: Impressa per Germão Galharde,1553, Fl.82.
[3] *Archivio storico italiano*, Appendice, Tomo III, G.p.Vieusseux, 1846, p. 60.
[4] *Archivio storico italiano*, Appendice, Tomo III, G.p.Vieusseux, 1846, p. 59.

因为不像是我们的朋友。"[1]

在葡萄牙人和意大利人的语境下，马六甲对面的"粤人屿（isola de'Cini）"，显然是指五屿这个中国人使用的贸易中继站。换言之，"粤人"不仅仅指羊城人和粤省人。这是一个统称。葡萄牙人沿用的是"支那即广州也"[2]的概念，因此称一切华人为"Chin"。实际上，还包括闽人（Chincheos）。[3]

既然欧洲人称五屿为"粤人屿（isola de'Cini）"，可见该岛曾为华人的航海基地。

1553年，巴罗斯在叙述1551年攻打马六甲时，给出了具体位置："……距马六甲2里格（leguas）的五屿（Ilha Grande）……"[4]

1568年，耶稣会传教士佩雷斯（Laurentius Peres），在一封写给葡萄牙省省会长的信中，汇报了在途经马六甲，前往澳门时，见到的五屿（Ylha Grande）海面的情况："在圣塞巴斯蒂安（São Sebastião）节[5]的前两三天，他们来了并证实了与所害怕的相反情况，而且属实。在这个圣徒节那天下午，大家正漫不经心，许多帆船出现在五屿（Ylha Grande）海面，并来此岛停泊。共计300艘，有4艘载着一些土耳其人（turcos）的蜈蚣船（galés），还有约40艘

---

[1] *Archivio storico italiano*, Appendice, Tomo III, G. p. Vieussoux, 1846, p. 54.

[2] 义净著，王邦维校注：《大唐西域求法高僧传校注》，中华书局1988年版，第103页。

[3] Manoel Godinho de Eredia, Malaca, *l'Inde Orientale et le Cathay, fac-simile du manuscrit original authographe de la Bibliothèque Royale de Belgique*, publiépar les soins de M. Léon Janssen, Librairie européenne C. Muquardt, 1882, pp. 6, 27.

[4] João de Barros, *Quarta decada da Asia de Ioaõ de Barros: dos feitos que os Portugueses fizeraõ no descobrimento, e conquista dos mares, è terras do Oriente*, Na Impressaõ Real, 1615, p. 596.

[5] 译者注：1月20日。

平底小船（galiotas），几条马拉巴尔人（malavares）的船，余为双侧舵船（lamcharas）。船队载着国王及其孩子和家人。他对留在马六甲（Malaqua）放心。他带来了15000人。"[1]

至1595年，在荷兰出版的一个描写从马六甲到澳门的针路上，说明是从五屿海面放洋："离开马六甲（Malacca），进入新加坡海峡（Straet van Sincapura），前往中国（China）。去一个名叫五屿（Ylha grande）的岛……"[2]

16世纪末至17世纪初的马来——葡萄牙混血地理学家艾雷迪亚（Manuel Godinho de Erédia）的描写最详细："……还有更多的岛屿，如彭哥尔岬（译音：Ponta de Pungor）前方的五屿（ilha grande），其中4屿朝南，1屿朝东。"[3]

17世纪的编年史家普加罗（Antonio Bocarro）还称："……马六甲的五屿（ilha grande de Malaca）……"[4]

19世纪，英国人对此地也有描写："从锚地（Roads）看望马六甲的风景极为优美。其外观呈一月牙弯或海湾的拐弯处；其南角由

---

[1] P. Laurentius Peres S. I., P. Leoni Henriques S. I., Provinjciali Lustt, 3 Decembris 1568, Secunda via, Josef Wicki, John Gomes, *Documenta Indica*, VII, 1566—1569, apud Monumenta Historica Soc. Iesu, 1962, p. 519.

[2] Jan Huygen van Linschoten, *Reys-gheschrift van de Navigatien der Portugaloysers in Orienten*, Cornelis Claesz, 1595, p. 38.

[3] Manuel Godinho de Eredia, Leon Janssen, C Ruelens, Malaca, *L'Inde méridionale et le Cathay manuscrit original autographe de Godinho de Eredia*, appartenant à la Bibliothèque royale de Bruxelles, C. Muquardt, 1882, p. 10r.这是葡法双语版，还有一个英语节译本：Manuel Godinho de Eredia, J. V. G. Mills, *Eredia's Description of Malaca, Meridional India, and Cathay*, Malayan Branch of the Royal Asiatic Society, 1930。

[4] Antonio Bocarro, *Decada 13 da Historia da India*, Part 2, Typographia da Academia Real das Sciencias, 1876, p. 626.

一串美丽的小岛组成。这些小岛被称为汲水诸岛（Aguadas）或诸水岛（Water Isles），从海岸向大海方向延伸。"[1]

在欧洲地理大发现过程中，这是一个普遍的命名规则。凡遇到可汲水的岛屿，均可称汲水岛。此种岛屿遍布非洲、拉丁美洲和亚洲。在马六甲海峡内，先后曾有过多个汲水岛。从五屿上现存多口水井的情况来判断，其别名"汲水诸岛（Aguadas）"或"诸水岛（Water Isles）"名副其实。

（2）图考

明茅元仪辑《武备志》第二十二册内的《郑和航海图》上，可见毘宋屿左边大岛有五屿。

里约热内卢巴西国家图书馆所藏艾雷迪亚《马六甲及其周边图》[2]上的MALACA"图例右边的一组岛屿为"五屿"。

比利时王家图书馆所藏《马六甲腹地名称描述1602年》图[3]上也有"五屿"的标示。

在比利时王家图书馆所藏的另一张马六甲地图中，明确标出

---

[1] Thomas John Newbold, *Political and Statistical Account of the British Settlements in the Straits of Malacca, viz. Pinang, Malacca, and Singapore*, J. Murray, 1839, pp.110—111.

[2] Biblioteca Nacional do Brasil, Rio de Janeiro, CAM.01.007 Fl.502—B Cartografia, 引自 Peter Borschberg, Three Early 17th-century Maps by Manuel Godinho de Erédia, *Journal of the Malaysian Branch of the Royal Asiatic Society*, Volume 92, Part 2, No.317, December 2019, p.11。

[3] Manoel Godinho de Eredia, Malaca, *l' Inde Orientale et le Cathay, fac-simile du manuscrit original authographe de la Bibliothèque Royale de Belgique*, publiépar les soins de M.Léon Janssen, Librairie européenne C.Muquardt, 1882, p.60b.

"五屿（I. grande）"。[1] 此名意思与马来名"Pulau Besar"吻合。显然是从马来文翻译而来。

2019年马六甲国际郑和论坛于11月15日结束后，中国郑和研究会副秘书长赵志刚和南京郑和研究会副秘书长郑宽涛考察了五屿岛。两位专家根据在五屿岛沿岸现存的多口古井和博物馆内保留的文物推断，郑和船队当年曾在此地停留，补充淡水。从展出的唐朝文物，他们推测出早在唐朝，五屿岛便扮演着补给码头和泊地的角色。这些判断是合理的。

我们认为，郑和按照习惯也利用了这个传统的中继站，而不是将对面陆地上的固定商贸存储及后勤补给"常设官厂"作为分綜与合綜的基地。在可汲取淡水的情况下，因有舰队的护卫，岛上比陆地更安全，因此，我们推测，此处大概便是郑和船队分綜与合綜之地。总而言之，可称之为"特设官厂"。

"官厂"可存在两种形态。其一，郑和船队利用当地场地，在内设立中国基地。这是一种陆上设施。其二，郑和船队的大型船只难以入港，因而需要在附近海面停泊，或等待顺风形成一种临时的海面"官厂"。陆地"官厂"是常设机构，所以郑和下西洋"三书"的有关文字才不特别述及。郑和船队所到之处必会设立自己的"官厂"，这是其下西洋最重要的陆上商业运行和后勤保障机制，说是船队的组成部分恐不为过。《郑和航海图》中，在马六甲陆地的西北方向标出的"官厂"为一陆地"官厂"，是郑和船队建立的贸易

---

[1] Emanuel Godinho de Eredia, Eredia's Description of Malaca, Meridional India, and Cathay, translated from the Portuguese with notes by J. V. Mills, *Journal of the Malayan Branch of the Royal Asiatic Society*, 1930, pp. 22—23之间插图b。

及后勤保障体系的一部分,我们权称之为"常设官厂"。简言之,就是一临时水上仓库。马欢等人描写的就是一个"特设官厂",其合艅与临时储存货物的特征十分明显。此一"特设官厂",在当时下西洋人的著作中被大书特书,而"常设官厂"却被认为不值得特殊描写。总之,历史上曾经有过两种"官厂"。一种属于贸易后勤保障体系的"常设官厂",位于马六甲的陆地部分;另一种属于临时建立的"特设官厂",位于马六甲河口的五屿。[1]

最后是中外针路上的五屿。

首先是汉语针路。

A《广东往磨六甲针》:五更,取五屿,沿山使(驶),取磨六甲,妙。[2]

B《定风用针法》:么六甲 五屿在外抛船,妙也。[3]

C《暹罗往大泥、彭亨、磨六甲针路》:乾戌,五更,取五屿,打水廿五托前去崑宰,一更,即磨六甲港口也。[4]

D《磨六甲回暹罗》:五屿放洋,巽巳针,五更船,取射箭山。单巽,五更,取昆宋屿,南边有浅。[5]

E《磨六甲往阿齐》:五屿开船,单乾并乾戌,五更,取假五屿[6]。[7]

---

[1] 具体论述,可见作者的《500年前西文资料所记郑和下西洋史事二考:"大炮"与"华堡(官厂)"》(出版中)。
[2] 刘义杰:《〈顺风相送〉研究》,大连海事大学出版社2017年版,第533页。
[3] 刘义杰:《〈顺风相送〉研究》,第529页。
[4] 刘义杰:《〈顺风相送〉研究》,第537页。
[5] 刘义杰:《〈顺风相送〉研究》,第537页。
[6] J. V. Mills, Malaya in the Wu-Pei-Chih Charts, *Journal of the Malayan Branch of the Royal Asiatic Society*, Vol.15, No.3(129), 1937, p.18.
[7] 刘义杰:《〈顺风相送〉研究》,第543页。

F《瞒咖喇往旧港（回针）》：单乾，五更，取五屿，内是瞒喇咖。[1]

G《浯屿往马六甲针路》：用乾亥五更取五屿，沿山驶是麻六甲，妙也。[2]

不难看出，五屿是海舶往来马六甲海峡的重要望山和进出马六甲的必经之地，从来就是中国传统针路上的始发点和终极点。

最后，我们来看张燮《东西洋考》中的多处涉及：

> 麻六甲，即满剌加也。古称哥罗富沙，汉时已通中国。后顿逊起自扶南，三千余里皆属之。其东界通交州，即哥罗富沙地也。唐永徽中，以五色鹦鹉来献。（《唐书》曰：哥罗一曰个罗，亦曰哥罗富沙罗，王姓矢利波罗，名米失钵罗。）旧隶暹罗，岁输黄金为赋。盖所部瘠卤，尚未称国云。[3]

"哥罗富沙"亦称"哥罗富沙罗"，其原名可能是"Kora-besar"。[4]

> 五屿（先时酋开镇于此，此中有真五屿、假五屿。沿山而入为麻六甲。）麻六甲（即满剌加国也，舶人音讹耳。在古为

---

[1] 刘义杰：《〈顺风相送〉研究》，第549页。
[2] 向达校注：《两种海道针经》，中华书局1961年版，第192页。
[3] 张燮：《东西洋考》，中华书局1981年版，第66页。
[4] G. E. Gerini, *Researches on Ptolemy's Geography of Eastern Asia* (*Further India and Indo-Malay Archipelago*), Royal Asiatic Society, Royal Geographical Society, 1909, p. 518, note 1.

哥罗富沙地。)[1]

  五屿(未称国时,酋镇于此)。[2]

其次是葡语针路。

18世纪初的葡萄牙针路规定:"从马六甲前往昆仑岛(pulo condor)的航行欲从马六甲前往昆仑岛,先出发去2.5里格(leguas)外的五屿(Ilha Grande)……"[3]

四、余论

至此,我们用了一定的篇幅,比较详细地对两个主题进行了考辨,力求还原历史的真相。我们的论述可简括如下:

1)关于巨舶的尺度,中国学术界争论旷日持久,悬而未决。尽管近因有洪保寿藏铭的出土,而喜获"五千料巨舶"的重要信息,证实了郑和船最大者达五千料,但仍未能彻底解决大号宝船的尺寸这个基本问题。是否可以这样说,长四十四丈、宽十八丈的大号宝船确实存在过,但它不是整体船,而是一种联巨舶成舫的多功能"储宝船"。

2)五屿的历史地位与作用,之前未引起中外学术界的任何关

---

[1] 张燮:《东西洋考》,第177页。
[2] 张燮:《东西洋考》,第68页。
[3] Manuel Pimentel, *Arte de Navegar, em que se Ensinam as Regras Praticas, e o Modo de Cartear Pela Carta Plana, & Reduzida, o Modo de Graduar a Balestilla por via de Numeros, & Muitos Problemas uteis a Navegaçao & Roteiro das Viagens, e Costas Maritimas de Guiné, Angola, Brasil, Indias, & Illhas Occidentales, & Orientaes*, Na Officina Real Deslandesiana, 1712, p. 406.

注。实际上，唐宋元以来，五屿便是东西洋航行交通要道上的重要中继站，因此，郑和下西洋也利用它作为暂时的举行政治仪式、给养补充、人员修整和货物仓储的基地。五屿是一个有别于陆地固定后勤保障系统的"常设官厂"的临时海上合艎候风储货的"特设官厂"。

　　在本文中，笔者对困惑学术界多年的一个议题及一个未有注意的问题进行了初步的探索，并不揣简陋，提出了一些全新的观点。在这些讨论中，我们既非第一人，亦非最后一人。

关于乾隆十二年第一次金川战争的清军作战地图*

张闶（中国人民大学）

华林甫教授曾提出"舆图也是史料"的理念，认为舆图不仅仅是地图学史或测绘史的史料，而且是研究历史事件的史料。[1] 对研究军事史、战争史而言，舆图的史料意义更是不言而喻。清乾隆十二至十四年（1747—1749）、三十六至四十一年（1771—1776），曾经在四川西北的大小金川土司地区爆发过两次大规模战争，并归入乾隆帝的"十全武功"之中。关于这两场战争，学界利用汉文、满文、藏文等档案文献，已经有了不少研究成果。[2] 然而，迄今为止，除徐斌等学者曾通过实地调查考释了《平定两金川得胜图》的部分地名外，几乎无人利用相关舆图史料，这不得不说是一个

---

* 本文为国家社科基金青年项目《清代满文舆地志文献整理与研究》（21CMZ039）阶段性成果。
[1] 华林甫：《英国国家档案馆庋藏近代中文舆图》，上海社会科学院出版社2009年版，第22页。
[2] 主要研究情况可参考徐法言：《乾隆朝金川战役研究评述》，《清史研究》2011年第4期。

遗憾。[1]

有关两金川地区的舆图，主要可以分为三类。

第一类为清廷在实地考察测绘基础上绘制的舆图，主要为《皇舆全览图》《雍正十排图》和《乾隆十三排图》。[2] 它们虽为实测地图，总体上相当精确，代表了当时的最高水平，但关于两金川土司的记载却极为简略。《皇舆全览图》仅标注了"小金川司"和"大金川司"两个名字，且地理位置标错，说明当时并未实地测绘这一地区。这一错误为《雍正十排图》继承下来。康熙、雍正年间尚未发生金川战争，清廷对两金川了解有限，在地图标注上出错，尚属情有可原。《乾隆十三排图》完成于第一次金川战争之后，增加了小金川司官寨美诺、大金川司官寨勒乌围、噶喇依及广法寺、日旁、达尔图等少数几个地名，较之前两者确实是详细了一些，且标注的两金川司三处官寨的位置都是正确的。然而，在小金川司官寨美诺的东南方，又标注了"小金川司"和"大金川司"两处地名，且方位与《皇舆全览图》《雍正十排图》完全一致。显然，不可能存在两个大小金川土司。这说明，《乾隆十三排图》在增补了一些正确信息的同时，又因袭了《皇舆全览图》和《雍正十排图》的错误，实属画蛇添足。因此，这类舆图的参考价值不高。

---

[1] 徐斌：《故宫博物院藏〈平定两金川得胜图〉考释》，《故宫博物院院刊》2013年第2期。台湾三军大学编：《中国历代战争史·清代（中）》（军事译文出版社翻印1983年版）和邱心田、孔德骐：《中国军事通史·清代前期军事史》（军事科学出版社1998年版）等军事史著作，均配有编者绘制的战争示意图，但并未参考清代相关地图，且内容相当简略。

[2] 汪前进、刘若芳整理：《清廷三大实测全图集》，外文出版社2007年版。《皇舆全览图》中两金川位于五排四号，《雍正十排图》中位于七排西三和七排西二，《乾隆十三排图》中位于十排西二。

第二类为官修史书《平定金川方略》《大清一统志》等和《四川通志》等方志中所附的舆图。[1] 这一类舆图比前者详细,利用价值要高一些。例如,《平定金川方略》所附《金川图》,不但标注的地名很多,且特别标注了金川主要碉卡及清军军营,可见它是根据作战地图重新绘制的。不过,这类舆图的不足在于,只能静态反映战争结束时或结束后的情形,无法反映战争的动态过程。《平定金川方略》所附《金川图》标注的"经略大营",显然指的是傅恒的军营,反映的是第一次金川战争行将结束时的双方态势;《大清一统志》和《四川通志》所附关于懋功的地图,展现的是乾隆四十一年第二次金川战争结束后清廷"改土为屯"后两金川的地名情况,且标注的内容也比较简略。

第三类为战争期间清军绘制的军事地图,一般随前线将领的奏折呈送。按照清廷规定,官员上奏折时,有须绘图备查者,应于奏折内附图,故形成了较多随折进呈的图。[2] 两次金川战争共计约八年时间,相关奏报往来频繁,形成了大量军事地图。[3] 这类地图为清军实地行军探查所绘,地理信息较为准确,且能反映绘图时清军的进展。通过将它们综合分析,可重建双方对峙的动态过程,故而价值最高。这类地图主要收藏于中国第一历史档案馆,但目前出于

---

[1] 例如,《平定金川方略》卷首《金川图》,清文渊阁《四库全书》本。《嘉庆重修大清一统志》卷423《懋功屯务厅图》,《四部丛刊续编·史部》,商务印书馆1934年影印清史馆藏进呈写本。嘉庆《四川通志》卷6《懋功直隶厅图》,嘉庆二十一年木刻本等。
[2] 邹爱莲:《中国第一历史档案馆藏清宫舆图》,《清代档案整理与馆际合作会议论文》,第三届清代档案国际学术研讨会,台北故宫博物院2006年版。
[3] 这类作战地图主要以附件形式保存于第一历史档案馆藏的军机处录副奏折中。例如,温福:《奏遵旨将伍岱作战地方画图呈览折》,"乾隆三十七年四月初五日",中国第一历史档案馆藏,档号03-0185-2494-013。

管理需要，多数奏折和地图分开保存，研究者难以寓目。幸运的是，法国国家图书馆收藏有一幅《大金川地理图形》，台北"故宫博物院"收藏有一幅《川陕总督张公保驻军大小金川一带营盘图》（以下简称《张公保营盘图》），它们大约绘制于乾隆十二年九月川陕总督张广泗在金川前线期间，较为完整地反映了第一次金川战争初期双方的军事格局，具有重要史料价值。[1]

笔者拟对这两幅军事地图进行初步研究，以就教于方家。

一、两幅地图绘制的历史背景

清朝初年，清军在进军四川的过程中，大批土司望风归附。康熙五十七年（1718），清军"驱准保藏"，一路由四川入藏，岳锺琪又沿途招抚了巴塘、里塘等土司。不过，这时清廷对川西土司的控制尚比较薄弱，川西土司多桀骜不驯，屡屡沿途"夹坝"抢劫，成为清廷统治的不安定因素，郭罗克和瞻对土司就是其中的典型。

---

[1] 法国国家图书馆藏《大金川地理图形》编号为 GE.C.16409.RES，其官方网站有法文和中文的收藏信息和简介，并提供在线高清全图阅览，参见网址 https://catalogue.bnf.fr/ark:/12148/cb40767496k。李孝聪在《欧洲收藏部分中文古地图叙录》中也收录了此图的信息，参见李孝聪：《欧洲收藏部分中文古地图叙录》，国际文化出版公司1996年版，第323页。最近，法国国家图书馆藏中文古地图得到了系统整理出版，《大金川地理图形》也在其中，见谢国兴、陈宗仁主编：《地舆纵览——法国国家图书馆所藏中文古地图》，台湾"中研院"台湾史研究所2018年版，第182—183页。台北故宫博物院藏《川陕总督张公保驻军大小金川一带营盘图》，统一编号为"故机007104"，文献类名为"军机处档折件"，时间为乾隆十二年，其官方网站有该图的收藏信息简介、各地名及文字注记的标注（部分文字有误），并附有一幅不是很清晰的图片，参见网址 http://npmhost.npm.gov.tw/ttscgi/npmmap/npmmapo?@3^45305823^107^^^3^1@@1684764366#JUMPOINT。承蒙台北故宫博物院陈维新研究员和采薇阁书店王强先生提供相关信息，谨致谢忱。

郭罗克土司位于四川、青海交界地带，以"夹坝"劫掠为生，屡次危害清廷对川青地区的统治。例如，乾隆八年（1743）玉树百户楚胡鲁台吉之子达什策令所属番人二十五户被郭罗克抢夺牲畜，以致糊口无资。[1] 清军多次派兵小规模征剿，以维护川青地区的安全。

瞻对土司位于今四川省新龙县，分为"上中下"三瞻对。它临近川藏大道，战略地位重要，却桀骜不驯，多次沿途"夹坝"，危害川藏大道的安全，故清廷于雍正八年（1730）和乾隆十年（1745）两次大规模遣兵征剿。特别是乾隆十年的征剿，旷日持久，耗费白银百万余两。但川陕总督庆复等长期无法擒获下瞻对土司班滚，便向乾隆帝捏报已将班滚烧死，草草了结。日后乾隆帝知道班滚未死后，下令庆复自尽。

在瞻对事件平息不久后，又发生了第一次金川战争。

乾隆十一年（1746）十一月，川陕总督庆复奏称，金川土司莎罗奔肆横不法，不但与革布什咱等土司争地，且诱囚小金川土司泽旺。乾隆帝本不欲兴兵，但在乾隆十二年二月四川巡抚纪山奏称金川土司劫杀明正土司所属之鲁密章谷后，乾隆帝认为已近战略要地打箭炉，需要弹压。他害怕如果不加以惩处，恐其他土司纷纷效尤，不过处理时"当以瞻对为鉴，毋致旷日持久"[2]。为了尽快平定金川，乾隆帝特意把熟知苗疆事务的贵州总督张广泗调任川陕总督，对他有着非常高的期待，在朱批中说"目下精于戎行，能运筹

---

[1] 中国第一历史档案馆编：《乾隆朝上谕档》第1册，"乾隆八年二月十七日"，广西师范大学出版社2008年版，第834页。
[2] 《平定金川方略》卷1，"乾隆十二年三月戊戌"。

制胜者，朕以为莫过于卿，此去必能攘外安内，成一劳永逸之图"[1]。并将康熙至乾隆年间所办的郭罗克、曲曲乌夷、瞻对及金川等土司案件的相关档案抄录给张广泗，以使他明了前后原委。

张广泗在阅读相关档案后，认为"前此办理之时，多由剿抚未有定见，只图苟且完结，功罪亦多未明，上下不能一心，以致军威未振，番蛮无所畏惧"[2]。他自信能歼灭"小寇"。到前线后，与庆复等商议，兵分三路攻取金川两大官寨勒乌围（勒歪）和噶喇依（刮尔崖）。三路之中，西路可再分为四路，松潘镇总兵宋宗璋统兵由党坝进攻勒乌围；参将郎建业、永柱由曾头沟、卡里进攻勒乌围；总兵马良柱由逊克尔宗进攻噶喇依；参将买国良、游击高德禄由党坝进攻噶喇依。南路可再分为两路，建昌镇总兵许应虎、参将蔡允由革布什咱攻夺正地、古交一带，与西路宋宗璋部汇合，夹攻勒乌围；泰宁协副将张兴、游击陈礼由巴底、娘尽前进，与马良柱部汇合，夹攻噶喇依。北路为游击罗于朝由绰斯甲布攻取金川河西各寨。各路约定于六月二十八日齐进。[3] 七八月间，各路虽遇到一些阻挡，但总体进展较为顺利。宋宗璋路攻克了作固山梁、革什戎冈以及其他一些石卡；郎建业路进展不大，仅攻克石卡两处；马良柱路进展较快，距离噶喇依仅二十余里；许应虎路改由的交进军，与噶喇依隔河相对；罗于朝路则攻克了来当山梁城卡。[4]

然而，在乾隆十二年九月以后，张广泗在奏折中一改往日奏报

---

[1] 张广泗：《奏为新授川陕总督谢恩等情事》，"乾隆十二年四月二十日"，中国第一历史档案馆藏，档号04-01-12-0054-078。
[2] 《平定金川方略》卷2，"乾隆十二年五月壬辰"。
[3] 《平定金川方略》卷3，"乾隆十二年七月甲寅"。
[4] 《平定金川方略》卷4，"乾隆十二年十月辛酉"。

清军的顺利进展，突然用大量笔墨来描绘金川碉卡的险峻和攻碉的艰难：

> 臣自入番境，经由各地所见，尺寸皆山，陡峻无比。隘口处所则设有碉楼，累石如小城，中峙一最高者，状如浮图，或八九丈，十余丈，甚至有十五六丈者。四围高下，皆有小孔以资瞭望，以施枪炮。险要尤甚之处设碉，倍加坚固，名曰战碉。此凡属番境皆然，而金川地势尤险，碉楼更多。至攻碉之法，或穴地道以轰地雷，或穵墙孔以施火炮，或围绝水道以坐困之，种种设法，本皆易于防范，可一用而不可再施。[1]

张广泗在奏折中表达出来的沮丧情绪令乾隆帝非常震惊，他很难理解为何之前"连破番寨，去刮尔崖仅二十里，似乎不久可以成功"，转眼间"相隔不过数日而情事各异。"但乾隆帝实不愿重蹈瞻对覆辙，仍指示张广泗"审度机宜，速殚智勇，筹全制胜，永靖蛮氛，以副朕特用之意"[2]。

但自此以后，张广泗仍屡屡奏报进展不利的消息。十一月，以金川军务繁重为由，表示难以兼顾陕西，向乾隆请求另派大员暂署陕甘事务。[3] 十二月，又说"川兵积习畏怯，每多不战而溃，若以此制敌剿贼，虽大炮齐备，有锐器而无劲旅，非只不能克敌，且虞

---

[1] 《平定金川方略》卷3，"乾隆十二年九月庚子"。
[2] 《平定金川方略》卷3，"乾隆十二年九月辛丑"。
[3] 张广泗：《奏为再陈愚悃办理川省军务陕甘两省难以兼顾请派干济大臣暂署陕甘总督事》，"乾隆十二年十一月十六日"，中国第一历史档案馆藏，档号04-01-01-0149-060。

砲位疏失，终难一举取捷，仍不免于靡费"[1]。如此一来，张广泗渐失信任，乾隆帝先是派遣讷亲为经略，取代了他的最高指挥权，后又以"贻误军机"的罪名将其处死。

《大金川地理图形》和《张公保营盘图》反映的就是第一次金川战争前期，张广泗在川陕总督任上军事进展由较为顺利转向困难时的清军进攻态势。

二、两幅地图内容比较

《大金川地理图形》和《张公保营盘图》大体为"上北下南"的方位，属于示意图性质，故方位、里程等未必十分精确。记录的地理信息主要有山川、碉楼、官寨、桥梁、土司、清军军营等，并有数处文字注记。两图内容十分相似，具有明显的亲缘关系，但也有细微差别。地图中，环绕有一条名为"赤底大江"的大河和"浪金小河"的小河。为求一目了然，故以这两条河流作为分界，对两幅地图上的主要地理信息进行分区列表比对。

（一）"赤底大江"以东

表1 两图"赤底大江"以东内容比较

大金川地理图形	张公保营盘图
路通城都	此处有山，数十里高，蛮子窝界

---

[1] 张广泗：《奏为遵旨请加调官兵剿番逆事》，"乾隆十二年十二月二十六日"，中国第一历史档案馆藏，档号04-01-03-0069-002。

续表

大金川地理图形	张公保营盘图
穆平界尽是荒山	此处木平界地，尽是荒山蛮
此处原有路，今无桥可进	此地原有路通碉门，今无桥

此区域地理信息相对较少。《大金川地理图形》中东北角顺"川陕张总督营"延伸的小路标注有"路通城都"四字，显然系"成都"之误，而。另外两条的文字标记，和《张公保营盘图》略有差别。《大金川地理图形》中，标有多处"山""雪山""高山""深山峻险"等山的通名，这些在《张公保营盘图》中一概省略，惟在东南角标有"周围皆是荒山蛮粪"。但后者还标有"小金川地介"和"小金川口界"，同样为《大金川地理图形》所无。

（二）"赤底大江"以北

表2　两图"赤底大江"以北内容比较

大金川地理图形	张公保营盘图
喇嘛寺	喇嘛寺
官寨	官寨
土兵营	土兵营
朗总台营	郎总爷营盘
川陕张总督营	泰宁协副将张大人营盘
西汉营	西溪营
大金界，美骆百战碉大座	大金川介地，美诺沟有碉十余坐

此区域多数地理信息，两图都是一致的，只有一处有重大差异，即《大金川地理图形》中"川陕张总督营"的位置，《张公保营盘图》标为"泰宁协副将张大人营盘"。另外《大金川地理图形》中标注的"金川界""河洛克界"为后者所无；《张公保营盘图》中标注的"蛮子介""杂谷界""松卡石"等为前者所无。两幅地图中各绘有几个碉卡，《大金川地理图形》中有两处没有标记，而后者标记为"官寨""战碉"；有两处标记为"破了""打"，而后者标记为"战碉""碉"。

（三）"赤底大江"以西

表3　两图"赤底大江"以西内容比较

大金川地理图形	张公保营盘图
大金川界，路通摩瓜公界部	大金川界，路通摩尔公部介蛮子
金厂	金厂
流民积此	流民集此狭地
大雪山金川界	窝脚大雪山大金川界，冬夏大雪
银厂	银厂
流民积此	流民积此
此后是瞻对地方	此图是去年住营地方
亨岩	享岩
马奈界	马奈界得
泊地	坦地
马邦界	泰宁协张协台在此伤亡，分数块尸骨未得。深马邦界。前营陈总爷等数员官领兵千余，在此伤亡，尸首未得一人的

续表

大金川地理图形	张公保营盘图
却泥山	赤泥山
浪池界	浪地界蛮子
川南营	川南营盘

此区域两图绝大多数信息都是一致的，只有个别用字不同，唯一比较重大的差别在于，《大金川地理图形》标注的"马邦界"，后者专门注明了为泰宁协副将等人的阵亡地。此外，《大金川地理图形》的一些"山"的文字注记，如"山""盘石""认的""散绦山""深""康"以及"此处战碉千余座""无名碉卡""大金川界""上瞻对界"等，后者多无标记。

（四）"赤底大江"上

表4 两图"赤底大江"上内容比较

大金川地理图形	张公保营盘图
赤底大江，源出通天河，系黄河分派	赤底大江，源出通天河，系黄河分流
恶龙桥	恶龙桥
绝浪桥	绝浪桥
桑冈桥	桑岗桥
赤底大江水分四流	赤底大江水分四流
此河南流穆河坪流出，分雅州河，流泸定桥河，大度河、铜河俱从此出	此河南通木坪出流，分雅州河止流，上流泸定桥河，大渡河、桐河俱从此

此区域绝大多数文字标记都相同。主要的不同之处在于，《大金川地理图形》在"绝浪桥"附近标有"尚未打进"四字，表示清军的军事进展，而后者则无；后者除表格中的文字外，还标注有"赤底大江水流如山崩，其响如雷"一句，为前者所无。

（五）"赤底大江"与"浪金小河"之间

表5 两图"赤底大江"与"浪金小河"之间内容比较

大金川地理图形	张公保营盘图
此处松林一百余里	老松林有数百里长
桑赤有番民百万	桑赤有番百户
思古洞有番民百万	思古洞有番千户
瓜儿岩	瓜儿崖
万丈高岩，其下大江	万丈大崖，其下大江
官寨、大碉、大碉	官寨、大战碉、碉
山处是最险	层崖千丈
层岩千丈	万丈大山

此区域多数文字标记也大致相同。差异较大的为"桑赤"和"思古洞"的人口数量，《大金川地理图形》均作"百万"，而《张公保营盘图》分作"百户""千户"，显然后者的记载是贴近现实的。另外《大金川地理图形》还标有多处"山"及"山极高峻""此处松林数百余里"，为后者所无。

（六）"赤底大江"以内，"圆形碉寨"以外

表6 两图"赤底大江"以内，"圆形碉寨"以外内容比较

大金川地理图形	张公保营盘图
七月十三日，高总台攻得格桑，大金川民杀尽数百，余俱外散。	七月廿五日，马镇台攻得格桑，大金民杀绝。
八月初二日，马总爷攻破地名浪都，金川民戮焚尽千余，杀首级千余。	八月初二日，马镇台攻破地名浪都，杀首级千余。
八月十九日，马总爷攻得格松，大金川民焚戮报首三千级。	八月十九日，马镇台大报攻得格松，大金川焚戮尽绝。报杀首级三千余。
八月二十日，高总爷报雪龙山寨大金川民降。	八月廿日，马镇台招安雪龙山寨大金川民降。
八月二十四日，马总爷攻得浪齿尺，大金川民杀数百，生擒数百名。	八月廿四日，马镇台攻得浪齿，大金川民杀尽，生获五十余名。
九月，马镇台奏文，会兵十二日大捷。地名大坝满，有大金川民千余寨，杀降者三百。	九月十二日，马镇台奏文，会兵大报捷，攻破地名达坝沟，番民降。
大金川平坝水外五六十县，大谷坝有水田，东西五百里长，南北二百五十里。金川民种田养牛羊。此地住土居，天气尝温和，如二三月四时，不冷不暖。	此原是大金川平地，如外五六州县大水田，多半五谷俱有，东西五百里长，南北二百五十里宽。金川番民种田养牧。此皆是土房，天气温和。
山（注：靠近桑冈桥）	翔多山
赤山	赤泥山
窝脚石，人不能到	窝脚石，人不能到
平田旷野	年否子山，其高，四季大雪，冻死人
却浪山	赤浪多山

续表

大金川地理图形	张公保营盘图
峡口水急	峡口水急
官塞要紧	官塞紧要
土兵营	土兵营盘
赤桑山	赤桑山
格林沟	格林沟
马总爷营	重庆马镇台营盘
摩墩沟雪山	磨墩沟雪山
龙门崖	龙向岩
高协台营	高协台营盘
贾镇台营	买总爷营盘
陈将官营	提标前营陈总爷营盘

这一区域是两图文字标记最为丰富的部分，除表格中第一条文字注记出入较大外，其余均一致或类似。《大金川地理图形》标注了多处"山"名，如"山""赤泉""山多""山高""古浪山""极高山""高山""重山""山高路远"等，绝大多数《张公保营盘图》都没有标记，少数标记为"着脚浪多山""雪山百地"等。《大金川地理图形》中还有四处碉卡，标记为"打破"，而后者两处没有标记，另两处标记为"官寨"和"孙克宗战碉"。此外，《大金川地理图形》有一文字注记"八月初十日，可流民招抚"，为后者所无。

（七）"圆形碉寨"以内

表7 两图"圆形碉寨"以内内容比较

大金川地理图形	张公保营盘图
城广五百里，周围战碉数千座。要紧。	城大三百里，周围战碉数百处。要地。
名小碉，战可藏数百人。	小碉十五丈，可藏数百人。
此名卡撒，皆大石砌成。高五六十丈，周围方圆十里，外有沂水池。	此名卡撒，皆大石砌成。高六十丈，周围方圆十里，外有流水池。
名大战碉，可藏千余人。	大碉高卅丈，可藏千人。

此区域的多数文字标记，内容相似。主要不同在于《大金川地理图形》还标有"巢穴"二字，为后者所无。

通过稍显繁琐的对比，可以看出二者非常相似，绝大多数信息的一致的，具有明显的亲缘关系。所不同者主要有以下几点：第一，两图尺寸大小有差别。《大金川地理图形》为98×55厘米，《张公保营盘图》为132.5×73.5厘米，后者尺寸更大一些。第二，《大金川地理图形》的山绘画得相对简单、随意，且大量标注"山""雪山""高山"等通名，而《张公保营盘图》的山绘画得更陡峭、写实一些，且一般不再标记"山"等通名。第三，部分文字标记上有细微出入，但二者的意思基本没有差异。也有个别文字注记，系两图各自独有。《张公保营盘图》藏于台北"故宫博物院"，附在军机处折件中，可知其为随奏折附上的地图，而《大金川地理图形》就是其底图。这也说明，作为奏折附件上呈的作战地图，并非一次绘成，而是先绘制底图，在此基础上稍作修饰，成为定稿后再恭呈御览。

三、《大金川地理图形》主要内容解说

《大金川地理图形》和《张公保营盘图》很相似，绝大多数信息是一致的。因《大金川地理图形》已公开出版，更便于读者查找利用，故笔者主要以《大金川地理图形》为例，解说这幅地图上的部分内容。

地图标有土司名称五处。其中，瞻对和郭罗克为一类，杂谷、党坝和穆平为一类。

地图中最西方偏北，标有"上瞻对界"和"此后是瞻对地方"。地图西北方，标有"河洛克界"。"河洛克"，即为"郭罗克"。地图所标位置与实际方位大致相合，但它们距金川尚有相当距离，如依照比例尺，则不应出现在此图中。乾隆帝曾说："盖番性难驯，又多狡狯，虽各分门户，而声气相通。鬼蜮之伎，随在皆有。即如郭罗克之后，则有瞻对，又继之以金川。"[1] 这说明在乾隆帝的视角中，平定金川与郭罗克、瞻对事件有着内在联系。张广泗在地图中着重标注，必定与乾隆帝的强调密切相关。

地图正北方，两次出现"杂谷界"，并标有"党坝"。地图最东方，标有"穆平界尽是荒山"。这三个土司，均为嘉绒十八土司之一。杂谷，以杂谷脑为中心，统治区域包括今四川省理县、茂县、

---

[1] 《清高宗实录》卷298，"乾隆十二年九月辛丑"。

黑水县及马尔康市等地，位于金川东北部。《金川图说》记载："杂谷安抚司苍旺，即吐番之裔。康熙十九年，板第儿吉归诚，授为安抚司。驻牧之地曰杂谷，距保县城五十里，南与金川、瓦寺比邻，北与吐番接壤。"[1] 金川土司地小人少，但内部团结；杂谷土司地多人众，但内部相对松散，故而两者实力大致接近，清廷长期利用二者的矛盾互相牵制。不过乾隆十七年（1752），策楞、岳锺琪等利用杂谷内部的矛盾，一举擒获土司苍旺，将杂谷"改土为屯"。[2] 党坝为土舍，归杂谷土司管辖。位于今马尔康市党坝乡。穆平，又作"木坪"，为宣慰司，位于今宝兴县，在金川东南部。此外，未标注其他嘉绒土司。

其余主要部分则为金川土司，但地图并未囊括金川全境，也没有标注多少地名。它主要标注的是金川土司噶喇依官寨及重要隘口卡撒碉寨。噶喇依，又名"刮耳崖"，为金川两大官寨之一，平日为莎罗奔之兄就日吉父子居住。地图标为"瓜儿岩"，位于西南方，应为战争前期地名未规范、统一前的写法。卡撒，藏语义为"碉多"之地，地图中标为"此名卡撒，皆大石砌成，高五六十丈，周围方圆十里外，有沂水池"。《金川图说》记载："自刮耳崖桥至卡撒，约四十余里，其间有左梁、右梁、阿利丹噶木冈、昔岭、色尔力木达诸山，俱干霄蔽日，壁立万仞，在在皆番碉、番卡，自为守御。至昔岭尽处，即刮耳崖巢穴，碉高寨厚，环以平房，背负崇山，左右皆系石崖。前临大河，近巢穴十余里道路尤险。"与地图

---

[1] 《平定金川方略》卷首《金川图说》。
[2] 关于杂谷事件的平定，可参考拙文《四川总督与乾隆朝第二次金川战争的爆发》，《民族史研究》第13辑，中央民族大学出版社2017年版，第364—372页。

中瓜儿岩至卡撒之间标记的"万丈高岩，其下大江""大碉""山极高峻""山处是最险""名大战碉可藏千余人"等大体相吻合。但地图中未标记另一官寨勒乌围（勒歪）。

围绕瓜儿岩和卡撒的有两条河流。一条比较大，标记为"赤底大江""大河"和"赤底江"。小河则没有名字（《张公保营盘图》作"浪金小河"）。"赤底大江""赤底江"等皆为大渡河，又名"泸河"，在金川段名"大金川"。小河为泸河的支流。地图上关于泸河的注记多可与《金川图说》相对应。如地图说"源出通天河，系黄河分派"，显然这是错误的，泸河为岷江支流，属长江水系。《金川图说》作则"泸河发源，志乘无考"，说明当时清廷并不清楚泸河的源头；"此河南流，穆河坪流出，今雅州河流、炉定桥河、大度河、铜河俱从此出"，《金川图说》作"由郭罗克会绰斯甲之水，绕日傍山，入金川界，过勒歪与小金川诸山至章谷会合。由木坪大河入泸定桥，水势不一"。"大金川平坝水外五六十县，大谷坝有水田，东西五百里长，南北二百五十里。金川民种田养牛羊。此地住土居，天气尝温和，如二三月四时，不冷不煖。"《金川图说》："其巢穴有二，一在勒歪，一在刮尔崖，相距约一百二十里，泸河经其中。沿河崇山峭耸，不容驰骤。稍平处，即系番人耕种之地。"泸河上标有"恶龙桥""绝浪桥"和"桑冈桥"，小河上标有"落魂桥"和"天门桥"，共五座桥。除"桑冈桥"可能为藏语名称外，其余四桥应该均为清军所起，反映出桥梁地势的险恶，难以通过。

泸河内外，标记有多座清军军营。右上方有"川陕张总督营"，即为川陕总督张广泗的军营。张广泗在战争前期，曾在两地驻扎过。最初，驻扎于杂谷闹军营，后为统一调度，于七月移驻小金川美诺官寨驻扎。[1] 此处军营指的是位于美诺官寨的军营。正上方有"朗总台营",指的是参将郎建业军营。中部"巢穴"外,环绕有"马总爷营""高协台营""贾镇台营"和"陈将官营"。"马总爷营",即为总兵马良柱军营。"协台",为"副将"的别称,此处指的是高宗瑾军营。"镇台",为"总兵"的别称,但当时清军并无贾姓总兵,笔者推测繁体"贾"与"買"写法相近,有可能指的是参将买国良将军营。"陈将官营",指的是游击陈礼军营。左上方有"西汉营"(《张公保营盘图》作"西溪营")和"评镇营",其旁有注记"此处汉兵共八营"。"评镇营"不知何解,清军并无评姓高级将领,由于"许"和"评"字形接近,有可能为总兵许应虎军营。左下方有"川南营",此营临近马奈和马邦,清军将领张兴等曾进攻此处。需要说明的是,由于相关档案的缺失,地图上的"西汉营""评镇营"和"川南营",难以在文献中找到记载。中国第一历史档案馆信息平台上,有2079条以"张广泗"为题名的档案,但四分之三左右为关于日常公务的题本,奏折只占四分之一。而奏折中的绝大多数为担任贵州总督时期及乾隆十二年十一月以后担任川陕总督时期所奏,但关涉《大金川地理图形》的乾隆十二年四月至十月的相关奏折数量却很少。台北出版的《宫中档乾隆朝奏折》关于张广泗的也极为稀缺。《平定金川方略》内容较为简略,有关战争前期张广泗的奏折收录也不全面。但可以肯定的是,"西汉营""评镇营"和"川南营"都是绿营总兵下属的兵营。如张广泗曾题报"兴汉镇总兵官改光宗咨称,查前据镇属紫阳营游击张□呈

---

[1] 《平定金川方略》卷3,"乾隆十二年七月甲寅"。

报患病，不能供职"[1]，它们应与"紫阳营"同属一类。

除了清正规军以外，地图中还标注了六处"土兵营"，基本上和清军军营相间分布。由于清军八旗、绿营兵力不足，不得不大力借助土兵。在战争初期，土兵人数就达到了清军总兵力的一半左右，最多时达到了两万人。土兵从周边土司如革布什咱、杂谷、巴旺、穆坪等地抽调，他们多熟悉番情，战斗力较强。但是，由于属于雇佣兵性质，且容易和金川声息相通，故使用时存在风险。清军将领对这一弱点有着清醒认识，张广泗曾说"其性见利不相让，见害不相救，惟视官兵之强弱以为进退，故土兵不足恃"[2]。然而，由于清军兵力不足，不得不大力借助土兵，最终对战局带来不利影响。

地图中绘制了许多山岭。其中，多标记"山""岗""雪山""高山""重山""山多""大雪山""山高路远""深山峻险""高山峻岭""山极高峻"等通名，无法进行考证。除此以外，还有一些山名，主要有"却泥山""散绛山""古浪山""赤山""龙门崖""却浪山"等。战争初期，清军对山川命名存在不规范现象，故这些山名难同《平定金川方略》等官书相对照。惟有"摩尔金刚"山，为松潘总兵宋宗璋部进军之路，也是清军正路，可与文献对应。宋宗璋部于七月十五日至二十二日，攻克石卡二处，战卡二十九座。此后"游击王珩进攻木耳金冈，游击王三元金控康八达……

---

[1] 张广泗：《为题报陕西兴汉镇属紫阳营游击张□病故事》，"乾隆十二年十月初八日"，中国第一历史档案馆藏，档号02-01-006-000837-0002。按：该档案因涉及紫阳营张姓游击的名字部分残破，故档案整理者只能命名为"张□"。
[2] 《平定金川方略》卷2，"乾隆十二年五月庚戌"。

而各碉不能即克。七月二十七日，密派候补参将张豹统兵进攻木耳金冈，宋宗璋亲行督阵……宋宗璋以陡物当噶、木耳金冈各寨虽路险碉坚，贼人备御严密，但未经克破，即难直捣勒歪。"[1]此外，一些山上还写有较长的注记，用以说明清军进展，主要有"七月十三日，高总台攻得格桑，大金川民杀尽数百，余俱外散""八月初二日，马总爷攻破地名浪都，金川民戮焚尽千余，杀首级千余""八月十九日，马总爷攻得格松，大金川民焚戮报首三千级""八月二十日，高总爷报雪龙山寨大金川民降""八月二十四日，马总爷攻得浪齿尺，大金川民杀数百，生擒数百名""九月，马镇台奏文，会兵十二日大捷。地名大坝满，有大金川民千余寨，杀降者三百"等数条。

地图中还十分形象地绘制了许多"碉卡"，有些标记"打破"，说明这些碉卡已为清军攻占；有些标记"此处碉百座"，说明碉卡的密集；有些则标记"名大战碉，可藏千余人"，说明碉卡的威慑力。

总之，《大金川地理图形》主要描绘的是乾隆十二年九、十月间，清军多路围困金川官寨噶喇依及要塞卡撒的场景。

四、两幅地图的史料价值

通过上文对两幅地图内容的概述和比较，可知两幅地图具有重要的史料价值。它们对第一次金川战争的若干问题有着补充乃至纠

---

[1]《平定金川方略》卷4，"乾隆十二年十月辛酉"。

正的作用，有助于我们从军事史的视角更全面地看待金川战争，弥补以往论述的一些局限。

首先，《大金川地理图形》和《张公保营盘图》形象描绘了金川土司"跬步皆山、碉卡林立"的地形特点，证明了欲达到攻克噶喇依官寨的目标，难有捷径，只能分兵逐个剪除沿途碉卡，清军注定不能速胜。《中国历代战争史》中关于张广泗等"不懂得金川跬步皆山、悬崖绝壁、碉寨林立，利于防守而不利于进攻的特点"[1]这一论断是错误的。面对林立的碉卡，两次金川战争中清军主要将领张广泗、讷亲、傅恒、温福、阿桂等均无良策。即使是最终获胜的阿桂，主要取胜方式仍是攻碉，且消耗两年多时间，丝毫没有达到速胜目的。[2]

其次，两幅地图的注记揭示了张广泗曾虚报战果，达到了夸张的程度。

在注记中，有多条清军将领歼敌数量的记载，如《大金川地理图形》标记了"大金川民杀尽数百""金川民戮焚尽千余""大金川民焚戮报首三千级""大金川民杀数百，生擒数百名"和"有大金川民千余寨，杀降者三百"等。此外，还有"流民积此""大金川民外散数千余，杀尽，获牛羊甚多"的注记。实际上，这是不可能的。金川土司"地不逾五百里，人不满三万众"[3]，精壮力量不过

---

[1] 邱心田、孔德骐：《中国军事通史·清朝前期军事史》，第569—570页。
[2] 参见拙文《愚蠢还是无奈——乾隆朝两次两次金川战争清军攻碉战术新探》，刘迎胜编：《元史及民族与边疆研究集刊》第40辑，上海古籍出版社2020年版，第147—158页，此处不再赘述。
[3] 曾现江：《乾隆御制〈平定两金川告成太学碑文〉的文本差异及其成因》，《西南民族大学学报》2014年第6期。

七八千人。按照地图中的这几条注记，则在乾隆十二年七月至九月这两个多月的时间里，清军已歼敌五千人以上。如果这些数字属实，那么清军将很快瓦解金川的有生力量，战争也将很快结束。然而，此后清军却进展缓慢，屡屡碰壁，面对碉卡束手无策。这只能说明，张广泗等在战争前期，对歼敌人数进行了虚报，实际的歼敌人数必定远少于注记中的数字。

虚报战果，在战争中本属司空见惯。面对乾隆帝强大的压力，多报些数字以讨"圣颜"欢心，是可以理解的。瞻对事件中川陕总督庆复、第二次金川战争中定边将军温福等，亦均曾有过虚报。张广泗身负乾隆帝厚望，在战争前期关于歼敌人数多有虚报，为乾隆帝营造出指日即可完功的景象。只要日后能维持军事进展，最终获胜，那么前期的虚报将无足轻重。然而，随着战局的深入，张广泗大大低估了攻克碉卡的难度，进展越来越缓慢，才不得已说出实情，极言攻碉之难。如此一来，反差实在太大，这让张广泗迅速失去了乾隆帝的信任。当然，后来的经略讷亲进展也不大，最后深陷战争泥潭，张广泗和讷亲作为"贻误军机"的替罪羊被处斩。假使张广泗在战争前期没有虚报，而是如实报告进军情形和歼敌人数，虽然可能会遭到乾隆帝的申饬，但或许更可以消除乾隆帝迅速平定金川这一不切实际的幻想，从而树立更为务实的战争目标。

最后，两幅地图反映的是第一次金川战争前期清军的进军态势，有效补充了第一次金川战争前期史料的不足。

乾隆朝两次金川战争，虽然都是乾隆帝"十全武功"的组成部分，但第二次战争毕竟时间更长、规模更大、意义更为深远，档案史料保存也相对完整，且有卷帙浩繁的官书《平定两金川方略》便于利用，故而更受研究者关注。相比之下，第一次金川战争（特别是战争前期）的档案残缺不全，《平定金川方略》内容亦简略得多，故多数研究者对第一次战争关注不足，多一笔带过。两幅地图是目前发现的关于两次金川战争中的最早作战地图，其中记载的许多地理信息不见于方略、实录，可以补充档案和方略、实录等官书的不足，为我们了解第一次战争初期的进军情况提供了第一手直观材料。此外，《平定金川方略》中的《金川图》，内容较为详细，它和两幅地图共享有不少信息，可以看出它的绘制明显参考过两幅地图及其他后续地图绘制。

结　语

法国国家图书馆藏《大金川地理图形》和台北故宫博物院藏《川陕总督张公保驻军大小金川一带营盘图》是反映第一次金川战争初期清军军事进展的古地图，后者是川陕总督张广泗随奏折进呈的附件，前者是其底图。这两幅地图具有重要的史料价值。它反映的是乾隆十二年九、十月间，清军由进展较为顺利转向困难时的进攻态势，以形象的手法描绘了金川噶喇依官寨周围"碉卡林立"的场景，证明了欲攻克防御严密的金川官寨，难有捷径，只能采用旷日持久的攻碉战术。地图上的文字注记，补充了不少信息，特别是说明张广泗等在战争前期，对军事进展多有虚报，而这影响了乾隆帝对战争局势的判断。《平定金川方略》中的《金川图》，也参考了这两幅地图的部分信息。

当然，两幅地图也有其局限。它们并非采用严格技术手段绘制的地图，示意图的属性比较明显，精确性较为欠缺。且它们只重点标注了金川噶喇依官寨附近的地名，金川土司其他地区则几乎没有显示，反映的信息不够全面。这也从侧面反映出，第一次金川战争前期，清军对金川土司的认知尚不够全面和深入。不过，这是次要的，其史料价值是第一位的。期待日后能够发现更多相关舆图，利用舆图重建战争进程，进一步从军事史和历史地理的视角深化两次金川战争的研究。

乾隆四十八年敕哈萨克统治者的两件察哈台文谕旨底稿及其反映的问题

巴哈提·依加汉（中国人民大学）

2017年10月我们在中国第一历史档案馆档案信息化管理平台所公布的档案缩微胶片中查得察哈台文乾隆谕旨底稿四件，其中两件乃是乾隆四十八年四月间敕小玉兹哈萨克统治者努喇里和中玉兹哈萨克王阿布勒必斯苏勒坦的。敕努喇里的谕旨底稿共由6页胶片组成，其胶片分别号为：127-0234，127-0235，127-0236，127-0237，127-0238及127-0239。其中，127-0234为题名页，而127-035，127-036及127-037三页内容一致，显然是同一页被翻拍了三次。也就是说，该文书的内容实际上由三页（127-0235，127-0238，127-0239）构成。敕阿布勒必斯苏勒坦的谕旨底稿共由5页胶片组成，其胶片号分别为：127-0240，127-0241，127-0242，127-0243及127-0244。其中，127-0240为题名页，127-0241，127-0242两页内容相同，显然是同一页被翻拍了两次。也就是说，该文书也是由三页（127-0241，127-0243，127-0244）构成的。

中国第一历史档案馆档案信息化管理平台上发布的这几件察哈台文档案文献是迄今为止我们所见到的首批可释读的清朝察哈台文

谕旨。[1] 这些文献的存世再一次确凿地证明：清廷曾把察哈台文作为其正式公文语言之一。因此，无论从文献学的角度还是从政治及文化交流史的角度，这几件察哈台文谕旨底稿都具有重要的研究价值。

其实，清廷向哈萨克统治者用察哈台文敕谕一事本身就是值得注意的历史内容。近十多年来，随着中国第一历史档案馆馆藏文献的逐步开放，一批与18至19世纪哈萨克历史有关的清代察哈台文书信得以发现、公布，其中的个别文献已被研究者作为史料纳入历史学及历史语言学研究之中。[2] 但受到研究者重视的这批清代察哈台文书信的源流均为单向，即它们都是由哈萨克各统治集团所辖之地抵达清廷的。不过，从相关的一些历史事实中我们可以推知：在清朝与哈萨克的交往过程中，察哈台文起码在清朝地方一级的公文中得以使用；[3] 只是由于具体史料的缺乏，人们未得窥见清朝使用察哈台文的较为明确的面貌。上述察哈台文乾隆谕旨底稿的存在说明：在与哈萨克交往的过程中，不仅清朝边疆衙门曾使用察哈台文书写公文，就连清廷也曾用它来拟写谕旨。那么，清廷针对哈萨克的公文中使用察哈台文是一种定制吗？这两件乾隆谕旨对于研究清

---

[1] 曾有研究者提及辽宁省博物馆所藏的、写成于乾隆五十三年的一件用满文、托忒文及"维吾尔文"（即察哈台文）三体文字所写的敕浩罕伯克的谕旨（李勤璞：《乾隆五十三年给浩罕伯克三体敕谕满洲文试译》，《满语研究》1999年第2期［总第29期］，第81—90页），并提供了该谕旨的三体文字影印件。惜作者未研究其中的察哈台文本，所示影印件亦模糊不清。

[2] 有关研究情况的概述，见：巴哈提·依加汉：《天马双翼（2）：察哈台文在哈萨克与清朝交往过程中的媒介作用》，载：中国人民大学国学院西域历史语言研究所编：《西域历史语言研究集刊》第12辑，科学出版社2020年版，第1—21页（尤其是第12页，注2）。

[3] 在满文档案中不乏关于伊犁将军以"回文"即察哈台文"札付晓谕"哈萨克王公的记载。

朝与哈萨克的关系有什么意义？从这两件谕旨底稿中我们又能了解多少有关清廷公文制度的信息？带着诸如此类的问题，我们试图对上述两件乾隆四十八年四月间敕哈萨克统治者的察哈台文谕旨底稿做一初步研究。需要说明的是：在中国第一历史档案馆信息化管理平台上开放的满文上谕档中亦见有我们所注意到的两件谕旨的满文对应件。它们分别是：1.档号03-18-009-000046-0003-0116，档案题名："为努喇里遣使入觐照例赏赐并令严加管束属下不得骚扰邻部敕谕西哈萨克努喇里事"；2.档号03-18-009-000046-0003-0115，档案题名："为阿布勒必斯遣其子入觐加恩赏赐并令严加管束属下不得入境滋事敕谕哈萨克王阿布勒必斯事"。这些满文对应件的发布为我们的研究提供了更有利的条件。本文试图在参照其各种版本并结合相关的满文奏折及哈萨克察哈台文"呈文"做对比研究的基础之上，对两份敕哈萨克统治者的察哈台文谕旨底稿进行考释、翻译，并就相关史实展开讨论。

1. 敕努喇里察哈台文谕旨底稿

A 罗马字转写[1]

（胶片000235内容）

（在文档此页察哈台文右侧有满文作："hūise hergen i ubliyambuha nurali de wasimbure hesei bithe jise."，意为"敕谕努喇里圣旨底

---

[1] 本文中的察哈台文罗马字转写依据艾克曼（János Eckmann）《察哈台文手册》中的转写系统而作（见Eckmann J., *Chagatay Manual*, 25—27, Indiana University, 1966）。

稿之回文翻译"）

　　Ḫudānïŋ buyuruġï bilä rāḫat（sic. < raḥat）zamānnï yigälgän / pādišahnïŋ yarlïġï, maġreb Qazāq Nūr'aliġa tüšürgän. Nūr'alï sän ilgäri meniŋ / ādallïqïmnï ḫālāb, Ukubašnï buyurub isänligimni tiläb körünüš / qïlgan edi, hili yänä minïŋ ilṭifātïmnï kötärib isänligimni tilämäk üčün / šundaq yïraq yerdin uġluŋ Abulay sulṭānnï yibärgäniŋ nehāyatï ta'rif / qïlġu dek. Aṣlī, Abulay sulṭān Abulfeiṣnïŋ yeridä yetiblä miŋgän āṭ aruq deb, / buyan yetib kelalmabtu, yirgešib kelgän Qazāq Qaratoḫanï yelči qïlïb buyurub, / Abulfeiṣnïŋ uġlï Gadāylarnï yirgešib itib kelib, maŋa kürünüš qïldï. / Bašïnda, kürünüš qïlġan tartïbi bilän Abulfeiṣnïŋ yelčisigä uqšaš / Qaratoḫaġa altïnčï čerge munčaq, yegiz if čïlalïq telfäk, igin ayaġ ilṭifāt /

（胶片000238内容[1]）

（右面一栏[2]）qïlïb, kidurdum. Gadāylarnï qorom qïlġanda, anï bilän kirgüzüb, qorom berdim, / qorrom tartïbi bilä yänä Abulfeiṣnïŋ yelčigä uḫšaš gülluq（sic.<güllük） tavar, bir basï tavar, / bir usï tavar, bir čīni, iki čay, iki kükür, čoŋ kitäči[3] bir joft, kičik kitäčï bir / joft, fičaq bir, nāsvä kükür bir, čaḫmaq bir, kümüš qïrïq sär, yänä ša gabu, hidliq（sic.<hidlik）/ nämälärni ilṭifāt qïldum. Mäniŋ laškarlarïm

---

[1] 胶片000236和000237内容重复胶片000235。

[2] 本谕旨底稿第2页文字分两栏书写。下一份文献（敕阿布勒必斯察哈台文谕旨底稿）亦如是。

[3] 即"荷包"，见《五体清文鉴》（据故宫博物院图书馆本影印出版），民族出版社1957年版，第3283页。

ordiši[1] qïlġan üčün bulargä (sic.<bularġa) / körkütib, kemeġa (sic.< kemegä) olturġuzub, sirkildurdïm, taḥï ot oyunnï körkütib, / čokum (sic.<čoqum) ilṭifāt yetküzüb, Abulfeiṣġa ilṭifāt qïlġan qaʻidasï bilän, Nūrʻalï, / sanŋa gül tikkän molun bir, yulduz küllüq (sic.<güllük) tavar bir, molun tavar bir, basï / tavar iki, usï tavar iki, güllüq (sic.< güllük) maḥmal iki, čakman[2] iki tonluq, otuz bolġan čay / kükür tört, čīni tört, fulu iki, čoŋ kitäči bir joft, kičïk kitäči tört /（左面一栏）joft, yänä ša gabu, hidliq (sic.<hidlik) tasbīḥ, hidliq (sic.< hidlik) askuč, yelfüküč, yaflïq, diŋzi-yā dārū nimälärni / ilṭifāt qïldïm. Säniŋ uġluŋ Abulay sulṭān mabāda Abulfeiṣniŋ uġlï Gadāy / bilä körünüš qïlġalï yetïb kelsä, män yänä taḥqīq Gadāyġa uḥšaš ilṭifāt qïlur idim.[3] / Abulai sulṭān yolnïŋ uturasïda āṭ aruq deb, yetib kelmädï, yanïb / barġač. Šunïŋ učun, Gadāyġa ilṭifāt qïlġan ḥesābdïn kammïtïb, Abulay sulṭānġa / fuzälik kürmä tavar bir, čoŋ tavar bir, ay güllüq (sic.<güllük) tavar bir, fičaq bir, čoŋ kitäči bir joft, / kičïk

---

[1] 满文译文与此相应之处有"culgan urebure"即"会盟操练"之语（见中国第一历史档案馆在其信息化管理平台，档号为03-18-009-000046-0003-0116，题名"为努喇里遣使入觐照例赏赐并令严加管束属下不得骚扰邻部敕谕西哈萨克努喇里事"的满文档，第2页），故，察哈台文本此处"ورد یش"或与波斯文"ورزش"（"训练"）有关。

[2] 《五体清文鉴》指"毡褂"（第3264页），但现代维吾尔语中有"چەكمەن"，指"一种土布"（廖泽余、马俊民编：《维汉词典》，新疆人民出版社2000年版，第441页）。满文对应件中此处作"nunggasun sijigiyan kurume"，即"哆啰呢布袍褂"。

[3] 与这里的察哈台文本相较，该谕旨满文本在此相应之处原多出如下文字："erinbu wehe jingse / juwe yasa i tojin funggala subeliyen sorson / boro juwe mulfiyen muderi noho sabirgi / kureme gecuheri sijigiyan i jergi etuku edu suje i jergi jaka i ton i songkoi"（第3第11行至第4页第3行。译文见下）。后经乾隆朱批划掉了这些词。

kitäči iki joft, čaḫmaq bir, nāsvā kükür bir, yänä ša gabu hidliq（sic. <hidlik） nimälärni / iltifāt qïldïm. Nūr'alï, sän yänä säniŋ uġluŋ Abulay sulṭānġa iltifāt / qïlġan nimälarni, här bäri yelči Qaratoḫaġa tafšurub, alïb bardï. Yetkändin keyin, / silär ata uġul öz öz ḥesābïŋnï kötörïb al. Mundin keyin silär, kičïk yüz/

（胶片000239内容）

Alčïn otak yurtïnïŋ qazaq, yïraq yerdä turub, mäniŋ aġïr iltifātïm / yetkäč jānibdin här nimä išidä qa'idasï bilän yergišïb yürsilär, tübüngilärni, / ḫalkïnï baqïb bilib, iš čïqar išini bolma, yurtlarġa qamlašïb afliq[1] bolub, / abdān gänä yür, öz mäliŋčä töbengi ḫalkïnï zorluq qïlïb yürüšidin parhīz qïl, / āṣlī（sic.<äzil ?）čaq-čaqïnï[2] baqïb, avqat qïlïb, tümän tümän yil yetib, mäniŋ iltifātïmnï / uzaġ kötärib aqīde bilän jedāl qïl, e'zāz qïlïb, yalquluq qïlma. Čoqum tušur- / dum.

B译文

承天奉运纯皇帝谕旨

敕谕西哈萨克努喇里：尔努喇里感慕皇仁，前曾派遣乌胡巴什恭问圣安并来朝觐。为求赏赐并问圣安，尔努喇里今复遣汝子阿布赉前来。朕甚欣慰。然汝子阿布赉行至阿布勒必斯居地后，因所乘

---

[1] 此当即察哈台书面语中表"较好"之意的"اولى"一词的异写形式（其"اولى"形式见：买买提吐尔逊·巴吾东、艾尼扎提·艾如拉尼、斯马义·卡迪尔、阿布里米提·艾海提：《察哈台语详解词典》（维吾尔文），新疆人民出版社2002年版，第70页）。

[2] 《五体清文鉴》中"戏弄"的察哈台文释文为"نازلى قيلادو"（第1726），此处"نازلى"意为"玩笑，戏言"；而现代维吾尔语有"چاقچاق"，其意亦为"玩笑，戏言"。故，此处乃是意为"玩笑，戏言"的复合词。

之马疲乏而未得续行，惟遣同行至阿布勒必斯处之哈萨克哈喇托霍为其使。哈喇托霍乃随阿布勒必斯子嘉岱等同来朝觐。朝觐之初，朕赐予哈喇托霍六品顶戴、双眼花翎等衣物，其所受之赐同于阿布勒必斯之使。赐宴嘉岱等时，朕亦允准哈喇托霍与嘉岱等一同前来就席。依宴饮之例，朕复赐哈喇托霍同于阿布勒必斯使臣所受如下之物：闪缎一，八丝缎一，五丝缎一，瓷器二，茶两盒，大荷包一双，小荷包一双，小刀一把，鼻烟壶一，火镰一，银四十两，并赐予纱葛布及燃香诸物件。及大阅将士，朕亦恩准彼等观之，并使其乘舟游览赏阅烟火之戏。同于赐阿布勒必斯之理，朕亦特此恩赏汝等。朕恩赏尔努喇里绣花蟒袍一，妆缎一，蟒缎一，八丝缎二，五丝缎二，漳绒二，可做两件袍之哆啰呢布，三十天之头等初茶四罐，瓷器四，氆氇二，大荷包一双，小荷包四双，并纱葛布、燃香、念珠、香囊、扇子、手帕及锭子药等物。汝子阿布赉苏勒坦若起初与阿布勒必斯子嘉岱同来朝觐，朕诚然会赏其同于赐嘉岱之物[1]。然阿布赉苏勒坦称其马瘦而未能前来，欲于途中返回。故朕赐予其数目少于嘉岱所受之赏品如下：补缎一，大缎一，月形花缎[2]一，小刀一，大荷包一双，小荷包两双，火镰一，鼻烟壶一，并纱葛布、燃香诸物。赐尔努喇里及汝子阿布赉苏勒坦之物已全数交与使臣哈喇托霍带回。恩赏之物抵达尔处后，尔父子二人须各自亲身拜受之。

尔齐奇玉兹阿尔沁部哈萨克地处偏荒，然亦欣戴朕之重恩，嗣

---

[1] 谕旨满文本在此处原多出如下文字："（赏赐）同于（嘉岱）之数的宝石顶子、双眼花翎、带帽缨的绒凉帽、双团龙全补褂、蟒袍等衣服，并缎子等物"。后乾隆朱批划掉了这些文字。
[2] 满文本作相应之处作"nilgiyan"，疑即"nilgiyan suje"（"洋缎"）。

后尔于一切事务惟须感戴皇恩，循规蹈矩；管束属下部众，勿令滋生事端；与邻部和好相处，不可恃强凌弱；谨言慎行，各务生计；以期永享朕恩。尔须益加勤勉遵行，不可懈怠。特谕。

2. 敕阿布勒必斯察哈台文谕旨底稿

A 罗马字转写

（胶片000241内容）

（在文档此页察哈台文右侧有满文作："hūise hergen i ubliyambuha abulis de wasimbure hesei bithe jise."，意为"敕谕努喇里圣旨底稿之回文翻译"）。

Ḫudānïŋ buyuruġï bilä rāḥat（sic. < raḥat）zamānnï yigälgän / pādišahnïŋ yarlïġï, Qazāq *waŋ* Abulfeiṣġä tüšürgän. Abulfeiṣ, sän hili rāst köŋlüŋ / bilä yänä säniŋ uġluŋ Gadāynï buyurub, mäniŋ süzük altun čïrayïmġä körünüš[1] / qïlïb, isänligïmnï tiläb kälgänni nehāyattï ta'rïf qïlġu dek, män toladïn tola ḫošḥāl / boldïm. Gadāy bilä yänä yelči abdan gänä yetib kälib, mäniŋ süzük čïrayïmġa körünüš / qïldu. Qorom qïlïb ilṭifāt qïlġan bašïda, körünüš qïlġan tartïbï bilä ilṭifāt / yetküzüb, säniŋ uġuluŋ Gadāyġa la'l mončaq, iki közlük otaġat[2], igiz

---

[1] 表示"朝觐"（满语此词作"genggiyen be hargašambi"）的这一词组此处作"سوزوك التون جيراي غه كورونوش"（"与清澈的金颜相见"），而在下文中只作"سوزوك جيراي غه كورونوش"（"与清澈的颜脸相见"）。

[2] 《察哈台语详解词典》（维吾尔文）第733页收有"اوتاغه"（"اوتاغا"），其释文为"钉在官员帽子上的表示官衔的标志"，但未指明此标志为何物制成。其实，该词当来自满语表"（飞禽）翅尾"的"otho"一词。

if / čïlalïq tälfäk, iki tügüräk ajdar[1] güllük fuza kürmä molun ton, nimčä, aqïq / tasbīḥ, belbaq, kitäči nimälärni igin ayaġ ilṭifāt qïlïb kidurub, qorom qïlġanda / yänä bölek molun tavar[2] bir, čoŋ tavar bir, yüldüz güllük tavar iki, kümüš iki yüz sär, /

（胶片000243内容）

（右面一栏）čay kükür iki, čīni ikï qïsïmï, čoŋ kitäči bir joft, kičïk kitači üč joft, fičaq / bir, nāsvā kükür bir, čaḥmaq bir, yänä ša gabu, hidliq（sic.<hidlik）tasbīḥ, hidliq（sic.<hidlik）askuč, yelfüküč, yaflïq, diŋzi-yā dārū nimälärni ilṭifāt qïldïm, yerkišib kälgän yelčï Ḥofon, Ḥulḥačï, Basaŋġa / kiši basïġä altïnčï jerge mončaq, igiz if čïlalïq tälfäk, molon ton, fuzalïq kürmä, / nimčä, yon čan tašïnïŋ tasbīḥ, belbaq, kitäči nimälrni ilṭifāt qïlïb kidurdub, / qorom kïlġanda bešinči jerge mončaq közluq（sic.<közlük）otaġat qadatturdum.[3] Bayïrnï / ḥesāblab, tört kišigä jay jayda šamsayï tavar bir, basï tavar bir, usï tavar bir, / čay kükür iki, čīni iki qïsïm, čoŋ kitäči bir joft, kičïk kitäči bir joft, fičaq / bir, nāsvā kükür bir, čaḥmaq, qïrïq sär kümüš ilṭifāt qïldïm, qul Mendubayġa qïl / čïlalïq tübät tälfäk, ālban

---

[1] 波斯语亦作"اژدر"（aždar），即"龙"。

[2] 此处察哈台文本与满文文本有差异：察哈台文本作"مولون توار"，即"蟒缎"；而满文文本中则作"sabigi noho suje"，即"补缎"。

[3] 这一句意为"筵宴之时，朕复恩赏其五品顶戴并有眼花翎"。对一次出使的人两次授予顶戴花翎，实属可疑。察哈台文此处行文当有误。据满文文本该处对应文字（第2页11行至第3页第1行），这里所提到的"五品顶戴并有眼花翎"乃是与先前来过一次的哈萨克使臣巴雅尔有关。结合前后文文意，此一行和下一行文字应理解为："筵宴之时，朕复恩赏连同赏戴五品顶子并有眼花翎之巴雅尔在内的四名使臣每人以如下物品：……"。

tavarnïŋ ton kürmä nimälärni ilṭifāt qïlïb, kidurub, /（左面一栏）yänä böläk usï tavar iki, otuz sär kümüš, yänä ša gabu hidliq（sic.<hidlik） nimälärni ilṭifāt qïlïb, / laškar ordiši qïldïšïn körgizib, sïrqïldurdum, teḫi ot oyunnï körkütim. Sän / büncä yil tutaš yerdä āṭ uġurlaġan Qazāq uġrïlarnï andaqï jaŋjuŋ amban- / lar tabšurġannï ekrām bilä rāst köŋül tutub, yetküzüb berib, fandyāt（sic.<pandyāt）qïlmaq üčün / sän özüŋ tutaš yerdä kelib, aytaġan yerlärni aŋlab, män rovšan aynäkkä / uḫšaš nehāyattï ḫošḥāl bolġanč.[1] U vaḥtda tavar ilṭifāt qïlïb taʾrīblab（sic.<taʾrīflab）/ yarlïq ḫaṭ tüšürdüm. Bu yol sänïŋ uġluŋ Gadāy yanïb barïšida, Abulfäiṣ saŋa / yarlïq ḫaṭ tüšürüb, tartīb bilä gül tikkän molun bir, yulduz güllük tavar bir, molun / tavar bir, basï tavar iki, usï tavar iki, güllük maḥmal iki, čäkmän iki tonlu, bolġan / otuz čay kükür tört, čīni tört qïsïmï, fulu iki, čoŋ kitāči bir joft, kičïk /

（胶片000244内容）

kitāči tört joft, yänä ša gabu, hidliq（sic.<hidlik）tasbīḥ, hidliq（sic.<hidlik） askuč, yelfüküč, yaflïq, diŋzi-yā dārū / nimälärni ilṭifāt qïlïb, Gadāyġa tafšurub, alïb bardï. Mundïn böläk, Gadāylarnï / teḫi ilgäri baqturub kälgän kišigä tafšurub, baqturub yandurub ibärdim. / Yetgändin käyin, Abulfäiṣ saŋa ilṭifāt qïlġan nimälärni kötärib alïb,

---

[1] 此句直译为："这几年，为了诚心捕获边境盗马之哈萨克并交其予彼处将军大人以示惩戒，尔亲自前来边境交界处办理之；得闻此情，朕仿佛明镜一般甚为高兴矣。"这里的"朕仿佛明镜一般甚为高兴矣"在其满文本中写作"bi bulekušeme ambula urgunjeme ofi"（"朕明鉴而甚慰矣"）（第4页第5行）。显然，察哈台文译者把此处的"明鉴"一词理解成了"明亮的镜子"。

aṣlī mäniŋ / ilṭifātïmnï ekrām bilä kötärïb, mundïn käyin qatir qïlïb, rast aqīde tartīb bilä yetkür, töbängï / ḫalqnï ẓabet bilä birkitib biläb tur, tutaš ṭarafida uġrï yalġan iši čiqarġučï / bolma, qošïnï yürtlarġa eflik bolub yür, šük gänä avqat qïl, yaman iši / čïqarïšïġa bolma, här qaydāq išidä häm Yili, Tarbaġatay olturturġan jaŋjuŋ / ambanlar tafšurġannï yergäšib yür, tümän tümän yillar dilčämä '[1] avqat qïlïb, / mäniŋ ilṭifātïmnï uzaq kötär, išinï jedāl qïl, yalqoluq qïlma. Čoqum tüšürdüm.

B 译文

承天奉运纯皇帝谕旨

敕谕哈萨克王阿布勒必斯：尔阿布勒必斯再次诚遣尔子嘉岱前来朝觐并问圣安，实属可嘉。朕深慰之。嘉岱及使臣已平安抵达并朝觐。初次赐宴之时，朕以朝觐之例赏予汝子嘉岱穿戴如下衣物：宝石顶子，双眼花翎，带双线穗的凉帽，双团龙全补褂，蟒袍，小棉袄，玛瑙念珠，腰带及荷包。（复次）筵宴之时，朕另赏其蟒缎一，大缎一，妆缎二，银二百两，茶两罐，瓷器两套，大荷包一双，小荷包三双，小刀一，鼻烟壶一，火镰一，并纱葛布、燃香、念珠、香囊、扇子、汗巾及锭子药诸物；赏予随行之霍芬、呼勒哈齐及巴桑等三名使臣每人穿戴：六品顶子，带双线穗的凉帽，蟒袍，补褂，小棉袄，永昌石念珠，腰带并荷包诸衣物。筵宴之时，朕复恩赏连同赏戴五品顶子并有眼花翎之巴雅尔在内的四名使臣每

---

[1] 意为"安心，心情宁静"（《察哈台语详解词典》[维吾尔文]，第285页）。

人以如下物品：闪缎一，八丝缎一，五丝缎一，茶叶四罐，瓷器两套，大荷包一双，小荷包一双，小刀一，鼻烟壶一，火镰一，并四十两银子。恩赏跟役明度拜穿戴图伯特雨缨凉帽，官用缎制成的袍褂等衣物；并另赏其五丝缎二，三十两银子。大阅将士时，朕亦恩准彼等观之，并使其游览赏阅烟火之戏。

数年来，尔为诚心捕获边境盗马之哈萨克并交其予彼处将军大人以示惩戒，亲自前来边境交界处办理之；得闻此情，朕甚慰之，曾即刻赏尔以缎子并颁旨嘉奖矣。此次汝子嘉岱返回时，朕复颁旨与尔阿布勒必斯，并照例赏尔绣花蟒袍一，妆缎一，蟒缎一，八丝缎二，五丝缎二，漳绒二，可制作两件袍之哆啰呢布，生长三十天之茶叶四罐，瓷器四套，毡氆二，大荷包一双，小荷包四双，并纱葛布、燃香、念珠、香囊、扇子、汗巾及锭子药诸物。所赏之物已交汝子嘉岱带回。仍把嘉岱等交与护卫其前来之人，命此人仍旧护卫嘉岱等返回。彼等返抵之时，尔阿布勒必斯须拜收恩赏诸物。

从今往后，尔当感戴朕恩，知足图报，循规蹈矩；管束属下部众，勿令其在边境偷盗拐骗；与邻部和好相处，惟使各务生计，不可滋生事端；无论何事，尔当遵循驻伊犁塔尔巴哈台等地将军大臣所嘱。嗣后尔须务求万年安生之计，以期长享朕恩，不可懈怠。特谕。

3. 两件谕旨的历史背景及其反映的清廷针对哈萨克各部的政策

两件谕旨的缘起与两年多以前发生的一起边境逃人事件有直接

关系。乾隆四十五年秋，有拜特穆尔等厄鲁特"玛哈沁"自哈萨克特勒斯塔木哈利[1]中携六名女子逃入清朝卡伦内。此等厄鲁特乃是早先清军平准时为逃难而避入哈萨克的。在哈萨克人中生活逾二十年的这些厄鲁特早已被哈萨克特勒斯塔木哈利部哈勒马克齐[2]家族视为族人；况且，在其逃往清朝的过程中，这些厄鲁特人还诱拐了两名哈萨克女子。因此，哈勒马克齐的三个儿子加弥尔噔、哈色木台及鄂锡尔满[3]随后追捕拜特穆尔等，并由清朝卡伦内抢回该等厄鲁特及其所携女子。乾隆四十五年十月塔尔巴哈台参赞大臣庆桂奏报此事后，乾隆皇帝下旨责备清卡伦官兵放任哈萨克入卡掠人，谕令庆桂等边吏在处罚有关官兵之外，严惩入卡掠人之哈萨克，以示朝廷威严。此后，庆桂、继任塔尔巴哈台参赞大臣的惠龄以及伊犁将军伊勒图均就此事札付阿布勒必斯，要求该哈萨克首领捕捉涉事人等。在清朝的不断要求之下，希望息事宁人的阿布勒必斯最终在其影响可及的东部中玉兹地域范围之内逮捕了加弥尔噔、哈色木台，而剩下的鄂锡尔满因已远去西边已故哈萨克汗阿布赉的后裔所辖之地而未能一并捕获。乾隆四十七年七月间，阿布勒必斯把所获二人交付清朝，但提出"希望大臣等处罚后放回二人，容吾等以哈

---

[1] 满文作"teristamhala"（见下引诸满文奏折），在《西陲总统事略》所载阿布勒必斯后裔所辖部名中有"特勒斯塔木哈利"（松筠：《西域总统事略》（《中国边疆丛书第一辑》）卷11，文海出版社1966年版，第13页），当即此。特勒斯塔木哈利部为哈萨克中玉兹乃蛮部下属部落分支。

[2] 在乾隆四十五年十二月二十二日塔城参赞大臣庆桂的满文奏折中写作"halmakci"，见：中国第一历史档案馆与中国边疆史地研究中心编：《清代新疆满文档案汇编》（全283册）第145册，广西师范大学出版社2012年版，第160页。

[3] 此处三个人名的写法见：《大清历朝高宗纯皇帝实录》卷1163，乾隆四十八年八月辛卯条，中华书局影印本1985年版，第23页下—25页上。在下引诸满文奏折中此三人名分别写作"giyamirdz'a""hasemtai"及"osirman"。

萨克之法惩戒之"的要求。[1]

有意思的是，在得知自己的谕令基本上被遵照执行后，乾隆皇帝不仅满足了阿布勒必斯归还加弥尔嗒和哈色木台的要求，甚而下旨赏赐阿布勒必斯缎子四匹，谕令由伊犁将军处派人送达该项赏赐之物，并指示伊犁将军等人可传信鼓励阿布勒必斯派人赴北京朝觐。[2] 事件发展导致如此结果，其原因当有乾隆有感于阿布勒必斯的诚意以及意识到厄鲁特逃人确有辜负哈萨克人之处的因素；至此，清廷自然也希望以羁縻外藩的方式求得边境的安宁；此外，这时的清统治者应该还没忘记其在平准时期曾给予同盟者哈萨克人进入清朝所设卡伦内追捕准噶尔逃人之权利的事实。[3]

乾隆四十七年十月中旬，伊犁将军所派使者德禄把清廷赏赐物送达阿布勒必斯处，并遵旨鼓励该哈萨克王遣子于来年到北京朝觐。阿布勒必斯决定派其子嘉岱前去。但在清使德禄返回时，嘉岱并未即刻出发与德禄同赴伊犁。对此，阿布勒必斯给出的解释是：准备嘉岱的鞍马及衣物需要一些时间，因此先派出嘉岱的护卫随行

---

[1] 事件的发展过程见如下诸档：《清代新疆满文档案汇编》卷145，乾隆四十五年十二月二十二日塔尔巴哈台参赞庆桂奏折，第158—162页；卷146，乾隆四十六年三月十二日塔尔巴哈台参赞惠龄奏折，第82—88页；卷146，乾隆四十六年闰五月十一日塔尔巴哈台参赞惠龄奏折，第429—441页；卷148，乾隆四十六年九月七日塔尔巴哈台参赞惠龄奏折，第129—146页；卷152，乾隆四十七年七月二十七日伊犁将军伊勒图奏折，第222—235页。

[2]《清代新疆满文档案汇编》卷154，乾隆四十七年十二月十六日伊犁将军伊勒图奏折，第67—80页。

[3] 满文档案中见有不少有关清军利用哈萨克势力平定、搜捕厄鲁特"玛哈沁"的史料，其中有清军统领授予哈萨克首领"temgetu bithe"即"印照"的记载。"印照"中明确规定"清军不得抢掠从卡搜捕厄鲁特之哈萨克"（有关记载之一例见：《清代新疆满文档案汇编》，第24册，《定边右副将军兆惠等奏为缉拿阿睦尔撒纳起见颁给哈萨克霍集伯尔根等印照片》，第232页）。

者至伊犁等候。这一解释有些牵强。或许，阿布勒必斯在这里实际上是想等待时日以便组织更多家族的代表赴北京觐见乾隆皇帝。

阿布勒必斯之子嘉岱所率领的十二人（内有四名跟役）是于乾隆四十七年十二月二十二日到达伊犁的，同行的还有一名为哈喇托霍的哈萨克小玉兹使臣。由谕旨、相关奏折以及哈萨克书信[1] 中存留的信息可知，小玉兹哈萨克汗努喇里的儿子阿布赉[2] 苏勒坦本来应该与嘉岱同赴清廷，但该苏勒坦由小玉兹抵达阿布勒必斯居地后，称其"马乏，难以继续前行"而留在阿布勒必斯处，[3] 只派出陪臣哈喇托霍以使者身份随嘉岱赴北京。嘉岱及哈喇托霍等人抵达

---

[1] 本文作者曾于2012年11月22日在中国第一历史档案馆军机处录副奏折微缩卷中查得察哈台文文档六件。阅读其内容后了解到：六件文档中有三件分别是乾隆四十七年底中玉兹王阿布勒必斯、中玉兹苏勒坦萨呢雅斯之子及小玉兹汗努喇里之子阿布赉写给乾隆的"呈文"三件以及阿布勒必斯和萨呢雅斯之子写给伊犁将军伊勒图的"札付"各一件，另有一份是小玉兹阿布赉"呈文"的复制件（有一处格式上的更改）。由于当时与这些文书相关的档案文献还未充分公布，本文作者遂决定暂缓译介、研究这批书信的工作。近见杜山那里·阿不都拉西木把其中小玉兹汗努喇里之子阿布赉的"呈文"译成现代哈萨克文（杜山那里，2016年，第215—217页，第228—220页），但他把显然是同一件"呈文"的一份复制件（内容与另一件完全相同，只是有一处格式上的不同，并有一两处笔误）重复翻译了一遍，并把它归入其所称的"西部哈萨克致地方政府书信"类别中（另一份被归入"西部哈萨克致皇帝书信"类别中）。相关档案文献的公布，尤其是本文所注意的乾隆四十八年察哈台文乾隆谕旨的公布为这几封哈萨克书信的研究也注入了活力。

[2] 与已故中玉兹汗阿布赉同名。

[3] 奇怪的是，据相关奏折及察哈台"呈文"，小玉兹汗努喇里之子阿布赉早在该年七月就已来到阿布勒必斯居地。如是，则该苏勒坦不可能在五个月后仍妄称"马乏，难以继续前行"。况且，即便其马乏是事实，阿布勒必斯亦可另配坐骑于该苏勒坦。与此有关，祁韵士所著《西陲要略》一书中称："西部努喇丽汗遣子阿布赖苏尔统来贡，卒于途。陪臣哈喇托霍代至"（《西陲要略》卷4；同一史料又见：《西陲总统事略》卷11，第7页）；而在乾隆御制诗《赐哈萨克阿布勒比斯之子噶岱等宴诗以纪事》则有"阿布赖苏尔坦中途患病未至，遣来使哈拉托霍代为呈进"的说法。不过，后两种说法显然又与相关察哈台文"呈文"及乾隆谕旨中写明的"马乏，难以继续前行"的解释不符。无论如何，这里出现的是一个有待查明的历史疑问。

伊犁的时间已比上述清朝使臣德禄到达的时间晚了半个月。紧随嘉岱等人之后，另一批哈萨克人也到了伊犁：在得知阿布勒必斯及小玉兹已派出使臣的消息后，中玉兹的另一支统治家族即都尔逊家族后裔、与清廷有过接触的已故萨呢雅斯苏勒坦的三个儿子也急忙派出以其弟托克托库楚克为首的五人（三名使者，两名跟役）追赶嘉岱并于同一天即十二月二十二日到达伊犁。[1]

其实，乾隆皇帝此前在给伊犁将军伊勒图的谕令中是希望4—5个哈萨克人去北京朝觐的。而代表三支哈萨克统治家族来到伊犁的人数已远远超过乾隆期望的人数。于是，伊勒图只好留下其中的一批人，命其在伊犁地方牧养该哈萨克人等由家乡骑来的马匹（赴北京朝觐者的坐骑是由清朝驿站提供的），以待使臣返回。根据伊犁将军伊勒图的奏报，[2]最终代表三支哈萨克统治家族赴清廷的共有十一人：

- 阿布勒必斯所派其子嘉岱，其陪使巴雅尔（此前曾赏戴五品顶戴；乾隆三十三年及三十七年两次去过北京）、霍芬、呼勒哈齐、巴桑。
- 已故萨呢雅斯苏勒坦的三个儿子即佳达克、索克和罕巴尔所派其弟托克托库楚克，托克托库楚克的陪使布衮拜、努尔朱

---

[1] 有关双方使臣来往伊犁的记述见如下诸档：《清代新疆满文档案汇编》卷154，乾隆四十七年十二月十六日伊犁将军伊勒图奏折，第67—80页；乾隆四十七年十二月十八日伊犁将军伊勒图奏折，第143—147页；乾隆四十七年十二月十八日伊犁将军伊勒图奏折第147—153页，；乾隆四十七年十二月十八日伊犁将军伊勒图奏折，第153—159页。
[2] 《清代新疆满文档案汇编》，乾隆四十七年十二月十八日伊犁将军伊勒图奏折，第153—159页。

拜，其跟役阿尔扎卜、明度拜。[1]

-小玉兹汗努喇里子阿布赉的使臣哈喇托霍。

乾隆皇帝原期望阿布勒必斯的使臣能在来年灯节（正月十三至十七日）之际到北京，但由于上述耽搁，汇聚伊犁的这些哈萨克人已不可能如期到达。于是，伊犁将军伊勒图奏请乾隆皇帝准许这些人于来年端午节前赶到。而由《清高宗实录》可知，该哈萨克使团共十人[2]是在乾隆四十八年四月辛未（1783年5月11日）朝觐乾隆皇帝的；此后，乾隆皇帝又于四月癸酉（1783年5月13日）及丙子（1783年5月16日）两次宴请该哈萨克人等。[3] 朝觐宴饮过程中，乾隆皇帝照例赐予来使顶戴花翎，并对所有远道而来的哈萨克人赏赉有差。虽然灯节已过而端午未至，但在接待这些哈萨克人时清廷仍有意安排了一系列节庆游乐节目。清高宗于该年四月写的御制诗《赐哈萨克阿布勒比斯之子噶岱等宴诗以纪事》中的诗句及注释即是其证（见下引文标黑处）：

请安阿布勒比斯【哈萨克阿布勒比斯遣其子噶岱来觐并进马匹，于四月十三日在山高水长赐宴，并颁赐冠服银帛有差】，努喇里居遥故迟【时西哈萨克努喇里亦遣其子阿布赖苏尔坦来

---

[1] 伊犁将军伊勒图把两个跟役都列归托克托库楚克所属，但据上译乾隆"敕"阿布勒必斯谕旨，此处所记明度拜应是阿布勒必斯子嘉岱的跟役。
[2] 前已述及，此次赴清廷的哈萨克人共有11名，但不知何故，《清实录》所载朝觐人数只有10名。
[3] 《大清历朝高宗纯皇帝实录》卷1178，第12页下—13页上，乾隆四十八年四月辛未条；乾隆四十八年四月癸酉条，第16页；卷1179，乾隆四十八年四月丙子条，第1页下。

进马匹。其所居去阿布勒比斯尤远,阿布赖苏尔坦中途患病未至,遣来使哈拉托霍代为呈进。亦与赉宴】。均可嘉其摅诚悃,未宜靳此需恩施。**宴开首夏颁三爵,节过元宵灿九枝【晚更令彼观灯火。虽过元宵,以施惠远人曶爽耀明之意也】。对语不须资象译【余自乾隆八年习蒙古语,二十五年平回部并习回语。今哈萨克来使入觐,询问奏对,不须通译,尽悉其情。亦勤学之所致也】,通情洽惠系深思**。[1]

由此也可看出:清朝统治者对这次哈萨克朝觐事宜是比较重视的。紧随相关的接待活动之后,乾隆皇帝的两份察哈台文谕旨底稿亦得以写就。

阿布勒必斯之子嘉岱、萨呢雅斯子托克托库楚克及小玉兹使臣哈喇托霍及其随行人员于乾隆四十八年八月初九日(1783年9月5日)返回伊犁,并与其留驻伊犁的人员一道于八月十二日(1783年9月8日)启程返回哈萨克。[2] 对于久离家乡的这些哈萨克使臣来说,回程路上等待他们的是一噩耗:阿布勒必斯已于该年七月初三日(1783年7月31日)病逝于其在成吉斯山的夏日居地。[3] 也就是

---

[1] 《乾隆御制诗》四集卷97(《四库全书》卷173《集部》二十六)。注意:此处"阿布勒必斯"一名中的"必"字作"比"字,这种使用不同汉字译写的情形常见于清朝有关哈萨克的汉文史籍中。有关该诗中"对语不须资象译,通情洽惠系深思"一句的讨论见本文下一节。

[2] 《清代新疆满文档案汇编》卷156,乾隆四十八年八月十六日伊犁将军伊勒图奏折,第331—333页。

[3] 《清代新疆满文档案汇编》卷156,乾隆四十八年八月初八日塔尔巴哈台参赞大臣惠龄奏折,第305—312页。嘉岱等人返抵伊犁时,阿布勒必斯病逝的消息似乎并未抵达伊犁,因为伊勒图在其上揭奏折中并未提及此事,而是要求嘉岱传达其向阿布勒必斯的"训诫"之语。

说，乾隆四十七年年底派出嘉岱赴清廷朝觐，乃是二十五年前最先与清朝正式发生接触之哈萨克统治者之一的阿布勒必斯[1]为维护家族利益、加强其与清朝关系而做出的最后一次努力。

以上便是乾隆四十八年清高宗敕哈萨克统治者谕旨的历史背景。而从这两份乾隆谕旨的文本，我们则可窥见清廷有关哈萨克统治正统的观念以及基于此观念之上的对哈各部政策。就此内容，我们曾有专文讨论[2]，现择其要点述及。

最早遣使与清廷建立正式关系的哈萨克主要首领乃是率众东返故地的阿布赉汗和阿布勒必斯苏勒坦（事在乾隆二十二年秋）。此后，清廷便偏执地认定此二人即为哈萨克统治之正统，甚至是全体哈萨克的代表。为建构相应的历史话语，清廷不仅制造出了"哈萨克分东西二部""哈萨克分左、右、西部"等混乱概念以及"哈萨克建廷叶什勒，居客斯腾城"之类的神话，还常常有意地忽视双方交往期间自然反映出的一些与哈萨克社会内部统治制度有关的事实。由此而带来的一个结果是：清廷有关哈萨克法统的概念往往并不符合于哈萨克的内部状况。这种观念上的脱节现象在我们讨论的乾隆四十八年的清哈交往中又得以重复。

此次给清廷带来困惑的首先是如何称呼小玉兹哈萨克汗努喇里的问题。努喇里及其父阿布勒海尔汗在18世纪哈萨克历史中扮演过重要的角色。阿布勒海尔乃是首先与俄国建立正式关系的哈萨克

---

[1] 另一位最先与清朝建立正式关系的哈萨克重要首领亦即阿布赉汗已于两年前去世。
[2] 巴哈提·依加汉：《清廷关于哈萨克统治正统的观念及其影响——以乾隆四十八年的清哈交往为例》，中国人民大学国学院西域历史语言研究所编：《西域历史语言研究集刊》第11辑，科学出版社2019年版，第74—90页。

统治者，故其本人曾被俄国方面封为哈萨克大汗；而阿布勒海尔去世后，其子努喇里又被俄国确认继汗位。[1] 这些都是当时为哈萨克各部所周知的事实。努喇里尽管与其父一样与俄国保持着更为密切的关系，但他也时不时地表现出有联合中玉兹东向发展的意愿，并至少两次派遣使臣至清廷；两次派出的使臣都携有"呈文"；这些"呈文"中努喇里都是以"小玉兹汗"之名出现的。[2] 但与这两次来使相关的乾隆谕旨中努喇里都只是被称名而未被称"汗"号。[3] 而且，清廷直到乾隆四十八年仍对如何应付小玉兹哈萨克人的问题

---

[1] 关于阿布勒海尔被视为"哈萨克大汗"，见：哈萨克斯坦科学院历史研究所及考古研究所主编：《哈萨克斯坦史》（哈文版全五卷）卷3，第101—102页，阿拉木图，1998—2010（Ш. Ш. Уәлиханов атындағы Тарих және этнология институты, Ә. Х. Марғұлан атындағы Археология институты, Қазақстан тарихы көне заманнан бүгінге дейінгі бес томдық, Алматы, 1998—2010）；《哈萨克斯坦史》俄文版卷3，第100—101页（Институт истории им. Ч.Ч. Валиханова, Институт Археологии им. А.Х. Маргулана, МОК РК, История Казахстана (с древнейших времен до наших дней. В пяти томах. Алматы, 2010）。关于努喇里继位，见《哈萨克斯坦史》卷3，第208页（俄文版同）。

[2] 乾隆二十七年遣使时小玉兹哈萨克诸首领所发出的几份书信的原文现不知遗落何处，但其满文翻译件已被发布，见：中国第一历史档案馆与哈萨克斯坦东方学研究所合编：《清代中哈关系档案汇编（全二册）》第2册，中国档案出版社，2006年—2009年，第104—106页，第138页。其现代哈萨克语译文见：巴哈提·依加汉：《与1762年小玉兹哈萨克遣使清廷相关的新出档案文献：汗-苏勒坦们的书信及清朝大臣们的奏折》，《（哈萨克斯坦）国立文献及史料学研究中心通讯》2011年第1期，第15—27页（Еженханұлы Б., 1762 жылғы Кіші жүз қазақтарының Цин патшалығына жіберген дипломатиялық миссияларына қатысты тың мұрағат құжаттар: қазақ хан-сұлтандарының хаттары және Цин ұлықтарының мәлімдемелері // Археография және деректану ұлттық орталығының ХАБАРЛАРЫ, 2011 ж. No.1, 15‑27‑66., Астана, 2011 ж.）。关于乾隆四十八年小玉兹汗努喇里之子阿布赉的察哈台文呈文，见第391页注1。

[3] 与前此小玉兹哈萨克"来朝"相关的乾隆谕旨汉文本见《大清历朝高宗纯皇帝实录》卷678，第19页，乾隆二十八年正月己巳条。谕旨中Nurali被写作"努尔里"，此显然是受满文讹写影响所致：在满文中表"-r-"音字母和表"-l-"音字母之间少写一表示"-a-"音之牙的话，"Nurali"即可读作"Nurli"。

茫然不知所措。在小玉兹诸统治家族于乾隆二十八年"来朝"时，清廷甚至不知该如何界定这些突然冒出来的哈萨克人的归属，以至于在不同的谕旨中既出现"左部努尔里"[1]，又出现"右部哈萨克奇齐玉斯努尔里"[2] 的称呼。这种混乱与上述清朝所建构的"哈萨克分东西二部""哈萨克分左、右、西部"等概念的影响有极大的关系。而如上所述，清朝的这一话语建构乃出自于其有关哈萨克汗权正统的概念，但清朝的这一概念与哈萨克社会内部的相关认识并不合拍。为我们所注意的乾隆四十八年的两件乾隆谕旨中也出现了双方认识上的这种脱节现象：努喇里是哈萨克小玉兹汗的事实在此并未被理会；而虽然阿布勒必斯终其一生只是阶位低于"汗"的"苏勒坦"，其在哈萨克社会内部的地位亦并不比努喇里高，但与对待努喇里的态度相异，乾隆在敕阿布勒必斯的谕旨中特意提到了他的"王"号。[3] 于此相关，在其他的清代文献中甚至出现了诸如"四十八年右哈萨克弩喇里之子并哈萨克汗阿布勒必斯之子噶岱等见于贤良门"之类的记述。[4] 这里清廷笔吏们指鹿为马般地指称努

---

[1] 《大清历朝高宗纯皇帝实录》卷675，乾隆二十七年十一月丙子条，第4页。
[2] 《大清历朝高宗纯皇帝实录》卷678，乾隆二十八年正月己巳条，第19页。
[3] 值得注意的是，在清代满汉文献中，哈萨克人中有被称作"王""公"等号的统治者。不过，从满文档案文献中所遗留的记载可知：这些称号最初被绑定于哈萨克人身上时，都只是一种比附（即哈萨克统治者的"苏勒坦"之号被比附于此等清朝官号），并非如有些研究者所说，是"清朝授封的，或可世袭"的固有定制。只是由于对二者的交往有利，清廷后来也就顺势默许了哈萨克人使用这些称号的做法。有关的讨论见巴提·依加汉：《清廷关于哈萨克统治正统的观念及其影响——以乾隆四十八年的清哈交往为例》，中国人民大学国学院西域历史语言研究所编：《西域历史语言研究集刊》第11辑，第74—90页。
[4] 清三通馆臣奉命编撰：《清朝文献通考》（300卷），商务印书馆"万有文库"本1936年版，第7489页。

喇里为"右哈萨克"、阿布勒必斯为"哈萨克汗",其目的显然也只是为了把自己所建构的有关历史话语说得更圆满而已。

乾隆四十八年,清朝统治者因囿于其早期模糊认识而有意忽视自己所不甚熟悉的哈萨克统治家族的现象并不只限于上例。如前所述,此次"朝觐"的哈萨克使团实际上代表着三个统治家族,除努喇里家族和阿布勒必斯家族的使臣之外,他们中间还有中玉兹已故萨呢雅斯苏勒坦后裔的代表;而且后者也携有察哈台文的"呈文"。[1] 然而,我们看到,与此次哈萨克出使有关的谕旨却只有两件,[2] 清高宗甚至懒得多写一份谕旨给中玉兹萨呢雅斯苏勒坦的后裔。清廷的这一举动实际上与伊犁将军伊勒图在乾隆四十五年八月十八日(1780年9月16日)所写奏折中的一项建议有直接的关系。在那里,萨呢雅斯苏勒坦等人所代表的都尔逊一系哈萨克统治家族的成员被伊勒图之类清边吏一概视作"无关紧要的闲散台吉"。不过,即便是从清朝的史料中,我们也可以清楚地认识到:出自该家族的一些历史人物并非等闲之辈。

其实,对于努喇里汗和阿布勒必斯苏勒坦两人来说,乾隆四十七至四十八年间的遣使是他们东向发展、示好清廷的最后尝试。此后不到三年,努喇里因俄国的介入而失掉其在小玉兹的汗位;[3] 而阿布勒必斯则如上所述,已于乾隆四十八年七月初三日(1783年7月31日)其子率使团返回之前病逝于其在成吉斯山的夏日居地。

---

[1] 见第391页注1。
[2] 据伊犁将军伊勒图写于乾隆四十八年八月十六日的奏折(见《清代新疆满文档案汇编》卷156,第331—333页),该批哈萨克使臣返回时确实只带回清高宗所敕的两件谕旨。
[3] 《哈萨克斯坦史》卷3,第228页(俄文版同)。

中玉兹阿布勒班毕特、阿布赉及阿布勒必斯等人的逐渐过时以及小玉兹努喇里汗权的消弱，是对本已奄奄一息的哈萨克汗国统治制度的巨大冲击。缺乏强人的状况不仅为大大小小的苏勒坦们（或称"töre"[1]们）提供了觊觎、争夺政治权利的可能，也常常迫使哈萨克的普通游牧部众不得不脱离原有游牧组织并为寻求新牧地而迁往他处；而这也进一步影响到了哈清边境地区的民族分布，并最终导致哈萨克人大规模迁入清朝所属地区，使其成为真正意义上的清朝属民。颇具讽刺意味的是，最终迁入清朝地域内的哈萨克人有一大部分是那些被称为"无关紧要的闲散台吉们"的部属。[2]

4. 从两份底稿看清高宗敕哈萨克谕旨的拟写过程

两件察哈台文谕旨底稿的语言明显具有突厥语族葛逻禄语支的语言特点，与后世维吾尔语尤其接近。有关的语言学内容有待另文详细讨论。本文在此只想涉及该两份文献的基本格式及一些文本特点，并在此基础上对其形成过程进行初步讨论。

两件谕旨察哈台文文本在格式上与其满文本基本一致，这可从抬头制的应用上得以看出。在谕旨的每个文本中都有两处应用了

---

[1] 哈萨克人称呼其统治集团中的成吉思汗后裔如此。
[2] 迁入阿勒泰、塔城、博尔塔拉、乌鲁木齐周围、新疆东部乃至甘青一带的哈萨克人多为克烈部及乃蛮部，其原有统治者除阿布勒必斯的子孙（其中以统治十二部克烈的库库岱为代表）外，主要是萨呢雅斯的后裔。此外，据我们搜集的民族志材料，迁入清属伊犁地区的黑宰部（原属乃蛮中的马泰部）原亦是萨呢雅斯之兄阿迪勒及其子孙的属民（见巴哈提·依加汉：《析清文献所记哈萨克西部》，载南京大学历史系元史研究室编：《元史及西北民族史研究集刊》（《南京大学学报》专辑）1990年第1期，第83—87页）。

抬头：

表1　两件谕旨的对比

	满文本中所出现的抬头	察哈台文本中所出现的抬头
1	abka（"天"，第一页第二行，比下一行开头"hūwangdi"即"皇帝"一词高一格）。	خدا（"ḫuda"即"真主"，第一页第一行，比下一行开头پادشه即"皇帝"一词高一格）。
2	hūwangdi（"皇帝"，比同页其余文字高一格）。	پادشه（"padša"即"皇帝"，比同页其余文字高一格）。

不过，两种文本在格式上也有两处不同。其一，敕努喇里谕旨满文本在开头便给出了缮写的日期（"duin biyai juwan uyun"即"四月十九日"），但在两件谕旨察哈台文本中均不见任何缮写日期；其二，敕努喇里谕旨满文本在末尾给出了缮写者和校对者的名字（缮写者为Sungling，校对者为Bening），但察哈台文本中则阙此内容。

此外，与文本格式有关，还有一受敕者的称呼问题。也就是说，清廷在前一份谕旨中只写了努喇里的名字，而在第二份谕旨中把阿布勒必斯的"王"号也特地写了出来。对此区别对待受敕者的现象，我们在上文已有讨论。

在述及谕旨底稿的文本特点时，需首先指出：在两件察哈台文谕旨底稿被拟写的时期，清廷还没有形成规范化的回文（察哈台文）书写制度；这时虽有《御制四体清文鉴》，但所收四体文字中并无回文（察哈台文）。回文（察哈台文）被纳入此类《清文鉴》体系或者说《五体清文鉴》的编成，已是乾隆末年（或称乾隆五十九年即1794年）的事了。也就是说，清廷笔吏们在乾隆四十八年四月代皇帝给两个哈萨克汗王拟写察哈台文谕旨底稿时，他们的手头并没有供以参考的名物制度及专有名词译写标准。由此产生的两件察哈台文谕旨底稿的一项文本特点是：两件文献中使用的一些词语并不符合稍后形成的《五体清文鉴》中的规范。例如：

-敕努喇里察哈台文谕旨第一页（胶片000235）末行有"altïnčï čerge munčaq"一语，其满文本中的对应语乃是"ningguci jergi dingse"即"六品顶子"。这里，察哈台文谕旨译写者是借用满语词"jergi"来表示"品级"一词的，而《五体清文鉴》中该词的察哈台文对应词是"مراتبه"（"märtäbä"）[1]。

-敕努喇里察哈台文谕旨第二页（胶片000238）右面部分首行有"qorom"一词。此词当来自蒙古语中表示"筵"之意的"korim"一词。但是，在《五体清文鉴》一书中给出的"筵"的察哈台文对应词是"سورون"（"soron"）[2]。后一种形式当与满语影响（满语"筵"作"sarin"）有关。

-下面要说到的某些径直使用音译汉语词语的例子也是察哈台文书写还未规范化的反映。

可以确定的是，两件谕旨的初稿并不是先用察哈台文写就的。也就是说，我们所见到的这两件察哈台文谕旨乃是在清廷更通用的某一种文书语言的基础上翻译而成的。于此有关，我们发现两件察哈台文谕旨中有一些特殊的用词例案：

-敕努喇里察哈台文谕旨第二页左面首行，敕阿布勒必斯察哈

---

[1]《五体清文鉴》，第393页。我们所依据的版本中此词的第二个字母 ا 和第三个字母 ر 位置颠倒了。

[2]《五体清文鉴》，第619页。

台文谕旨第二页（胶片000243）右面部分第三行以及第三页（胶片000244）首行有"دينكزيا دارو"（diŋzi-yā dārū），其满文本中的对应词乃是"farsilaha okto"即"锭子药"。察哈台文谕旨中的该词前半部分（دينكزيا）来自汉语"锭子药"音译无疑。在比我们此处讨论的两件察哈台文谕旨稍后编成的《五体清文鉴》中"锭子药"一词有其察哈台语对应词，写作"فارجالاغان دارو"[1]（其满文音标作"parcalagan dārū"），可直译为"被分解（成块）的药"。

-敕努喇里察哈台文谕旨第二页右面部分首行，敕阿布勒必斯察哈台文谕旨第二页右面部分第七行及左面部分末行有"باپسی توار"（"basï tavar"），其满文本中的对应词乃是"jakūri suje"即"八丝缎"。此处察哈台文"باپسی"一词应是汉语"八丝"的音译。而在比我们此处讨论的两件察哈台文谕旨稍后编成的《五体清文鉴》中，"八丝缎"有其察哈台文对应词，写作"سكز باغ توار"（"säkiz baġ tavar"）。[2]

-敕努喇里察哈台文谕旨第二页左面第二行及第八行，敕阿布勒必斯察哈台文谕旨第二页右面部分第七行及左面部分末行有"اوپسی توار"（"usï tavar"），其满文本中的对应词乃是"sunjaci suje"即"五丝缎"。此处察哈台文"اوپسی"一词应是汉语"五丝"的音译。在比我们此处讨论的两件察哈台文谕旨稍后编成的《五体清文鉴》中，"五丝缎"有其察哈台文对

---

[1] 《五体清文鉴》，第2672页。
[2] 《五体清文鉴》，第3163页。

应词，写作"بش باغ توار"（"bäš baġ tavar"）。[1]

-敕努喇里察哈台文谕旨第二页（胶片000238）右面部分第四行，左面部分第一行，左面部分第七行，敕阿布勒必斯察哈台文谕旨第二页（胶片000243）右面部分第二行，左面部分第一行，第三页（胶片000244）第一行有"شه کیبو"（ša gabu），查其满文本中的对应词是"jodon"即"葛布"。此处乃是一复合词，其中"شه"当为汉语"纱"之音译（文中确有单独使用此以表"纱"的情形，见下《词语对照表》第27词），而"کیبو"则当是汉语"葛布"之音译。在比我们此处讨论的两件察哈台文谕旨稍后编成的《五体清文鉴》中，"葛布"有其察哈台文对应词，写作"کاتان"（"katan"）。[2]

对比分析两件谕旨察哈台文本和满文本的用字特点后，我们有理由认为：两件谕旨的察哈台文文本受汉语词语影响是显而易见的。但这并不等于说两件谕旨的底稿便完全是用汉文写成的，因为清代文献明确地记载到，清廷对不同的民族或地区所使用的文书语言也是有区别的：对于回疆，它使用的是托忒文和回文；而对于哈萨克和布鲁特，它使用的则是满文和托忒文。[3]

不过，清廷在拟写颁赐哈萨克的谕旨内容时，确有一部分内容需要先用汉文写成。清军机处用满文具奏于乾隆二十五年十一月的

---

[1]《五体清文鉴》，第3163页。
[2]《五体清文鉴》，第3178页。
[3] 与此相关的讨论，请见巴哈提·依加汉（Bakhyt Ezhenkhan-uli）：《天马双翼（一）：托忒文在哈萨克斯坦与清朝交往过程中的媒介作用》，载 International Association for the Study of Mongolian Culture (edited), "Quaestiones Mongolorum Disputatae", No. 15, pp. 51—69. Tokyo, 2019。

一份奏片中写到：

（转写）hese be dahame. hasak i elcin. Jai/ hargašame jihe hoise sebe sarilara de šangnara / babe. amban be. acara be tuwame tuktan./ jai. ilaci mudan šangnara jaka hacin menggun i/ ton be toktobufi. encu nikan hergen/ afaha arafi. gingguleme / donjibume ibebuhe ci tulgiyen. hasak sa/ amasi genere de. elcin takūraha hasak i/ abulbaimbit. abulai sede šangnara jaka hacin be/ suwaliyame nikan hergen afaha arafi gingguleme/ donjibume wesimbuhe./ dergici tuwafi tucibuhe manggi. gingguleme dahame / belhebuki sembi. erei jalin gingguleme/ wesimbuhe./ hese be baibi.. //

译文：

臣等奉旨将筵宴时恩赏哈萨克来使及前来朝觐回子诸物及银两数目酌情定为一等、二等及三等后，以汉文另单拟出，恭呈御览。另将哈萨克人等回返时赏予遣使之阿布勒班毕特及阿布赉等人之物亦一同用汉文另单拟出，恭呈御览。圣上览毕钦发后，臣等将遵奉预备。为此谨奏。恭请圣旨。[1]

相同的记载亦见于清军机处用满文具奏于乾隆二十九年三月的一份奏片中。[2]

---

[1] 《清代中哈关系档案汇编》第1册，第186档，"【军机处】奏为遵旨赏赐哈萨克使臣及到京觐见之回等事片"，第440—441页。

[2] 此奏片中有"将去年赏赐哈萨克使臣诸物及其数目一并以汉文拟出，恭呈御览。圣上钦定后，臣等将遵奉办理。另……"等字样（满文原文作"duleke aniyai / hasak i elcisa de šangnaha jaka hacin i / ton be suwaliyame nikan hergen i afaha // arafi gingguleme / tuwabume wesimbuhe. dergici toktobuha manggi. gingguleme dahame icihiyaraci / tulgiyen"）（见《清代中哈关系档案汇编》第2册，第564—565页，第203档，"军机处奏为赏赐哈萨克阿布勒毕斯等所派使臣事片"，第564—565）。

是知，在拟写敕谕哈萨克的谕旨时，涉及皇帝赏赉的内容（赏赐物品及其数目等内容）须先要用汉文另单写出[1]；后经皇帝御览后，这部分内容被翻译后加入谕旨，形成完整的谕旨内容，并被缮写于缮黄纸上后，加盖御印，发往哈萨克。这应是一般的程序。不过，在汉单内容被翻译并加入谕旨底稿后，仍有皇帝再次过目的情形，因为我们看到：与乾隆四十八年敕努喇里察哈台文谕旨底稿相较，其满文对应本（即档号03-18-009-000046-0003-0116，题名"为努喇里遣使入觐照例赏赐并令严加管束属下不得骚扰邻部敕谕西哈萨克努喇里事"的满文档）有一处（第3第11行至第4页第3行）原多出如下文字："erinbu wehe jingse / juwe yasa i tojin funggala subeliyen sorson / boro juwe mulfiyen muderi noho sabirgi / kureme gecuheri sijigiyan i jergi etuku edu suje i jergi jaka i ton i songkoi"（"（赏赐）同于（嘉岱）之数的宝石顶子、双眼花翎、带帽缨的绒凉帽、双团龙全补褂、蟒袍等衣服，并缎子等物"），

---

[1] 这里需要注意的是，乾隆对涉及何种西域事物中该使用满文，又在何种情形下可以使用汉文一事早有规定：他在平定准噶尔期间，曾就使用满文一事颁旨称："从前用兵之时，西路将军、兵丁俱系汉人，是以军前一切事务均用汉字折奏。现在办理准噶尔之事，永常等俱系满洲大臣，且派出之兵亦系满洲蒙古，较前迥异。即如绿营兵丁，亦不甚多。军前事件如仍以汉字缮奏，于情理反不能尽，亦且见讥于蒙古人等。可寄信永常，次第办理。如系粮饷等事仍用汉字外，所有关系军机事件俱用清字具奏"（《清高宗实录》卷465，第4页，乾隆十九年五月己亥条）。后来与哈萨克有关的奏折书写也应该是遵循这一原则的，因为我们看到，即便是关乎贸易事务的奏折，其基本内容也都是满文，只有货物名称、色泽、数量及价格等内容才用汉文书写（部分满文贸易档案文献的现代哈萨克译文见巴哈提·依加汉：《有关哈萨克汗国与清朝商业关系的中国档案文献》（第1—2册），"Daik-Press"出版社2009年版、2012年版（Еженханұлы Б., *Қазақ хандығы мен Цин патшалығының сауда қатынастары туралы қытай мұрағат құжаттары*, Tom I, Алматы: «Дайк-пресс», 2009 ж., 2012 ж.）。也就是说，我们此处讨论的谕旨各部分的书写与这一原则有紧密关系。

后经乾隆朱批划掉了这些词语。被乾隆划掉的这一内容也不见于该谕旨察哈台文底稿。这一事实说明：现存两件谕旨的察哈台文稿本是在乾隆朱批满文本之后形成的。

基于以上讨论，我们可以做一简单的总结：乾隆四十八年敕哈萨克王公的两份谕旨，其基本内容先是用满文书写的；不过，拟加入谕旨中的、与乾隆皇帝赏赐诸物及其数目有关的具体内容则先是用汉文另单拟出，经御览后再被翻译成满文并被加入谕旨满文本中；而后，乾隆皇帝对补全的满文本谕旨底稿又做了朱批钦定；最后，这一被钦定的满文本被翻译成了察哈台文。这便是我们今天在中国第一历史档案馆档案信息化管理平台上所能看到的乾隆四十八年敕哈萨克统治者察哈台文谕旨的底稿。

最后，需要对清高宗何以在乾隆四十八年用察哈台文向哈萨克统治者敕谕一事略作停留。如上所述，清廷在与哈萨克和布鲁特的交往过程中一般是用满文和托忒文来书写谕旨的。之所以在乾隆四十八年使用察哈台文，应该与以下因素有紧密关系：18世纪60至80年代，有大量的厄鲁特人由哈萨克之地回流清朝，这使得哈萨克人中阅读、处理托忒文的人急剧减少；哈萨克人中托忒文人才的流失逐渐影响到了清朝地方政府事关哈萨克的公文制度；从满文档案中反映的情况来看，正是由于同哈萨克"王"阿布勒必斯之间的书信往来产生了不顺畅的情形，才使得清朝驻塔尔巴哈台的官府从乾隆四十六年起开始考虑增加处理回文（察哈台文）书信的人才。[1]前已述及，清高宗曾在乾隆四十八年四月写成题为《赐哈萨克阿布勒比斯之子噶岱等宴诗以纪事》的御制诗[2]，并就诗中"对语不须资象译，通情洽惠系深思"之句注曰"余自乾隆八年习蒙古语，二十五年平回部并习回语。今哈萨克来使入觐，询问奏对，不须通译，尽悉其情。亦勤学之所致也"。能用回语（清属回疆地区的维吾尔语）与哈萨克使臣尽情交谈，反映了清高宗掌握回语（维吾尔语）的程度；但哈萨克人的语言毕竟有异于清高宗所学的回语（维吾尔语），如果不曾学习过的话，哈萨克人按理并不能用该语言进行顺畅交流；因此，乾隆四十八年四月间清高宗与哈萨克来使使用回语（维吾尔语）畅谈的这一有趣事件也印证了我们另一篇文章中谈到的有关哈萨克贵族延请回疆毛拉对其子弟进行经文教育的情形；[3]不过，更值得注意的事实是：清高宗在与哈萨克人接触二十多年后的乾隆四十八年四月，才第一次用回语（维吾尔语）与哈萨克来使交流，这似乎也从一个侧面反映了清廷针对哈萨克的文书制

---

[1] 从伊犁将军伊勒图写于乾隆四十六年三月六日（1781年3月30日）的一份奏折中可知：伊犁将军府早在此前就已建立处理来往回文（察哈台文）文书的制度；但由于塔尔巴哈台参赞大臣处当时没有读写回文（察哈台文）文书的人员，哈萨克诸首领写给塔尔巴哈台参赞大臣的回文（察哈台文）书信也需先转送至伊犁进行处理；至乾隆四十六年，因来自哈萨克回文（察哈台文）书信的增多，塔尔巴哈台参赞大臣请求由伊犁派遣能用该语文书写公文的人到塔城。见《清代新疆满文档案汇编》，第146册，第49—53页。相关的讨论见巴哈提·依加汉：见《天马双翼（二）：察合台文在哈萨克与清朝交往过程中的媒介作用》，中国人民大学国学院西域历史语言研究所编：《西域历史语言研究集刊》第12辑，第1—21页。
[2] 见第394页注1。
[3] 见上引巴哈提·依加汉：《天马双翼（二）：察合台文在哈萨克与清朝交往过程中的媒介作用》一文。

度及语言政策上的某种变化。

由于史料的缺乏,我们现在还无法确定此后清廷是否延续了使用察哈台文向哈萨克统治者敕谕的做法。不过,清朝边吏与哈萨克人之间得以长期使用察哈台文进行沟通的情形则是确凿的历史事实。从20个世纪80年代发现于中国阿勒泰地区的两份清代勘界文献(研究者称其为"札谕")来看,清朝边吏使用回文(察哈台文)与哈萨克人交流的制度至少保留到了光绪九年(1883)。[1]

5. 两件谕旨不同版本所见满文及察哈台文词语对照表

表2 两件谕旨不同版本的满文及察哈台文词语对照表

	满文	词语所见文档及行数[2]	察哈台文	词语所见文档及行数	汉文译释
1	Abkai hesi forgon be aliha hūangdi	中国第一历史博物馆信息平台,文档号03-18-009-000046-0003-0116,敕努喇里谕旨满文本,1: 2-3	خدانینک بویورغی بیله راخت زمانی ایکلکان پادشاه	中国第一历史博物馆信息平台,文档号127-0235,敕努喇里谕旨察哈台文本,1: 1	奉天承运皇帝
2	gosin wen	同上,1: 4	عادل لیق	同上,1: 3	皇仁教化
3	hargašambi	同上,1: 5	کورونوشی	同上,1: 3	朝觐

---

[1] 何新亮:《边界与民族》,中国社会科学出版社1998年版,第25—95页。
[2] 中国第一历史博物馆信息平台,文档号03-18-009-000046-0003-0116。紧接文档号的数字表示文档页数,而冒号之后的数字表示行数(如1:2—3中冒号前的1表示文档第1页,冒号后的2—3表示该页第2—3行)。

续表

	满文	词语所见文档及行数	察哈台文	词语所见文档及行数	汉文译释
4	sultan	同上，1：7	پسلطان	同上，1：5	苏勒坦
5	jingse	同上，2：2	مونجاق	同上，1：10	顶子
6	subeliyen sorson boro	同上，2：2	تلفاك ليق جلا يف ايكز	同上，1：10	线缨凉帽[1]
7	sarilambi	同上，2：3	قوروم	同上（胶片号127-0238），2：右1	筵宴
8	alha	同上，2：5	كولوق توار	同上，2：右2	闪缎
9	jakūri suje	同上，2：5	باپسى توار	同上，2：右2	八丝缎
10	sunjari suje	同上，2：5	اوپسى توار	同上，2：右3	五丝缎
11	yehere tetun[2]	同上，2：6	جينى	同上，2：右3	瓷器
12	cai abdaha	同上，2：6	چاى	同上，2：右3	茶叶
13	amba fadu	同上，2：7	كتاجى چونك	同上，2：右3	大荷包
14	huwesi	同上，2：8	فچاق	同上，2：右4	刀子
15	oforo dambagu kukuri	同上，2：8	ناسواكوكور	同上，2：右4	鼻烟壶
16	yatarakū	同上，2：8	جاخماق	同上，2：右4	火镰
17	jodon	同上，2：9	شه كيبو	同上，2：右4	葛布

[1] 察哈台文对应件中该处词语较满文本详细，作"ايكز جلا يف ليق تلفاك"，即"带双线穗的凉帽"。

[2] 表"器皿"之意的"tetun"一词在文档中被误写作"tutun"。

续表

	满文	词语所见文档及行数	察哈台文	词语所见文档及行数	汉文译释
18	wangga hiyan	同上，2：9—10	بىدلىق	同上，2：右4	香（燃放香气所用）
19	culgan	同上，2：10	وردبشى	同上，2：右6	大阅
20	šeolehe gecuheri sijigiyan	同上，3：1	كل تيككان مولون	同上，2：右8	绣花蟒袍
21	dardan	同上，3：1	يولدوز كول لوك توار	同上，2：右8	妆缎
22	gecuheri suje	同上，3：2	مولون توار	同上，2：右8	蟒缎
23	jangju cekemu	同上，3：3	كل لوق مخمل	同上，2：右9	漳绒
24	nunggasun sijigiyan kurume i mutun	同上，3：3	جكمن ابكى تونلوق	同上，2：右9	制作袍褂的哆啰呢布材料[1]
25	emu jergi saka gūsin afaha cai	同上，3：3—4	اوتوز بولغان چاى	同上，2：右9	生长30天之头等贡茶[2]
26	cengme	同上，3：5	فولو	同上，2：右10	氆氇
27	cece	同上，3：6	شه	同上，2：左1	纱

---

[1] 察哈台文本此处有异：1."جكمن"在《五体清文鉴》中被释为"毡褂"（第3264页）；2.察哈台文本给出了具体的数量（"ابكى تونلوق"，即"可制作两件袍的"）。

[2] 察哈台文本此处有异：1.没提及"头等"字样；2.与上下文连读作"چاى كوكور تورت اوتوز بولغان"，直译为"已三十天之茶罐四"。这显然不合道理。

续表

	满文	词语所见文档及行数	察哈台文	词语所见文档及行数	汉文译释
28	macihi	同上，3：7	تسبیح	同上，2：左1	念珠
29	jarin i yasha	同上，3：7	یدلیق اپسکوج	同上，2：左1	香囊
30	fusheku	同上，3：7	یلفوکوج	同上，2：左1	扇子
31	fungku	同上，3：7	یغلیق	同上，2：左1	汗巾
32	farsilaha okto	同上，3：7	دینکزیا دارو	同上，2：左1	锭子药
33	sabigi noho suje	同上，4：6	فوزه لیک کورمه توار	同上，2：左6	补缎
34	amba suje	同上，4：6	چونک توار	同上，2：左6	大缎
35	nilgiyan [suje][1]	同上，4：7	آی کل لوق توار[2]	同上，2：左6	洋缎
36	kicik yusu	同上，5：1	کیجیک یوز	同上，2：左10	小玉兹
37	elcin[3] otok	同上，5：1	الجین اوتاک	同上（胶片号127-0239），3：1	阿尔沁部
38	erinbu wehe jingse	中国第一历史博物馆信息平台，文档号03-18-009-000046-003-0115，敕阿布勒必斯谕旨满文本，1：8-9	لحل مونجاق	中国第一历史博物馆信息平台，文档号127-0241，敕阿布勒必斯谕旨察哈台文本，1：7	宝石顶子

---

[1] 此处当为"nilgiyan suje"（"洋缎"），但文中"suje"阙。

[2] 直译为"带月形花纹的缎子"。

[3] 满文本此处有讹误。应为"alcin"，此乃是哈萨克小玉兹大部之名。文档中似亦以此部名泛指小玉兹。

续表

	满文	词语所见文档及行数	察哈台文	词语所见文档及行数	汉文译释
39	wang	同上，1：2			王
40	juwe yasai tojin funggala	同上，1：9	ایکی کوزلوک اوتغات	同上，1：7	双眼花翎
41	juwe mulfiyen muderi noho sabirgi kureme	同上，1：10	ایکی توکراک اجدهر کل لوک فوزه کورمه	同上，1：8	双团龙全补褂
42	juyen	同上，1：11	نیم جه	同上，1：8	（内穿）小棉袄[1]
43	marimbu wehei erihe	同上，1：11	عقیق تسبیح	同上，1：8—9	玛瑙念珠[2]
44	umiyesun	同上，1：11	بل باق	同上，1：9	腰带
45	yon can ši wehei erihe	同上，2：10	یون چان تاشی نینک تسبیح	同上（胶片号127-0243），2：右5	永昌（？）石念珠

---

[1] 在当代维吾尔语中此词意为"无袖上衣，马甲"（《维汉词典》，第1067页）。

[2] 在满文本中有"macihi"（见上第28条）及此"erihi"两词表示"念珠"，察哈台文均译为"تسبیح"。

续表

	满文	词语所见文档及行数	察哈台文	词语所见文档及行数	汉文译释
46	alha	同上，3：1	شمساى	同上，2：右7	闪缎[1]
47	kutule	同上，3：6	قل	同上，2：右9	跟役[2]
48	sika sorson boro	同上，3：6	قيل جلا[3] ليق توبت تلفاق	同上，2：右9—10	雨缨凉帽
49	albani suje i sijigiyan kurume	同上，3：7	آلبان توار نينك تون كورمه	同上，2：右10	官用缎制成的袍褂
50	hesei bithe	同上，4：6	يارليغ خط	同上，2：左7，8	谕旨

---

[1] 意：在敕努拉里谕旨察哈台文本中，满文"alha"的对应词亦写作"كولوق توار"（"带花的缎子"）（见上第8词条）。
[2] 此处察哈台文本意为"奴隶"。
[3] 译为"带髦毛线缨的吐蕃凉帽"。

附录：乾隆四十八年敕哈萨克统治者两件察哈台文谕旨底稿的首页[1]

1. 敕努喇里谕旨底稿首页

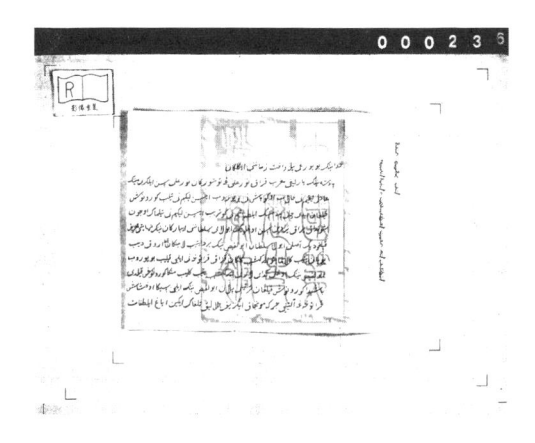

2. 敕阿布勒必斯谕旨底稿首页

---

[1] 承蒙中国第一历史档案馆允准复制，特此致谢！

述评

近年来元史研究的新动向

罗玮（中国社会科学院）

一、绪论

改革开放以来，元史作为中国古代史中较为独特的断代史，其研究取得了长足进步，科研力量不断增强，研究成果不断涌现。进入21世纪，元史学科发展尤为迅速。特别是2016年以来，元史研究出现如下新动向。本文的主题是介绍"近年来元史研究的新动向"。首先就需要明确本文所涉及的"近年来"与"新动向"两个核心概念。这里所涉及的"近年"主要是指五年来，即2016年至2020年，与国家的"十三五规划"相合拍。反映的是近五年来，随着国家教育学术环境的发展与国外学术生态的变化，元史研究所呈现的一些新变化。

另一个核心概念"新动向"是指本学科领域研究发展所出现的一些值得注意的新现象。这与一般的学科自身常规发展是不同的，在本文中会加以区分。

在介绍"新动向"之前，有必要先简要介绍一下近年来元史学科的常规发展，以帮助读者了解本学科的发展情况，并了解加以区分。

二、近年来元史研究的常规发展概览

所谓"常规发展"就是中国古代史学科各断代都具备的学术推进，每年学术成果都会持续增加，更多体现的是某种"量"的积累。

本文首先介绍的元史研究的常规发展主要分为：

（1）文献整理；（2）名家文集；（3）政治军事史研究；（4）考古文物研究；（5）文学艺术研究，等等。以下择要者述之。

（一）元代文献整理

史料是历史学研究的基础。近年有一些新的元代古籍整理本陆续推出。这里选择重要者。早期蒙古史方面，有陈晓伟整理的《圣武亲征录》贾敬颜校注本（中华书局），元代史料方面有周少川等整理的《经世大典辑校》（中华书局）。

元人文集方面，有许红霞点校的《许衡集》（中华书局）、商聚德点校的《刘因集》（人民出版社）。至此，元朝前期北方两大理学名儒的文集都整理出来了。

此外还有一些较大部头的元代文集整理本出现。田同旭校注的《郝经集校勘笺注》（三晋出版社）、孙小力校笺的《杨维桢全集校笺》（上海古籍出版社）等等。但值得指出的是，存世的《郝经集》与《杨维桢集》卷数并不多。但点校本却有如此大的篇幅——《郝经集》十五册，《杨维桢全集校笺》十册，当是整理者做出了较大篇幅的校注。这对于古籍整理者的研究水平和整理本的学术质量是很大的考验。此外还有一些元代文集整理本出版，不再赘述。

元代总集方面。韩格平主编的《全元赋校注》（吉林文史出版社）于2016年整理出版。杨镰先生主编《全元词》三册（中华书局）。这是继《全元文》《全元诗》《全元戏曲》《全元散曲》和《全元赋》之后，又一部元代文献总集。

20世纪以来，出土材料一直是中国古代史研究创新的重要支点之一。内蒙古额济纳旗发现的黑水城文书是元代为数不多的出土材料之一。历时7年完成的《中国藏黑水城汉文文献释录》于2016年出版，收录中国所藏黑水城汉文文书4000余件。

近年元代文学方面也有文献整理成果。代表性的如丁放辑录的《元代诗论校释》（中华书局）。

（二）元史名家文集

今年还推出了多部元史名家的文集或纪念论文集，以体现对老一辈学者的尊敬。如《沈曾植史地著作辑考》（中华书局），其中包括《西游录》《长春真人西游记》《蒙鞑备录》《黑鞑事略》等蒙元早期基本史料的整理本。

《般若至宝：亦邻真教授学术论文集》（上海古籍出版社）为著名蒙古史学家亦邻真先生已经发表的论文、专著和词条等蒙古学研究的汉文版全集汇总。于此同时蒙古文版文集也推出，即三卷本《亦邻真教授蒙古文学术论著全集及手迹选》（辽宁教育出版社）。还有《周清澍文集》（广西师范大学出版社）。

此外还有《庆祝蔡美彪教授九十华诞：元史论文集》（中国社会科学出版社）为南开大学庆祝蔡先生九十华诞而召开的学术研讨

会的论文汇集。

日本方面，早稻田大学吉田顺一教授的文集《蒙古的历史与社会》出版，并在内蒙古大学举行首发式。

（三）元代政治军事史研究

政治史是中国古代史的灵魂，元代亦如是。今年同样有一些政治史的成果推出。但笔者认为较之于元史其他领域成果的数量，政治史成果是与其地位不相匹配的。这也反映出元代政治史研究目前的薄弱和不足。

著作方面，首先是李治安主编的《元明江南政治生态与社会发展》（中国社会科学出版社）系2016年元月天津"元明江南社会学术研讨会"的论文集，研讨会论文聚焦于元、明江南政治与社会的重要问题，打破元明王朝界限，首次贯通性考察13世纪后期至16世纪江南问题。这反映了李治安先生多年来对于元明更替问题思考的继续延伸。

其次是申万里《元代科举新探》（人民出版社），为其多年来承担的同名国家社科基金重点项目的最终成果。其中对于元代科举新史料《三场文选》和《御试策》的考察尤其引人注意。

军事史是元史比较重要但受到关注较为有限的领域。近年来对元代军事史最为系统的研究当属刘晓教授对于元朝江南镇戍万户府体系的系列论文。

（四）考古文物研究

因为元代皇室采取密藏方式，不设陵寝。而元大都又与当今首都北京叠压，因此元代考古发掘历来鲜有高层次的发现。但近年来西安发现的刘黑马家族墓堪称较高层次元代政治人物墓葬，因此备受元史学界瞩目。今年该墓葬的发掘报告《元代刘黑马家族墓发掘报告》（文物出版社，虽然于2018年10月出版，但市面见到此书普遍在2019年）也正式出版，学界得以了解元代上层墓葬的重要信息。

国外的有关考古著作主要有D.策温道尔吉等蒙古国学者所著《蒙古考古》（上海古籍出版社）汉译本，系统介绍了蒙古国境内从史前到蒙元时期的考古遗存及考古发现和研究简史。

此外，近年还有一些元代考古文物图集出版值得注意。

（五）元代文学艺术研究

元代文学艺术研究一直是文学史和艺术史学者们耕耘的领域，元史学界总体关注不多，似乎显得有些"边缘"。但多年来元代文学艺术一直在不断推出研究成果，著作体量已蔚为大观，因此不能等闲视之。文学艺术史学者的研究成果或许也有值得元史学者借鉴的地方，"文史融合"方才更加接近中国古代精神世界的原貌。这一领域无论在国内还是国外，每年都有大量成果涌现。一来，国内古代文学研究的力量和传统与史学研究一样厚重。二来，国外的艺术史和科学史研究具有深厚的传统，蒙元时代又是一个民族大交流大融合的时代，艺术和科学史的重要问题不胜枚举。

如近年有刘嘉伟《元代多族士人圈的文学活动与元诗风貌》、张建伟《元代北方文学家族研究》、杨绍固《元代畏兀儿内迁文学家族变迁研究》、邱江宁《元代中期馆阁文人传记研究》、洪再新

《蒙古宫廷和江南文人：元代书画艺术研究论集》，等等。

三、近年来元史研究出现的"新动向"

前面介绍了元史研究的常规发展。而近年以来，元史研究出现的一些"新动向"体现得越发明显。

第一，青年学者越发占据元史研究的前沿阵地。

第二，蒙元时代多语种文献的利用日益频繁和娴熟。

第三，元代新史料的发掘显著加强。

第四，其他研究模式对元史研究开始出现"渗透"式的推动。

第五，海外蒙元史研究出现某些"复苏"趋势。

如果分析内在的逻辑关系，会发现第一点"新动向"是引起后边四个新动向的主要原因。即是"青年一代学者"带来了元史研究的"新动向"。因此本讲在之后分别探讨"新动向"的各种表现时会着重围绕元史"青年学者"这一群体进行介绍。

（一）青年学者越发占据元史研究的前沿阵地

中国史学的重要期刊每年刊发的论文较能体现国内史学各领域的前沿探索。因此笔者选取《历史研究》《中国史研究》《文史哲》《文史》《中华文史论丛》《史学月刊》《史学集刊》《中国边疆史地研究》《中国经济史研究》和《民族研究》等国内史学领域的10种重要刊物作为调查对象，初步统计了2016—2019年在其上发表元史相关论文的作者年龄情况。四年来共刊发元史相关论文约61篇，其中为80后青年学者撰写的有31篇，乃至已经出现了3篇90后学者的作品。综上，青年学者所撰论文所占比重达到65%以上。其中最为突出的是刊登中国古代史研究成果的权威刊物《中国史研究》，四年来共刊发元史论文12篇，其中青年学者论文达到11篇，占绝对多数。近年来元史研究中逐渐明朗的这一显著变化，除了体现了学术研究正常的新老交替的健康发展态势以外，也带来了一些元史研究倾向上的积极变化。

除了发表论文之外，青年学者的崛起也表现在开展相关研究的高校不断增多。为元史研究形成了一批新的教研基地。

新中国成立后的元史阵地大致经历了三个阶段的持续发展。改革开放以前，元史研究人员主要集中在南京大学，北京大学，中国社会科学院历史所、近代史所、民族所，南开大学和内蒙古大学等少数几个单位，较之于其他断代研究，研究人员规模是比较薄弱的。

改革开放以后，除以上院校单位继续保持外，元史基地进一步扩充到北京师范大学、复旦大学、中央民族大学、武汉大学、暨南大学、兰州大学、东北师范大学、安徽大学、天津师范大学、西北师范大学、江西师范大学等高校。

随着改革开放三四十年元史专业研究生尤其是博士生培养的持续发展，近年来元史人才产出效果是十分明显的。引进元史青年学者的高校和科研单位扩充到前所未有的规模。

除前述高校和科研单位继续保持外，近年来新引进元史青年学者任教任职的有中国人民大学、山东大学、浙江大学、厦门大学、湖南大学、四川大学、郑州大学、陕西师范大学、西北大学、新疆大学、上海大学、沈阳师范大学、新疆师范大学、山西师范大学、安徽师范大学、济南大学、扬州大学、遵义师范学院等高校和广东社科院、福建社科院、西安碑林博物馆等科研单位。

而中山大学和中国政法大学等高校现在也引进了元史专业的博士后。当然，目前这个元史学者规模比起中国古代史一些大的断代史研究，还是逊色一些。但比较起前述的新中国成立之初的状况，已经完全是今非昔比了。

（二）蒙元时代多语种文献的利用日益频繁和娴熟

关于元史的定位，有一句很经典的概括："元史是一门世界性的学问。"这句话包含了很多意涵。其中一个层面就是元史所涉及的史料中，汉文和非汉文的多语种史料同等重要，某种程度上可以说"平分秋色"，这基本是其他断代史所不具备的重要特点。

实际上，自19世纪末20世纪初中国元史学科创立以来，老一辈元史学人就很重视多语种史料的利用和相应工具语言的训练掌握。之后由于对外交流的减少，这一趋势有所削弱。而近年来，在中国日益融入全球的过程中，青年一代学者受到了学术语言上更多元化的训练，也获得了更多海外学习交流的机会。因此对于元代多语种史料掌握和利用的情况前所未有的频繁和娴熟起来。这里选择几位在多语种史料使用上已经卓有成绩的元史青年学者分别进行介绍，以一斑而窥全豹。

（1）邱轶皓

现为复旦大学历史系副教授，他一直致力于解读波斯语和阿拉伯语等蒙元时代的伊斯兰文献，从而更为直接地研究蒙古征服时代的中西亚历史与海洋交通史。除了在复旦大学历史系和北京大学外国语学院学习的经历外，他本人也有丰富的海外进修交流经历。如在伊朗德黑兰大学和以色列希伯来大学学习和访查资料，也曾赴蒙古国、阿塞拜疆和土耳其等国访问交流。明确清晰的学术目标，坚持不懈的语言训练与广泛通融的海外交流让邱轶皓具有了扎实的伊斯兰史料阅读和研究能力。近年来发表了多篇文章，使用解读伊斯兰史料的方式，探索蒙元史的新信息。最近出版的《蒙古帝国视野下的元史与东西文化交流》一书，集中展现了他的近年研究成果。

（2）马晓林

南开大学历史学院的青年学者，师承著名元史专家李治安先生，后又在北京大学国际汉学家基地荣新江教授指导下进行博士后研究。他的主要关注领域是元代礼俗宗教史与马可波罗研究。他在对元代宗教祭祀与马可波罗问题的研究中，可以较充分利用波斯文、蒙古文、叙利亚文以及意大利文的一手史料，除英、日文外，也能参考法、德、俄等国的研究成果，探索蒙元时代中外文化大交流背景下的宗教礼俗发展流变等重要问题。在对外交流方面，他也向着真正意义的"国际合作"迈进。如马晓林与意大利威尼斯大学、米兰大学的马可波罗研究者进行了较多交流，实现了与西方主要的马可波罗研究重镇的合作。最近他也出版了著作《马可波罗与元代中国：文本与礼俗》，集中展现了其富有学术张力的研究成果。

（3）陈春晓

现为中国社科院民族所的助理研究员。博士毕业于北京大学，曾在德国波恩大学做博士后研究。同邱轶皓一样，她的关注领域主要也在研究伊斯兰史料，两人都曾赴德黑兰大学进修。近年关于伊利汗国史以及中国与伊斯兰世界文化交流史领域，她都有科研成果发表。

（4）付马

现在为北京大学历史学系助理教授。他主要关注的是蒙元时期的回鹘色目族群，曾在德国柏林自由大学访学，可以熟练阅读回鹘语等突厥语文书。近年关于元代回鹘人问题发表了系列优秀成果。他的博士论文《丝绸之路上的西州回鹘王朝》已经出版，针对以往比较陌生的元代回鹘群体问题作出了自己立足于突厥语基础上的扎实研究。

这四位元史青年学者分别关注蒙元时代的波斯阿拉伯、欧洲与突厥史料，覆盖了多语种史料的主要方面。以上只是择取了比较具有代表性的青年学者进行了专门介绍。他们体现了一个更大规模的青年学者群体。这又可以拉出一个名单。比如中央编译局的周思成、中国社科院古代史所的张晓慧、湖南大学的于月、中国人民大学的求芝蓉、沈阳师范大学的魏曙光、内蒙古大学的乌罕奇、中山大学的博士后陈新元等青年学者也关注元代波斯史料。

另一方面，如陕西师范大学的谢光典、山东大学的曹金成等学者关注元代的藏文史料。

以上介绍与列举的青年学者群体都令人感到元代多语种史料的挖掘和使用未来可期。

（三）元代新史料的发掘显著加强

史料是史学研究的基础，新史料往往带来大量历史新信息，塑造新的创新增长点。陈寅恪先生曾称之为学术上的"预流"。因此新史料的发现是各领域学人所孜孜以求的。蒙元史领域的新史料，其体量无法跟"先秦秦汉时代的出土简牍"或"隋唐时代的敦煌西域文书"相比。20世纪初叶以来在内蒙古额济纳旗发现的黑水城文书堪称是元史为数不多的新史料，至今仍需要更系统和深入的研究。

近年元史学人在扎实研究传统史料的基础上，更是"上穷碧落下黄泉，动手动脚找材料"，为发现新史料而奔波寻索。在学界努力之下，近年来新史料的发掘逐渐展现。根据近年的进展，大体可以分为碑刻、文书、族谱和域外文献四大类。

（1）碑刻

由南开大学李治安教授主持的国家社科基金重大项目"元代北方金石碑刻遗存资料的抢救、发掘及整理研究"。目前前期完成12卷的整理校订书稿已交付中华书局出版，其余10卷也在积极推进中。预计最终整理碑刻文字将达1700万字，其中当包含大量的元史新材料。

（2）文书

官私文书一直都是中国古代史各断代重视的一手史料。而放在元代领域，近年有一种文书开始越发受到学者注意。那就是存世的宋元明时代公文纸本古籍纸背的各类公私文书。

除藏书家叶德辉于清末，日本学者杉村勇造于20世纪30年代，竺沙雅章于20世纪70年代，周广学与瞿冕良于90年代曾略有研究或论述之外，纸背文书基本一直未曾引起元史学界注意。直到2012年以后，一批主要专注于黑水城文书的学者开始转向宋元明纸背文书研究，并得到了若干国家社科基金的资助。由此，纸背文书的研究逐渐兴盛起来。其中主要涉及元代文书的则有南开大学王晓欣教授团队对于上海图书馆所藏宋刊元印本《增修互注礼部韵略》纸背的元代湖州路户籍册的研究；河北社会科学院孙继民研究员团队关于南京博物院、上海图书馆藏宋刻元印本《论衡》纸背元代廉访司文书的研究；还有山东师范大学杜立晖教授团队对于国家图书馆藏宋刻宋元递修公文纸印本《魏书》纸背元代江浙行省公文的探索。纸背文书还有很大的深入空间，也需要得到元史学界更大的关注与投入。

（3）谱牒

族谱一般为记录家族世系、成员事迹和家族其他信息的纸质载体，即家族之史书。元代的族谱尤其具有较大的史学价值。这是因为元朝的蒙古统治者重视那些跟随成吉思汗家族一起缔造蒙元国家的多民族勋臣家族，多让他们世袭官职以维持国家政治体系的运行，即所谓"国家之法，信尚勋旧子孙"。

加上元代科举制度总体受到了较大抑制。因此勋贵政治世家基本成为元代高级官员的主要来源，其中汉人世侯家族的成员子弟入仕也是元代汉人参与高层政治的主要形式之一。但以往元代族谱学的研究状况却是较为薄弱的。究其原因，主要还是现存元代族谱稀少。经学者统计，现在宋元两代族谱合计存世的仅约20种，其中元代族谱多数为徽州谱牒，是一些地方家族群体的家史记录。

自90年代，除居元代汉军世侯家族之首的真定史氏家族残谱被偶然发现外，还有《史天泽行状》《史天安神道碑》等重要新史料的重现。之后元代谱牒的新发现基本陷入停滞。但笔者注意到近年来元代族谱的研究逐渐出现了新气象。如纳巨峰对于山东博物馆所藏元代回回政治家赛典赤家族谱牒《忠惠咸阳王赛氏家传》的探索。还有杨绍固、李中耀对清光绪年间纂修的元代著名畏兀儿官宦家族廉氏家族宗谱的研究。

除以上成果外，未来较值得关注的是罗玮对于元代藁城董氏家族谱牒的重要发现。罗玮是中国社会科学院古代史研究所的青年元史学者，博士毕业于北京大学历史系，师承著名元史专家张帆教授。经过长期田野调查工作，他已在河北的藁城、大名、巨鹿、宁晋、山西平定、山东滕阳、莱阳、江苏彭城、安徽无为等地收集到元代藁城董氏世谱的九部清代和民国抄本，内容互有增益。在学术史上首次基本复原出一个元代大官僚家族的世系和仕宦全貌，弥足珍贵。元代族谱今已稀见，遑论国家上层世家大族之谱牒。因此他的研究目前在元代族谱领域是较为值得期待的。

（4）域外史料

除了前述三类汉文新史料的建设成绩外，近年来国内元史学者对"域外史料"的汉译和整理工作也不断推进。其中一些工作真正走到了国外同行的前面。蒙元时代史料，除了汉文史料最为庞大外，其他较为系统和庞大的就是波斯文、阿拉伯文写成的伊斯兰史料。

波斯文世系谱《五族谱》（又译《五世系》，Šu'ab-i Panjgāna），作为著名的伊朗史书《史集》（Jāmi'al-tawārīkh）的第三卷，详细记载了蒙古的皇室世系与贵族官僚名单，价值很大。但现在还是藏于国外各博物馆的抄本形式，在世界范围内都没有正式校订整理本出版。由北京大学伊朗文化研究所王一丹教授主持的国家社科重大项目"《五族谱》的整理、汉译与研究项目"近年已经结项，真正是走在了国际学术的前沿。我也有幸长年参加了《五族谱》读书班活动。

再如《马可波罗行纪》最完备的版本是穆勒和伯希和的《马可波罗寰宇记》集校本,多年来一直没有汉译本。目前国内已先行出版了英文影印本。而近年来其汉译和校释工作也在进行之中。

(一) 其他研究模式对元史研究的"渗透"式的推动

近年来中国古代史的各断代或各领域研究发展迅猛,形成了若干研究热点。如以多语种历史语言为重要工具的西域内亚研究,还有以区域社会史为主要研究模式的明清社会史研究,都是受到较多关注的重要领域。因此这些研究模式也形成了自己的一套话语体系。每个领域都内生出一些自己的研究重点,如西域内亚研究与唐史、元史和清史的联系较为紧密,而明清区域社会史的主要成果则根植于在华南与华北基层社会的深耕。学术的推进需要积极的对话交流,因此一些在不同领域之间架起桥梁的学术活动开始出现。更重要的是一些不同领域之间交叉研究从而推动本学科发展的新型成果涌现出来。近年在传统被视为"门槛颇高"的元史领域也出现了这样的成果,令人欣喜。这里从三种研究模式对元史的"渗透"说起。

(1) 但目前学术前沿的推进,可以看到像区域社会史等多种研究模式已经逐渐渗透入元史研究,自下而上的加深我们对于元代基层社会的新认识。这方面需要提到中山大学历史系的青年学者任建敏博士。他近年针对元代广西地区发表的一系列成果值得注意。任建敏主要是明清广西区域史的学者,并非元史学者。凭借专门集中的研究视野,他扎根广西基层社会,深入挖掘广西地方史料,先后深入探索了元朝后期广西行省的建设、财政运行、战争形势与屯田体系等重要问题。为元史研究的深入开辟了一条新路，令人耳目一新。

（2）"元明易代"问题是牵涉元史和明史的跨断代重要问题，对于明清中国的塑形有着重要的指示意义。对于这一问题领域，一些明清史青年学者长期耕耘其中，对于元明之际的研究贡献良多，这也是元代与其他断代史良性互动的一个表现。这里介绍两位在这方面有所贡献的青年学者。

张佳，现为复旦大学文史研究院副研究员。研究生时期发表过高质量元史论文，近年主要关注的是明初的礼制建设问题。他对于一些金元服饰在明代的流变、元明之际礼制建设与思想观念的变化等问题都有专门研究。

马光，现为山东大学教授。主要研究领域是元明清时期的海洋史。近年来在元明时期倭寇问题、元明之际沿海与海洋地区秩序形成问题上都有不少优秀成果。

（3）经济史作为一种学科性很强的史学领域，有历史学和经济学两种学科本位。而经济学本位的经济史更为侧重计量化、模型化等经济学研究方法。这样的研究模式是为传统的历史学领域的经济史研究者较为陌生的。

无论从研究成果还是研究人员的规模来说，元代经济史总体研究状况都是较为薄弱的。造成这一状况的原因在于元代经济史料的零碎和缺失，还由于金元时代税制、财政和土地等基本经济制度的复杂多元性。而近年来元代经济史领域也悄然发生着变化。随着青年学者成长起来，逐渐出现一些专攻元代经济史的青年学者，其中不乏既娴熟使用经济学方法，又具备扎实历史学训练的学人。

这里就要介绍青年学者李春圆，现为厦门大学副教授。他主攻元代经济史。近年他对于蒙古国时期华北税粮政策、元代财政与物价制度、盐引制度和土地价格等经济史问题都有专业的研究。

（二）海外蒙元史研究出现"复苏"趋势

诚如前述，蒙元史是一门世界性的学问。因此有必要介绍一下近年海外的蒙元史研究概况。可能不同于其他某些断代研究，海外学者的研究处于一种"辅助""补充"甚至"可有可无"的状态。对于蒙元史研究，海外学者的成果同样非常重要，需要引起国内学人的持续追踪和重视。

近年海外元史研究的状态，我的概括是"传统削弱，新军突起"。上个世纪下半叶，国外的蒙元史研究主要集中在欧洲、日本和美国的一些著名高校，形成一些传统重镇。而近年来这些传统蒙元史重镇削弱情况是比较明显的。尤其是美国和西欧的传统重镇，现在已经较少专门的蒙元史学者了，尤其是青年学者明显后继无人。日本的情况也不是很乐观，较之元史兴盛时期还是削弱不少。

究其缘故，表面原因是西方国家对中国研究上"近现代化"和"实用化"倾向越来越明显，实际上中国古代史研究整体都在衰弱。唯一逆势越发兴盛的可能是清史研究，这也是与清史具有较强"近现代化"和"实用化"倾向有较大关系。

更深层的原因，我认为还是根源于西方世界整体衰落的大方向。经济的疲软、社会的颓势会使学术群体缺乏沉着扎实的学风，更追求速见成效的实用主义倾向，也缺少敢于攀登学术高峰的青年后继者。

但"病树前头万木春",海外的元史研究并不是单方向的衰弱,也有很多"新军突起"。其中最为突出的就是以色列的希伯来大学彭晓燕教授(Michal Biran)主持的"蒙古欧亚的移动、帝国和跨文化联系"科研项目及其团队。彭晓燕教授领导的研究团队可以说是目前国外最为集中和活跃的蒙元史研究基地,持续举办研究活动,也不断招收博士后和访问学者。国内也有一些元史青年学者去交流或访问过。除此之外,欧洲、美国、日本、韩国等国也有一些新的院校或科研单位开始出现蒙元史的研究者,多少是前述削弱趋势的一种补充。

(1)海外文史料整理

国外的同类型成果是非汉文史料的整理工作。近年涉及蒙古时代史料的整理工作成果颇丰。其中首先应该提到的是印度北方邦澜普尔·拉扎(Rampur Raza)图书馆所藏的《史集》写本近年被公布出来,作为最重要的蒙元时代波斯文史籍,《史集》新写本的发现,引起了伊斯兰和蒙古学界的关注。其学术价值还有待进一步发现。《史集》的阿拉伯文版也于今年出版。此外作为《史集》第三卷的《五族谱》近年来也受到包括中国在内的世界蒙元史学者关注。《五族谱》的俄文版于今年出版。

1856年,波斯文蒙古史籍《瓦萨夫史》第一卷德文本由哈默尔在维也纳出版。此后哈默尔去世,后续数卷便没了下文。直到其保存在奥地利科学院资料室的手稿被发现。2010年以后后续几卷陆续出版。最近第四卷德文本也出版面世。

此外日本方面,高田英树的《原典中世纪欧洲东方记》(原典中世ヨーロッパ東方記）也于今年出版，称将多部欧洲传教士赴蒙元时代中国的游记依据欧洲原文进行了日译。

（2）海外的元代政治史研究

国外值得介绍的是安·F.布罗德布里奇（Ann F. Broadbridge）的专著《妇女与蒙古帝国的形成》，美国马萨诸塞大学阿默斯特分校的中东历史研究者；还有美国著名蒙元史学家托马斯·爱尔森（Thomas T. Allsen）《草原与海：蒙古帝国的珍珠》（*The Steppe and the Sea: Pearls in the Mongol Empire*）一书于今年出版。该书以珍珠贸易为主线，深度探讨了蒙古汗国的管理体制。爱尔森于今年去世，该书也成为其遗著。

还有美国南加州大学的元史学者柏清韵（Bettine Brige）所出新书，对于《元典章》中《户婚》进行了专门研究，并将其首次译为英文。

西方的伊斯兰研究传统深厚，学术力量较强。基本每年都有涉及蒙古时代的研究成果，今年也不乏其例。如美国中央康涅狄格州立大学的斯特凡·卡莫拉（Stefan Kamola）的《塑造蒙古史：拉施特与〈史集〉》（*Making Mongol History: Rashid al-Din and the Jami' al-Tawarikh*）系统阐述了《史集》这一最伟大波斯语蒙古史籍的编撰起源、过程与影响，体现了当前西方穆斯林学者对于蒙古时代的最新成果。还有罗伊恩·阿米塔伊（Reuven Amitai）与史蒂芬·肯内曼（Stephan Conermann）主编的《从区域和世界史视角下的马穆鲁克苏丹国》（*The Mamluk Sultanate from the Perspective of Regional and World History*），属于波恩出版的马穆鲁克研究系列丛书的新一册。近年还出版了一些涉及蒙古征服的伊斯兰近东研究和伊利汗国史著作，这里不再赘述。近年研究蒙古时代丝绸之路与海洋贸易的著作也推出很多。

（3）海外的蒙元时代艺术研究。

美国格林内尔学院的艺术史学者谢爱文（Eiren Shea）的著作《蒙古朝服：认同形成与全球交流》。美国俄勒冈大学的历史学者蒲乐安（Roxann Prazniak）的《异军突起：贸易、信仰与艺术的蒙古转向》（*Sudden Appearances: The Mongol Turn in Commerce, Belief, and Art*）一书则探讨了蒙古征服对于西方与近东艺术的影响。

近年还出版了一些蒙古时代的伊斯兰史著作以及蒙古征服近东的历史通俗普及性著作，这里不再赘述。

（4）海外社会经济史研究

著作方面，新加坡大学王锦萍教授的《蒙古的兴起：华北新社会秩序的形成1200—1600》（*In the Wake of the Mongols: The Making of a New Social Order in North China, 1200–1600*）一书探讨了蒙古征服之后华北秩序的重建。但该书与随后作者组织召开的学术会议所透露出的把10—15世纪华北作为"内亚体系的一部分"的观点有矫枉过正之嫌，不能为笔者所赞同。

（5）海外的元明易代研究

西方也有研究元明两朝联系的著作，这方面最为集中是科尔盖特大学（Colgate University）的明史学者鲁大维（David M. Robinson）的成果，最近他出版了新作《蒙古帝国的阴影之下：明代中国与欧亚》。

（6）日本的蒙元史新作

大阪市立大学的渡边健哉的《元大都形成史研究》；京都大学

宫纪子的《蒙古时代的知识与东西》。日本学者宫胁淳子今年也出版了《世界史上的蒙古入侵：从蒙古看高丽与日本》（世界史のなかの蒙古襲来：モンゴルから見た高麗と日本）。

(7) 韩国的蒙元史研究新发展

位于朝鲜半岛的高丽政权与元朝有着十分密切的关系，甚至长期保持着一个元朝境内的行省地。因此韩国方面还存在不少元朝有关的史料，甚至有非常重要的材料发现。比如《至正条格》的重现就是一个很好的例子。以往韩国的蒙元史研究较为薄弱，很长时间都没听说过有专门的元史学者，但近年这种情况有所改变。韩国高丽大学权容彻博士的《元代中后期政治史研究》也于12月出版。韩国忠南大学高明秀的《蒙古与高丽关系研究》。前述的伊朗历史巨著《史集》已出版韩文版。此外一些蒙元史的著作也被翻译为韩文。

四、结论与展望

综上可见，现在国内元史研究状况越发接近元史学科汉文与非汉文史料并重的资源分布属性，并初步出现多学科综合推动发展的倾向。这有赖于逐渐成长起来的新一代元史学人群体显现出强本固基和外延拓展的双重发展趋向，逐渐挑起了未来元史研究的重任。能在国内历史学科中发挥本身断代史的学术价值，能与全世界的蒙元史相关领域学者深入切磋交流，把学术竞争和交流的舞台定位于全球，实现本学科发展与国家发展大势相合拍，是对未来元史研究的期望。也希望年轻朋友们能走入历史研究，尤其是蒙元史的广阔阵地。

在老一辈学人的悉心教导和新一辈青年学者的努力下，我们期望未来的元史研究能在国内历史学科中发挥本身的学术价值，与全世界的蒙元史相关领域学者深入切磋交流，把学术竞争和交流的舞台定位于全球。

近七十年来西方学界之新疆近现代史研究评介[*]

程秀金（新疆大学）

新疆地处中国内陆边疆地区，曾被美国著名汉学家欧文·拉铁摩尔（Owen Lattimore）称为"亚洲枢纽"，在亚洲乃至世界都有着重要的地缘战略地位。欧洲列强崛起之后扩张至亚洲，新疆也因位于古代丝绸之路干线之上，而受到它们重点关注。欧洲最早涉足新疆研究的是俄国和法国学者。沙俄是欧洲最早与清廷建立联系的国家，从1715年以来共派遣十八批东正教传道团进驻北京，其成员两百多人。尤其是随着与梵蒂冈之间引发"礼仪之争"，清政府开始约束西方传教士的影响力，而随着他们在中国影响式微，俄国成为欧洲唯一一个在清朝都城设有常设机构"俄罗斯会馆"——东正教使团的欧洲国家。东正教传道团成员使命虽是传教，但其主要任务是收集清朝的各方面情报，为沙俄亚洲扩张战略服务。当时清

---

[*] 本文探讨了60多年以来英语学界新疆近现代史研究（即1759年清朝统一天山南北至1949年中华人民共和国成立为限），对于1949年之后历史的研究将另文撰述探讨。本文系2022年新疆维吾尔自治区社科基金重点项目"西方学者涉疆历史研究辨正"（22AZD002）的阶段性成果。

朝作为一个雄踞东方的大国，必然是俄国未来对亚洲殖民的最大拦路虎，研究中国是他们的当务之急，而这一重任自然落到传道团肩上。传道团成员肩负着沙俄刺探清朝情报的重要使命，努力学习满、汉、蒙等语言文字，收集包括西域方面的中国历代文献，因此俄国是列强之中最早开展新疆研究的国家。在俄国传道团成员之中涌现出罗素欣、比丘林、瓦西里耶夫等造诣颇高的汉学大师，他们言传身教，培养出众多研究中国的学者，并逐渐积累起对于新疆的有关知识。随着时间变迁，掌握满、汉文的俄国东正教驻华使团成员在俄清外交之中扮演了关键角色。[1]

沙俄早就对新疆怀有觊觎之心，自彼得一世时代就不断流传叶尔羌地区盛产黄金。俄国试图派人深入天山南北勘测金矿，但因被当时雄踞西北的准噶尔部加以阻止而未果。在收集清朝情报的过程之中，中国西北地区尤其是新疆成为俄国重点关注对象。俄国著名汉学家比丘林曾指出："将该地冠以中国所属是用词不当，因为新疆不可能永远处于清朝统治之下。"[2] 由此看出俄国对中国新疆领土的觊觎之心昭然若揭。

19世纪以降，清朝嘉道中衰，内忧外患，日薄西山。反观沙俄自拿破仑攻俄失败之后，实力蒸蒸日上，一度成为"欧洲宪兵"，清朝沙俄实力此消彼长。不久之后，沙俄大举进攻中亚，并吞哈萨克各部以及中亚诸汗国，而以上大部分地区曾在事实上或在名义上

---

[1] 参见 Gregory Afinogenov, *Spies and Scholars: Chinese Secrets and Imperial Russia's Quest for World Power*, The Belknap Press of Harvard University Press, 2020, p. 74。
[2] David Brophy, *Uyghur Nation: Reform and Revolution on the Russia-China Frontier*, Harvard University Press, 2016, p. 6.

被清朝纳入天下秩序结构中的外藩行列，经由朝觐年班和朝贡制度与清廷保持着联系。由此沙俄从北面和西面与清朝新疆领土接壤。针对清廷严格控制西北边疆，限制外人进入的政策，沙俄不得不派遣瓦里汉诺夫等军官乔装打扮成商人潜入新疆，收集各种情报和资料信息，为殖民新疆打前哨。中国两次鸦片战争接连战败，俄国趁火打劫，逼迫清政府签订一系列不平等条约，除割去大片领土之外，还享有在新疆一系列优惠特权，从此中国西北边疆大门洞开，俄国人开始大摇大摆地入境，肆无忌惮地收集各类情报信息。

法国早在路易十四时代，就有众多学者仰慕中华文化，在欧洲列强之中有着悠久汉学研究传统。此后涌现出雷慕沙、儒莲、沙畹、伯希和等众多汉学家，研读中国经典，通过汉文文献来研究西域。就西域研究而言，英国属于后来者。不过它凭借雄厚的综合国力在完全占领印度次大陆之后，也日益逼近南疆。此外，担忧沙俄可能南下攻略印度，使英国不像法国，出于地缘战略现实需要而未雨绸缪地希望了解新疆，企图寻找缓冲地以防范沙俄南下。由此，早在1812年，在孟加拉的东印度公司任职的威廉·墨克罗夫特（William Moorcroft）乔装打扮成印度教托钵僧，在其印度穆斯林同事伴随下，深入清朝领土西端。[1]

随着中国西北局势动荡不安，并最终爆发席卷西北边疆的穆斯林农民暴动，并向西燃遍新疆，导致清朝新疆统治暂时瓦解。不过遗憾的是，因南疆出现政治真空，浩罕军官阿古柏乘机侵入南疆，

---

[1] Matthew W. Mosca, *From Frontier Policy to Foreign Policy: The Question of India and the Transformation of Geopolitics in Qing China*, Stanford University Press, 2013, p. 185.

不但攫取穆斯林起事者的胜利果实，而且建立起一个外来占领军侵略政权，并获得英国以及奥斯曼土耳其的支持。此时在北面，俄国也趁虚而入占领伊犁河谷，由此开启英俄竞相进入新疆实地"考察"的时代。1865—1876年是英国人在新疆的"考察"时代，而从1876年春开始了俄国对新疆的"考察"时期。[1] 此后，随着清朝甲午战败和八国联军占领北京，清廷被迫支付巨额战争赔款，其帕米尔领土也遭到英俄私下瓜分，清朝控制新疆能力更岌岌可危。与俄英中亚政治军事大博弈（Great Game）相伴随的是，更多国家参与中亚文化"大博弈"探险活动。各国探险家纷纷进入新疆大张旗鼓地实地考察，包括考古学、地理学、生物学、民族志等多种学科，其中俄国学者普尔热瓦尔斯基、瑞典学者斯文·赫定、英籍匈裔学者斯坦因最为有名，被称为近代中亚考古三巨头。[2] 1902年随着德国人和日本人的到来，开启了被描述为一场争夺塔克拉玛干沙漠和戈壁的古代佛教宝藏的"国际竞赛"。这场竞赛延续了二十五年，到其结束之时，涉及七个国家的考古学者。[3] 这些学者们划分"利益范围"（spheres of interest）和"探索区域"（fields of discovery），彼此之间为争夺地盘而大肆争吵。[4] 这一切对中国而言，不仅是遭受一场殖民探险，而且也惨遭一场文化浩劫。不过从学术角度观

---

[1] 〔苏〕克里亚什托尔内、科列斯尼科夫著，李琪译：《俄国的新疆研究史》，《中国边疆史地研究导报》1990年第6期，第33页。

[2] 贾建飞，《19世纪西方之新疆研究的兴起及其与清代西北史地学的关联》，《西域研究》2007年第2期。

[3] Peter Hopkirk, *Foreign Devils on the Silk Road: The Search for the Lost Cities and Treasures of Chinese Central Asia*, John Murray (Publishers) Ltd., 1980, p. 110.

[4] Basil Davidson, *Turkestan Alive: New Travels in Chinese Central Asia*, Jonathan Cape, 1957), p. 27.

之，这段时间也是中国西域研究的黄金时代。总体上，西方学者新疆研究成果已经远远超越同期中国学者。随着斯坦因多达十一册的系列考古报告（《古代和田》二册、《西域考古记》四册、《亚洲腹地考古记》五册）的陆续出版，人们不得不承认，西方学者对中国新疆的翔实考古调查、大量考证和分析研究已经远远超出一直为西人所看重的徐松的《西域水道记》的水平。[1]

值得一提的是，除汉文之外，英法俄德等欧洲学者也在新疆乃至中亚发掘出卷帙浩繁的多种语言文书资料，刺激了东方学各学科的发展，而汉学只是其中一个分支而已。对新疆研究也包括突厥学、蒙古学，它们最早也是依托西方汉学研究发展而起的，与伊斯兰研究一样也利用当地语言文献来研究新疆当地民族，专注于语言文化民俗等文献研究，为新疆未来的人类学、民族学研究奠定了基础。

自辛亥革命推翻清朝统治之后，文化主权观念深入人心，外国探险队不能再像晚清时期那样，如入无人之境般地深入新疆。到了二三十年代，斯文·赫定和斯坦因再度进入新疆探险之时，形势已完全发生变化。此外，除了在文献考证等领域，法德苏日等国继续占有重要地位之外，新疆研究的接力棒转交到英语国家手中[2]，尤

---

[1] 荣新江:《西域史研究的回顾与展望》,《历史研究》1998年第2期,第134页;贾建飞:《19 世纪西方之新疆研究的兴起及其与清代西北史地学的关联》,《西域研究》2007年第2期。

[2] 主要著作如下：Ella Sykes and Percy Sykes, *Through Deserts and Oases of Central Asia*, Macmillan, 1920; C. P. Skrine, *Chinese Central Asia*, Houghton Mifflin, 1926; Cable, Mildred and Francesca French, *Through Jade Gate and Central Asia*, Constable, 1927; Lady Catherina Macartney, *An English Lady in Chinese Turkestan*, Ernest Benn, 1931; Peter Fleming, *News from Tartary: A Journey from Peking to Kashmir*, Jonathan Cape, 1936; Teichman, Sir Eric, *Journey to Turkestan*, London, 1937; Martin Norins, *Gateway to Asia: Sinkiang: Frontier of the Chinese Far West*, The John Day Company, 1944, etc。

其是美国异军突起，且后来居上，其领军人物欧文·拉铁摩尔（Owen Lattimore）曾经在1920年代后期和1940年代中期先后两度赴新疆考察。有学者认为，就新疆实地考察以及中亚研究而言，他与斯坦因、斯文·赫定并驾齐驱，是20世纪中亚研究权威。[1] 拉铁摩尔虽是美国人，但却在中国长大，并在亚洲和欧洲求学，有着商人、记者、学者、政治顾问等多重经历，与上至蒋介石、毛泽东、周恩来、罗斯福、杜鲁门等领导人，以及包括杨增新、张作霖、盛世才等地方实力派人物都打过交道，并与社会底层游牧民、商人、绿洲居民一起生活过。正是这种弥足珍贵且又颠沛流离的生活阅历，赋予他以冒险家和局外人的视角来审视内亚，尤其是新疆。拉铁摩尔是中亚大探险向现代新疆研究转型的一位关键学者，因为在拉铁摩尔之前的新疆研究大多是怀有帝国抱负的实地考察和东方主义异国情调式的旅行游记。

奠定欧文·拉铁摩尔新疆研究基石的是其两部著作：《通往西域的荒漠之路》（*The Desert Road to Turkestan*，1928）和《高地鞑靼》（*High Tartary*，1930）。拉铁摩尔骑乘骆驼穿行在中国内地与新疆之间的来往"荒漠之路"中，激发起对于内亚研究的浓厚兴趣。凭借处女作《通往西域的荒漠之路》中引人入胜的远行新疆游记，拉铁摩尔在学术界一鸣惊人。为了表彰拉铁摩尔对学术研究的贡献，英国皇家地理学会热诚地接待了他，为他的蒙古与新疆之行授了奖，还请他为该学会的会员做了专题报告。[2] 拉铁摩尔妻子埃

---

[1] 王大刚：《国外新疆史研究简况》，《中国边疆史地研究导报》1989年第5期。
[2] 高士俊：《拉铁摩尔小传》，《中国边疆史地研究》1992年第1期，第112页。

莉诺（Eleanor）将她从北京出发，经过西伯利亚铁路到新西伯利亚和塞米巴拉金斯克，然后在隆冬乘雪橇到塔城的单独旅程，以及随后的夫妻共同游历，详细展现在《西域团圆》（*Turkestan Reunion*）那本游记之中。他们在新疆的奇异探险之旅为其后拉铁摩尔的《高地鞑靼》，那部更开阔的文化和历史著作构建基本框架。《高地鞑靼》将游记、探险和民族志融为一体，字里行间不时出现颇有见地的地缘政治分析。

在拉铁摩尔的中国内亚边疆学术体系之中，新疆研究占有重要一环，并有多篇相关论文。[1]不过在新疆研究领域，具有划时代意义的是1950年出版的《亚洲枢纽：新疆与中俄内亚边疆》。[2]这部著作是由拉铁摩尔领衔，在约翰霍普金斯大学瓦尔特·海恩斯·佩奇（Walter Hines Page）国际关系学院其他7位中美学者协助之下完成。它为读者了解新疆的民族、语言、文化、地理、社会、经济、考古等方面的状况提供了百科书式的详实介绍，在其中，拉铁摩尔将新疆定位为"亚洲枢纽"（Pivot of Asia）。这是英语学界研究新疆的第一部综合性专著，为以后新疆研究发展奠定了坚实的基础。

欧文·拉铁摩尔的内亚研究，尤其是新疆领域，对于后来西方学界有着深远的影响，尤其是他将新疆放置到内亚/中亚边疆地区之中的论述框架模式对傅礼初（Joseph Fletcher）、罗茂锐（Morris

---

[1] "Chinese Turkistan", "The Chinese as a Dominant Race", "Inner Asia: Sino-Soviet Bridge", etc., in Owen Lattimore, *Studies in Frontier History Collected Paper 1928—1958*, Oxford University Press, 1962.

[2] Owen Lattimore, *Pivot of Asia: Sinkiang and the Inner Asian Frontiers of China and Russia*. Little, Brown, 1950.

Rossabi）等后世学者有着直接影响[1]。凭借《中国的亚洲内陆边疆》（*Inner Asian Frontiers of China*）（1940）、《亚洲枢纽：新疆与中俄内亚边疆》、《边疆史研究论文集：1928—1958》（*Studies in Frontier History: Collected Papers 1928—1958*，1962）等专著及论文，拉铁摩尔成为美国新疆研究，乃至内亚研究学界巨擘。他晚年回顾自己治学之道时指出："我对于中原、蒙古、中亚的知识不是通过别人获取，而是经过长途跋涉到遥远的内陆地区，通过学习汉语和蒙古语，直到具备听读能力从而完全摆脱口译者的影响，通过融入商人们、旅行商队、士兵们、盗匪们、农民们、牧民们、地主们、谷物经销商们和其他人群之中，与他们不分尊卑地打成一片，他们这些人对于诸如经济学家、政治家、外交官等'远道来访贵宾'而言，不过是何足挂齿的无名之辈而已。于是我以真正之生活为基础，从而形成了地理、历史和社会研究"。[2]

自欧文·拉铁摩尔之后，西方新疆研究，尤其在美国，跌入低谷。笔者认为其原因有二。首先，1950年代美国麦卡锡主义（McCarthyism）盛行，肆意打击迫害拉铁摩尔、费正清（John King Fairbank）等著名学者，尤其是拉铁摩尔被麦卡锡指控为"不仅是'丢失中国'的关键人物，而且也是苏联潜伏在美国的头号特

---

[1] 参见 Joseph F. Fletcher, "China and Central Asia, 1368—1884", John King, Fairbank and Ta-tuan, Ch'en, eds., *The Chinese World Order: Traditional China's Foreign Relations*. Vol. 32, (Harvard University Press, 1968); "Ch'ing Inner Asia c.1800", "The Heyday of the Ch'ing Order in Mongolia, Sinkiang and Tibet", Dennis Twitchett and John K. Fairbank, eds., *The Cambridge History of China* (Late Ch'ing, 1800—1911, Part 1) (London: Cambridge University Press, 2008); Morris Rossabi, *China and Inner Asia, from 1368 to the Present Day*, Thames and Hundson ltd., 1975, etc.

[2] Owen Lattimore, *Ordeal by Slander*, Atlantic Monthly Press, 1950, pp. 210—212.

务"[1]，因而被迫远走异国他乡，从而重创了美国汉学界。其次，自中华人民共和国1949年成立，由于种种因素直到1970年代末中西方几乎没有交往和联系，西方学者难以获得中国第一手资料，更遑论在新疆开展田野考察和收集人类学资料。因此笔者认为在欧文·拉铁摩尔之后，英语学界新疆研究可划分为两大阶段。第一阶段从1950年代至1980年代，这一阶段为低谷时期；随着70年代中西方关系改善，学术交往不断升温，西方新疆研究也走出低谷，自1980年代至今属于第二阶段高潮时期。

一、第一阶段：低谷时期

在第一阶段，西方学者依赖汉文、英文、俄文等外交档案资料以及其他文献，以中央政府、新疆当局与周边列强外交为重点，其学术研究也受到当时国际事态演进的影响。中苏关系从结盟到破裂，长期处于边境纠纷状态，从而使得西方学界侧重于研究沙俄、苏联影响之下的新疆，从中探寻推演中苏对峙新疆边境的未来趋势。因此，这一阶段的新疆研究笼罩着强烈的对策性色彩。

针对新疆是"亚洲枢纽"的观点，美国学者艾伦·惠廷（Allen S. Whiting）与盛世才合作出版《新疆：抵押品还是枢纽？》[2]，希望与拉铁摩尔提出的观点进行比较，从而聚焦于近代史之中新疆所扮演的不同角色。

---

[1] Owen Lattimore, *Ordeal by Slander*, Atlantic Monthly Press, 1950, p. 21.
[2] Allen S. Whiting and Sheng, Shih-ts'ai, *Sinkiang: Pawn or Pivot?*, Michigan State University Press, 1958.

苏绍祖（Edward Shou-tsu）在其博士论文《在新疆的中苏关系：共产主义体制内外对比》[1]中，探讨了中俄两国在传统体制和社会主义体制两个阶段对新疆施加影响的异同。

阿尔德（G. J. Adler）在其专著《英属印度的北方边疆（1865—1895）：帝国政策研究》[2]中，探讨了在大博弈之下俄、英两国如何入侵中国，从而形成现代新疆边界的。

徐中约（Immanuel C. Y. Hsü，1923—2005）在其专著《伊犁危机：1871—1881年中俄外交的研究》[3]中，运用汉、英、法、日、德、俄等语言文献资料勾勒出1871—1881年伊犁危机及其解决过程。

朱文长（Wen-Djang Chu）在其所著《1862—1878年中国西北穆斯林反叛：对于政府少数民族政策的研究》[4]中，侧重探讨清政府的内部政策。他指出新疆问题，尽管看来棘手，但在任何强大的中央政府管辖之下却并非难以解决，各民族和平共处可行。

乔治·摩斯利（George Moseley）在其专著《中苏文化边疆——伊犁哈萨克自治州》[5]中，聚焦于中国反制苏联影响之困难和重塑哈萨克的生活方式，但其展开讨论所做的推测更多基于想

---

[1] Edward Shou-tsu, "Sino-Soviet Relations in Sinkiang: A Comparison of International Relationships Outside and Inside the Communist System", Diss. U of Fordham, 1962.

[2] G. J. Adler, *British India's Northern Frontier, 1865—1895: A Study in Imperial Policy*, Longmans, Green and Co, Ltd., 1963.

[3] Immanuel C.Y. Hsü, *The Ili Crisis: A Study of Sino-Russian Diplomacy 1871—1881*, Oxford University Press, 1965.

[4] Wen-Djang Chu, *The Moslem Rebellion in Northwest China 1862—1878: A Study of Government Minority Policy*, Mouton & Co, 1966.

[5] George Moseley, *A Sino-Soviet Cultural Frontier: The Ili Kazakh Autonomous Chou*, Harvard University Press, 1966.

象，因而有时在学术上经不起推敲。

兰尼·菲尔兹（Lanny B. Fields）在其博士论文《左宗棠（1812—1885）及其中国西北战役（1868—1880）》[1]中，指出新疆建省是左宗棠最伟大的政治成就，今日中苏在新疆边境而非在陕西对峙在很大程度上要归功于左宗棠。

柯乐博（O. Edmund Clubb）在其专著《中国与俄国："大博弈"》[2]中，描述置于历史背景之下中俄关系的实质，由此试图评估将来形势发展。

斯克林（C. P. Skrine）与帕梅拉·南丁格尔（Pamela Nightingale）合著《马继业在喀什噶尔：1890—1918年英国、中国和俄国新疆活动探颐》[3]，指出由于苏联和中国在新疆正处于边界纠纷状态，那么英国驻喀什首任领事马继业在1918年前对于两国目标和政策的分析就被赋予新的意义。

以拉铁摩尔为首的早期西方学者大多把新疆史置于内亚或中亚史的大框架来加以论述，继续沿着这一研究路径，1975年，罗茂锐在其专著《1368年至今中国与内亚》[4]中，探讨了内亚（包括新疆）与中国内地之间长达600多年的互动进程。

奈兰·约瑟芬·周（Nailene Josephine Chou）在其博士论文

---

[1] Lanny B. Fields, "Tso Tsung-t'ang (1812—1885) and His Campaigns in Northwestern China, 1868—1880", Diss. U of Indiana, 1972.

[2] O. Edmund Clubb, *China & Russia: The "Great Game"*, Columbia University Press, 1971.

[3] C. P. Skrine & Pamela Nightingale, *Macartney at Kashgar: New Light on British, Chinese and Russian Activities in Sinkiang 1890—1918*, Methuen & Co Ltd., 1973.

[4] Morris Rossabi, *China and Inner Asia, from 1368 to the Present Day*, Thames and Hundson Ltd., 1975.

《晚清中国边疆研究与变化中的边疆管辖：以新疆（1759—1911年）为例》[1]中，重点描述了不断变化中的边疆认知和19世纪中国同时进行的变革之间的关系。作者指出，促成新疆建省的催化剂却是穆斯林反叛与清朝1860年—1870年代对俄国扩张的恐惧，1880年代包括新疆建省在内的边疆改革可被视为这一学术传统之结晶。

尼曼（Lars-Erik Nyman）在其专著《1918—1934年英国、中国、俄国与日本的新疆利益》[2]中，提供对于两次世界大战之间的中央欧亚地缘历史互动的理解以及今天中苏纷争的背景，但因没有使用汉文及俄文资料，从而对于俄国政策和新疆政局的讨论大多基于推测。

劳伦斯·安东尼·富兰克林（Lawrence Anthony Franklin）在其博士论文《中国对于英、俄入侵西北边疆的反应》[3]中，探讨了19世纪末20世纪初欧洲帝国主义入侵中国西北领土的历程。

彼得·霍普柯克（Peter Hopkirk）在所著《丝绸之路之上的洋鬼子：寻找中国中亚的迷失之城和宝藏》[4]中，描述了英法德日美俄等国探险家在19世纪末和20世纪初对于中国西北的新疆乃至敦煌地区文化考古和勘探过程。

哈西奥蒂斯（Arthur C. Hasiotis. Jr）在所著《1928—1949年

---

[1] Nailene Josephine Chou, "Frontier Studies and Changing Frontier Administration in Late Ch'ing China: The Case of Sinkiang 1759—1911", Diss. U of Washtington, 1976.

[2] Lars-Erik Nyman, *Great Britain and Chinese, Russian and Japanese Interests in Sinkiang, 1918—1934*, Esselte Studium, 1977.

[3] Lawrence Anthony Franklin, "The Chinese Response to British and Russian Encroachment in Northwest China", Diss. U of St. John, 1978.

[4] Peter Hopkirk, *Foreign Devils on the Silk Road: The Search for the Lost Cities and Treasures of Chinese Central Asia*, John Murray Publishers Ltd., 1980.

苏联对新疆政治、经济和军事介入》[1]中，探讨了1928年至1949年苏联试图影响和控制新疆的目的、政策和方法。

二、第二阶段：高潮时期

随着70年代末中西方关系改善，中西方学术的交往不断升温，新疆研究也从第一阶段低谷时期走向第二阶段高潮时期。这一时期的领军人物是傅礼初。他早在1968年因其发表的论文《1368年至1884年中国与中亚》而在学界声名鹊起。在此文之中，新疆占据内亚/中亚论述框架模式的核心位置。[2] 1978年他在费正清等学者主编的《剑桥中国晚清史》上卷中，撰写了三篇文章[3]，对包括新疆在内的清朝内亚地区展开全面分析。他能解读汉文、蒙古文、满文、阿拉伯文、波斯文等多达20多种语文文献，因而能在内亚研究领域大显身手。不过就新疆研究而言，傅礼初只撰写过几篇论文，但他"既开风气又为师"，深远地影响了后来的学术研究趋势。自80年代以来，正是在傅礼初影响之下，内亚研究领域，尤其是新疆研究，受到后现代主义思潮的影响，注意发掘少数民族语言文献材料。此外，由于70年代末中西方关系的改善，西方学者能够再度进入中国，甚至可前往新疆检索原始资料和从事田野考察，由

---

[1] Arthur C. Hasiotis, Jr, *Soviet Political, Economic, and Military Involvement in Sinkiang from 1928 to 1949*, Garland Publishing, Inc. 1987.

[2] Fairbank, John King, and Ta-tuan Ch'en, eds., *The Chinese World Order: Traditional China's Foreign Relations*, Vol. 32, Harvard University Press, 1968.

[3] Dennis Twitchett and John K. Fairbank, eds., *The Cambridge History of China* (Late Ch'ing, 1800—1911, Part 1), Cambridge University Press, 2008.

此新疆研究进入蓬勃发展的繁荣时期。这一时期研究呈现出四个主要特征。其一，不再局限于汉、英、俄文等原本视为主流学术语言的文献，而相当程度地挖掘满文、蒙古文、维吾尔文等民族语文或域外语文材料。其二，从中心转向边缘视角。其三，过于强调当地少数民族与汉族之间的对抗而非互动，这无非是将西方后殖民主义理论移植到新疆研究之中。其四，西方学者运用马克斯·韦伯（Max Weber，1864—1920）、米歇尔·福柯（Michel Foucault，1926—1984）、皮埃尔·布尔迪厄（Pierre Boudieu，1930—2002）、爱德华·萨义德（Edward Said，1935—2003）、尤尔根·哈贝马斯（Jurgen Habermas，1929— ）、本尼迪克特·安德森（Benedict Anderson，1936—2015）、弗雷德里克·巴特（Fredrik Bath，1928—2016）等学者的多种人文社会学科的理论开展新疆研究，实现了研究范式的一次转变，这也是1960年代"汉学"（Sinology）向"中国研究"（Chinese Studies）转变[1]在新疆研究中的具体体现。

根据80年代以来的有关研究，笔者将新疆史研究分为三大领域：对若干重大历史事件的研究、中国中央政府的新疆治理研究和关于新疆若干民族的研究。

（一）对若干重大历史事件的研究

在此领域，近三十年来，西方学者受到后现代主义、后殖民主

---

[1] 姚大力：《西方中国研究的"边疆范式"：一篇书目式述评》，《文汇报》2007年5月7日，"学林"版。

义思潮的影响，重视边缘人群，强调底层（subalterns）研究，寻找被以往忽视地区的历史，探索文本之中受抑制的模糊的声音，对于穆斯林反叛则强调宗教因素而忽视外界因素，突显"世界体系"（World-systems）框架之中边缘对中心的反应，有时被冠以"殖民地反抗"的标签。此外，大肆渲染"中心—边缘"冲突。相反，对于当地汉人下层缺乏重视，都不加以区分地打上"殖民者"标签，这有失公允。

在这一领域率先发力的是拉铁摩尔的两位弟子。1950年代拉铁摩尔因受麦肯锡主义漩涡之苦，被迫离开美国前往英国执教。安德鲁·福布斯（Andrew D. W. Forbes）和杨边琳（Linda Benson）曾师从拉铁摩尔门下。受其业师的影响，在研究之中，采用边缘视角，即重视当地少数民族的反应。

安德鲁·福布斯在其专著《中国中亚的军阀与穆斯林：1911—1949年民国时期新疆政治史》[1]中，从新疆当地穆斯林的视角来具体描述和分析民国新疆当地政治史。杨边琳在其所著《伊犁反叛：新疆1944—1949年穆斯林挑战中国当局》[2]中，认为1944年在伊犁爆发的反叛没有苏联的支持，不属于内政问题而是民族解放问题。针对杨边琳的观点，王大刚（David D. Wang）在其专著《苏联阴影下的伊宁事变：1944—1949年新疆的民族冲突和国际竞

---

[1] Andrew D. W. Forbes, *Warlords and Muslims in Chinese Central Asia: A Political History of Republic Sinkiang 1911—1949*, Cambridge University Press, 1986.

[2] Linda Benson, *The Ili Rebellion: The Moslem Challenge to Chinese Authority in Xinjiang 1944—1949*, M. E. Sharpe, 1990.

争》[1]中,指出伊犁政权是由苏联鼓励、支持和控制。他认为研究新疆现代史,尤其是1917—1949年阶段,如果不涉及苏联的话,就不能彻底展开讨论。

吴劳丽（L. J. Newby）在其博士论文《1930—1950年新疆民族主义兴起》[2]中,指出外国势力所扮演的角色（尤其是苏联）、中国内地民族主义的发展以及影响民族主义运动的各种思想,这些因素对于1930年至1950年代新疆局势的影响。

以上几部专著及博士论文都是采取边缘视角,强调新疆汉穆冲突,这有着明显的西方后现代主义烙印,强调底层研究,但所采用的资料是汉英俄等语言的史料,而所涉及的当地伊斯兰资料很少。

金浩东（Hodong Kim）在其专著[3]中,从反叛者的视角来讨论1864—1877年西北穆斯林起义以及其后阿古柏伪政权的众多事件。但他没有结合汉文,甚至满文史料,从而导致对当时事态做出一些武断的分析,诸如阿古柏放弃作战一心求和及突然死亡导致左宗棠侥幸收复新疆等观点有待商榷。

（二）中国中央政府的新疆治理研究

在探讨清朝—民国管辖新疆之时,西方学者们凸显"世界体系"之中心对于边缘的控制,有时强化中央政府的"宗主国"角

---

[1] David D. Wang, *Under the Soviet Shadow: The Yining Incident: Ethnic Conflicts and International Rivalry in Xinjiang, 1944—1949*, The Chinese University Press, 1999.

[2] L.J. Newby, "The Rise of Nationalism in Eastern Turkestan 1930—1950", Diss. U of Oxford, St. Antony, 1986.

[3] Hodong Kim, *Holy War in China: The Muslim Rebellion and State in Chinese Central Asia,1864—1877*, Stanford University Press, 2004.

色，声称解构民族主义元叙事（Meta-narrative），意在凸显中国如同其他列强一样也从事领土扩张和殖民管辖，从而也将中国列入帝国主义阵营之中，这无疑依旧是西方学界"西方中心主义"因素挥之不去的影响，强调西方历史发展过程的普世性，而且这也是殖民主义现代性（Colonial Modernity）[1]发酵的结果，却很少在中国和西方殖民列强之间求异。尤其是美国学者濮德培（Peter C. Perdue）竟然指出，清帝国至少有几个特征与其他早期现代帝国相同：它承认其是由不同种族和宗教的人群所构成；它在其边缘地区构建不同的管辖方式；它旨在从边疆地区榨取资源以使得中心受益。[2]此外，在新疆与内地整合进程之中，突出当地反应在这一整合进程之中的反作用。就濮德培的以上观点，金光明（Kwangmin Kim）曾指出，认为这种寻找相似性的研究取径不仅大有问题，而且违背历史事实。他认为就超级强国控制其他族群方面而言，从古罗马帝国到汉朝之间也能很容易地找到相似性。[3]米华健（James A. Millward）早先曾指出欧洲人的向外扩张，其经济动机表现得尤为明显。就清朝而言，米华健认为，并没有找到能够说明它的西进以掠夺自然资源和商业财富作为目标的证据。此外，为内地产品寻求市场也不是促使清帝国向新疆扩张的动机。实际上清廷最感兴

---

[1] 这一观点来源于塔妮·巴娄（Tani E. Barlow），她挑战了现代性（modernity）和殖民主义（colonialism）仅仅是西方舶来品的观点，认为殖民主义现代性（colonial modernity）如何在亚洲演变为独特形式。参见 Tani E., Barlow ed., *Formations of Colonial Modernity in East Asia*. Duke University Press, 1997.

[2] Peter C. Perdue, "Xinjiang Studies: The Third Wave", *Cross-Currents: East Asian History and Culture Review,* E-Journal No. 21 (December 2016), 154.

[3] Kwangmin Kim, "Saintly Brokers: Uyghur Muslims, Trade, and the Making of Qing Central Asia, 1696—1814", Diss. U of California, Berkeley, 2008, pp. 366—367.

趣的是确保这一地区达到自给自足。[1]

卫周安（Joanna Waley-Cohen）在其专著《1758—1820年清朝中期流放——发配新疆》[2]中，探讨了在清代，政府官员、学者和平民因种种因素而被发配新疆，提供了理解18世纪清朝的崭新视角。

米华健在其专著《口外：1759—1864年清代中亚的经济、民族与帝国》[3]中，认为新疆属于中国的不可分割领土的当代观点源于清帝国不断演进的观念。九年之后，他又在所著《欧亚十字路口：新疆史》中，运用平衡观点来叙述分析新疆历史，尤其是其近现代史。[4]

克里斯蒂安·泰勒（Christian Tyler）所著《中国大西荒：驯服新疆》[5]，基本上靠有关新疆的西方二手资料而撰写而成，指责中国历朝历代对于边疆居民采取"中国东方主义"（Chinese Orientalism）的心态，从而出现诸多不符史实的描述。

迈克尔·埃德蒙·克拉克（Michael Edmund Clarke）在其博士论文《权力之眼：从清征服至中亚"新角逐"时期（1759—

---

[1] James A. Millward, *Beyond the Pass, Economy, Ethnicity, and Empire in Qing Central Asia,1759—1864,* Stanford University Press, 1998, pp. 245—246.

[2] Joanna Waley-Cohen, *Exile in Mid-Qing China: Banishment to Xinjiang, 1758—1820,* Yale University Press, 1991.

[3] James A. Millward, *Beyond the Pass, Economy, Ethnicity, and Empire in Qing Central Asia,1759—1864,* Stanford University Press,1998.

[4] James A. Millward, *Eurasian Crossroads: A History of Xinjiang,* University of Columbia Press, 2007.

[5] Christian Tyler, *Wild West China: The Taming of Xinjiang,* Rutgers University Press, 2003.

2004）的中国与新疆》[1]中，指出1759—2004年整合新疆的观念已演化成为中国管辖新疆的各种措施的目的和手段。七年之后，他于2011年出版《那段历史：新疆和中国在中亚崛起》[2]，指出中国新疆、中亚和大战略派生的利益之间在很大程度上互补关系，这种利益模式促使形成中国的中亚外交和如何管辖新疆。

狄龙（Michael Dillon），曾在利兹大学（University of Leeds）受教于拉铁摩尔，在其所著《新疆——中国穆斯林西北边疆》[3]中，以悲观的论调叙述新疆近五十年来的历史，因过于政治化，遭致一些学者的质疑。他在10年之后，即2014年又出版了《新疆与共产党力量扩展：二十世纪早期的喀什》[4]中，探讨了喀什城的历史以及1949—1950年中国人民解放军进军喀什及其南疆腹地的历史。

吴劳丽在其专著《帝国与汗国：1760—1860年清朝浩罕政治关系史》[5]中，探讨了清帝国和浩罕汗国之间长达百年复杂动荡的政治关系史。

就清朝与位于新疆的准噶尔政权角逐而言，早年伯格霍尔兹

---

[1] Michael Edmund Clarke, "In the Eye of Power: China and Xinjiang from the Qing Conquest to the 'New Great Game' for Central Asia, 1759—2004", Diss. U of Griffith, 2004.

[2] Clarke, Michael E, *Xinjiang and China's Rise in Central Asia: A History*, Routledge, 2011.

[3] Michael Dillon, *Xinjiang-China's Muslim Far Northwest*, Routledge Curzon, Taylor & Francis Group, 2004.

[4] Michael Dillon, *Xinjiang and the Expansion of Communist Power: Kashgar in the Early Twentieth Century,* Routledge, 2014.

[5] L. J. Newby, *The Empire and the Khanate: A Political History of Qing Relations with Khoqand c. 1760—1860,* Brill, 2005.

（Fred W. Bergholz）在其所著《草原划分——俄罗斯人、满洲人和准噶尔人角逐中亚帝国1619—1759：权力政治研究》[1]中，将清准角逐放置到内亚史及中俄关系史中，指出权力政治在这场三方角逐历史进程之中起着决定性因素。在此领域，12年之后，濮德培所著《中国西征：清朝征服中央欧亚》[2]，在更大的政治和文化分析框架之下展现清朝进军西域的进程，认为西域和西藏成为今天中国领土组成部分完全是清朝早期统治者偶然行动的结果。针对濮德培的观点，金光明在其博士论文《神圣的中间人：1696—1814年维吾尔穆斯林、贸易与清朝中亚的形成》[3]中，探讨了18世纪穆斯林配合清朝征服中央欧亚的动态过程，显示出清帝国是一个早期现代帝国，清朝经略新疆是以前代朝贡贸易为基础的，决非像濮德培等学者认为的那样是偶然征服过程。2016年他又以其博士论文为基础形成专著《边陲资本主义：西域产品、清朝白银与东方市场的诞生》，将时段放大，探讨了自公元1500至1864年期间新疆绿洲伯克在清代边疆如何沿着资本主义之路重组政治经济从而在当地（local）、区域（regional）和全球（global）贸易领域中把握新兴机遇。[4]

同样针对濮德培利用二手资料夸大其辞指出清朝对于准噶尔人

---

[1] Fred W. Bergholz, *The Partition of the Steppe: The struggle of the Russians, Manchus, and the Zunghar Mongols for Empire in Central Asia, 1619—1758: A Study in Power Politics*, Peter Lang Publishing, 1993.

[2] Peter C. Perdue, *China Marches West: The Qing Conquest of Central Eurasia*, Harvard University Press, 2005.

[3] Kwangmin Kim, "Saintly Brokers: Uyghur Muslims, Trade, and the Making of Qing Central Asia, 1696—1814", Diss. U of California, Berkeley, 2008.

[4] Kwangmin Kim, *Borderland Capitalism: Turkestan Produce, Qing Silver, and the Birth of an Eastern Market*, Stanford University Press, 2016.

采取的种族灭绝（ethnic genocide）作为最终解决新疆西北边疆问题的观点，许思亮（Benjamin Samuel Levey）在其博士论文《1759—1773年准噶尔难民和清代中国哈萨克边疆的帝国构建》[1]中，指出这些基于二手资料，过分简单化的"暴力叙事"（narratives of violence）几乎没有做出什么分析。他进而指出，要想理解清朝北疆地区的头几年统治，就有必要考虑更广阔的欧亚历史背景。

许临君（Eric Tanner Schluessel）在其博士论文《中国穆斯林君主：1877—1933年新疆的日常政治》[2]中，探讨了自1870年代至1930年代中国教化工程（civilizing project）强有力介入新疆文化和社会的变化的种种方式。

不过近几年来，一些年轻学者在中央政府治疆研究之中，反思以往边缘视角矫枉过正的现象，力图结合当时实际情况，即重新采取移情手段讨论新疆当局以及当地汉人在国家建构的进程中所起的角色。

郑智明（Justin Jacobs）的博士论文《困守的帝国：1884—1971年维持新疆的中国统治》[3]第一部在完全利用中国大陆和台湾的汉文档案资料基础上探讨了新疆从帝国统治向民族国家管辖转型时期的政治研究。五年之后，他将博士论文加以提炼，形成专著

---

[1] Benjamin Samuel Levey, "Jungar Refugees and the Making of Empire on Qing China's Kazakh Frontier, 1759—1773", Diss. U of Harvard, 2013.

[2] Eric Tanner Schluessel, "The Muslim Emperor of China: Everyday Politics in Colonial Xinjiang, 1877—1933", Diss. U of Harvard, 2016.

[3] Justin Jacobs, "Empire Besieged: The Preservation of Chinese Rule in Xinjiang, 1884—1971", Diss. U of California, 2011.

《新疆与现代中国政权》。[1]

金家德（Judd Creighton Kinzley）在其博士论文《中国对新疆的主权主张：1893—1964年新疆省石油、矿产和国家建构》[2]中指出中央政府治理新疆并非是由上至下没有区别的单向进程，而存在着驱使新疆地方当局官员活动的各种动机的复杂性及其种种细微差异。

田欢（Tian Huan）在其博士论文《统治帝国边陲：探讨清代新疆执法的一些启示》[3]之中，指出法律如何作为一种重要的管辖工具被加以运用在新疆，但并非作为强制融合的手段，因此迥异于欧洲扩张时所呈现的。

（三）关于新疆若干民族的研究[4]

新疆研究的第三个领域是关于新疆若干民族的研究，注重边疆族群内部的文化生产和社会形成的动力学，并将历史学、民族学和人类学相结合，以研究维吾尔人、哈萨克人等民族为主。这一研究的资料最初是1949年之前由西方以及俄（苏）学者进入新疆田野考察所得。但自中国改革开放后再度允许国外学者深入新疆以来，他们开展田野考察，从事民族学和人类学方面的研究，收集到大量

---

[1] Justin M. Jacobs, *Xinjiang and the Modern Chinese State*, University of Washington Press, 2016.
[2] Judd Creighton Kinzley, "Staking Claims to China's Borderland: Oil, Ores and Statebuilding in Xinjiang Province, 1893—1964", Diss. U of California, San Diego, 2012.
[3] Tian Huan, "Governing Imperial Borders: Insights from the Study of the Implementation of Law in Qing Xinjiang", Diss. U of Columbia, 2012.
[4] 此领域有些专著及论文讨论年限延续到1949年之后。

的研究资料。此外自苏联解体之后,西方学者也能深入考察中亚的维吾尔族群社区。在研究之中,他们向传统观点原基论(primordialism)发起挑战,强调族裔认同的情景化动态过程。

当代西方的维吾尔研究,发轫于美国学者杜磊(Dru. C. Gladney)1990年的论文《维吾尔族裔起源》[1]。他认为维吾尔人作为一个较晚形成的族群,在想象的历史传统和现代地缘政治的辩证互动之中被加以重建。

陆德生(Justin Jon Rudelson)在其专著《绿洲认同:中国丝绸之路上的维吾尔民族主义》[2]中,勾勒出地理和社会边界如何在当地绿洲和地区层面塑造相竞争的族裔身份认同,即绿洲认同(Oasis Identities)观点。这一观点对于此后的西方维吾尔族群研究影响很大。

丁兆然(Jay Dautcher)在其博士论文《中国新疆维吾尔社区的民俗和认同》[3]中,诠释性分析维吾尔社区成员民俗活动以及公开和私下的日常交往。10年之后,他又形成专著《沿着狭窄之路:中国新疆维吾尔社区的身份认同和男子气》[4],以民族志形式细致描述了伊宁郊区的维吾尔人生活。

肖恩·罗伯茨(Sean R. Roberts)在其博士论文《前中苏边陲

---

[1] Dru. C. Gladney, "The Ethnogensis of the Uighur", *Central Asian Survey* 9.1(1990), 1—28.

[2] Justin Jon Rudelson, *Oasis Identities: Uyghur Nationalism Along China's Silk Road*, Columbia University Press, 1997.

[3] Jay Todd Dautcher, "Folklore and Identity in a Uighur Community in Xinjiang China", Diss. U of California, Berkeley, 1999.

[4] Jay Dautcher, *Down a Narrow Road: Identity and Masculinity in a Uyghur Community in Xinjiang China*, Harvard University Press, 2009.

地区的维吾尔邻里和民族主义》[1]中，以历史民族志形式探讨了生活在伊犁流域维吾尔人，主题是"地方性生产"（production of locality）对边陲族群生存的重要性。

哈恩（Ildikó Bellér-Hann）等编撰《位于中国与中亚之间的维吾尔人》[2]，将文化与政治分析交融在一起，不同程度地揭示出维吾尔人生活的方方面面。她又在次年出版了《1880—1949年新疆社区事务：维吾尔人的历史人类学研究》[3]，开展了基于西方人类学理论的维吾尔文化活动的全面历史研究。

图姆（Rian Thum）在其博士论文《维吾尔历史记忆的神圣路线》[4]中，认为可通过文本（圣人传）、地点（麻札）和人物（圣人）而共同形成近代南疆认同。他在2014年又出版其同名新书[5]。该书于2015年获得费正清奖。

博大卫（David John Brophy）在其博士论文《倾向于团结？维吾尔民族主义起源？》[6]中，试图分析一个跨越俄中边界的人群在俄国革命之后如何与为何将自己想象为现代维吾尔民族。五年之

---

[1] Sean R. Roberts, "Uyghur Neighborhood and Nationalisms in the Former Sino-Soviet Borderland: A Historical Ethnography of a Stateless Nation on the Margins of Modernity", Diss. U of Southern California, 2003.
[2] Ildikó Bellér-Hann, M. Cristina Cesàro, Rachel Harris, and Joanne Smith Finley, eds., *Situating the Uyghurs Between China and Central Asia*, Ashgate Publishing limited, 2007.
[3] Ildikó Bellér-Hann, *Community Matters in Xinjiang 1880—1949: Towards a Historical Anthropology of the Uyghur*, Brill, 2008.
[4] Rian Thum, "The Sacred Routes of Uyghur History", Diss. U of Harvard, 2010.
[5] Rian Thum, *The Sacred Routes of Uyghur History*, Harvard University Press, 2014.
[6] David John Brophy, "Tending to Unite? The Origins of Uyghur Nationalism?", Diss. U of Harvard, 2011.

后，他以其博士论文为基础形成专著《维吾尔民族：俄中边疆地区的改革和革命》[1]，采取底层视角，从欧亚背景来探讨新疆维吾尔人的现代历史。

林昂（Ondřej Klimeš）在其博士论文《唤醒的土地：1880—1949年维吾尔民族和民族主义观念》[2]中，勾勒出在新疆1880年代至1949年，维吾尔社会认同观念的出现及其演变进程。在文章之中，他使用鼓吹泛突厥主义思想的一些人具有煽动性的讲演以试图代表整个新疆维吾尔人的民族思想观点，因而过于片面和荒谬。2015年，他以其博士论文为基础形成专著《以笔抗争：维吾尔话语中的民族和民族主义利益，1900—1949》[3]，将其年限从1884年向后修改至1900年。

除了维吾尔族之外，西方学者的研究对象也包括俄罗斯族、哈萨克族、回族和汉族等。

杨边琳和司文凯（Ingvar Svanberg）曾多次合作开展对于新疆其他民族的研究。1989年他们发表《新疆俄罗斯人：从移民转变为少数民族》[4]，讨论了俄罗斯移民在新疆如何转变为一个少数民族的进程。对于新疆另一个民族哈萨克人，杨边琳和司文凯合作出版

---

[1] David Brophy, *Uyghur Nation: Reform and Revolution on the Russia-China Frontier*, Harvard University Press, 2016.

[2] Ondřej Klimeš, "Awakened Land: Uyghur Ideas of Nation and Nationalism, 1880—1949", Diss. U of Charlie, 2011.

[3] Ondřej Klimeš, *Struggle by the Pen: The Uyghur Discourse of Nation and National Interest, c.1900—1949*, Brill, 2015.

[4] Linda Benson & Ingvar Svanberg, "The Russians in Xinjiang: From Immigrants to National Minority", *Central Asian Survey* 8.2 (1989): 97—129.

了《中国最后的游牧民——中国哈萨克人的历史与文化》[1]，描述了20世纪中国哈萨克人的历史状况。司文凯在1998年发表了论文《新疆的民族划分和文化多样性：叶尔羌河岸的多浪人》[2]，探讨了新疆近代史中出现的多浪人。

2012年吴劳丽发表了关于新疆回族的论文《将汉语穆斯林写入新疆地方史》[3]，透过新疆地方史来审视从晚清到当代的新疆的汉语穆斯林社区。

汤姆·克利夫（Tom Cliff）在专著《油和水——汉人在新疆》[4]中，以中心—边缘框架展开了对南疆库尔勒地区汉人的民族志研究，但作者将汉人视为帝国在文化和政治边缘地区推行内地化和城市化的代理人的这一观点有失公允。

根据以上学者对于维吾尔、哈萨克等民族的族裔认同的观点，笔者可将他们大致归为建构论。我们知道对于族裔认同的不同看法，大致可分为两种类型：建构论（constructivism）和原基论。原基论学者们认为族裔认同是"既定的""天然的"现象。持有建构论观点的学者关注的是人类如何自我认同及认同如何随着时间变迁而发生变化。这两种理论各有弱点。原基论将原基归属感视为内在于人类本性的一种自发或本然的"存在"，本身是"不可言状"的，

---

[1] Linda Benson and Ingvar Svanberg, *China's Last Nomads: The History and Culture of China's Kazaks*, M. E. Sharpe, 1998.

[2] Ingvar Svanberg, "Ethnic Categorizations and Cultural Diversity in Xinjiang: The Dolans along Yarkand River", *Central Asiatic Journal*, 40.2 (1996): 260－282.

[3] Laura Newby, "Writing the Sino-Muslims into a Local History of Xinjiang", *Central Asian Survey* 31. 3 (2012): 327－342.

[4] Tom Cliff, *Oil and Water: Being Han in Xinjiang*, The University of Chicago Press, 2016.

因而对社会学家而言,它也是不可分析的,由此就带有神秘主义色彩。另一方面,建构论忽视族群的情感力量。尽管可以称一个共同体是"想象的"(imagined),但决非说这是"虚构的"(imaginary)[1]。当然,这两种理论并非楚河汉界、泾渭分明,王明珂认为这两种理论都不是完全对立而无法兼容,而事实上各有其便利之处;并指出有些学者试图建立综合性理论,或不坚持前述任何一种理论,他们的兴趣在于结合其他学科,来探索族群现象所披露的更基本的人类生物或社会性本质[2]。

三、结语

通过以上六十多年来的研究,笔者试图做出如下归纳:

首先,西方学者在研究新疆之时,尤其是在第二阶段,往往能够利用多种语文材料,通过其他视角(从世界史视角或边疆视角)来审视新疆史,这在某种程度上纠正我们在开展史学研究之时,往往形成的"中原中心论"和"汉本位"的史观局限。这些思维定势往往是中国学者耳濡目染于传统汉文资料的固然结果,因为那些汉文史料弥漫着一种固有的"华夷观"或"传统天下观"。

其次,与2010年以前的新疆史研究学者相比,最近的年轻学者在利用满文、维文等少数民族语言文献的幅度和掌握多语种方面

---

[1] Adeeb Khalid, "Theories and Politics of Central Asian Identities", *Ab Imperio*, 2005. 4 (2005): 324—325.
[2] 王明珂,《华夏边缘——历史记忆与族群认同》,社会科学文献出版社2006年版,第20页。

均超过此前像杨边琳、米华健、吴劳丽、濮德培等学者，且对于他们基于二手资料而形成的一些观点提出质疑，发起挑战，并提出新的历史诠释。不过，在利用所能接触的书面和口传资料方面，罕有学者能够像傅礼初那样，能综合利用汉文及其他语言文献，通过整合不同视角来展开新疆研究，因而导致在内地和新疆，汉人和非汉族群之间形成对立隔阂而非互动交流的关系。

最后，自 80 年代以来三十多年，随着苏联入侵阿富汗、90 年代初苏联解体、中亚各国独立、911 反恐、西方各国军队进驻阿富汗等一系列事件，以美国为主的西方国家对于中亚，尤其是新疆越来越关注，一些学者甚至指出在中亚正形成"新的大博弈"（New Great Game）[1]，而新疆因其地缘因素是关注的重点。由此，引发对于新疆地区乃至更广阔的中央欧亚（包括藏区）的学术及大众兴趣的一种复兴运动。[2] 尤其是美国制定了一个名为"新疆工程"的研究计划，并出版了有关新疆的综合论文集[3]，但值得注意的是，该书副主编格雷厄姆·富勒（Graham E. Fuller）[4] 曾担任中央情

---

[1] Edwards, Matthew, "The New Great Game and the New Great Gamers: Disciples of Kipling and Mackinder", *Central Asian Survey*, 22. 1 (2003): 83—103; Contessi, Nicola, "Central Eurasia and the New Great Game: Players, Moves, Outcomes and Scholarship", *Asian Security* 9.3 (2013): 231—241; Menon, Rajan, "The New Great Game in Central Asia", *Survival* 45.2 (2011): 187—204; Lutz Kleveman, *The New Great Game: Blood and Oil in Central Asia*, Grove Press, 2004, etc.

[2] James A. Millward, "Differing visions of the 'Silk Road'", *China, Xinjiang and Central Asia: History, Transition and Crossborder Interaction into the 21st Century*, Ed. Mackerras C, Clarke M. Routledge, 2009, p.60.

[3] S. Frederick Starr, ed., *Xinjiang: China's Muslim Borderland*, M E Sharpe Inc, 2004.

[4] 2017 年 12 月 1 日土耳其以涉嫌参与去年土耳其发生的未遂军事政变为由，发出逮捕令，指控"富勒图谋推翻土耳其政府并阻挠土耳其政府履行职责、获取必须保密的国家信息并图谋推翻土耳其宪法秩序"。

报局国家情报委员会副主席等职务,由此这一工程背后学术动机的客观性大有可疑。